Grenzen der objektiven Schiedsfähigkeit im Rahmen des § 1030 ZPO

AF893114

Schriften zum Verfahrensrecht
Herausgegeben von
Peter Gottwald und Ulrich Haas

Band 2

PETER LANG
Frankfurt am Main · Berlin · Bern · Bruxelles · New York · Oxford · Wien

Jörn-Christian Schulze

Grenzen der objektiven Schiedsfähigkeit im Rahmen des § 1030 ZPO

Eine Betrachtung des Rechts der Schiedsfähigkeit nach der Schiedsverfahrensrechtsreform

PETER LANG
Europäischer Verlag der Wissenschaften

Bibliografische Information Der Deutschen Bibliothek
Die Deutsche Bibliothek verzeichnet diese Publikation in der Deutschen Nationalbibliografie; detaillierte bibliografische Daten sind im Internet über <http://dnb.ddb.de> abrufbar.

Zugl.: Regensburg, Univ., Diss., 2002

D 355
ISSN 1619-344X
ISBN 3-631-50104-8

© Peter Lang GmbH
Europäischer Verlag der Wissenschaften
Frankfurt am Main 2003
Alle Rechte vorbehalten.

Das Werk einschließlich aller seiner Teile ist urheberrechtlich geschützt. Jede Verwertung außerhalb der engen Grenzen des Urheberrechtsgesetzes ist ohne Zustimmung des Verlages unzulässig und strafbar. Das gilt insbesondere für Vervielfältigungen, Übersetzungen, Mikroverfilmungen und die Einspeicherung und Verarbeitung in elektronischen Systemen.

www.peterlang.de

meinem Vater

Danksagung

Zunächst möchte ich mich bei Herrn Prof. Dr. Peter Gottwald, Universität Regensburg, Lehrstuhl für Bürgerliches Recht, Verfahrenrecht und Internationales Privatrecht, für die Übernahme der Betreuung der vorliegenden Arbeit herzlichst bedanken. Ebenso gilt mein Dank Herrn Prof. Dr. Andreas Spickhoff, Universität Regensburg, Lehrstuhl für Bürgerliches Recht, Internationales Privatrecht und Rechtsvergleichung sowie Zivilprozeßrecht, für die prompte Erstellung des Zeitgutachtens.

Weil ich genau weiß, daß Sie eine Erwähnung an dieser Stelle für nicht notwendig erachten, möchte ich mich im besonderen bei meinen Eltern nicht nur dafür bedanken, daß ich ohne ihren Beistand diese Arbeit gar nicht hätte schreiben können, sondern vor allem dafür, daß sie es immer für selbstverständlich gehalten haben und noch immer halten, Ihren Söhnen die Ausbildung und Unterstützung zukommen zu lassen, die diese für wichtig und richtig für sich selbst erachten. Vielen Dank Euch beiden!

Besonderer Dank gilt auch Herrn Prof. Dr. Florian Faust, der einer Erörterung von Problemen nie abgeneigt war und damit seinen Teil zum Gelingen dieser Arbeit beigetragen hat.

Letztlich möchte ich mich bei Herrn Dr. Mathias Schröder, Stuttgart, bedanken, dessen Bereitschaft, einem ihm unbekannten jungen Doktoranten zu helfen, weit über das Maß allgemeiner kollegialer Unterstützung hinausging.

Düsseldorf, 20. Mai 2002

Jörn-Christian Schulze

Inhaltsverzeichnis

Literaturverzeichnis

Heinz-Dieter *Assmann* Rolf A. *Schütze*	Handbuch des Kapitalanlagerechts 2. Auflage, 1997 München zit.: *Bearbeiter* in Assmann Schütze, § Rz.
Peter *Badura*	Staatsrecht 2. Auflage, 1996 München
Adolf *Baumbach* Alfred *Hueck*	GmbH-Gesetz München, 1996 zit.: *Bearbeiter* in Baumbach/ Hueck, GmbHG, § Rz.
Adolf *Baumbach* Konrad *Duden* Klaus *Hopt*	Handelsgesetzbuch mit Nebengesetzen 29. Auflage, 1995 München zit.: *Baumbach/ Duden/ Hopt*, HGB, § Rz
Adolf *Baumbach* Wolfgang *Lauterbach* Jan *Albers* Peter *Hartmann*	Zivilprozessordnung 57. Auflage, 1999 zit.: *Bearbeiter* in Baumbach/ Lauterbach/ Albert/ Hartmann, § Rz.
Gottfried *Baumgärtel* u.a. (Hrsg.)	Das japanische BGB in deutscher Sprache Köln u.a. 1985
Horst *Barber*	Objektive Schiedsfähigkeit und ordre public in der internationalen Schiedsgerichtsbarkeit Münster, Diss. 1993 Frankfurt am Main u.a. zit.: *Barber*, Schiedsfähigkeit, S.

Michael *Becker*
Saarbrücken

Typologie und Probleme der (handelsrechtlichen) Gestaltungsklagen unter besonderer Berücksichtigung der GmbH-rechtlichen Aufhebungsklage
ZZP 97 (1984), S. 314-337

G. *Beitzke*

Zuständigkeitsstreit zwischen staatlichen Gerichten und Schiedsgericht
ZZP 60 (1937), 317-333

Ernst *Benda* u.a. (Hrsg.)

Handbuch des Verfassungsrechts
2. Auflage, 1994
Berlin u.a.

zit.: *Bearbeiter* in Handbuch des Verfassungsrechts, S.

Klaus Peter *Berger*
Münster

Das neue deutsche Schiedsverfahrensrecht
DZWiR 1998, 45-58

Klaus Peter *Berger* (Hrsg.)

Das neue Recht der Schiedsgerichtsbarkeit
Köln
1998

zit.: *Berger*, Schiedsgerichtsbarkeit, S.

Klaus Peter *Berger*

Internationale Wirtschaftsschiedsgerichtsbarkeit
Berlin
1992

Bruno *Bergerfurth*

Der Ehescheidungsprozeß und die anderen Eheverfahren
11. Auflage, 1998
Bonn

zit.: *Bergerfurth*, Ehescheidungsprozeß, S.

Bericht der Kommission zur Neuordnung des Schiedsverfahrensrechts mit einem Diskussionsentwurf zur Neufassung des Zehnten Buches der ZPO herausgegeben vom Bundesministerium der Justiz
Februar 1994
Bonn

zit.: Bericht, S.

Wolfgang *Bernhardt*
Rudolf *Krasser*

Lehrbuch des Patentrechts
4. Auflage, 1986
München

zit.: *Bernhardt/ Krasser*, PatR, S.

Ronald *Bernstein*
John *Tackaberry*
Arthur L. *Marriot*
Derek *Wood*

Handbook of Arbitration Practice
London
1998

zit.: Bernstein/ Tackaberry/ Marriot/ Wood-*Bearbeiter*, Handbook of Arbitration Practice, S. 471 ff.

Christian *Böcker*

Das neue Recht der objektiven Schiedsfähigkeit: Eine rechtsvergleichende Arbeit zum deutschen, österreichischen und spanischen Recht
Diss., Mainz
1997

zit.: *Böcker*, Schiedsfähigkeit, S.

Rudolf *Dolzer* (Gesamtherausgeber)

Kommentar zum Bonner Grundgesetz
Band 8, Art. 92-104
Stand: September 1998
Heidelberg

zit.: *Bearbeiter* in BK, Art. Rz.

Reinhard *Bork*
Münster

Der Begriff der objektiven Schiedsfähigkeit
(§ 1025 Abs. 1 ZPO)
ZZP 100 (1987), 249-272

Reinhard *Bork*
Elisabeth *Stöve*

Schiedsgerichtsbarkeit bei Börsentermingeschäften
Schriftenreihe der Deutschen Institution für Schiedsgerichtsbarkeit, Band 10
Köln u.a.
1992

zit.: *Bork/ Stöve*, Börsentermingeschäfte, S.

Reinhard *Bork*
Hamburg

Zur Schiedsfähigkeit von Beschlußmängelstreitigkeiten
ZZP 160 (1996), 374-385

Helmut *Büttner*
Köln

Änderungen im Familienverfahrensrecht
durch das Kindschaftsrechtsreformgesetz
FamRZ 1998, 585-594

Günter M. *Bredow*
Frankfurt, New York

Die Zukunft der Schiedsklausel für GmbH-Beschlußmängelklagen
DStR 1996, 1653-1655

Hans *Brox*

Allgemeiner Teil des Bürgerlichen Rechts
18. Auflage, 1994
Köln u.a.

zit.: *Brox*, BGB AT; S.

Hans *Brox*

Erbrecht
16. Auflage, 1996
Köln u.a.

Andreas *Bucher*
Die neue internationale Schiedsgerichtsbarkeit in der Schweiz
Basel
1989

zit.: *Bucher*, Schiedsgerichtsbarkeit, S.

Thomas E. *Carbonneau*
New Orleans
International Arbitration – The United States in *Gottwald* (Hrsg.), Internationale Schiedsgerichtsbarkeit, S. 875-890
Bielefeld
1997

Jürgen *Damrau*
Konstanz
Anmerkung zu LG Hamburg, Urteil vom 08.07.1985, Aktz. 72 O 329/84
EWiR 1985, 815 f.

Kalle *De Witt*
Westerstede
Mediative Elemente in der familienrechtlichen Arbeit
FamRZ 1998, 211-214

Horst *Dreier* (Hrsg.)
Grundgesetz
Band I, 1996
Tübingen

zit.: *Bearbeiter* in Dreier-GG, Art. Rz.

Frank *Ebbing*
Bayreuth
Schiedsvereinbarungen in Gesellschaftsverträgen
NZG 1998, 281-289

Ulrich *Eisenhardt*
Gesellschaftsrecht
8. Auflage
München

Jürgen *Ellenburger*
Marburg/ Karlsruhe
Die neuere Rechtsprechung des Bundesgerichtshofes zum Börsenterminhandel
WM 1999, Beilage 2, S. 1-26

Manja *Epping* — Die Schiedsvereinbarung im internationalen privaten Rechtsverkehr nach der Reform des deutschen Schiedsverfahrensrechts
Diss., 1999
München

zit.: *Epping*, Schiedsvereinbarung, S.

Günter *Esch*
Dieter *Schulze zur Wiesche* — Handbuch der Vermögensnachfolge
2. Auflage, 1981
Berlin

zit.: *Esch/ Schulze zur Wiesche*, Vermögensnachfolge, S.

Erich *Eyermann* — Verwaltungsgerichtsordnung
10. Auflage, 1998
München

zit.: Eyermann/ *Bearbeiter*, VwGO, § Rz.

Hans W. *Fasching* — Schiedsgericht und Schiedsverfahren im österreichischen und internationalen Recht
Wien
1973

zit.: *Fasching*, Schiedsgericht, S.

Friedrich Karl *Fromm*
Wilhelm *Nordemann* — Urheberrecht
9. Auflage, 1998
Stuttgart

zit.: *Fromm/ Bearbeiter*, UrhG, § 7 Rz. 1

Dieter *Gaul*
Kurt *Bartenbach* — Handbuch des gewerblichen Rechtsschutzes
Band 1, 5. Auflage
Stand: 1994

Band 2, 5. Auflage
Stand: 1997
Köln

zit.: *Gaul/ Bartenbach*, Gewerblicher Rechtsschutz, Rz.

Hans Friedrich *Gaul*
Bonn

Die Unwirksamkeit des Ehevertrags über den Versorgungsausgleich infolge der „Rückschlagsperre“ des § 1408 II 2 BGB
FamRZ 1980, 1134-1142

Hans Friedrich *Gaul*
Bonn

Zulässigkeit und Geltendmachung vertraglicher Vollstreckungsbeschränkung
JuS 1971, S. 347-349

Otto-Friedrich Freiherr *v. Gamm*
Bonn

Gesetz gegen den unlauteren Wettbewerb
3. Auflage, 1993

v. Gamm, § Rz.

Reinhold *Geimer*

Internationales Zivilprozessrecht
3. Auflage, 1997
Köln

Claas-Hinrich *Germelmann*
Hans-Christoph *Mathes*
Hanns *Prütting*

Kommentar zum Arbeitsgerichtsgesetz
3. Auflage, 1999
München

zit.: *Germelmann/ Matthes/ Prütting*, ArbGG, § Rz.

Ernst *Geßler*
Wolfgang *Hefermehl*
Ulrich *Eckardt*
Bruno *Kropff*

Kommentar zum Aktiengesetz
Band V, §§ 241-290
München
1984

zit.: *Bearbeiter* in Geßler/ Hefermehl/ Eckardt/ Kropff, AktG, § Rz.

Yitzhak *Goldfine*

Jüdisches und Israelisches Eherecht
Hamburg
1975

Peter *Gottwald*
Jens *Adolphsen*
Regensburg

Das neue deutsche Schiedsverfahrensrecht
DStR 1998, 1017-1025

Peter *Gottwald*
Regensburg

Generalbericht
In Peter *Gottwald* (Hrsg.), Internationale Schiedsgerichtsbarkeit, S. 1-160
Bielefeld 1997

Peter *Gottwald* Regensburg	Die sachliche Kontrolle internationaler Schiedssprüche durch staatliche Gerichte in Beiträge zum Internationalen Verfahrensrecht und zur Schiedsgerichtsbarkeit Festschrift für Heinrich Nagel, S. 54-69 Münster 1987
Wolfgang *Grunsky*	Kommentar zum Arbeitsgerichtsgesetz 7. Auflage, 1995 München zit.: *Grunsky*, ArbGG, § Rz.
Mathias *Habersack* Heidelberg	Zur Rechtsnatur der Gesellschaft bürgerlichen Rechts JuS 1990, 179-184
Walther J. *Habscheid* Bonn	Schiedsverfahren und freiwillige Gerichtsbarkeit ZZP 66 (1960), S. 188-209
K. M. *Happe*	Schiedsgerichtsklauseln im Testament in Karl-Heinz *Böckstiegel* (Hrsg.), Schiedsgerichtsbarkeit in gesellschaftsrechtlichen und erbrechtlichen Angelegenheiten, S. 85-92 Schriftenreihe der Deutschen Institution für Schiedsgerichtsbarkeit, Band 11 1996 Berlin, Köln u.a.
Klaus Joachim *Hartung*	Termineinwand bei Warentermingeschäften an Auslandsbörsen ZIP 1991, 1185-1192
Ludwig *Häsemeyer*	Insolvenzrecht 2. Auflage, 1998 Köln u.a.

Harald *Bartl* u.a. (Hrsg.)	Heidelberger Kommentar zum GmbH-Recht 4. Auflage, 1997 Heidelberg zit.: HK-GmbHR/ *Bearbeiter*, § Rz.
Bernd v. *Heintschel-Heinegg*	Das Verfahren in Familiensachen 3. Auflage, 1994 Neuwied u.a. zit.: v. *Heintschel-Heinegg*, Familiensachen, S.
Günter *Henn*	Schiedsverfahrensrecht 1986 Heidelberg
Martin *Henssler* Konstanz	Anlegerschutz durch Information ZHR 153 (1989), 611-642
Dieter *Henrich*	Ehe- und Familiensachen mit Ausländerbeteiligung Köln 4. Auflage, 1988 zit.: *Henrich*, Ehesachen, S.
Hartwig *Henze* Karlsruhe	Zur Schiedsfähigkeit von Gesellschafterbeschlüssen im GmbH-Recht ZGR 1988, 542-557
Klaus *Hopt* (Hrsg.)	Großkommentar zum Aktienrecht 4. Auflage, 1996 6. Lieferung: §§ 241-255 zit.: *Bearbeiter* in AktR-Großkomm., § Rz.
Uwe *Hüffer*	Aktiengesetz 4. Auflage, 1999 München

Hans-Viggo v. *Hülsen* — Die Gültigkeit von internationalen Schiedsvereinbarungen
Berlin 1973

zit.: v. *Hülsen*, Schiedsvereinbarung, S.

Wolfgang *Humbert-Droz* — Das Ehescheidungsrecht in Japan
Köln u.a.
1985

Bernd v. *Hoffmann*
Trier — Die Novellierung des deutschen Schiedsverfahrensrechts von 1986
IPRax 1986, 337-340

Josef *Isensee*/ Paul *Kirchhof* (Hrsg.) — Handbuch des Staatsrechts
Band III – Das Handeln des Staates –
Heidelberg
1988

zit.: *Bearbeiter* in Handbuch des Staatsrechtes, Band, § Rz.

Herman *Jsay* — Kommentar zum Patentgesetz
4. Auflage, 1926
Berlin

Theodor *Keidel*
Joachim *Kuntze*
Karl *Winkler* — Kommentar zum Gesetz über die Angelegenheiten der freiwilligen Gerichtsbarkeit
1999
München

zit.: *Bearbeiter* in Keidel/ Kuntze/ Winkler, FGG, § Rz.

Theodor *Kipp*
Helmut *Coing* — Erbrecht
Tübingen
1978

Joachim *Kilger*
Karsten *Schmidt* — Insolvenzgesetze
München
1997

zit.: *Kilger*/ K. *Schmidt*, besprochenes Gesetz, Fundstelle

Kölner Kommentar zum Aktiengesetz	Band 2, 1985 Köln u.a. zit.: Kölner Komm./ *Bearbeiter*, § Rz.
Rudi *Kohler* Stuttgart	Letztwillige Schiedsklauseln DNotZ 1962, 125-135
Ferdinand *Kopp* Wolf-Rüdiger *Schenke*	Verwaltungsgerichtsordnung 11. Auflage, 1998 München
Udo *Kornmeier*	Die Schiedsfähigkeit GmbH-rechtlicher Nichtigkeits- und Anfechtungsklagen Bochum 1980 zit.: *Kornmeier*, Schiedsfähigkeit, S.
Udo *Kornmeier* Düsseldorf	Schiedsfähigkeit und materielle Vergleichsbefugnis ZZP 94 (1981), 27-49
Herbert *Kronke* Bielefeld	Europäisches Übereinkommen über Staatsimmunität – Element der Kodifizierung des deutschen internationalen Zivilverfahrensrechts IPRax 1991, 141- 149
Bruno M. *Kübler* Hanns *Prütting*	Kommentar zur Insolvenzordnung Band II, Stand November 1999 Köln zit.: *Kübler/ Prütting/ Onussheit*, InsO, § Rz.
Jens-Peter *Lachmann*	Handbuch für die Schiedsgerichtspraxis Köln 1998 zit.: *Lachmann*, Schiedsgerichtspraxis, S.

Heinrich *Lange*/ Kurt *Kuchinke*	Lehrbuch des Erbrechts München 1989 zit.: *Lange/ Kuchinke*, Erbrecht, S.
Gerrit *Langenfeld* Karlsruhe	Vereinbarungen über den nachehelichen Unterhalt in der Praxis NJW 1981, 2377-2381
Hildegard *Lau*/ Emil *Lau* Hamburg	Die deutsche Schiedsgerichtsbarkeit und der internationale Standard TranspR 1990, 133-137
Daniel *Levin*	Konflikte zwischen einer weltlichen und einer religiösen Rechtsordnung Zürich 1991
Dieter *Lorenz*	Der Rechtsschutz des Bürgers und die Rechtsweggarantie München 1973
Gino *Lörcher* Köln	Das neue Recht der Schiedsgerichtsbarkeit DB 1998, 245-248
Gino *Lörcher*/ Heike *Lörcher*	Das Schiedsverfahren –national/ international- nach neuem Recht München u.a. 1998 zit.: *Lörcher/ Lörcher*, Schiedsverfahren, S.
Gerhard *Lüke* Saarbrücken	Probleme der Schiedsgerichtsbarkeit In Festschrift zum Anlaß des 150 jährigen Bestehens der Universität des Saarlands, S. 297-316
Wolfgang *Lüke* Holger *Blenske*	Die Schiedsfähigkeit von Beschlußmängelklagen - Möglichkeiten und Grenzen der Rechtsgestaltung - ZGR 1998, 253-304

Alexander *Lüderitz*
Familienrecht
27. Auflage, 1999
München

Hans-Jochem *Lüer*
Köln
German Court Decisions Interpreting and Implementing the New York Convention
JIntArb 7 (1990), 127-138

Hans-Jochem *Lüer*
Köln
Börsentermingeschäftsfähigkeit und Differenzeinwand
JZ 1979, 171-175

Marcus *Lutter*
Peter *Hommelhoff*
Kommentar zum GmbHG
15. Auflage, 2000
Köln

zit.: *Lutter/ Hommelhoff*, GmbHG, § Rz.

Werner *Lorenz*
Würzburg
Die Rechtsnatur von Schiedsvertrag und Schiedsspruch
AcP 157 (1958), 265-302

Hans Jakob *Maier*
Handbuch der Schiedsgerichtsbarkeit
Herne u.a.
1979

zit.: *Maier*, Schiedsgerichtsbarkeit, S.

Theodor *Maunz*
Günter *Dürig*
Grundgesetz
Band V, Stand Februar 1999
München

zit.: Maunz/ Dürig/ *Bearbeiter*, Art. Rz.

Hartmut *Maurer*
Allgemeines Verwaltungsrecht
9. Auflage, 1994
München

Münchener Kommentar zum Bürgerlichen Gesetzbuch
München
1. Band
3. Auflage, 1994

6. Band
3. Auflage, 1997

7. Band
2. Auflage, 1990

9. Band
3. Auflage, 1997

10. Band
3. Auflage, 1998

zit.: *Bearbeiter* in MüKo, BGB, § oder Art. Rz.

Münchener Kommentar zur Zivilprozessordnung
Band 3
München
1992

zit.: Bearbeiter in MüKo, ZPO, § Rz.

Hans-Joachim *Musielak* (Hrsg.)
Zivilprozessordnung
München
1999

zit.: Musielak/ *Bearbeiter*, § Rz.

Heinrich *Nagel*
Peter *Gottwald*
Internationales Zivilprozessrecht
4. Auflage, 1997
München

Thomas *Nöcker*
Münster
Das neue Schiedsverfahrensrecht in Kanada
RIW 1988, 363-367

Birthe *Osterthun*
Hamburg
Das neue deutsche Recht der Schiedsgerichtsbarkeit
TranspR 1998, 177-187

Dirk *Petermann*
Wuppertal
Die Schiedsfähigkeit von Beschlüssen im Recht der GmbH
BB 1996, 277-283

Bernhard *Pfister*
Michael R. *Will*
Festschrift für Werner Lorenz zum 70. Geburtstag
Tübingen
1991

Alain *Plantey* (Hrsg.)
Festschrift für Ottoarndt Glossner
Heidelberg
1994

Hilmar *Raeschke-Kessler*
Klaus Peter *Berger*
Hans K. *Lehne*
Recht und Praxis des Schiedsverfahrens
2. Auflage, 1995
Köln

Hilmar *Raeschke-Kessler*
Karlsruhe
Staatliche Gerichtsbarkeit und Schiedsgerichtsbarkeit nach der Neufassung der ZPO-Vorschriften
in DIS-Materialien IV (1998), S. 81-110
Neues Deutsches Schiedsverfahrensrecht/
Neue DIS-Schiedsordnung
Deutsche Institution für Schiedsgerichtsbarkeit e.V., Bonn (Hrsg.)
Bonn
1998

Konrad *Redeker*
Hans-Joachim v. *Oertzen*
Martin *Redeker*
Verwaltungsgerichtsordnung
12. Auflage, 1997
Stuttgart u.a.

zit.: *Redeker/ v. Oertzen*, VwGO, § Rz.

Manfred *Rehbinder*
Urheberrecht
10. Auflage, 1998
München

Christoph *Reithmann*
Dieter *Martiny*
Internationales Vertragsrecht
5. Auflage, 1996
Köln

zit.: *Reithmann/ Martiny/ Bearbeiter*, Internationales Vertragsrecht, S.

Reinhard *Richardi* (Hrsg.)
Otfried *Wlotzke*
Münchner Handbuch zum Arbeitsrecht
Band I, Individualarbeitsrecht I
München
1992

zit.: Münchner Handbuch zum Arbeitsrecht/ *Bearbeiter*, § Rz.

Bodo *Riegger*
Martin *Schockenhoff*
Stuttgart

Das Unbedenklichkeitsverfahren zur Eintragung der Umwandlung in das Handelsregister
ZIP 1997, 2105-2113

William P. *Rogers*
Jerry W. *Markham*

The Application of West German Statutes to United States Commodity Futures Contracts - An Unnecessary Clash of Policies
Law and Policy in International Business 19 (1987), S. 273 ff.

Leo *Rosenberg*
Karl Heinz *Schwab*
Peter *Gottwald*

Zivilprozessrecht
15. Auflage, 1993
München

Leo *Rosenberg*
Hans Friedhelm *Gaul*
Eberhard *Schilken*

Zwangsvollstreckungsrecht
11. Auflage, 1997

Heinz *Rowedder* (Hrsg.)

Kommentar zum GmbHG
2. Auflage, 1990
München

zit.: *Rowedder- Bearbeiter*, GmbHG, § Rz.

Michael *Sachs* (Hrsg.)

Grundgesetz
2. Auflage, 1999
München

zit.: *Bearbeiter* in GG, Art. Rz.

Jürgen *Samtleben*
Hamburg

Schiedsklauseln bei internationalen Warentermingeschäften
BB 1974, 1616-1618

Jürgen *Samtleben*
Hamburg

Termingeschäftsfähigkeit an Auslandsbörsen-Zur Neuregelung des Börsengesetzes
NJW 1990, 2670-2672

Pieter *Sanders*

Harmonization of Arbitration Laws
in Festschrift für Arthur Bülow, herausgegeben von Karl-Heinz Böckstiegel und Ottoarndt Glossner, S. 185-187

Otto *Sandrock* (Hrsg.)
Festschrift für Beitzke
Berlin u.a.
1979

Haimo *Schack*
Urheber- und Urheberverlagsrecht
Tübingen
1997

zit.: *Schack*, Urheberrecht, S.

Frank A. *Schäfer* (Hrsg.)
Kommentare zum Wertpapierhandelsgesetz, Börsengesetz und Verkaufsprospektgesetz
Köln u.a.
1999

zit.: *Bearbeiter/ Schäfer*, Gesetz, § Rz.

Frank A. *Schäfer*
Jörg *Müller*
Haftung für fehlerhafte Wertpapierdienstleistungen
Köln
1999

zit.: *Schäfer/ Müller*, Wertpapierdienstleis tungen, S.

Werner *Schick*
Die Schiedsfähigkeit von Rechtsstreitigkeiten über Gesellschafterbeschlüsse im GmbH-Recht
Münster, Diss., 1992

zit.: *Schick*, Schiedsfähigkeit, S.

K. Jan *Schiffer*
Bonn
Erbrechtliche Gestaltung: Möglichkeiten der Schiedsgerichtsbarkeit in Karl-Heinz *Böckstiegel* (Hrsg.),
Schiedsgerichtsbarkeit in gesellschaftlichen und erbrechtlichen Angelegenheiten, S. 65-84
Schriftenreihe der Deutschen Institution für Schiedsgerichtsbarkeit, Band 11
1996
Köln u.a.

K. Jan *Schiffer*
Wirtschaftsschiedsgerichtsbarkeit
Köln
1999

Peter *Schlosser*
München

Anmerkung zum BGH, Urteil vom
29.03.1996, Aktz. II ZR 124/95
JR 1996, 1020-1022

Peter *Schlosser*

Das Recht der internationalen privaten Schiedsgerichtsbarkeit
2. Auflage, 1989
Tübingen

zit.: *Schlosser*, Schiedsgerichtsbarkeit, S.

Peter *Schlosser*
München

Die Schiedsfähigkeit im engeren und weiteren Sinne
in DIS-Materialien IV (1998), S. 49-66
Neues Deutsches Schiedsverfahrensrecht/
Neue DIS-Schiedsordnung
Deutsche Institution für Schiedsgerichtsbarkeit e.V., Bonn (Hrsg.)
Bonn
1998

Peter *Schlosser*

Gestaltungsklagen und Gestaltungsurteile
Bielefeld
1966

Peter *Schlosser* (Hrsg.)

Integritätsprobleme im Umfeld der Justiz - Die Organisation der Rechtsberatung; Schiedsgerichtsbarkeit und Verfassungsrecht -
Bielefeld
1994

zit.: *Beitragender* in Integritätsprobleme; S.

Peter *Schlosser*
Dagmar *Coester-Waltjen*
Hans-Ulrich *Graba*

Kommentar zum Gesetz zur Regelung des Rechts der Allgemeinen Geschäftsbedingungen
1977
Bielefeld

Peter *Schlosser*
München

Notwendige Reformen des deutschen Rechts der Schiedsgerichtsbarkeit
ZIP 1987, 492-500

Peter *Schlosser*
München

Schiedsgerichtsbarkeit und Freiwillige Gerichtsbarkeit
in Karl-Heinz *Böckstiegel* (Hrsg.), Schiedsgerichtsbarkeit in gesellschaftsrechtlichen und erbrechtlichen Angelegenheiten, S. 97-111
Schriftenreihe der Deutschen Institution für Schiedsgerichtsbarkeit, Band 11
1996
Köln u.a.

Peter *Schlosser*
München

Schiedsgerichtsbarkeit und öffentlichrechtlich beeinflusste Streitgegenstände
in Festschrift für Arthur Bülow, herausgegeben von Karl-Heinz Böckstiegel und Ottoarndt Glossner, S. 189-197

Karsten *Schmidt*

Gesellschaftsrecht
3. Auflage, 1997
Köln, u.a.

Karsten *Schmidt*
Bonn

Neues Schiedsverfahrensrecht und Gesellschaftsrechtspraxis
ZHR 162 (1998), S. 265-289

Karsten *Schmidt*
Hamburg

Schiedsfähigkeit von GmbH-Beschlüssen
ZGR 1988, 523-541

Karsten *Schmidt*
Hamburg

Schiedsklagen gegen Hauptversammlungsbeschlüsse
AG 1995, 551-554

Karsten *Schmidt*
Hamburg

Statutarische Schiedsklauseln zwischen prozessualer und verbandsrechtlicher Legitimation
JZ 1989, 1077-1084

Walter *Schmitt Glaeser*

Verwaltungsprozessrecht
13. Auflage, 1994
Stuttgart u.a.

Friedrich *Schoch*
Eberhard *Schmidt-Aßmann*
Reiner *Pietzner* (Hrsg.)

Verwaltungsgerichtsordnung
Band II, Stand: März 1999
München

zit.: *Bearbeiter* in Schoch/ Schmidt-Assmann/ Pietzner, VwGO § Rz.

Franz *Scholz* (Begr.)

Kommentar zum GmbH- Gesetz
II. Band, §§ 45-85
1995
Köln

zit.: *Scholz/ Bearbeiter*, § Rz.

Gerhard *Schricker* (Hrsg.)

Urheberrecht-Kommentar
2. Auflage, 1999
München

zit.: *Schricker/ Bearbeiter*, UrhG, § Rz.

Mathias *Schröder*

Schiedsgerichtliche Konfliktbeilegung bei aktienrechtlichen Beschlußmängelklagen
Köln u.a.
1999

zit.: *Schröder*, Beschlußmängelklagen, S.

Rolf A. *Schütze*

Schiedsgericht und Schiedsverfahren
München
1. Auflage, 1991

zit.: *Schütze*, Schiedsgericht, 1. Auflage, S.

Rolf A. *Schütze*

Schiedsgericht und Schiedsverfahren
München
3. Auflage, 1999

zit.: *Schütze*, Schiedsgericht, S.

Rolf A. *Schütze*
Dieter *Tschernig*
Walter *Wais*

Handbuch des Schiedsverfahrens
Berlin u.a.
2. Auflage, 1990

zit.: *Schütze/ Tschernig/ Wais*, Schiedsverfahren, S.

Rolf A. *Schütze* — Zur Wirksamkeit von internationalen Schiedsvereinbarungen und zur Wirkungserstreckung ausländischer Schiedssprüche über Ansprüche aus Börsentermingeschäften Jahrbuch für die Praxis der Schiedsgerichtsbarkeit, Band I (1987, S. 94-98)

Rolf A. *Schütze*
Stuttgart/ Tübingen — Zur notariellen Beglaubigung von Schiedsvereinbarungen
BB 1992, 1877-1881

Rainer *Schulte* — Patentgesetz mit EuPÜ
5. Auflage, 1994
Köln u.a.

zit.: *Schulte*, PatG, § Rz.

Jörn-Christian *Schulze*
Regensburg — Letztwillig eingesetzte Schiedsgerichte
MDR 2000, 314-318

Jörn-Christian *Schulze*
Düsseldorf — Was ist mit § 14 Abs. 6 WahrnG?
GRUR 2000, 714-716

Claus-Dieter *Schumann*
Hamburg — Auf dem Weg zur Schiedsrichterlizenz
NJW 1992, 2065-2066

Dieter Schwab — Familienrecht
8. Auflage, 1995
München

Dieter *Schwab*
Regensburg — Elterliche Sorge bei Trennung und Scheidung der Eltern
FamRZ 1998, 457-472

Karl Heinz *Schwab*
Gerhard *Walter* — Schiedsgerichtsbarkeit
5. Auflage, 1994
München

zit.: *Schwab/ Walter*, Schiedsgerichtsbarkeit, S.

Eberhard *Schwark*
Börsengesetz
2. Auflage, 1994
München

zit.: *Schwark*, § Rz.

Matthias *Schwarz*
Der Gerichtsstand der unerlaubten Handlung nach deutschem und europäischem Zivilprozessrecht
Freiburg
1991

Stefan *Smid*
Grundzüge des neuen Insolvenzrechts
München
1999

Stefan *Smid*
Halle
Schiedsgericht und Rechtserkenntnis
DZWiR 1995, 401-409 ???

Hans *Soergel* (Begr.)
Bürgerliches Gesetzbuch
Band 7, Familienrecht I
12. Auflage, 1988
Stuttgart u.a.

Band 8, Familienrecht II
12. Auflage, 1987

Band 10, Einführungsgesetz zum BGB
11. Auflage, 1983

zit.: *Soergel/ Bearbeiter*, § Rz.

Dennis *Solomon*
Passau
Das vom Schiedsgericht in der Sache anzuwendende Recht nach dem Entwurf zur Neuregelung des Schiedsverfahrensgesetzes
RIW 1997, 981-990

Julius *v. Staudinger* (Begr.)
Kommentar zum Bürgerlichen Gesetzbuch mit Einführungsgesetz und Nebengesetzen
1. Buch, 2. Abschnitt
12. Auflage, 1980
Berlin

4. Buch

	12. Auflage, 1997 Berlin zit.: *Staudinger/ Bearbeiter*, § Rz.
Friedrich *Stein* (Begr.) Martin *Jonas*	Kommentar zur Zivilprozessordnung 21. Auflage, 1994 Tübingen zit.: *Stein/ Jonas/ Bearbeiter*, § Rz.
Paul *Stelkens* Hein Joachim *Bonk* Michael *Sachs*	Kommentar zum Verwaltungsverfahrensgesetz München 1993 zit.: *Bearbeiter* in Stelkens/ Bonk/ Sachs, § Rz.
Rolf *Stober* Köln	Staaatsgerichtsbarkeit und Schiedsgerichtsbarkeit NJW 1979, 2000-2008
Rudolf *Strohanzl*	ZPO-Zivilprozeßgesetze 5. Auflage, 1989 Wien
Wilfried *Thöni* Innsbruck	Zur Schiedsfähigkeit des GmbH-rechtlichen Anfechtungsstreits WBl. 1994, 298-303
Heinz *Thomas* Hans *Putzo*	Zivilprozessordnung 21. Auflage, 1998 München zit.: *Thomas/ Putzo*, § Rz.
Volker *Triebel* Berthold *Viertel*	Die Bundesrepublik Deutschland wird als Schiedsgerichtsort im internationalen Schiedsverfahren gemieden BB 1986, 1168-1173
Rolf *Trittmann* Frankfurt a. M.	Die Auswirkungen des Schiedsverfahrens-Neuregelungsgesetzes auf gesellschaftsrechtliche Streitigkeiten ZGR 1999, 340-364

Christian *Völker* — Zur Dogmatik des ordre public
Berlin
1997

zit. : *Völker*, Ordre public, S.

Wolfgang *Voit*
Marburg — Privatisierung der Schiedsgerichtsbarkeit
JZ 1997, 120-125

Lothar *Vollmer*
Stuttgart — Unternehmensverfassungsrechtliche Schiedsgerichte
ZGR 1982, 15-44

Franz *Wagner*
München — Anmerkung zum Beschluß des KG vom 05.02.1998, Aktz. 1 W 6796/95
ZEV 98, 184 f.

Rudolf *Wassermann* (Hrsg.) — Alternativkommentar zum Grundgesetz
Band 2 - Art. 38-142 -
Neuwied
1989

zit.: AK/GG- *Bearbeiter*, Art. Rz.

Dolf *Weber*
Frankfurt a. M.
Daniela *Weber-Rey*
Frankfurt a. M./ New York, USA — Fragen der Börsenschiedsfähigkeit bei gekorener Börsentermingeschäftsfähigkeit
Jahrbuch für die Praxis der Schiedsgerichtsbarkeit,
Band 3 (1989, S. 149-159)

Wilhelm *Wengler* — Sonderanknüpfung, positiver und negativer ordre public
JZ 1979, 175-177

Friedrich *Graf v. Westphalen* (Hrsg.) — Vertragsrecht und AGB- Klauselwerke
Stand: April 1999
München

zit.: *Graf v. Westphalen/ Bearbeiter*, AGB-Klauselwerke, S.

Bernhard *Wieczorek*
Rolf A. *Schütze*

Zivilprozessordnung und Nebengesetze
1. Band, Einleitung
1994
Berlin u.a.

zit.: *Wieczorek/ Schütze*, § Rz.

Bernhard *Wieczorek*
Rolf A. *Schütze*

EGZPO, GVG, EGGVG, Int. ZPR
5. Band, 1980
Berlin u.a.

zit.: *Wieczorek/ Schütze*, Gesetzestext oder Übereinkommen, § Rz. Oder S.

Rolf M. *Winkler*
Stuttgart/ Brüssel
Armin *Weinand*
Reutlingen

Deutsches Internationales Schiedsverfahrensrecht
BB 1998, 597-604

Manfred *Wolf*
Norbert *Horn*
Walter F. *Lindacher*

Kommentar zum Gesetz zur Regelung des Rechts der allgemeinen Geschäftsbedingungen
4. Auflage, 1999
München

zit.: *Wolf/ Horn/ Lindacher*, AGBG, § Rz.

Regina *Wunderer*

Der deutsche „ordre public d'arbitrage international" und Methoden seiner Konkretisierung
Frankfurt a. M.
1993

zit.: *Wunderer*, Ordre public, S.

Götz *Zerbe*

Die Reform des deutschen Schiedsverfahrensrehts auf der Grundlage des UNCITRAL-Modellgesetzes über die internationale Handelsschiedsgerichtsbarkeit
Bielefeld, Diss.
1994

zit.: *Zerbe*, Reform, S.

Stephan *Zilles*
Düsseldorf

Vereinbarung des Schiedsverfahrens über Beschlüsse von GmbH-Gesellschaftern
BB 1999, Beilage 4, S. 2-7

Wolfgang *Zöllner*
Tübingen
Ulrich *Noack*
Tübingen

Geltendmachung von Beschlußmängeln im GmbH-Recht
ZGR 1989, 525-544

Richard *Zöllner* (Begr.)

Zivilprozessordnung
20. Auflage, 1997
Köln

zit.: *Zöllner/ Bearbeiter*, 20. Aufl., § Rz.

21. Auflage, 1998
Köln

zit.: *Zöllner/ Bearbeiter*, § Rz.

Abkürzungsverzeichnis

a.A.	anderer Ansicht
ABGB	Allgemeines Bürgerliches Gesetzbuch (Österreich)
Abs.	Absatz
AcP	Archiv für civilistische Praxis
a.E.	am Ende
a.F.	alte Fassung
AG	Aktiengesellschaft/ Amtsgericht
AGB	Allgemeine Geschäftsbedingungen
AGBG	Gesetz zur Regelung des Rechts der Allgemeinen Geschäftsbedingungen
AktG	Aktiengesetz
AktG- Ö	Österreichisches Aktiengesetz
AktR	Aktienrecht
Aktz.	Aktenzeichen
allg.	allgemein
Anm.	Anmerkung
a.M.	anderer Meinung/ am Main
ArbGG	Arbeitsgerichtsgesetz
Art./ Artt.	Artikel/ Artikel (Plural)
ASG- Ö	österreichisches Arbeits- und Sozialgesetz vom 07.03.1985
Aufl.	Auflage
BayObLG	Bayrisches oberstes Landesgericht
BB	Betriebsberater
Begr.	Begründer
RegBegrE	Begründung zum Regierungsentwurf
BG	Schweizerisches Bundesgericht
BGB	Bürgerliches Gesetzbuch
BGBl.	Bundesgesetzblatt
BGE	Amtliche Entscheidungssammlung des Schweizerischen Bundesgerichts
BGH	Bundesgerichtshof
BGHZ	
Beil.	Beilage
BeurkG	Beurkundungsgesetz
BK	Kommentar zum Bonner Grundgesetz
Bl.	Blatt für Patent-, Muster- und Zeichenwesen
BörsG	Börsengesetz
BT	Bundestag
BNotO	Bundesnotarordnung
BVerfG	Bundesverfassungsgericht
BVerfGE	Amtliche Entscheidungssammlung des Bundesverfassungsgerichts
bzw.	beziehungsweise

DB	Der Betrieb
ders.	derselbe
DIS	Deutsche Institution für Schiedsgerichtsbarkeit e.V.
Diss.	Dissertation
DNotZ	Deutsche Notarzeitung
Dok.	Dokument
Drucks.	Drucksache
DRiG	Deutsches Richtergesetz
DStR	Zeitschrift für das deutsche Steuerrecht
Düss	Düsseldorf
DZWiR	Deutsche Zeitschrift fürs Wirtschaftsrecht
EDNY	Eastern District of New York
EG	Europäische Gemeinschaften
EGBGB	Einführungsgesetz zum BGB
EGGVG	Einführungsgesetz zu GVG
EGZPO	Einführungsgesetz zur ZPO
EheschlRG	Eheschließungsrechtsgesetz (BGBl. 1998 I 833)
Einf.	Einführung
Einl.	Einleitung
EuGH	Europäischer Gerichtshof
EuGVÜ	Übereinkommen der Europäischen Gemeinschaften über die gerichtliche Zuständigkeit und die Vollstreckung gerichtlicher Entscheidungen in Zivil- und Handelssachen
EuÜ	Genfer Europäische Übereinkommen über die internationale Handelsschiedsgerichtsbarkeit
EuPÜ	Europäisches Patentübereinkommen
e.V.	eingetragener Verein
EWG	
EWiR	Entscheidungen zum Wirtschaftsrecht
Fn.	Fußnote
FamRZ	Zeitschrift für das ganze Familienrecht
gem.	gemäß
GEMA	Gesellschaft für musikalische Aufführungsrechte und mechanische Vervielfältigungsrechte r.V.
GenossenschaftsG	Genossenschaftsgesetz
GG	Grundgesetz
ggf.	gegebenenfalls
GmbH	Gesellschaft mit beschränkter Haftung
GmbHG	Gesetz betreffend die Gesellschaft mit beschränkter Haftung

GmbH- Ö	Österreichisches Gesetz betreffend die Gesellschaft mit beschränkter Haftung
GmbHR	Gesellschaft mit beschränkter Haftung - Rundschau
Grdz.	Grundzüge
GRUR	Zeitschrift für gewerblichen Rechtsschutz und Urheberrecht
GVG	Gerichtsverfassungsgesetz
HausratsVO	Verordnung über die Behandlung der Ehewohnung und des Hausrats (RGBl. 1944 I 256; Änderung in BGBl. 1976 I 1421).
h.L.	herrschende Lehre
h.M.	herrschende Meinung
Hrsg.	Herausgeber
InsO	Insolvenzordnung
Int.	international
IntPÜG	Gesetz über internationale Patenteinkommen (BGBl. 1976 II 649)
IPR	Internationales Privatrecht
IPRax	Praxis des Internationalen Privat- und Verfahrensrechtes
IPRG	Bundesgesetz über das Internationale Privatrecht (Schweiz)
iSd.	im Sinne des
iVm.	in Verbindung mit
IZPR	Internationales Zivilprozeßrecht
JIntArb	Journal of International Arbitration
JN	Juristriktionsnorm (Österreich)
JuS	Juristische Schulung
JZ	Juristenzeitung
KG	Kommanditgesellschaft oder Kammergericht
KO	Konkursordnung
Komm.	Kommentar
lit.	littera (Buchstabe)
MDR	Monatsschrift für Deutsches Recht
MüKo	Münchener Kommentar zu Bürgerlichen Recht, Zivilprozeßrecht, Internationalem Recht und Prozeßrecht
m.w.N.	mit weiteren Nachweisen
n.F.	neue Fassung
NJW	Neue juristische Wochenschrift
NVwZ	Neue Zeitschrift für Verwaltungsrecht

NYAC	New York Arbitration Convention
OGH	Oberster Gerichtshof (Österreich)
ÖJZ	Österreichischen Juristenzeitung
OLG	Oberlandesgericht
Para.	Paragraph
PatG	Patentgesetz
PatR	Patentrecht
RegE	Regierungsentwurf zum SchiedsVfG
Rev. arb.	Revue de l´arbitrage
RGBl.	Reichsgesetzblatt
RIW	Recht der Internationalen Wirtschaft
RR	Rechtsprechungs- Report
r.V.	rechtsfähiger Verein
S.	Seite/ Seiten oder Satz/ Sätze
SchiedsVfG	Gesetz zur Neuregelung des Schiedsverfahrensrecht (BGBl. I 1997, 3224)
SchK	Schweizer Konkordat für Schiedsgerichtsbarkeit
schw.	Schweizerisch
Sec.	Section
SGB	Sozialgesetzbuch
TranspR	Transportrecht
u.a.	und andere
UMG	UNCITRAL- Modellgesetz zur internationalen Handelsschiedsgerichtsbarkeit vom 21.06. 1985
UN	United Nations
UNCITRAL	UN-Kommission für Internationales Handelsrecht (United Nations Commission on International Trade Law)
UNÜ	UN-Übereinkommen über die Anerkennung und Vollstreckung ausländischer Schiedssprüche
UrhG	Gesetz über Urheberrecht und verwandte Schutzrechte vom 09.09.1965 (BGBl. 1965 I 1273)
UWG	Gesetz gegen den unlauteren Wettbewerb
WBl.	Wirtschaftsrechtliche Blätter (Anlage zur ÖJZ)
WahrnG	Urheberrechtswahrnehmungsgesetz (BGBl. 1965 I 1294)
WM	Wertpapiermitteilungen
WRV	Weimarer Reichsverfassung

Einleitung

Seit dem Ende des zweiten Weltkrieges herrscht in Europa ein regelrechter „Wettkampf" um internationale Schiedsgerichtsverfahren. An dieser Auseinandersetzung hat sich die Bundesrepublik über Jahrzehnte hinweg weitestgehend lediglich als Zuschauer beteiligt, zumindest was den Austragungsort angeht.[1]
Die Gründe hierfür sind vielfältig, wenn sie sich auch nicht genau ermitteln lassen.
Zum einen spielen sicherlich psychologische Aspekte eine Rolle.[2] Auch hier hat Deutschland noch immer mit Vorurteilen zu kämpfen, die in seiner mit nationalsozialistischen Verbrechen belasteten Vergangenheit begründet sind.[3] Hinzu kommt, daß Länder wie Schweden, Österreich oder die Schweiz in dem Ruf stehen, über ein politisches neutrales Umfeld zu verfügen. Dies dürfte häufig der Grund für ihre Bevorzugung dargestellt haben. Mit der Beendigung des Ost-West-Konfliktes und der deutschen Wiedervereinigung ist Deutschland aber nicht mehr das östliche Grenzland des Westens, so daß dieses Kriterium mittlerweile in den Hintergrund gerückt sein dürfte.[4]
Entscheidend für die Wahl als Austragungsort ist aber nach wie vor die Schiedsgerichtsordnung eines Landes.[5] Für die Wahl des Schiedsortes sprechen vor allem Praktikabilität und Effizienz seines Schiedsrechtes[6], sowie der Wiedererkennungseffekt, den der fremdnationale Nutzer erfährt.[7]
Um sich diesen Forderungen der internationalen Klientel mehr und mehr anzupassen, haben seit 1979 16 europäische Nationen ihre Schiedsrechte reformiert.[8]
Auch die Bundesrepublik versuchte 1986 im Zuge der IPR- Novellierung im Wege einer kleinen Reform, das Schiedsrecht den internationalen Erwartungen und Standards anzupassen.[9]
Einhellige Meinung in der Literatur war damals, daß nur die offenkundigsten Wettbewerbsnachteile des Schiedsstandortes Deutschland beseitigt wurden.[10] Es

---

1 *Lachmann*, Schiedsgerichtspraxis, S. 23 m.w.N.; vgl. *Triebel/ Viertel*, BB 86, 1168, die feststellen, daß Deutschland als Austragungsort vernachlässigt wird, obgleich deutsche Parteien an 30 % der Verfahren der nach der Schiedsordnung des Schiedsgerichtshofes der Internationalen Handelskammer ausgetragenen Verfahren beteiligt sind. So wurden in den Jahren 1980-82 fast 90 % aller nach der Schiedsordnung geführten Verfahren in Europa ausgetragen; auf die Bundesrepublik entfielen hiervon nur 2,5 % *Lachmann*, Schiedsgerichtspraxis, S. 23 m.w.N.

2 *Berger*, Schiedsgerichtsbarkeit, S. 2.

3 *Smid*, DZWiR 95, 401; *Winkler/ Weinand*, BB 98, 597.

4 *Berger*, Schiedsgerichtsbarkeit, S. 4.

5 *Lau/ Lau*, TranspR 90, 136.

6 *Triebel/ Viertel*, BB 86, 1170; *Zerbe*, Reform, S. 30 f.

7 *Berger*, Schiedsgerichtsbarkeit, S. 4; *Lörcher*, ZRP 87, 232; *Lachmann*, Schiedsgerichtspraxis, S. 26.

8 Siehe eine Aufstellung bei *Berger*, Schiedsgerichtsbarkeit, S. 4.

9 BGBl. 1986 I, 1142 ff.

10 Siehe bei *Zerbe*, Reform, S. 18 f. m.w.N., der die Novellierung der §§ 1039, 1045 ZPO anspricht.

bestand aber weit höherer Reformbedarf, der nicht „nebenbei" mit der Reform eines anderen Gesetztes „miterledigt" werden konnte,[11] während die grundlegenden Mängel unbehoben blieben, denen der Standort Deutschland seine Unattraktivität größtenteils zu verdanken hatte.[12]

I. Kritik an der alten Rechtslage

Ansatzpunkt der Kritik an den §§ 1025 ff. a.F. ZPO[13] war vor allem ihre Regelungsarmut. Da das Gesetz selber nur rudimentäre Vorschriften zum Schiedsrecht enthielt und die Durchführung des Verfahrens weitestgehend im Ermessen der Schiedsrichter stand (§ 1034 Abs. 2 a.F. ZPO), ergaben sich aus dem Gesetz selber wenig Hinweise auf die von den deutschen Gerichten im Wege richterlicher Rechtsfortbildung geprägte Rechtslage.[14]
Ausländische Praktiker wie deutsche Juristen, die mit dem Schiedswesen nicht jeden Tag konfrontiert waren, waren gezwungen umfangreiche Sekundärliteratur zu studieren; denn ein Blick in das Gesetz allein gewährte keinen umfassenden Überblick über die Rechtslage. Hierdurch entstand erhebliche Rechtsunsicherheit.[15]
Eine einfache Handhabung des Gesetzes war also ebensowenig gegeben wie ein Wiedererkennungswert für ausländische Praktiker.
Abgesehen von diesen praktischen Mängeln wurden aber auch die Inhalte des Zehnten Buches der ZPO bemängelt.
Bezogen auf Fälle des internationalen Schiedswesens ist auffällig, daß die alte Fassung bis auf Anerkennung und Vollstreckung ausländischer Schiedssprüche (§ 1044 a.F. ZPO) keine speziellen Vorschriften für internationale Schiedsverfahren enthielt, obwohl dieses bei der Schiedsgerichtsbarkeit im Vordergrund des Interesses steht und in den vergangenen Jahrzehnten immer mehr an Bedeutung gewonnen hat.[16]
Besonders angegriffen wurde auch die Regelung des § 1028 a.F., der vorsah, daß ein Schiedsgericht grundsätzlich aus zwei Richtern bestehen solle.
Dies widersprach nicht nur der international üblichen Realität des Dreierschiedsgerichtes[17], sondern barg vor allem die Gefahr von Pattsituationen, in denen dann gem. § 1033 Nr. 2 a.F. ZPO wegen Erlöschen des Schiedsvertrages, das Schiedsverfahren beendet war.
Auch die ebenfalls in § 1033 a.F. ZPO enthaltene Regelung, wonach der Schiedsvertrag außer Kraft treten solle, wenn ein im Vertrag bezeichneter

---

11 *Lau/ Lau*, TranspR, 90, 136 f., vor dem Hintergrund, daß das Schiedsrecht nicht Teil des IPR ist.

12 *v. Hoffmann*, IPRax 86, 340; *Nöcker*, RIW 88, 365, *Kronke*, IPRax 91, 141 ff.

13 Die Bezeichnung a.F. zu Vorschriften der ZPO beziehen sich auf die Gesetzesfassung vor der Änderung der Zivilprozeßordnung durch das Gesetz zur Neuregelung des Schiedsverfahrensrecht vom 22.12.1997 (SchiedsVfG), BGBl. I 1997, 3224.

14 *Schütze/ Tschernig/ Wais*, Schiedsverfahren, S. 177 m.w.N.

15 *Berger*, Schiedsgerichtspraxis, S. 4; *Lachmann*, Schiedsgerichtspraxis, S. 25.

16 *Lachmann*, Schiedsgerichtspraxis, S. 25; RegBegrE, BT-Drucks. 13/ 5274, S.22.

17 *Berger*, DZWiR 98, 45.

Schiedsrichter stürbe oder aus sonstigen Gründen wegfalle, wurde als zu weitgehende und schiedsfeindliche Regelung empfunden.[18]
Allgemein unzweckmäßig waren auch die kurzen Fristen der §§ 1029, 1031 a.F. ZPO. Die Intention, das schiedsrichterliche Verfahren zu beschleunigen, war praxisfremd und widersprach der inneren Gesetzessystematik der §§ 1025 ff. a.F. ZPO.[19] Dies galt vor allem vor dem Hintergrund des § 1041 a.F. ZPO, der gegen die Vollstreckbarerklärung von Schiedssprüchen den gesamten deutschen Instanzenzug zur Verfügung stellte. Beide Regelungen in Kombination verstießen gegen den allgemeinen internationalen Grundsatz der Schiedsgerichtsbarkeit, daß der gemeinsamen Einigung der Parteien, die staatliche Gerichtsbarkeit auszuschließen, im Zweifel zur Wirksamkeit zu verhelfen ist.[20]
Des weiteren führten sie national nicht zu einer Entlastung der staatlichen Gerichte durch die Schiedsgerichte, da sie deren Kompetenzen beschränkten[21], und verhinderten eine schnelle Erledigung der Streitsache.[22] Vielmehr wurde das schiedsrichterliche Verfahren praktisch zu einer zusätzlichen Instanz, da ja im Exequaturverfahren noch einmal die Möglichkeit bestand, den streitigen Sachverhalt von der staatlichen Gerichtsbarkeit voll durchprüfen zu lassen.
Sehr stark wurde auch das international untypische Prinzip des alten Rechts beanstandet, welches festlegte, das jeder Schiedsspruch als deutsch anzusehen sei, wenn deutsches Verfahrensrecht angewendet wurde (sog. Verfahrensprinzip). Dies galt auch, wenn der Sitz des Schiedsgerichtes im Ausland lag.[23] Entscheidend für das Verfahrensprinzip war die Anwendung deutschen Verfahrensrechtes. Der Parteiwille war unbeachtlich.[24]
Das deutsche Recht wich damit von der heute weltweit einhelligen Meinung ab, daß ein Schiedsspruch dem Staat zuzuordnen ist, in dem der vereinbarte Sitz des Schiedsgerichtes liegt (sog. Territorialitätsprinzip).[25]

II. Reform des Zehnten Buches der ZPO

Obgleich die Bundesregierung der Meinung war, die Lücken in den gesetzlichen Regelungen des alten Zehnten Buches seien durch Rechtsprechung und Lehre weitestgehend geschlossen worden[26] und daß Rechtsfragen im Bereich der internationalen Schiedsgerichtsbarkeit zum Großteil in den von der Bundes-

---

18 *Berger*, Schiedsgerichtsbarkeit, S. 5.

19 *Lau/Lau*, TranspR 90, 137 f.

20 *Berger*, Schiedsgerichtsbarkeit, S. 5.

21 RegBegrE, BT-Drucks. 13/ 5274, S.22.

22 *Lachmann*, Schiedsgerichtspraxis, S. 26.

23 BGHZ 21, 365 (367 ff.) = JZ 57, 26 mit Anmerkung *Habscheid;* BGHZ 96, 40 (41); *Schütze/ Tschernig/ Wais,* Schiedsverfahren, S. 337.

24 *Berger*, DZWiR 98, 45.

25 *Berger*, Schiedsgerichtsbarkeit, S. 6; Raeschke-Kessler/ *Berger*/ Lehne, Schiedsverfahren, Rz. 364.

26 Siehe eine Aufstellung bei *Raeschke-Kessler/ Berger/ Lehne*, Schiedsverfahren, Rz. 106 ff.

republik ratifizierten Verträgen geklärt seien,[27] beschloß sie das deutsche Schiedsrecht zu reformieren.
Am 01.01.1998 ist das Gesetz zur Neuregelung des Schiedsverfahrensrecht vom 22.12.1997 (SchiedsVfG) in Kraft getreten.[28]
Ziel dieser Reform war es angesichts der mangelnden Akzeptanz des internationalen Schiedswesens, aber auch auf Grund der immer weiteren Ausdehnung übernationaler Handelsbeziehungen, das neue deutsche Schiedsrecht in seiner Diktion und Ausgestaltung internationalen Standards anzupassen.[29]
Im wesentlichen wurde daher das von der UN empfohlene UNCITRAL- Modellgesetz zur internationalen Handelsschiedsgerichtsbarkeit vom 21.06. 1985 (UMG) in die ZPO integriert.[30]
Hierbei handelt es sich um ein von der UN empfohlenes Modellgesetz, das zur Harmonisierung internationaler Schiedsrechtsbeziehungen führen soll.[31]
Am 11.12.1985 wurde es dem Mitgliedern von der UN-Hauptversammlung zur Übernahme empfohlen.[32] Dieser Empfehlung haben bisher über 30 Nationen entsprochen.[33] Durch das nur in wenigen Punkten vom UMG abweichenden SchiedsVfG[34] ist die Bundesrepublik diesem Vorbild ebenfalls gefolgt.

Nach dem Vorbild des UMG wurde das Zehnte Buch der ZPO in zehn Abschnitte unterteilt. Exemplarisch sollen hier die wichtigsten Änderungen dargestellt werden.[35]
Mit dem neuen Recht wird in Anlehnung an Art. 1 Abs. 2 UMG das Territorialitätsprinzip eingeführt. Der Gesetzgeber nimmt also Abstand vom bisher geltenden Verfahrensprinzip[36] und gibt somit Deutschlands Außenseiterrolle auf.[37]
Nach geltendem Recht sind die §§ 1025 ff. ZPO zwingend dann anzuwenden, wenn der Ort des schiedsrichterlichen Verfahrens gem. § 1043 I ZPO in Deutschland liegt (§ 1025 I ZPO). Dies heißt nicht notwendigerweise, daß der Sitz des Schiedsgerichtes oder der Ort des wesentlichen Beweisverfahrens tat-

---

27 RegBegrE, BT-Drucks. 13/ 5274, S.22 m.w.N.

28 BGBl. I 1997, 3224; siehe einen detaillierten Überblick zur Entstehungsgeschichte bei *Lachmann*, Schiedsgerichtspraxis, S. 26 f.

29 RegBegrE, BT-Drucks. 13/ 5274, S.22; *Lachmann*, Schiedsgerichtspraxis, S. 26; *Gottwald/ Adolphsen*, DStR 98, 1017; *Solomon*, RIW 97, 981.

30 *Gottwald/ Adolphsen*, DStR 98, 1017.

31 Vgl. UN Dok. A/CN. 9/169 v. 11.05.1979, Para. 7 ff.; UN Dok. A/CN. 9/ 207 Para 22; so auch schon: *Sanders*, Harmonization of Arbitration Laws, in FS für Bülow, 1981, S. 185 (187).

32 Siehe einen detaillierten Überblick zur Entstehungsgeschichte bei *Berger*, Schiedsgerichtsbarkeit, S.15.

33 Siehe eine Aufstellung bei *Berger*, Schiedsgerichtsbarkeit, S. 11 Fn. 54.

34 Siehe zu den Abweichungen: *Böcker*, Schiedsfähigkeit, S. 9 ff.

35 Für einen detaillierten Überblick siehe *Berger*, Schiedsgerichtsbarkeit, S. 15 ff.; *ders.*, DZWiR 98, 46 ff., *Winkler/ Weinand*, BB 98, 597 ff.

36 Siehe zu den genannten Prinzipien oben Einleitung I.

37 *Osterthun*, TranspR 98, 178.

sächlich in der Bundesrepublik gelegen sein muß. Das Gesetz stellt vielmehr auf den Sitz des Schiedsverfahrens als formales Legaldomizil ab. Dies geht soweit, daß den Parteien ermöglicht wird, alle Austragungsorte ins Ausland zu verlegen, wenn sie nur einen deutschen Sitz vereinbart haben.[38]
Mit der Annahme des Territorialitätsprinzips ist nun auch die Gefahr positiver oder negativer Interessenkonflikte behoben, die dadurch entstanden war, daß deutsche und ausländische Gerichte, unterschiedliche Zuständigkeitsprinzipien anwendeten.[39]

Im Gegensatz zum UMG[40] ist im neuen deutschen Schiedsrecht die internationale Schiedsgerichtsbarkeit nicht gesondert geregelt. Hieraus kann allerdings nicht geschlossen werden, daß die schon zum alten Recht kritisierte Regelungsarmut in das reformierte Recht übernommen wurde. Vielmehr hat das Zehnte Buch der ZPO Gültigkeit sowohl für nationale als auch für internationale Fälle.[41]

Ebenfalls wurde auf eine Beschränkung der Schiedsgerichtsbarkeit auf wirtschaftliche Fälle verzichtet. Dies stimmt nicht mit dem UMG überein, ist aber eine Fortführung der bisherigen Gesetzeslage, der eine solche Unterscheidung ebenfalls fremd war.[42]

Ersatzlos gestrichen wurde die sog. „Überlegenheitsklausel" des § 1025 II a.F. ZPO, die in der Vergangenheit harscher Kritik ausgesetzt war, weil sie den Wegfall der Gültigkeit der Schiedsvereinbarung als *ultima ratio* und nicht etwa die Neubesetzung des Schiedsgerichtes anordnete.[43]

Das Gesetz gibt dem Schiedsgericht nunmehr die Kompetenz seine auch für staatliche Gerichte bindende Zuständigkeit autark festzustellen (Kompetenz-Kompetenz).[44] Das alte Recht hatte dies unter den Vereinbarungsvorbehalt der Parteien gestellt. Mit § 1040 Abs. 1 ZPO ist jetzt festgelegt, daß das Schiedsgericht über seine eigene Zuständigkeit befindet. Gegen eine hiergegen vorgebrachte Rüge zu entscheiden, obliegt allerdings der staatlichen Gerichtsbarkeit (§ 1040 Abs. 2 S. 2 ZPO), so daß ihr die letzte Kontrolle vorbehalten bleibt.

Laut § 1040 ZPO ist es Schiedsgerichten nunmehr möglich, vorläufige oder sichernde Maßnahmen anzuordnen, wenn nichts anderes vereinbart ist.

---

38 *Berger*, DZWiR 98, 47; *Gottwald/ Adolphsen*, DStR 98, 1017.

39 Zu den möglichen Interessenkonflikten siehe Sandrock, FS für *Glossner*, S. 286, für den Fall des positiven, *Mann*, FS für Oppenhoff, S. 216, für den Fall des negativen Interessenkonflikts.

40 Vgl. Art. 1 Abs. 3 UMG.

41 *Lörcher*, DB 98, 245.

42 *Lörcher*, DB 98, 245.

43 Vgl. *Schlosser*, ZIP 87, 493.

44 *Winkler/ Weinand*, BB 98, 599.

Im Unterschied zu Maßnahmen des einstweiligen Rechtsschutzes der staatlichen Gerichtsbarkeit müssen die Anordnungen des Schiedsgerichts von einem staatlichen Gericht für vollziehbar erklärt werden.[45]
Dessen Prüfungskompetenz beschränkt sich hierbei auf die Gültigkeit der Schiedsvereinbarung und den Ausschluß von Willkür bei der Anordnung.[46] Nicht zu prüfen sind das Bestehen des Arrest- oder Verfügungsgrundes.[47]

Im Gegensatz zur bisherigen Generalklausel des § 1034 Abs. 2 a.F. ZPO, finden sich im fünften Abschnitt (§§ 1042 ff. ZPO) umfassende, aber abdingbare Verfahrensvorschriften, die vor allem rein inländische *ad hoc*-Schiedsverfahren vereinfachen. Bei diesen machen sich die Parteien häufig keine Gedanken über Verfahrensvorschriften.[48] Jetzt ist es ihnen möglich, auf eine umfassende gesetzliche Regelung zurückzugreifen.
Für internationale Verfahren von Bedeutung ist neben den Möglichkeiten, den Ort des schiedsrichterlichen Verfahrens autonom zu bestimmen (§ 1043 I ZPO), der § 1045 ZPO, der selbiges auch für die Verfahrenssprache eröffnet.[49]

Bezüglich des anzuwendenden materiellen Rechts geht die ZPO mit § 1051 ZPO über die vergleichbare UMG-Regelung hinaus.
Den Parteien steht es nicht nur offen, ein anderes materielles Recht zu wählen, sondern sie können auch einzelne Vorschriften verschiedener Rechtsordnungen für anwendbar erklären.[50] Ferner ergibt sich aus dem Wortlaut des § 1051 I ZPO, der von Rechtsvorschriften und nicht von anwendbarem Recht spricht, daß das neue Recht nicht nur die Vereinbarung nationaler, sondern auch transnationaler Vorschriften, wie etwa die *lex mercatoria* ermöglicht.[51]
Nach der Regierungsbegründung geht das Gesetz weiter davon aus, daß die auf Art. 3 ff. EG- Schuldvertragsübereinkommens[52] beruhenden Vorschriften der §§ 27 ff. EGBGB auch auf das schiedsrichterliche Verfahren anzuwenden sind.[53]

Neu in das Gesetz aufgenommen wurde mit § 1057 ZPO eine Kostenregelung. Diese war weder im alten Recht noch im UMG enthalten. Daß aber die meisten internationalen und institutionellen Schiedsordnungen vergleichbare Regelungen enthalten[54], verdeutlicht das Bedürfnis, welches hierfür besteht.[55]

---

45 *Gottwald/ Adolphsen*, DStR 98, 1020.

46 RegBegrE, BT-Drucks. 13/ 5274, S. 45.

47 *Gottwald/ Adolphsen*, DStR 98, 1020; a.A. *Schütze*, Schiedsgericht, S. 111 f., der für eine umfassende Prüfungskompetenz plädiert.

48 *Winkler/ Weinand*, BB 98, 599.

49 RegBegrE, BT-Drucks. 13/ 5274, S. 47.

50 *Berger*, DZWiR 98, 52.

51 *Berger*, Schiedsrecht, S. 21; *ders.*, DZWiR 98, 52 Fn. 62 m.w.N.

52 Übereinkommen vom 19.06.1980 über das auf vertragliche Schuldverhältnisse anzuwendende Recht, siehe Gesetz vom 25.07.1986, BGBl. 1986 II, 809.

53 RegBegrE, BT-Drucks. 13/ 5274, S. 47.

54 Vgl. Artt. 38 ff. UNCITRAL - Arbitration Rules, § 22 DIS-Schiedsgerichtsordnung.

Eine Unterscheidung zwischen internationalen und nationalen Verfahren nimmt der Gesetzgeber in §§ 1060 f. ZPO vor. Während für die Anerkennung und Vollstreckung ausländischer Schiedssprüche zukünftig das UN-Übereinkommen über die Anerkennung und Vollstreckung ausländischer Schiedssprüche vom 10.06.1958 (UNÜ)[56] Anwendung finden soll (§ 1061 Abs. 1 ZPO), sieht das Gesetz gem. § 1060 ZPO für inländische Schiedssprüche keine Anerkennung vor, sondern verknüpft die Vollstreckungserklärung mit den Versagungsgründen des § 1059 ZPO.

III. Objektive Schiedsfähigkeit

Im zweiten Abschnitt des Zehnten Buches findet sich mit § 1030 ZPO eine neue Vorschrift bezüglich des sachlichen Anwendungsbereiches der schiedsrichterlichen Vorschriften. Verglichen mit dem alten Schiedsrechts hat der Gesetzgeber deutliche Veränderungen vorgenommen.

Das alte Recht verwandte als Abgrenzungskriterium, welche Rechtssachen als objektiv schiedsfähig gelten sollten, ihre objektive Vergleichsfähigkeit (§ 1025 I a.F. ZPO).
Der Grund hierfür war vor allem darin zu sehen, den Parteien vor einem Schiedsgericht nicht mehr Befugnisse bezüglich ihrer Entscheidungsgewalt über den Streitgegenstand zuzusprechen, als sie ihnen vor einem staatlichen Gericht zugestanden hätte.[57]
Angesichts der jüngeren Entwicklung, die Schiedsgerichtsbarkeit mit der staatlichen mehr und mehr auf eine Stufe zu stellen und sie als annähernd gleichwertige Rechtsschutzmöglichkeit zu betrachten[58], versucht der Gesetzgeber, staatliche Rechtsprechungsmonopole mit der Regelung des § 1030 ZPO auf andere Weise zu schützen.
Grundsätzlich will der Gesetzgeber dem Staat Rechtsmonopole nur im Interesse besonders wichtiger Rechtsgüter vorbehalten. Diese Abgrenzung ist aber für eine gesetzliche Regelung zu vage.[59]
Um ein klares Abgrenzungskriterium zu schaffen, ist deshalb die grundsätzliche objektive Schiedsfähigkeit aller vermögensrechtlichen Ansprüche im Gesetz verankert worden (§ 1030 Abs. 1 S. 1 ZPO). Dies geschah mit der Begründung, daß grundsätzlich davon auszugehen sei, daß zwar bei einer Vielzahl nichtvermögensrechtlicher Ansprüche ein Interesse für ein staatliches Rechtsprechungsmonopol gegeben sei, dieses aber nicht generell bei vermögensrechtlichen Ansprüchen vorliege.[60]

---

55 RegBegrE, BT-Drucks. 13/ 5274, S. 57.

56 Für die Bundesrepublik Deutschland in Kraft getreten am 28.09.1960, BGBl. 1961 II, S. 121.

57 Zur Kritik siehe *Schlosser*, ZIP 87, 498 f. m.w.N.

58 So RegBegrE, BT-Drucks. 13/ 5274, S. 34.

59 RegBegrE, BT-Drucks. 13/ 5274, S. 34.

60 RegBegrE, BT-Drucks. 13/ 5274, S. 34.

Es sei daher ausreichend, das Kriterium der objektiven Vergleichsfähigkeit auf nichtvermögensrechtliche Ansprüche zu beschränken (§ 1030 Abs. 1 S. 2 ZPO).[61]

IV. Werdegang der Untersuchung

Mit dieser Änderung der Regelung zur objektiven Schiedsfähigkeit erweitert der Gesetzgeber den Anwendungsbereich der Schiedsgerichtsbarkeit. Dient die Trennung vom Kriterium der Vergleichsfähigkeit und die Zuwendung zur generellen Schiedsfähigkeit vermögensrechtlicher Ansprüche zunächst der erhöhten Transparenz und Vereinfachung, vor allem der Erhöhung der Attraktivität des deutschen Schiedsstandortes[62], so wird den Reformbemühungen vorgeworfen, dieser weit gezogene Kreis schiedsfähiger Streitgegenstände berge unabsehbare Gefahren.[63]
Die vorliegende Arbeit hat zum Ziel, die Grenzen der objektiven Schiedsfähigkeit nach dem nunmehr geltenden Recht darzustellen und in ihrem Zuge festzustellen, ob die Erweiterung des Kreises objektiv schiedsfähiger Streitgegenstände wirklich von so erheblicher Bedeutung ist. Besonderes Augenmerk wird hierbei vor allem auf den Schutz der Interessen derjenigen Personen gelegt, die nicht Teil der Schiedsvereinbarung sind, wohl aber mittelbar von dem ergehenden Schiedsspruch betroffen sind.
Zu diesem Zwecke werden in einem ersten Teil die allgemeinen Grundzüge der Schiedsfähigkeit an Hand des deutschen autonomen Rechts erörtert, um dann in einem besonderen Teil die Schiedsfähigkeit bestimmter Streitgegenstände im Zusammenhang mit den Rechtsgebieten aus denen sie stammen darzulegen. Hierbei wird eingehend auf die deutsche und, soweit sich aus ihr Rückschlüsse ziehen lassen, auch auf die Rechtssprechung unserer europäischen Nachbarn und der USA eingegangen werden.

---

61 RegBegrE, BT-Drucks. 13/ 5274, S. 34.

62 RegBegrE, BT-Drucks. 13/ 5274, S. 22; *Lachmann*, Schiedsgerichtspraxis, S. 26; *Gottwald/ Adolphsen*, DStR 98, 1017; *Solomon*, RIW 97, 981.

63 Siehe etwa bei *Voit*, JZ 97, 125.

Teil 2: *Allgemeine Darstellung der Schiedsfähigkeit*

A. *Schiedsfähigkeit*

Bevor man sich mit der Schiedsfähigkeit und somit mit der Frage beschäftigt, welche Streitgegenstände einem Schiedsgericht zur Klärung überlassen werden können, ist es nötig, die Basis privater Schiedsgerichtsbarkeit zu erfassen. Folgend werden daher Ausführungen zum Wesen und der Verfassungsmäßigkeit der Schiedsgerichtsbarkeit folgen, an die sich eine Auseinandersetzung mit der Schiedsfähigkeit im allgemeinen anschließen wird. Letztlich werden die Vorschriften dargestellt werden, nach denen sich die Schiedsfähigkeit nach deutschem Recht mittlerweile richtet.

I. Wesen und Verfassungsmäßigkeit der privaten Schiedsgerichtsbarkeit

Dem Rechtssuchenden ermöglicht das deutsche Verfahrensrecht,[64] anstelle der Entscheidung eines staatlichen Gerichts die Entscheidung eines privaten Schiedsgerichts zu suchen, sofern die zugrunde liegende Rechtssache schiedsfähig ist.

Unter privaten Schiedsgerichten versteht man durch Vertrag oder privatrechtliche Verfügung gekorene Gerichte[65], die materiell Recht sprechen.[66] Zu den Wirksamkeitsvoraussetzungen einer Schiedsvereinbarung gehört zwingend, daß das Schiedsgericht anstelle des sonst zuständigen staatlichen Gerichts entscheiden soll; das Schiedsgericht verdrängt das staatliche also vollständig. Eine Teilung der Aufgaben teils durch das Schieds-, teils durch das staatliche Gericht ist nicht möglich.[67] Auch sind weder das Aufhebungs-, noch das Vollstreckungsverfahren geeignet zu prüfen, ob das Schiedsgericht inhaltlich richtig entschieden hat.[68]

Seine Grundlage findet die private Schiedsgerichtsbarkeit in der Privatautonomie, die sich aus Art. 2 Abs. 1 GG ergibt.[69]

Das Schiedsverfahren ist kein Teil des Zivilprozesses, sondern ein durch die Parteien autonom gewähltes Seitenstück zu diesem, welches aber eine totale

---

64 In den Grenzen der §§ 1025 ff. ZPO und den einschlägiger Nebengesetze. Beachte insbesondere die §§ 110 ff. ArbGG.

65 *Lachmann*, Schiedsgerichtspraxis, S. 1; Zöller/ *Geimer*, Grundz § 1025 Rz. 1. Ausnahmen ergeben sich nur dann, wenn das Gesetz dem staatlichen Gericht Aufgaben zuteilt, die einem Schiedsgericht untersagt sind. Dies ist etwa die endgültige Anweisung einstweiliger Maßnahmen oder die Vollstreckbarerklärung von Schiedssprüchen, vgl. §§ 1041 oder 1060 ZPO.

66 BGH NJW 86, 3078; *Schütze*, Schiedsverfahren, S. 1; *Lachmann*, Schiedsgerichtspraxis, S. 2; Zöller/ *Geimer*, Grundz § 1025 Rz. 6, *Stober*, NJW 79, 2000.

67 *Lachmann*, Schiedsgerichtspraxis, S. 2; Zöller/ *Geimer*, Grundz § 1025 Rz. 6.

68 RegBegrE, BT/ Drucks. 13/ 5274, S. 58 f.

69 *Achterberg* in BK, Art. 92 Rz. 185; *Lachmann*, Schiedsgerichtspraxis, S. 1 f.; *Schütze*, Schiedsverfahren, S. 1; Zöller/ *Geimer*, vor § 1025 Rz. 3; a.A. für das neue Schiedsrecht: *Schwab*, FS für Henckel, S. 803 (813 f.); *Voit*, JZ 97, 120 ff.

Verdrängung vornimmt, indem Organe der Justizhoheit durch gewählte Privatpersonen ersetzt werden.[70] So sind auf der einen Seite Urteile von Schiedsgerichten zwar keine Hoheitsakte und Schiedsrichter nicht mit öffentlicher Gewalt ausgestattet[71], wohl aber sprechen sie materiell Recht.

Nach dem Grundgesetz ist die rechtsprechende Gewalt in Deutschland den Richtern anvertraut und wird durch die Gerichte der Länder und die Bundesgerichte ausgeübt (Art. 92 GG); weiterhin geht die Staatsgewalt vom Volke aus. Sie wird durch besondere Organe der Rechtsprechung ausgeübt (Art. 20 Abs. 3 GG).
Dies bedeutet allerdings nicht, daß der Staat mit den oben erwähnten Artikeln des Grundgesetzes ein generelles oder gar totales Rechtsprechungsmonopol für sich in Anspruch nimmt.[72] Der IX. Abschnitt des Grundgesetzes regelt zwar die staatliche Rechtsprechung und deren mit öffentlicher Gewalt ausgestatteten Richter, er enthält jedoch kein Verdikt der Zulässigkeit privater Rechtsprechung. Dies ergibt sich nicht nur aus dem Kontext und der systematischen Stellung im Gesamtgefüge des Grundgesetzes, sondern insbesondere aus dem Wortlaut des Art. 92 GG, der von „rechtsprechender Gewalt" spricht.[73] Eben dies ist aber die private Schiedsgerichtsbarkeit nicht; denn sie ist nicht Teil der staatlichen Hoheit, sondern durch Rechtsgeschäft ermächtigt, zwischen den Parteien Recht zu sprechen.
Die verfassungsrechtlichen Zulässigkeitsgrenzen privater Gerichtsbarkeiten[74] finden sich in den Grundrechten,[75] namentlich in der Privatautonomie, die durch das Auffanggrundrecht Art. 2 Abs. 1 GG garantiert wird.[76] Sie ist sogleich Basis als auch Grenze privater Gerichtsbarkeit. Genauso wie die Privatautonomie den Grundstein oder vielmehr die grundsätzliche verfassungsrechtliche Ermöglichung privater Gerichtsbarkeit darstellt, so müssen sich an ihr auch die Mindestanforderungen an die Schiedsgerichtsbarkeit messen lassen.

Vor allem ist es nicht denkbar, daß ein rechtsuchender Bürger gegen seinen Willen dazu bestimmt wird, auf die staatliche Gerichtsbarkeit zu verzichten.

---

70 *Albers* in Baumbach/Lauterbach/Albers/Hartmann, Grundz § 1025 Rz. 6; *Lachmann*, Schiedsgerichtspraxis, S. 2.

71 *Bettermann* in Handbuch d. Staatsrechts, Band III, § 73 Rz. 77, S. 810; *Stober*, NJW 79, 2000 (2004).

72 *Detterbeck* in GG, Art. 92 Rz. 28; *Bettermann* in Handbuch d. Staatsrechts, Band III, § 73 Rz. 77.

73 *Bettermann* in Handbuch d. Staatsrechts, Band III, § 73 Rz. 77, S. 810.

74 Hierzu zählen neben der Schiedsgerichtsbarkeit auch die Verbands- und Betriebsjustiz, sowie die durch Art. 140 GG iVm. Art. 137 WRV garantierte Kirchengerichtsbarkeit.

75 *Detterbeck* in GG, Art. 92 Rz. 28; *Bettermann* in Handbuch d. Staatsrechts, Band III, § 73 Rz. 77.

76 AK/GG- *Wassermann*, Art. 92 Rz. 52; *Bettermann* in Handbuch d. Staatsrechts, Band III, § 73 Rz. 77, S. 810; *Heyde* in Handbuch d. Verfassungsrechts, S. 1596; *Badura*, Staatsrecht, S. 572 f.; a.A. *Geimer* in Integritätsprobleme, S. 153 ff., der sich für eine weit über die Grenzen der Privatautonomie hinausgehende verfassungsrechtliche Zulässigkeit der Schiedsgerichtsbarkeit stark macht.

Vielmehr ist es nur durch eine frei von Willensmängeln abgegebene Erklärung möglich, auf seinen verfassungsmäßig garantierten gesetzlichen Richter zu verzichten (101 Abs. 1 S. 2 GG).[77] Auch darf kein genereller Verzicht vorliegen, sondern es muß den Schiedsparteien möglich sein, bei jeder zu erwartenden Streitsache neu zu entscheiden, ob sie auf den staatlichen Richter verzichten wollen.[78]

Weitere Grenzen findet die Schiedsgerichtsbarkeit im Rechtstaatsprinzip, welches durch das sich aus Art. 20 Abs. 1 GG ergebenden Sozialstaatsprinzip ergänzt wird.[79] Obwohl private Gerichte grundsätzlich verfassungsgemäß sind, gebietet das soziale Rechtstaatsprinzip, daß eine Mißbrauchskontrolle durch den Staat gewährleistet ist. Dieser muß in der Lage sein, effizient zu überwachen, ob die im Grundgesetz verankerten rechtstaatlichen Mindeststandards gewahrt sind. Zu diesen zählen insbesondere der Anspruch auf rechtliches Gehör und rechtliche Gleichbehandlung.[80]
Seine Grenzen findet dieses Kontrollerfordernis in einem vollständigen materiellen Prüfungsrecht durch die staatliche Gerichtsbarkeit. Ein solches ist mit dem Wesen privater Schiedsgerichtsbarkeit nicht zu vereinbaren und von Verfassungs wegen auch nicht geboten. Würde nämlich die Anforderungen des Rechtsstaatsprinzips derart hochgeschraubt, so wäre das Schiedsgericht zu einer Vorinstanz der staatlichen Gerichtsbarkeit degradiert. Im Ergebnis wäre also die den Parteien verfassungsgemäß zugesicherte Privatautonomie unterwandert, weil sie letztlich die staatlichen Gerichte nicht ausschließen könnten.

Durch das neue Schiedsrecht führt der Gesetzgeber bewußt die Schieds- an die Staatsgerichtsbarkeit heran und kommt zu einer annähernden Gleichbehandlung. Dies wird insbesondere dadurch deutlich, daß die Schiedsgerichtsbarkeit mittlerweile vom Gesetzgeber als eine der staatlichen Gerichtsbarkeit weitestgehend ebenbürtige Rechtschutzmöglichkeit gesehen wird.[81] Allerdings sind die von Verfassungs wegen erforderlichen Kontrollmechanismen der Schiedsgerichte im deutschen Verfahrensrecht im reformierten Siebten Abschnitt des Zehnten Buches der ZPO verankert.
Eine erste Überprüfungsmöglichkeit der Wirksamkeit der Schiedsvereinbarung durch den staatlichen Richter normiert das Einredeverfahren (§ 1032 Abs. 1 ZPO). Sollte trotz des Vorliegens einer Schiedsvereinbarung vor einem Staatsgericht geklagt werden und die Einrede der Schiedsgerichtsbarkeit erhoben werden, so ist es Aufgabe des Richters, abhängig von der Wirksamkeit der Schiedsvereinbarung, die Klage als unzulässig abzuweisen oder in der Sache zu entscheiden.

---

77 *Maunz/ Dürig/ Herzog*, Art. 92 Rz. 167; *Geimer* in Integritätsprobleme, S. 120; Zöller/ *Geimer*, vor § 1025 Rz. 6.

78 *Geimer* in Integritätsprobleme, S. 119.

79 *Maunz/ Dürig/ Herzog*, Art. 92 Rz. 145 ff.

80 *Maunz/ Dürig/ Herzog*, Art. 92 Rz. 168.

81 RegBegrE, BT/ Drucks. 13/ 5274, S. 36.

Weiterhin ist festgelegt, daß deutsche staatliche Gerichte über die Anerkennung und Vollstreckung von Schiedssprüchen entscheiden, sowie über eine Aufhebungsmöglichkeit verfügen (vgl. §§ 1059 ff. ZPO).
Letzteres ist insbesondere mit Rücksicht auf Art. 92 GG notwendig. Wenngleich Art. 92 iVm. Art. 20 Abs. 3 GG nicht zu entnehmen ist, daß der Staat ein generelles Rechtsprechungsmonopol beansprucht, so macht er doch zumindest deutlich, daß er die Grenze eines möglichen Rückzuges der staatlichen Gerichtsbarkeit aus der Rechtsprechung festsetzt.[82] So dürfen Schiedsgerichten keine Aufgaben zugewiesen werden, die gem. Art. 92 GG der staatlichen Gewalt zugewiesen sind.[83] Daraus folgend kann ein Schiedsgericht das von ihm ausgesprochene Urteil nicht für vollstreckbar erklären, da der Vollstreckungstitel als Vorstufe zur Zwangsvollstreckung zu sehen ist.[84] Bei dieser handelt es sich aber um die zwangsweise Durchsetzung zivilrechtlicher Forderungen durch den Staat in Heranziehung seiner staatlichen Gewalt.[85]

II. Schiedsfähigkeit

Durch die Reform des Schiedsrechts wurde die Annäherung der Schieds- an die Staatsgerichtsbarkeit noch mehr gefördert, als dies das alte Recht tat. Der Spielraum, der Privatpersonen bei der Erledigung ihrer Rechtsstreitigkeiten gegeben wird, ist enorm. So ist es weder nötig, daß das Schiedsgericht mit zum Richteramt befähigten Juristen besetzt ist, noch sind Schiedsgerichte gezwungen, ein bestimmtes oder gar das deutsche materielle Recht zur Anwendung zu bringen (§ 1051 ZPO); ganz im Gegenteil kann das Schiedsgericht ermächtigt werden, nach Billigkeit zu entscheiden (§ 1051 Abs. 3 ZPO). Zudem ist es den Parteien möglich, das Schiedsgericht mit ihnen bekannten Personen zu besetzen, die sie natürlich wesentlich besser einschätzen können, als einen möglicherweise unbekannten staatlichen Richter.
Diese, der Schiedsgerichtsbarkeit belassenen Freiheiten, erscheinen aber dann selbstverständlich, wenn man bedenkt, daß das Schiedsgerichtswesen auf Parteivereinbarung beruht und über zwischen den Parteien bestehende Rechtsbeziehungen entscheidet. Solange keine der Parteien die Hilfe staatlicher Obrigkeit, gegebenenfalls zur Vollstreckung seines erwirkten Schiedsurteils, in Anspruch nimmt, sind sie bei der Erledigung ihrer Rechtssachen vollkommen autark. Theoretisch müßten sie sich dem deutschen oder einem anderen Verfahrensrecht überhaupt nicht beugen.
Auf der anderen Seite gibt es Rechtssachen, die wegen der mit ihnen verbundenen möglichen Gefährdung öffentlicher Belange oder besonders zu schützender Rechtsgüter eine Kontrolle durch staatlicher Gerichte nötig machen. Neben seinem verfassungsmäßigen Auftrag der Mißbrauchskontrolle hat der Staat vor

---

82 *Detterbeck* in GG, Art. 92 Rz. 28; a.A. *Maunz/ Dürig/ Herzog*, Art. 92 Rz. 145 ff., der Art. 92 GG nicht als Bewertungsmaßstab für die Weite der Zulässigkeit privater Gerichtsbarkeit zu sehen scheint.

83 *Detterbeck* in GG, Art. 92 Rz. 28.

84 *Albers* in Baumbach/Lauterbach/Albers/Hartmann, vor § 1025 Rz. 6.

85 *Hartmann* in Baumbach/Lauterbach/Albers/Hartmann, vor § 704 Rz. 7; *Musielak/ Lackmann*, vor § 704 Rz. 1.

allem auch dafür zu sorgen, daß die Rechte von durch die Schiedsvereinbarung nur mittelbar betroffenen Dritten nicht gefährdet werden.
In dem Moment, in dem der Staat beginnt, diesen Verpflichtungen nachzugehen, prallen zwei unterschiedliche Interessenpositionen aufeinander. Auf der einen Seite die der Schiedsparteien, die ihr sich aus der Parteiautonomie ergebendes Recht auf schiedsrichterliche Klärung ihrer privaten Rechtsstreitigkeiten gewahrt sehen wollen, und der Staat auf der anderen Seite, der dafür Sorge zu tragen hat, daß die private Gerichtsbarkeit die ihr gegebenen Kompetenzen nicht überschreitet und rechtsstaatliche Prinzipien wahrt.

Diesen Interessenkonflikt versucht das neue deutsche Schiedsrecht in der Weise zu lösen, daß der Schiedsgerichtsbarkeit ein „Vertrauensvorschuß" gewährt wird, indem durch großzügige Vorschriften zur Schiedsfähigkeit die Möglichkeit schiedsrichterlicher Klärung sehr weit gezogen wird.[86] Erst in einem zweiten Schritt besteht dann im Wege repressiver Kontrolle die Möglichkeit der Staatsgerichtsbarkeit zu prüfen, ob die Schiedsurteile mit den Grundnormen deutschen Rechts vereinbar sind. Hierbei ist zu beachten, daß sich die Möglichkeiten der Überprüfbarkeit durch den staatlichen Richter in den relativ engen Grenzen des § 1059 ZPO bewegen. Neben einigen Verfahrensmängeln, die vom Kläger geltend zu machen sind, sind an sich nur die Schiedsfähigkeit des Streitgegenstandes und *ordre public*- Verstöße von der staatlichen Gerichtsbarkeit von Amts wegen überprüfbar (§ 1059 Abs. 2 Nr. 1 und 2 ZPO).
Nur ein verhältnismäßig geringer Anteil möglicher Streitsachen wird vom Gesetzgeber des neuen Schiedsrechts noch für so wichtig erachtet, daß er eine Überprüfung durch seine staatliche Gerichtsbarkeit für nötig hält.[87]
Diesem präventiven Ausschluß der Schiedsgerichtsbarkeit dienen die Vorschriften zur Schiedsfähigkeit. Hierbei handelt es sich in erster Linie um eine mittelbare Kontrolle, die darauf abzielt, es in nichtschiedsfähigen Streitsachen gar nicht erst zu einer Schiedsvereinbarung oder gar der Einleitung des Verfahrens kommen zu lassen. Allerdings haben staatliche Gerichte im Einredeverfahren und bei Rügeklagen nach §§ 1032 Abs. 2 und 1040 Abs. 3 S. 2 ZPO direkt die Möglichkeit, Schiedsverfahren zu beenden, die über nichtschiedsfähige Streitgegenstände geführt werden, indem sie die Unwirksamkeit der Schiedsvereinbarung feststellen.

B. *Schiedsfähigkeit im neuen deutschen Schiedsverfahrensrecht*

Das seit dem 01.01.1998 geltende Schiedsrecht trifft bezüglich der Schiedsfähigkeit eine vom bisherigen Recht gänzlich abweichende Regelung.
Die grundsätzlichen Aussagen zur Schiedsfähigkeit finden sich in der Generalklausel des § 1030 Abs. 1 ZPO. In seinem zweiten Absatz findet sich wortgleich der ehemalige § 1025 a a.F. ZPO, der eine Einschränkung der Schiedsgerichtsbarkeit im Bereich des Mietrechts vorsieht. § 1030 Abs. 3 ZPO trifft dann die an und für sich selbstverständliche Aussage, daß Vorschriften außerhalb des

[86] Vgl. § 1030 ZPO im Vergleich zu § 1025 Abs. 1 a.F. ZPO.

[87] Dies sind im deutschen Recht vorbehaltlich anderer Spezialgesetze nach § 1030 ZPO nur noch die nicht vergleichsfähigen, nichtvermögensrechtlichen Streitsachen.

Zehnten Buches unberührt blieben, die die Schiedsfähigkeit einschränken oder ausschließen, also die Generalklausel des ersten Absatzes einschränken.
Folgend sollen nun in einem ersten Schritt allgemeine Aussagen zur Schiedsfähigkeit getroffen (I.) und dann die Begrifflichkeiten des § 1030 ZPO erläutert werden (II.).

I. Schiedsfähigkeit des Streitgegenstandes

Die Regelungen des Verfahrensrechts und das sonstige die Schiedsfähigkeit bestimmende Recht sind diejenigen Vorschriften, die den Kreis der Rechtssachen abgrenzen, die der Staat für zu wichtig erachtet, um ihn aus den Händen seiner Gerichtsbarkeit geben zu können, zu denjenigen, die der schiedsrichterlichen Klärung offenstehen. Unterschieden wird in objektive und subjektive Schiedsfähigkeit.

Spricht man von der Schiedsfähigkeit des Streitgegenstandes oder der objektiven Schiedsfähigkeit, so ist der Kreis derjenigen Streitsachen gemeint, die überhaupt einem Schiedsgericht zur verbindlichen Entscheidung vorgelegt werden dürfen, um gegebenenfalls Anerkennung durch die staatliche Gerichtsbarkeit zu finden. Die objektive Schiedsfähigkeit ist also Grundvoraussetzung der Wirksamkeit einer Schiedsvereinbarung. Als Bewertungskriterium dient die Perspektive des streitigen Rechtsverhältnisses.[88]
Die Schiedsfähigkeit des Streitgegenstandes liegt dann vor, wenn der Staat sich nicht zum Schutze besonders wichtiger Rechtsgüter ein Rechtsprechungsmonopol der staatlichen Gerichte vorbehält.[89] Dies kann geschehen, weil die Streitsache selbst so große Bedeutung hat, daß sie eine gerichtliche Kontrolle des staatlichen Richters erforderlich macht oder weil das streitige Rechtsgut so delikat ist, daß nicht nur zum Wohl der Gemeinschaft, sondern auch zum Schutz der Parteien eine staatliche Kontrolle gegeben sein muß.
Das Recht der objektiven Schiedsfähigkeit ist insofern ein Mittel präventiver Kontrolle, als eine staatliche Anerkennung oder Vollstreckung des Urteiles auch dann nicht erfolgt, wenn das Schiedsgericht die ihm vorgelegte Rechtssache materiellrechtlich vollkommen korrekt entschieden hat. Vielmehr ist der Staat beim Ausschluß der objektiven Schiedsfähigkeit der Überzeugung, daß das diesen Streitgegenständen zugrunde liegende materielle Recht oder das Rechtsverhältnis selbst, so sensibel ist, daß er eine Entscheidung durch seine eigene staatliche Gerichtsbarkeit verlangt, bevor sich eine Rechtsverletzung überhaupt ereignen kann. Somit ist die Regelung der objektiven Schiedsfähigkeit die einzige Beschränkung der Schiedsgerichtsbarkeit, die garantiert davor schützt, daß materielles Recht durch Schiedsgerichte unkorrekt angewendet wird und trotzdem rechtskräftig und staatlich anerkannt wird. Wendet das Schiedsgericht nämlich in schiedsfähigen Streitsachen materielle Vorschriften unter der Grenze des *or-*

---

88 *Bork*, ZZP 100 (1987), 249.

89 BGH ZIP 96, 830 (832), zum alten Recht; RegBegrE, BT/ Drucks. 13/ 5274, S. 59; *Lachmann*, Schiedsgerichtspraxis, S. 41; *Schütze*, Schiedsverfahren, S. 56 f. zum neuen Recht.

dre public falsch an, so ist die Entscheidung trotzdem nicht aufhebbar, sondern vielmehr für vollstreckbar zu erklären.[90]
Die Regelungen bezüglich der objektiven Schiedsfähigkeit sind also die effektivsten Vorschriften, staatliche Rechtsprechungsmonopole zu etablieren und zu wahren.

II. Subjektive Schiedsfähigkeit

Während sich die objektive Schiedsfähigkeit aus der Sicht des streitigen Rechtsverhältnisses bewertet, ist es für das Vorliegen der subjektiven Schiedsfähigkeit von entscheidender Bedeutung, daß in der Person einer der Schiedsparteien keine Gründe vorliegen, die die Schiedsfähigkeit ausschließen.[91] Wie aus § 1059 Abs. 2 Nr. 1 a. ZPO deutlich hervorgeht, sind die Personen gemeint, die die Schiedsvereinbarung treffen und nicht die späteren Parteien des Schiedsverfahrens.[92] Letztlich kann dies aber dahingestellt bleiben; denn es ist davon auszugehen, daß eine Schiedsvereinbarung zumindest schwebend unwirksam wird, wenn eine nicht subjektiv schiedsfähige Person etwa im Wege der Rechtsnachfolge in die Vereinbarung einrückt.[93] Ansonsten würde die vom Gesetz gewollte Schutzfunktion unterlaufen.

Im Gegensatz zur Schiedsfähigkeit des Streitgegenstandes findet sich in der ZPO keine Norm, die eine eindeutige Regelung der subjektiven Schiedsfähigkeit vornimmt. Dies war im alten Schiedsrecht anders, da die Regelung zur objektiven Schiedsfähigkeit (§ 1025 Abs. 1 a.F. ZPO) auch die subjektive Schiedsfähigkeit einbezog.[94] Dies ergab sich aus dem Wortlaut, der die Schiedsfähigkeit an die Berechtigung der Parteien knüpfte, sich über den Streitgegenstand vergleichen zu können. Da sich der Wortlaut des § 1025 Abs. 1 a.F. ZPO aber nicht allein auf die objektive Vergleichsbefugnis bezog, normierte er gleichermaßen, daß die Parteien auch subjektiv zum Vergleich berechtigt gewesen sein mußten. Über subjektive Schiedsfähigkeit verfügte also nur derjenige, dem es nach materiellen Recht möglich war, einen

90 Siehe § 1059 Abs. 2 Nr. 2 b. ZPO . Auf diese Tatsache stützt sich auch das vereinzelt geäußerte Mißtrauen gegenüber der Schiedsgerichtsbarkeit, siehe hierzu *Voit*, JZ 79, 122 ff.

91 So die allgemeine Ansicht, vgl. *Wieczorek/ Schütze*, § 1025 Rz. 41; *Bork*, ZZP 100 (1987), 249; a.A. aber anscheinend *Bärmann* in FS für Weber, S. 4, der die subjektive Schiedsfähigkeit als die Befähigung ansieht, zum Schiedsrichteramt berufen werden zu können.

92 Unklar BGH ZIP 1996, 830 (832) zu § 1025 Abs. 1 a.F. ZPO.

93 Etwa ein Minderjähriger, der zum Abschluß einer eigenen Schiedsvereinbarung der Genehmigung durch das Vormundschaftsgericht bedurft hätte (§ 1822 Nr. 12 BGB).

94 Vgl. statt vieler: *Maier*, Schiedsgerichtsbarkeit, S. 48; *Schütze/ Tschernig/ Wais*, Schiedsverfahren, S. 22; *Bork/ Stöve*, Börsentermingeschäfte, S. 32 f.

Vergleich zu schließen. Insbesondere war also die Rechts- und Geschäftsfähigkeit, zumindest in der erweiterten Form nach §§ 112, 113 BGB, erforderlich.[95] Das neue Recht formuliert in der Generalklausel des § 1030 Abs. 1 ZPO die Schiedsfähigkeit im Vergleich zum alten Recht aber differenzierend. Bei vermögensrechtlichen Ansprüchen bewertet das Gesetz in § 1030 Abs. 1 S. 1 ZPO die Schiedsfähigkeit allein aus der Sicht des streitigen Rechtsverhältnisses, indessen hält das Gesetz im Satz 2 weiterhin am Kriterium der Vergleichsfähigkeit fest.

Während also für nichtvermögensrechtliche Ansprüche auch in Bezug auf die subjektive Schiedsfähigkeit keine Veränderung eintritt, enthält § 1030 Abs. 1 S. 1 ZPO keine Regelung zur subjektiven Schiedsfähigkeit.

Aus den Vorschriften zum Einrede- und Exequaturverfahren ergibt sich jedoch, daß das deutsche Schiedsrecht auch nach dem nunmehr geltenden Recht die subjektive Schiedsfähigkeit zum Abschluß von Schiedsverfahren voraussetzt, die vermögensrechtliche Ansprüche betreffen, da sie zu den Mindestanforderungen der Wirksamkeit von Schiedsabreden gehört. So regelt § 1059 Abs. 2 Nr. 1 a. ZPO, daß sich das Recht, eine wirksame Schiedsvereinbarung zu treffen, aus dem für die Parteien geltenden Heimatrecht ergebe.[96] § 1032 ZPO setzt für die Abweisung der Klage vor einem staatlichen Gericht ebenfalls eine wirksamen Schiedsvereinbarung voraus,[97] die sich auch hier nach dem jeweiligen Heimatrecht bemißt. Es wird also als Minimalanforderung davon ausgegangen, daß die Schiedsparteien rechtswirksam Verträge abschließen können.

Sieht man die Schiedsvereinbarung also als materiellen Vertrag mit prozessualen Folgen, so wären zu ihrem wirksamen Zustandekommens Rechts- und Geschäftsfähigkeit erforderlich.[98] Folgt man der Meinung, es handele sich bei einer Schiedsvereinbarung um einen reinen Prozeßvertrag, müßten Partei- und Prozeßfähigkeit vorliegen.[99] Ein Unterschied ergibt sich also nicht, da sich auch die Vorschriften bezüglich der Prozeßführungsbefugnisse nach dem materiellen bürgerlichen Recht bestimmen.[100]

Dem folgt, daß das neue Schiedsrecht die subjektive Schiedsfähigkeit generell nicht mehr von den allgemeinen Wirksamkeitsvoraussetzungen einer Schieds-

---

95 Dies folgte aus der rechtlichen Doppelnatur des Prozeßvergleiches (h.L.), siehe zu den vertretenen Ansichten und insbesondere zur h.L. *Rosenberg/ Schwab/ Gottwald*, Zivilprozeßrecht, S. 766 ff.

96 In Fällen mit Auslandsberührung nach den Vorschriften der für die jeweilige Partei einschlägigen Rechtsordnung; vgl. 7 ff. EGBGB und § 1059 Abs. 2 Nr. 1 a. ZPO.

97 *Albers* in Baumbach/Lauterbach/Albers/Hartmann, Grundz § 1032 Rz. 5.

98 So der vormals der BGH in ständiger Rechtssprechung, siehe BGHZ 23, 198 (200) m. w. H. auf die Rechtsprechung des RG; RGE 40, 320 (322); siehe aber auch BGHZ 99, 143 (147) (Prozeßvertrag); *Schütze/ Tschernig/ Wais*, Schiedsverfahren, S. 86; *Lachmann*, Schiedsgerichtspraxis, S. 39; 55 f.

99 *Rosenberg/ Schwab/ Gottwald*, Zivilprozeßrecht, S. 1075; *Stein/Jonas/Schlosser*, § 1025 Rz. 31.

100 *Hartmann* in Baumbach/Lauterbach/Albers/Hartmann, § 50 Rz. 3 und § 52 Rz. 1; *Musielak/ Weth*, § 50 Rz. 16 ff. und § 52 Rz. 1.

vereinbarung trennt. Bei vermögensrechtlichen Ansprüchen ergibt sich eine außerordentliche Beschränkung der Schiedsfähigkeit nur noch aus Vorschriften, die die Schiedsfähigkeit beschränken oder ausschließen (§ 1030 Abs. 3 ZPO);[101] lediglich die subjektive Schiedsfähigkeit nichtvermögensrechtlicher Ansprüche ergibt sich auch weiterhin nach den zum alten Recht geltenden Kriterien.

Im deutschen Recht finden sich allerdings keine Vorschriften, die die subjektive Schiedsfähigkeit gänzlich ausschließen.[102] Dies gilt gleichermaßen auch für die Bestimmungen ausländischer Schiedsrechte.[103] Der Gesetzgeber untersagt der betreffenden Streitpartei vielmehr in den meisten Fällen autonom zu entscheiden, die staatliche Gerichtsbarkeit auszuschließen, und unterstellt sie dem Genehmigungsvorbehalt eines Gerichtes oder eines Gremiums.[104] Nur vereinzelt schließt das Gesetz die Möglichkeit der Vereinbarung eines bestimmten Schiedsgerichts ganz aus.[105]

Sinn und Zweck der subjektiven Schiedsfähigkeit ist also nicht in der Erhaltung staatlicher Rechtsprechungsmonopole zu sehen, die nötig werden, weil die zu verhandelnde Sache selbst von großer Importanz ist, sondern vielmehr ausschließlich in dem Schutzinteresse des Staates gegenüber seinem einzelnen Bürger. So läßt sich einerseits zwar dem neuen Schiedsrecht selbst[106] und aus den umfangreichen Materialien zum SchiedsVfG[107] eindeutig entnehmen, daß das Gesetz nunmehr in der Schiedsgerichtsbarkeit eine der staatlichen Gerichtsbarkeit grundsätzlich ebenbürtige Rechtschutzmöglichkeit sieht, andererseits schützt das Gesetz in besonderen Konstellationen Bürger vor dem vorschnellen

---

101 Vgl. auch die RegBegrE, BT/ Drucks. 13/ 5274, S. 35 und den Bericht der Kommission zur Neuordnung des Schiedsverfahrensrechts mit einem Diskussionsentwurf zur Neufassung des Zehnten Buches der ZPO (im Folgenden Bericht), S. 94, die als Beschränkungen iSd. § 1030 Abs. 3 ZPO nur Vorschriften nennen, die die subjektive Schiedsfähigkeit beschränken, vgl. §§ 28 BörsG, 1822 Nr. 12 BGB oder § 160 Abs. 2 Nr. 3 InsO.

102 Vgl. die von der RegBegrE, BT/ Drucks. 13/ 5274, S. 35 und den Bericht, S. 94, genannten Beispiele, siehe hierzu Fn. 101.

103 Vgl. *Schlosser* in DIS-Materialien IV (1998), S. 51, der daher von subjektiver Schiedsunfähigkeit spricht.

104 Vgl. § 1822 Nr. 12 BGB (Genehmigungsvorbehalt des Vormundschaftsgerichts) oder § 133 Nr. 2 KO, nunmehr § 160 Abs. 2 Nr. 3 InsO (Genehmigungsvorbehalt des Gläubigerausschusses).

105 So etwa § 28 BörsG, der nicht börsentermingeschäftsfähigen Personen vor Eintritt des Streitfalls untersagt, ein Börsenschiedsgericht zu vereinbaren. Es handelt sich allerdings nicht um eine generelle Beschränkung subjektiver Schiedsfähigkeit. Siehe hierzu ausführlich Teil 2. E. II. 2.

106 Erkennbar vor allem durch die große Ausweitung und der Vereinfachung der Feststellung der Schiedsfähigkeit durch § 1030 ZPO.

107 Bericht, S. 95 f.; RegBegrE, BT/ Drucks. 13/ 5274, S. 34.

Ausschluß der staatlichen Gerichtsbarkeit.[108] Über § 1030 Abs. 3 ZPO hält der Staat sich diese Schutzmöglichkeit offen.

III. Schiedsfähigkeit im weiteren Sinn

Vor der Reform des deutschen Schiedsrechtes hat die Rechtsprechung in einer Vielzahl von Fällen über die Vorschriften der objektiven und subjektiven Schiedsfähigkeit hinaus entschieden, daß eine wirksame Schiedsvereinbarung nicht vorläge. Ursächlich für diese Entscheidungen war eine dreifache Gemengenlage aus der Sensitivität des Streitgegenstandes (also prinzipiell dessen, was von den Regelungen zur objektiven Schiedsfähigkeit abgedeckt wird), besonderen Eigenschaften der beteiligten Personen (an sich geregelt von den Vorschriften betreffend die subjektive Schiedsfähigkeit) und der Zusammensetzung des Schiedsgerichtes.[109]

So verneinte der BGH die Wirksamkeit einer Schiedsvereinbarung, die die Parteien einem Kaufvertrag über eine bestimmte Menge eines speziellen Holzes zu Grunde legten,[110] weil das, mit juristischen Laien, aber Holzfachleuten besetzte Schiedsgericht § 9 AGBG nicht anwendete. Hierbei handelte es sich allerdings nicht um eine Aufhebung gem. § 1041 Abs. 1 Nr. 2 a.F. ZPO wegen Verstoßes gegen wesentliche Grundsätze des deutschen Rechts, sondern um eine Aufhebung mangels wirksamer Schiedsvereinbarung.[111] Obgleich die zugrunde liegende Streitsache vergleichsfähig war, lehnte der BGH die Wirksamkeit der Vereinbarung ab, weil er dem Verwender der AGB die Möglichkeit unterstellte, sich einer AGB-Prüfung zu entziehen, indem er von seinem Recht Gebrauch machte, ein mit juristischen Laien besetzbares Schiedsgericht anzurufen. Dieses prüfte dann die AGB auch tatsächlich nicht auf ihre Wirksamkeit, sondern brachte sie ohne weiteres zur Anwendung.[112]

Weiter hielt der BGH die Vereinbarung von ausländischen Schiedsgerichten in Börsentermingeschäften zumindest dann für unzulässig, wenn auch ausländisches Recht vereinbart wurde.[113] Es bestünde nämlich die Gefahr, daß das Schiedsgericht die deutschen Anlegerschutzvorschriften wie den Termin- oder Differenzeinwand (§§ 53 BörsG, 762, 764 BGB) nicht beachten werde. Hieraus schließt der Gerichtshof dann, daß eine Schiedsvereinbarung wegen des drohenden *ordre public*- Verstoßes aber auch wegen mangelnder Schiedsfähigkeit unwirksam sei.[114] Diese Rechtsprechung bestätigten deutsche Gerichte und der BGH in einer Vielzahl von Urteilen, in denen deutlich wurde, daß die schieds-

---

108 Dies kann wie in § 1822 Nr. 12 BGB zu ihrem eigenen oder wie in § 160 Abs. 2 Nr. 3 InsO zum Schutz von Drittinteressen geschehen.

109 *Schlosser* in DIS-Materialien IV (1998), S. 51 (52).

110 Urteil des BGH vom 10.10.1991 abgedruckt in NJW 1992, 575 ff., vereinbart wurde Bangkirai-, geliefert Mersawaholz.

111 BGH NJW 1992, 575 (576).

112 BGH NJW 1992, 575 (576).

113 BGH WM 1987, 1153.

114 BGH WM 1987, 1153 (1155).

richterliche Klärung von Börsentermingeschäften nur dann zulässig sei, wenn zumindest deutsches Recht Anwendung fände.[115]

Im Bereich des Gesellschaftsrechts ist schon seit langer Zeit ständige Rechtsprechung, daß gesellschaftliche Beschlußmängelstreitigkeiten in Kapitalgesellschaften der schiedsrichterlichen Streiterledigung versagt bleiben.[116] Dieser Rechtsprechung blieb der BGH auch in seinem Grundsatzurteil vom 29.03.1996 grundsätzlich treu.[117]
Er lehnte die Möglichkeit der schiedsrichterlichen Klärung einer Anfechtungsklage mit der Begründung ab, daß die *erga omnes*- Rechtskrafterstreckung der §§ 248 Abs. 1 S. 1, 249 Abs. 1 S. 1 AktG weder direkt noch analog auf schiedsrichterliche Entscheidungen anwendbar sei.[118] Der Wortlaut der Entscheidungsbegründung läßt nur den Schluß zu, daß der Gerichtshof die Problematik der mangelnden objektiven Schiedsfähigkeit mit solchen der Mehrparteienschiedsgerichtsbarkeit vermengt hat.[119]

Doch auch setzt die Legislative selbst das neue Schiedsrecht nicht ohne innere Brüche um. Es war das erklärtes Ziel der Reformkommission, alle vermögensrechtlichen Ansprüche für schiedsfähig zu erklären (§ 1030 Abs. 1 S. 1 ZPO), wenn nicht eine spezialgesetzliche Ausnahme bestehe (§ 1030 Abs. 3 ZPO). Hiernach sollten auch solche Streitigkeiten schiedsfähig sein, die in die ausschließliche Zuständigkeit der staatlichen Gerichtsbarkeit fielen; denn diese Normen träfen allein eine inneramtliche Zuständigkeitsfeststellung.[120]
In der Regierungsbegründung zum Diskussionsentwurf allerdings findet sich die Einschränkung, daß Zuständigkeitsnormen für solche Gerichte, die der Staat für besondere Aufgaben eigens geschaffen hat, sehr wohl die schiedsrichterliche Streiterledigung hindern.[121] Im Falle von Patentnichtigkeitsstreitigkeiten handele es sich um durch Verwaltungsakt erteilte Rechte, die nur durch ein staatliches Gestaltungsurteil, welches gegen jedermann wirke, wieder entzogen werden könnten.[122]
Tatsache ist allerdings, daß sich weder aus dem neuen Schiedsrecht noch explizit aus den Regelungen des Patentgesetzes selbst diese Einschränkung entnehmen läßt. Es handelt sich also auch hier um eine Einschränkung der Schiedsfähigkeit über den Wortlaut des Gesetzes hinaus.

---

115 OLG Düss WM 1996, 1903; OLG Düss RIW 1990, 401 (402); BGH NJW 1991, 2215.

116 BGH WM 1966, 1132 (1133); BGH NJW 1979, 2567 (2569), für das Recht der AG; OLG Hamm NJW-RR, 1987, 1319; OLG Hamm GmbHR 1992, 759 für das Recht der GmbH

117 BGHZ 132, 278 ff. = BGH JZ 1996, 1017 ff. mit Anm. *Schlosser* = BGH NJW 1996, 1753 ff. = BGH BB 1996, 1074 ff. = BGH ZIP 1996, 830 ff.

118 BGHZ 132, 278 (281).

119 So Bredow, DStR 96, 1653.

120 Bericht, S. 92.

121 RegBegrE, BT/ Drucks. 13/ 5274, S. 35.

122 RegBegrE, BT/ Drucks. 13/ 5274, S. 35.

Treffend könnte man diese am Wortlaut der, die Schiedsfähigkeit regelnden Normen, hinausgehenden Erweiterungen der Rechtsprechung und der Regierungsbegründung unter dem Begriff Schiedsfähigkeit im weiteren Sinn zusammenfassen.[123]

Da die Notwendigkeit einer solchen Schiedsfähigkeit im weiteren Sinne nur aus dem jeweiligen Rechtsgebiet begründet werden kann, sind weitere Ausführungen hierzu im Allgemeinen Teil dieser Arbeit nicht sinnvoll. Insoweit sei auf die speziellen Erörterungen im zweiten Teil der Arbeit verwiesen.[124]

C. *Vorstellung des § 1030 ZPO*

I. Definition der Vermögensrechtlichkeit iSd. § 1030 Abs. 1 S. 1 ZPO

Eine der wesentlichen Änderungen durch das SchiedsVfG war die Umstellung des Rechts zur objektiven Schiedsfähigkeit. Während der Gesetzgeber in der alten Gesetzesfassung den Anknüpfungspunkt der objektiven Vergleichsfähigkeit zur Abgrenzung von schiedsfähigen und nicht schiedsfähigen Streitsachen wählte (§ 1025 Abs. 1 a.F. ZPO), bestimmt er ihn nun durch die Vermögensrechtlichkeit des Anspruches (§ 1030 Abs. 1 S. 1). Das Kriterium der Vergleichsfähigkeit ist nunmehr nur noch zur Schiedsfähigkeit nichtvermögensrechtlicher Ansprüche heranzuziehen (§ 1030 Abs. 1 S. 2).[125]

Zu klären bleibt nun, wie der Begriff „vermögensrechtlicher Anspruch" im Sinne des deutschen Rechts zu verstehen ist und welche Ansprüche er umfaßt.

1. Materieller oder prozessualer Anspruch

Im Gegensatz zum alten § 1025 ZPO spricht die neue Gesetzesfassung nicht mehr von der Schiedsfähigkeit des „Streitgegenstandes", bei dem schon dem Wortlaut nach von einen prozessualen Anspruch auszugehen ist.[126] In der Neufassung (§ 1030 Abs. 1 S. ZPO) wird aber der Begriff „Streitgegenstand" durch

---

123 Siehe *Schlosser* in DIS-Materialien IV (1998), S. 51.

124 Zum Verbraucherschutz siehe Teil 2. C. II.; zum Börsenterminrecht siehe Teil 2. E.; zu gesellschaftsrechtlichen Beschlußmängelklagen siehe Teil 2. D. zu Patentnichtigkeitsklagen siehe Teil 2. I. III.

125 Der § 1030 Abs. 1 S. 2 ZPO wurde von der Reformkommission vermutlich mit Rücksicht auf das Schweizer Recht eingeführt, welches mit Art. 177 IPRG die Vorbildnorm für § 1030 Abs. 1 S. 1 ZPO lieferte, allerdings keine Norm enthält, welche die Schiedsfähigkeit nichtvermögensrechtlicher Ansprüche regelt. Der hiermit zusammenhängende Streit in der Schweizer Literatur sollte wohl in Deutschland vermieden werden. So jedenfalls Schwab, FS für Henckel, S. 804 (811).

126 *Hartmann* in Baumbach/ Lauterbach/ Albers/ Hartmann, § 2 Rz. 2

„vermögensrechtlichen Anspruch" ersetzt, so daß anzunehmen wäre, nunmehr sei der materielle Anspruch iSd. § 194 Abs. 1 BGB gemeint.[127]

Der Begriff des „vermögensrechtlichen Anspruchs" ist dem deutschen Verfahrensrecht seit langem bekannt. Bis zur Neufassung des § 23 GVG[128] spielte er eine wesentliche Rolle in der Abgrenzung der Zuständigkeit zwischen Land- und Amtsgericht.
Auch im geltenden Prozeßrecht findet man die Differenzierung zwischen vermögensrechtlichen und nichtvermögensrechtlichen Ansprüchen. So kommt ihr Bedeutung zu bei der Frage der Zulässigkeit des schriftlichen Verfahrens (§ 128 Abs. 3 ZPO), im Rahmen der vorläufigen Vollstreckbarkeit von Urteilen (§ 708 Nr. 11 ZPO), der Kostenstreitwertberechnung (§ 12 Abs. 2 und 3 GKG) und der Zulassung der Revision (§ 546 ZPO).
In allen Fällen geht das Gesetz von einem prozessualen Anspruch aus.[129] Dies ist auch von dem Anspruch des § 1030 ZPO der neuen Fassung anzunehmen.[130]

2. Inhaltliche Ausfüllung des Begriffs „vermögensrechtlich"

Das Prozeßrecht selbst bietet keine Definition des Begriffes „vermögensrechtlich". Verschiedentlich wird Fällen, in denen das Prozeßrecht keine eigene Definition für einen Rechtsbegriff bietet, die Begriffsbestimmung des materiellen Rechts herangezogen.[131] Eine allgemeine Legaldefinition der Vermögensrechtlichkeit findet sich aber auch in keiner deutschen materiellen Rechtsordnung. Allgemeinhin versteht man unter Vermögen die Summe aller geldwerten Rechte. Dies sind die Rechte, die üblicherweise nur gegen Geld veräußert werden oder zumindest einen in Geld berechenbaren wirtschaftlichen Nutzen haben.[132]
In dieser Weise wird der Begriff „vermögensrechtlich" auch international verstanden. Unterschiede im internationalen Vergleich in der Rechtssprechung ergeben sich nur in der Frage, ob über den reinen Tatsachenbegriff der Vermögensrechtlichkeit hinaus auch subjektive klägerische Erwägungen in die Begriffsbestimmung einbezogen werden sollen. So gehen die Schweizer Obergerichte davon aus, daß sich der Begriff „vermögensrechtlich" allein auf das

---

127 Dies hätte zur Folge, daß die Möglichkeit, Gestaltungsurteile durch ein Schiedsgericht zu erwirken, nicht gegeben wäre, da sowohl Gestaltungs- als auch die Gestaltungsklagerechte nicht zu den materiellen Ansprüchen zählen, *Brox*, BGB AT, S. 268.

128 Durch das Rechtspflegentlastungsgesetz vom 11.01.1993 (BGBl. 1993 I 50).

129 *Hartmann* in Baumbach/ Lauterbach/ Albers/ Hartmann, Grdz. § 1 Rz. 9 f.; *Thomas/ Putzo*, Einl. IV. Rz. 1 f.; zu § 546 ZPO siehe *Albers* in Baumbach/ Lauterbach/ Albers/ Hartmann, § 546 Rz. 5.

130 *Hartmann* in Baumbach/ Lauterbach/ Albers/ Hartmann, § 1030 Rz. 2; *Thomas/ Putzo*, § 1030 Rz. 1; *Schröder*, Schiedsgerichtliche Konfliktbeilegung, S. 92; *K. Schmidt*, ZHR 162 (1998), 265 (270); *Böcker*, Schiedsfähigkeit, S. 62 f.

131 Siehe beispielsweise zum Begriff der „unerlaubten Handlung" in der ZPO und dem UWG: *v. Gamm*, § 23b Rz. 3; *Schwarz*, Gerichtsstand der unerlaubten Handlung, S. 41; *Hartmann* in Baumbach/ Lauterbach/ Albers/ Hartmann, § 32 Rz. 6.

132 *Brox*, BGB AT, S. 336 f.

zugrunde liegende Rechtsverhältnis bezieht,[133] während der BGH auch subjektive Elemente berücksichtigt.[134]
Dies ist mit Rücksicht auf den in Deutschland zweigliedrig verstandenen Streitgegenstand auch richtig.
Auf Grund dieser auf dem wirtschaftlich Nutzen basierenden Definition ist der Begriff der Vermögensrechte weit zu ziehen.[135] Er beinhaltet neben Forderungen, Sachen- und Immaterialgüterrechten auch Gesellschaftsanteile oder Anwartschaftsrechte.[136] Nicht zu den Vermögensrechten zählen Persönlichkeitsrechte, wohl aber Widerrufs- und Unterlassungsklagen, wenn sie nicht allein den persönlichen, sozialen, sondern den wirtschaftlichen oder kaufmännischen Geltungsanspruch des Klägers in der Öffentlichkeit schützen sollen.[137]
Neben dem objektiven Vorliegen einer Vermögensrechtlichkeit genügt aber schon jedes wie auch immer geartete subjektiv empfundene wirtschaftliche Interesse des Klägers an einer schiedsgerichtlichen Geltendmachung der Klage, welches sich in einem geldwerten Aktiv- oder Passivposten ausdrücken ließe.[138]
Bei seiner Bestimmung ist es im Rahmen von § 1030 ZPO nicht nötig, daß es sich bei dem herangezogenen materiellen Recht um Privatrecht handelt. Auch vermögensrechtliche Streitigkeiten des öffentlichen Rechts sind grundsätzlich schiedsfähig.[139]

Vermögensrechtliche Ansprüche iSd. § 1030 ZPO als Teil der unabdingbaren Normen des Zehnten Buches sind also alle prozessualen Ansprüche, die auf einem vermögensrechtlichen Rechtsverhältnis beruhen, oder auf Geld oder geldwerte Gegenstände (Sachen oder Rechte) gerichtet sind. Im zweiten Fall ist es unerheblich, ob das zugrunde liegende Rechtsverhältnis ebenfalls als vermögensrechtlich einzustufen ist, da hier der klägerische Antrag ausschlagendes Kriterium ist.

II. Vergleichsfähigkeit iSd. § 1030 Abs. 1 S. 2 ZPO

Der Gesetzgeber hat auch in der Neufassung des Zehnten Buches in seiner Wertung, welche nichtvermögensrechtlichen Dingen schiedsfähig seien, am Kriterium der objektiven Vergleichsfähigkeit festgehalten. Schiedsfähig sind also nach § 1030 Abs. 1 S. 2 ZPO weiterhin diejenigen nichtvermögensrechtlichen Ansprüche, über die die Parteien berechtigt sind, einen Vergleich zu schließen.

---

133 So stuft etwa die Schweizer Rechtsprechung Ansprüche aus Verletzung der persönlichen Ehre oder des Namensrechts nicht als vermögensrechtlich ein, auch wenn ein wirtschaftlicher Klagezweck verfolgt wird, schw. BG, BGE 110 II, 411 (413); 102 II 305 (307); 95 II, 481 (486).

134 BGHZ 14, 72 (74).

135 *Berger*, Schiedsgerichtsbarkeit, S. 24.

136 *Thomas/ Putzo*, Einl. IV. Rz. 2; *Böcker*, Schiedsfähigkeit, S. 62.

137 BGH NJW 86, 3143, BGHZ 14, 72 (74) für eine Ehrverletzung.

138 *Raeschke-Kessler/ Berger*, Schiedsverfahren, S. 40; *Berger*, Schiedsgerichtsbarkeit, S. 24; *Schlosser*, RIW 94, 723 (725).

139 RegBegrE, BT/ Drucks. 13/ 5274, S. 35.

Der Wortlaut des § 1030 Abs. 1 S. 2 ZPO schließt sich deckungsgleich an den § 1025 Abs. 1 a.F. ZPO an.[140] Schon zum alten Recht war es in höchstem Maße umstritten, wie dieser Verweis in das Vergleichsrecht im einzelnen zu bewerten ist.
Durch die Einführung des Kriteriums der Vermögensrechtlichkeit verliert dieser Streit einen Großteil seiner praktischen Bedeutung. Da aber auch das neue Recht zumindest für die nichtvermögensrechtlichen Streitgegenstände an dem alten Ansatz festhält, ist die Klärung des Vergleichsbegriffes auch im geltenden Recht von Belang. Folgend wird daher der zum alten Recht geführte Streit kurz dargestellt.

1. Meinungsstand zum alten Recht (§ 1025 Abs. 1 a.F. ZPO)

In der Literatur haben sich zur Vergleichsbefugnis im wesentlichen drei Meinungen herausgebildet, deren einziger Differenzpunkt ist, inwieweit das materielle Recht die objektive Vergleichsbefugnis und somit auch die objektive Schiedsfähigkeit einschränken könne. Einig sind sich die Vertreter aller Lösungen insoweit, daß sie alle die objektive Vergleichsbefugnis ablehnen, wenn keine prozeßrechtliche Verfügungsbefugnis über den Streitgegenstand gegeben ist.[141]
Daher sind sich die Vertreter aller drei Literaturmeinungen einig, daß eherechtliche und sonstige Statusfragen nicht vergleichs- und somit nicht schiedsfähig sind.[142]

a. Materieller Ansatz

Die früher h.L.[143] nahm die Ermittlung der objektiven Schiedsfähigkeit über das Verfahrensrecht hinaus im materiellen Recht vor.
Da das Verfahrensrecht selbst keine Definition des Begriffs „Vergleich" bot, wäre es nötig gewesen, daß die Regelungen des Zehnten Buches der ZPO als

---

140 Vgl. § 1025 Abs. 1 a.F. ZPO, der lautete:

(1) Die Vereinbarung, daß die Entscheidung einer Rechtsstreitigkeit durch einen oder mehrere Schiedsrichter erfolgen solle, hat insoweit rechtliche Wirkung, als die Parteien berechtigt sind, über den Gegenstand des Streites einen Vergleich zu schließen.

141 *Bärmann,* FS für Weber, S. 1 (4); *Bork,* ZZP 100 (1987), 249 (251), der allerdings deutlich macht, daß das Prozeßrecht gegenüber dem materiellen Recht eine dienende Funktion hat und somit das verfahrensrechtliche Vergleichsverbot nur der Ausdruck und die prozessuale Verwirklichung der materiellen Forderung des Gesetzes ist; *Kornmeier,* Schiedsfähigkeit, S. 39 ff.; *ders.* ZZP 94 (1981), 27 ff., der das Verfahrensrecht zur alleinen Einschränkungsgrundlage macht.

142 *Bork,* ZZP 100 (1987), 249 (251); *Bärmann,* FS für Weber, S. 1 (4); *Kornmeier,* Schiedsfähigkeit, S. 39 ff.; *ders.* ZZP 94 (1981), 27 ff.

143 *Schütze/ Tschernig/ Wais,* Schiedsverfahren, S. 22 f.; *Rosenberg/ Schwab/ Gottwald,* Zivilprozeßrecht, S. 1075; *Maier,* Schiedsgerichtsbarkeit, S. 45 ff.; *ders.* in MüKo, ZPO, § 1025 Rz. 23 f.; *Bork,* ZZP (100) 87, 249 (254 Fn. 18) m.w.N; *Schwab,* FS für Henckel, S. 803 (812).

Bestandteil des Prozeßrechtes auf den in § 779 BGB geregelten materiellen Vergleichsbegriff Rückgriff nehmen.
Nicht schiedsfähig seien somit alle diejenigen streitigen Rechtsverhältnisse, über die die Parteien nach materiellem Recht keinen Vergleich schließen können. Da der § 779 BGB aber keine genaue Definition leiste, was im einzelnen nach materiellem Recht vergleichsfähig sei, müsse eine negative Abgrenzung vorgenommen werden. Vergleiche seien immer dann nicht zulässig, wenn der Dispositionsbefugnis der Parteien zwingende Rechtssätze entgegenstünden.[144]
Zu beachten ist aber, daß die Schiedsvereinbarung selbst immer dem eigentlichen Streitfall zeitlich voransteht, so daß im Moment des Treffens der Vereinbarung noch nicht vom späteren Klagebegehren ausgegangen werden kann.
Die überwiegende Zahl der Vertreter dieser Theorie stellte daher nicht auf die zwingenden materiellen Vorschriften bezüglich des zugrunde liegenden Rechtsverhältnisses ab, sondern darauf, ob der hypothetische bzw. klägerisch erwartete Schiedsspruch gegen zwingendes Recht verstoße.[145]

Nach dieser Ansicht waren also alle Streitigkeiten schiedsfähig, deren zugrunde liegendes Rechtsverhältnis nicht gegen zwingendes materielles Recht verstieß, es sei denn, es herrschten berechtigter Zweifel an der Wirksamkeit des Rechtsverhältnisses und der Vergleich sollte eben hierüber geschlossen werden.[146]
Ebenso der Vergleichsbefugnis entzogen waren hiernach aber Streitigkeiten, deren Schiedsvereinbarung selbst gegen zwingendes Recht verstieß.[147]
In negativer Abgrenzung waren also alle Streitsachen schiedsfähig, wenn der hypothetische Schiedsspruch nicht gegen Vertragsverbote wie etwa §§ 134, 138, 312 BGB verstieß oder nicht mit materiellen Normen vereinbar war, die die Vergleichs- oder Verzichtsmöglichkeiten verbieten.[148]
Schränkten diese Normen die Vergleichsmöglichkeit lediglich ein, so durfte der zu erwartende Schiedsspruch nicht unter die gesetzlichen Erwartungen fallen. Eine Vergleichs- und somit Schiedsmöglichkeit waren aber im gesetzlich zugelassenen Rahmen möglich.[149]

---

[144] *Bärmann*, Schiedsfähigkeit in FS für *Weber*, S. 1 (3).

[145] *Maier*, Schiedsgerichtsbarkeit, S. 46 f.

[146] *Rosenberg/ Schwab/ Gottwald*, Zivilprozeßrecht, S. 1075; *Maier*, Schiedsgerichtsbarkeit, S. 46; BGH NJW 63, 1197.

[147] Der BGH nahm für den Fall zu sehr eingeschränkten Rechtsschutzes einer Partei durch die übermäßige Dominanz der anderen einen Verstoß gegen § 138 Abs. 2 BGB an, siehe BGHZ 106, 336 (339).

[148] Z.B. §§ 9 b Abs. 1 GmbHG, 1614 Abs. 1 BGB, 89 b Abs. 4 S. 1 HGB, siehe *Schwab/ Walter*, Schiedsgerichtsbarkeit, S. 32.

[149] *Maier*, Schiedsgerichtsbarkeit, S. 46.

b. Theorie der autonomen Auslegung (prozessuale Theorie)

Eine in der Sache nach prozessualer Lösungsansatz wurde von *Kornmeier* entwickelt.[150]
Er entnahm dem § 1025 Abs. 1 a.F. ZPO, daß der Gesetzgeber dem Staat über das Mittel der Vergleichsbefugnis sein Rechtsprechungsmonopol sichern wolle und schloß daraus, daß es auf materielle Vergleichshindernisse nicht ankomme. In diesen nämlich sei ein besonderes öffentliches Interesse, welches ein staatliches Rechtsprechungsmonopol erforderlich mache, nicht notwendigerweise zu sehen. Dies sei der Vorschrift des § 1041 Abs. 1 a.F. ZPO zu entnehmen. In dessen Nr. 2 normiert der Gesetzgeber die Aufhebbarkeit ausländischer Schiedssprüche wegen Verstoßes gegen den deutschen *ordre public*. Ginge man nun aber von der generellen Unwirksamkeit von Schiedsvereinbarungen aus, die gegen zwingende Normen des materiellen Rechts verstießen, so liefe der § 1041 Abs. 1 Nr. 2 a.F. ZPO leer, da sie regelmäßig auch Vorschriften des *ordre public* seien.[151] Es genüge dem Staat vielmehr, daß Verstöße gegen zwingendes materielles Recht erst bei der Anerkennung oder Vollstreckung der Schiedsurteile korrigiert würden.[152]
Das staatliche Rechtsprechungsmonopol sei vielmehr von solchen Vorschriften geschützt, die die sonst in der ZPO geltenden Verhandlungs- und Dispositionsmaxime zugunsten von Untersuchungs- und Offizialmaxime ausschließen würden. Auf materiellrechtliche Vergleichsverbote komme es also nur insofern an, inwieweit sie auch prozessual die Handlungsfreiheit der Parteien einschränkten.[153]

c. Lehre von der objektiven Verfügbarkeit

Die Lehre von der objektiven Verfügbarkeit vereinigte Komponenten beider oben genannter Lösungsansätze in sich. Sie ging wie der Ansatz *Kornmeiers* grundsätzlich davon aus, daß Ziel des § 1025 Abs. 1 a.F. ZPO der Erhalt des staatlichen Rechtsprechungsmonopols sei und suchte die Erreichung dieses Ziels, indem sie die Konkretisierung der Vergleichsfähigkeit (und somit die Schiedsfähigkeit) im materiellen Recht vornahm.
Der Weg über die prozessualen Voraussetzungen eines Vergleiches lehnten die Vertreter dieser Lehre als falsch ab. Der Prozeßvergleich habe nach h.M. eine Doppelnatur. Die prozeßrechtliche Verfügungsbefugnis sei von ihren materiellen Voraussetzungen abhängig und könne daher nicht selbständig zur Begründung objektiver Schiedsfähigkeit herangezogen werden.[154]
Mit *Kornmeier* kritisierte diese neuere Lehre aber auch die sog. materielle Theorie, indem sie deutlich machte, daß mit dem Versagen der objektiven Ver-

---

150 *Kornmeier*, Schiedsfähigkeit, S. 39 ff., 49 ff.; *ders.* ZZP 94 (1981), 27 (37 ff.).

151 *Kornmeier*, Schiedsfähigkeit, S. 58 f.; *ders.* ZZP 94 (1981), 27 (34 f.).

152 *Kornmeier*, Schiedsfähigkeit, S. 58 f.; *ders.* ZZP 94 (1981), 27 (34 f.).

153 *Kornmeier*, Schiedsfähigkeit, S. 71; *ders.* ZZP 94 (1981), 27 (39).

154 *Bork*, ZZP 100 (1987), 249 (251); *Schwab*, FS für Henckel, S. 803 (804 und 808 f.).

gleichs- und somit Schiedsfähigkeit schon im Stadium der Schiedsvereinbarung der § 1041 Abs. 1 Nr. 2 a.F. ZPO leerliefe.[155]
Ein weiterer Vorwurf dieser Vertreter ist die Rechtsunsicherheit, die entstehe, wenn eine Schiedsklausel, die auf ein gegen zwingendes Recht verstoßendes Rechtsverhältnis beruht, unwirksam sein soll, es sei denn, die Parteien stellten gerade diese Rechtsunsicherheit streitig.[156]
Dies hätte zur Folge, daß sich die objektive Schiedsfähigkeit nicht mehr aus dem Gesetz oder wenigstens der Sache selbst, sondern aus den Parteianträgen ergäbe.
Genau wie *Kornmeier* sahen auch die Vertreter der Lehre von der objektiven Verfügbarkeit in § 1025 Abs. 1 a.F. ZPO die gesetzgeberische Aussage bei Rechtsstreitigkeiten über das öffentliche Interesse besonders tangierende Streitgegenstände der staatlichen Gerichtsbarkeit ein besonderes Rechtsprechungsmonopol einräumen zu wollen. Dieses sei aber nicht bereits dann gesetzgeberisch gefordert, wenn die Parteien sich nicht nur über den Streitgegenstand nicht vergleichen dürften, sondern erst dann, wenn sie keinerlei rechtsgeschäftliche Dispositionsbefugnis mehr hätten und die Entscheidung eines staatlichen Gerichtes unbedingt erforderlich wäre.[157]
Um das Rechtsprechungsmonopol des Staates zu sichern, wollten die Anhänger der Lehre von der objektiven Verfügbarkeit nicht streng am Wortlaut des § 1025 Abs. 1 a.F. ZPO festhalten. Vielmehr sollte das Wort „Vergleich" sinngemäß, aber gesetzeskonform in dem Sinne ausgelegt werden, daß es durch seine Legaldefinition in § 779 BGB „ersetzt" werde.
Der § 779 BGB spricht von einem Vertrag. Nach der Lehre von der objektiven Verfügbarkeit waren danach alle Streitsachen schiedsfähig, die von den Parteien vertraglich, also rechtsgeschäftlich, im Wege des gegenseitigen Nachgebens erledigt werden könnten.[158]
Die materiellrechtliche Verfügbarkeit wurde also nicht im Hinblick auf die möglichen Gesetzesverstöße beurteilt, sondern danach, ob die in Frage stehenden Ansprüche - unbeschadet bestehender gesetzlicher Verbote oder Beschränkungen - überhaupt verfügbar, das heißt der Dispositionsbefugnis der Parteien unterworfen sind.[159]

Obgleich dem Wortlaut des § 1025 Abs. 1 a.F. ZPO eine vertragsbezogene Auslegung des Begriffes „Vergleich" nicht zu entnehmen war, haben sich dieser

---

155 *Bork*, ZZP 100 (1987), 249 (257).

156 Am Beispiel von Wucher gem. § 138 Abs. 2 BGB, siehe *Bork*, ZZP 100 (1987), 249 (255 f.); vgl. auch *Schwab*, FS für Henckel, S. 803 (806 und 809 f.).

157 *Bork*, ZZP 100 (1987), 249 (272); *Schwab/ Walter*, Schiedsgerichtsbarkeit, *S.* 32.

158 *Bork*, ZZP 100 (1987), 249 (254 f.); vgl. auch *Schwab*, FS für Henckel, S. 803 (809), der die Legaldefinition des § 779 zwar überinterpretiert sieht, *Bork* aber i.E. Recht gibt.

159 *Schwab*, FS für Henckel, S. 803 (809).

hier dargestellten Meinung, die erstmals von *Bork*[160] entwickelt wurde, die meisten Stimmen in der Literatur angeschlossen.[161]
Nach ihr sind nicht nur, im Gegensatz zur prozessualen Lösung, alle echten Streitigkeiten der freiwilligen Gerichtsbarkeit schiedsfähig, sondern auch, entgegen der Lösung der materiellen Theorie, Ansprüche auf die nicht oder nicht zu jeder Zeit verzichtet werden kann. Dies sind z.B. Ansprüche aus §§ 276 Abs. 2, 1614 BGB oder § 89 b Abs. 4 HGB. Ebenso schiedsfähig sind Ansprüche, die nicht durch Vergleich oder Verzicht disponiert werden können (z.B. § 9 b Abs. 1 S. 1 GmbHG), solange die Parteien rechtsgeschäftlich über diese Ansprüche verfügen können.[162]

d. Rechtsprechung

In ständiger Rechtsprechung folgte die deutsche Gerichtsbarkeit der materiellen Theorie, da sie die Lehre von der objektiven Verfügbarkeit nicht mit dem Wortlaut des § 1025 Abs. 1 ZPO vereinbar sah.[163]
Unklar blieb, ob sich der BGH in seinem Urteil vom 06.06.1991[164] dieser Lehre angeschlossen hatte[165], da es in dieser Entscheidung heißt, daß sich der Staat das Rechtsprechungsmonopol vorbehalte, wo die Parteien nicht objektiv über den Streitgegenstand verfügen können, andererseits aber auf den Wortlaut des § 1025 Abs. 1 a.F. ZPO verwiesen wird.[166]
1996 war das OLG Köln noch einmal mit der Frage der Vergleichsfähigkeit nach altem Recht befaßt und erklärte ausdrücklich, daß die Lehre von der objektiven Verfügbarkeit mit dem Wortlaut der alten Vorschrift nicht vereinbar sei.[167]
Die anschließende klägerische Revision lehnte der BGH ab.[168]
Für endgültige Klärung sorgte er dann aber etwa einen Monat später mit seinem Urteil zur Schiedsfähigkeit von GmbH-rechtlichen Beschlußmängelstreitigkeiten. Der Gerichtshof erklärte ausdrücklich, daß die Gültigkeit einer Schiedsklausel nicht daran gemessen werden könne, ob der Schiedsspruch oder ein im Schiedsverfahren geschlossener Vergleich gegen zwingende Rechtsvorschriften verstoße. Die objektive Schiedsfähigkeit fehle im wesentlichen nur dann, wenn sich der Staat im Interesse besonders schutzwürdiger Interessen ein Rechtsprechungsmonopol vorbehalten habe. Dies sei immer dann der Fall, wenn den Par-

---

160 *Bork*, ZZP 100 (1987), 249 ff., der sich wiederum auf die von *Kornmeier* (Fn. 150) hervorgebrachten Denkansätze stützte.

161 *Stein/ Jonas/ Schlosser*, 21. Aufl., § 1025 Rz. 27; Zöller/ *Geimer*, 20. Auflage, § 1025 Rz. 37; *Schwab/ Walter*, Schiedsgerichtsbarkeit, S. 32; *Barber*, Schiedsfähigkeit, S. 140 f.; *Schick*, Schiedsfähigkeit, S. 76 ff.

162 Zöller/ *Geimer*, 20. Auflage, § 1025 Rz. 37.

163 OLG Hamm ZIP 87, 780 (783) m.w.N.

164 BGH NJW 91, 2215 f.

165 So etwa Zöller/ *Geimer*, § 1030 Rz. 1.

166 BGH NJW 91, 2215 (2216).

167 OLG Köln, Urteil vom 28.02.96, VersR 98, 112 (113).

168 BGH, Beschluß vom 26.06.1997, Aktz. II ZR 95/96.

teien die Verfügungsbefugnis entzogen sei.[169] Mit diesem Urteil schloß sich der BGH der Lehre von der objektiven Verfügbarkeit an, deren argumentative Linie er voll übernahm.

2. Veränderungen durch das neue Recht

Mit der Einführung des Kriteriums der Vermögensrechtlichkeit durch § 1030 Abs. 1 S. 1 ZPO ist die praktische Bedeutung des oben dargestellten Meinungsstreits stark gesunken.
Der Großteil der vor Schiedsgerichten ausgetragenen Streitsachen sind vermögensrechtlicher Natur[170] und durch das SchiedsVfG ist nunmehr geklärt, daß diese Ansprüche in ihren gesetzlichen Schranken grundsätzlich schiedsfähig sind.

a. Bedeutung des alten Meinungsstreits für § 1030 Abs. 1 S. 1 ZPO

Der Gesetzgeber hat in den das SchiedsVfG begleitenden Materialien deutlich gemacht, daß er in § 1030 ZPO und in den über § 1030 Abs. 3 ZPO weiterhin anwendbaren nebengesetzlichen Vorschriften zur Schiedsfähigkeit den Weg zur Erhaltung staatlicher Rechtsprechungsmonopole sieht.[171] Im Gegensatz zu den Vätern des 1. Entwurfs der CPO wählte der Gesetzgeber trotz der Legaldefinition des § 779 BGB[172] nicht das Kriterium der vertraglichen Verfügbarkeit zur Abgrenzung von schiedsfähigen zu schiedsunfähigen Streitgegenständen,[173] sondern trennte die verschiedenen möglichen Streitsachen in vermögens- und nichtvermögensrechtliche Ansprüche auf.

§ 1030 Abs. 1 S. 1 ZPO läßt sich entnehmen, daß vermögensrechtliche Ansprüche grundsätzlich schiedsfähig sein sollen. Ausnahmen ergeben sich allenfalls außerhalb des Zehnten Buches aus den über § 1030 Abs. 3 ZPO anwendbaren Vorschriften.
Der Gesetzgeber macht also deutlich, daß er bei Streitigkeiten über vermögensrechtliche Ansprüche grundsätzlich keine Gefährdung öffentlicher Interessen sieht, die ein staatliches Rechtsprechungsmonopol nötig machen würden. Soweit Ausnahmen zu diesem Grundsatz gegeben seien,[174] werden diese Ansprü-

---

169 Urteil vom 29.03.96 in BGHZ 132, 278 (282 f.); siehe auch BGH JZ 96, 1017 (1018) mit Anmerkung von *Schlosser* und DZWiR 97, 117 ff. mit Anmerkung von *Geimer*.

170 So die Kommission, Bericht, S. 92.

171 Bericht, S. 91; RegBegrE, BT/ Drucks. 13/ 5274, S. 34.

172 Diese war zum Zeitpunkt des Inkrafttretens der CPO unbekannt, da diese älter ist als das BGB. § 792 des 1. Entwurfs der CPO wurde später unverändert in § 1025 a.F. ZPO übernommen; siehe hierzu *Bork*, ZZP 100 (1987), 249 (254); *Schwab*, FS für Henckel, S. 803 (813).

173 So die Lehre von der objektiven Verfügbarkeit, siehe Teil 1. III. 2 a. (3).

174 Zu den von der Regierung genannten Ausnahmen, siehe RegBegrE, BT/ Drucks. 13/ 5274, S.36.

che durch spezialgesetzliche Regelungen der staatlichen Gerichtsbarkeit zugeführt.[175]

Für die in § 1030 Abs. 1 S. 1 ZPO getroffene Neuregelung hat sich der Gesetzgeber also für keine der oben genannten Theorien entschlossen[176], sondern trennt das Kriterium der Schiedsfähigkeit gänzlich von dem der Vergleichsfähigkeit.
Das geringe Bedürfnis staatlicher Rechtsprechungsmonopole bei diesen Ansprüchen wird durch den Ausschluß privater Schiedsgerichtsbarkeit in besonderen Fällen durch spezielle Gesetze befriedigt.

b. Bedeutsamkeit des Meinungsstreits für § 1030 Abs. 1 S. 2 ZPO

Obgleich dem Gesetzgeber die herrschende Unklarheit über den Begriff „Vergleich" bekannt war, verwendet er das Kriterium der Vergleichsfähigkeit in § 1030 Abs. 1 S. 2 ZPO weiter.[177]
Er tut dies, ohne eine eindeutige Klärung des Begriffes „Vergleich" vorzunehmen oder eindeutig die rechtsgeschäftliche Dispositionsfreiheit zum Abgrenzungskriterium erhoben zu haben. Es ist daher nicht klar, wie nach neuem Recht die Vergleichsfähigkeit des § 1030 Abs. 1 S. 2 ZPO zu definieren ist.

Größter Kritikpunkt der Lehre von der objektiven Verfügbarkeit an der streng materiellen Auslegung war unter anderem das Argument mangelnder Praktikabilität der materiellen Theorie.
Durch den Ausschluß der Möglichkeit einer Schiedsvereinbarung bei jedwedem Verstoß gegen zwingendes materielles Recht sei der Anwendungsbereich der Schiedsgerichtsbarkeit zu eng gezogen und somit ihre praktische Bedeutsamkeit gefährdet.[178]
Zur Überwindung dieser Einschränkung suchte die Literatur nach Argumenten, wie am Wortlaut des § 1025 Abs. 1 a.F. ZPO vorbei der Anwendungsbereich der Schiedsgerichtsbarkeit über die Schiedsfähigkeit erhöht werden könne.
Ein zu enger Anwendungsbereich als Motivation zur Suche nach einem weiteren Anwendungsbereich ist mit der Reform entfallen. Das mit

---

175 Bericht, S. 92; RegBegrE, BT/ Drucks. 13/ 5274, S. 35.

176 A. A. Zöller/ *Geimer*, § 1030 Rz. 1, der in der Neufassung die Übernahme der Theorie von der objektiven Verfügbarkeit sieht. Dies ist aber allenfalls i.E. zutreffend.

177 Die grundsätzliche Notwendigkeit der Schaffung einer vergleichbaren Vorschrift war mit Rücksicht auf die in der Schweiz gemachten Erfahrungen deutlich. Hier wurde nämlich bei der Neuregelung des Art. 177 Schweizer IPRG, der für alle Fälle der internationalen Schiedsgerichtsbarkeit ebenfalls die Vermögensrechtlichkeit des Anspruches zum Abgrenzungskriterium der schiedsfähiger Streitsachen macht, eine vergleichbare Regelung nicht in das Gesetz aufgenommen. Dies führte zu Unklarheit in der Schweizer Literatur, ob nichtvermögensrechtliche Ansprüche überhaupt schiedsfähig seien; siehe hierzu *Schwab*, FS für Henckel, S. 803 (811 Fn. 19) m.w.N.

178 *Bork*, ZZP 100 (1987), 249 (255 f.); *Barber*, Schiedsfähigkeit, S. 141; vgl. zur vorreformatorischen Bedeutsamkeit der Schiedsgerichtsbarkeit oben die Einleitung.

§ 1030 Abs. 1 S. 1 ZPO eingeführte Kriterium der Vergleichsfähigkeit reißt den Anwendungsbereich gerade zu auf.[179]
Aber auch nach der Reform durch das SchiedsVfG wird in der Literatur vertreten, daß sich die Vergleichsbefugnis nach wie vor durch die objektive Verfügbarkeit bestimme.[180]
Es soll im Rahmen dieser Arbeit dahingestellt bleiben, inwieweit die Lehre von der objektiven Verfügbarkeit im vorreformatorischen Recht dogmatisch zu halten war.
Folgend wird nur geklärt, wie die Vergleichsbefugnis des neuen Recht im praktisch sehr eingeschränkten Rahmen des § 1030 Abs. S. 2 ZPO zu verstehen ist.[181]

Einigkeit herrscht darüber, daß der Staat den Schutz besonders wichtiger Rechtsgüter in die Hände seiner staatlichen Gerichte legen möchte, ihnen also in manchen Streitsachen ein Rechtsprechungsmonopol zubilligt. Zur Durchsetzung dieses Monopols bemächtigt er sich der Regelungen zur objektiven Schiedsfähigkeit. Ist diese nicht gegeben, so hat dies die unmittelbare Unwirksamkeit der Schiedsvereinbarung zu Folge. Ohne eine wirksame Schiedsabrede ist aber die staatliche Gerichtsbarkeit nicht ausgeschlossen; folglich also zuständig.
Der oben dargelegte Streit wurde daher nicht darüber geführt, ob der Gesetzgeber bei Vorliegen besonderer Interessen ein Entscheidungsmonopol in § 1025 Abs. 1 a.F. ZPO vorgesehen hat, sondern vielmehr, wie er es gesetzlich durchsetzen wollte.
Während die Vertreter der klassischen materiellrechtlichen Theorie am Wortlaut der Norm, die von Vergleich spricht, im materiellen Sinn festhielten und somit den gesetzgeberisch gegebenen Freiraum der Schiedsgerichtsbarkeit als sehr eng gezogen sahen, interpretierten die Vertreter der Theorie von der objektiven Verfügbarkeit den Willen des Gesetzgebers weiter und machten die Legaldefinition des Vergleichs in § 779 BGB zum Maßstab, die den Vertrag erwähnt.[182] Nach ihrer Meinung wollte der Gesetzgeber mit seiner Wortwahl „Vergleich" die Schiedsfähigkeit nur soweit einschränken, wie es den Parteien nicht mehr möglich ist, in irgendeiner Weise über den Streitgegenstand zu disponieren. Neben dem praktisch engen Anwendungsbereich des alten § 1025 ZPO wurde vor allem das normative Argument ins Feld geführt, daß § 1041 Abs. 1 Nr. 2 a.F. ZPO leerliefe.
Diese Vorschrift ist von § 1061 ZPO, der wiederum auf das UNÜ verweist, ersetzt worden. Ein Leerlaufen ist aus zweifacher Hinsicht ausgeschlossen.
Nach Art. V Abs. 2 lit. b. UNÜ darf die Ablehnung eines fremdländischen Schiedsspruches dann versagt werden, wenn festgestellt wird, daß die Anerken-

179 Zur Kritik siehe u.a. *Voit*, JZ 97, 120 ff.; *ders.* in *Musielak*, § 1030 Rz. 2.

180 *Böcker*, Schiedsfähigkeit, S. 64; wohl auch *Geimer* in *Zöller*, § 1030 Rz. 1, wobei unklar bleibt, ob er sich auch auf § 1030 Abs. 1 S. 2 oder nur auf den ersten Satz bezieht.

181 Hierbei nicht mehr erörtert, wird die prozessuale Theorie *Kornmeiers*, die schon vor der Reform keine Anhänger gefunden hat.

182 Siehe zu den näheren Begründungen unter Teil 1. III. 2 a. (1). und (3).

nung und Vollstreckung gegen die öffentliche Ordnung des Landes verstoßen würde. Gemeint ist der *ordre public.*[183]
Ein Leerlaufen wäre also nur dann zu befürchten, wenn alle Verstöße gegen gesetzlich zwingenden Normen gleichsam zu *ordre public*- Verstößen erklärte. Dies lehnt der BGH allerdings in neuester Rechtsprechung zu Börsentermingeschäften ab.[184]
Da aber das neue Recht ohnehin in vermögens- und nichtvermögensrechtliche Ansprüche trennt und erstere nur noch in besonderen, die Schiedsgerichtsbarkeit speziell ausschließender Normen ihre Grenzen findet, ist eine Gefahr der rechtlichen Unbeachtlichkeit von § 1061 ZPO, Art. V UNÜ nicht gegeben.

Aus den Materialien zur Reform des Schiedsrechtes läßt sich entnehmen, daß der Gesetzgeber bei den nichtvermögensrechtlichen Ansprüchen die Gefahr der Verletzung durch öffentliche Interessen besonders tangierte Rechtsgüter als hoch einschätzt und daher dort staatliche Rechtsprechungsmonopole für eher wichtig erachtet.[185] Es ist daher anzunehmen, daß eine enge Auslegung des Vergleichsbegriffes dem gesetzgeberischen Willen entspricht. Ein eindeutiges Bekenntnis zur materiellen Theorie läßt sich allerdings auch nicht entnehmen.[186]

Festgestellt werden kann aber, daß das Gesetz am Begriff „Vergleich" festgehalten hat. Eine mögliche andere Formulierung, die an eine vertragliche Disposition anknüpft, ist nicht gewählt worden, obgleich dies von der Reformkommission ausdrücklich vorgeschlagen worden war.[187] Wie der Regierungsbegründung zu entnehmen ist, wurde die Bindung an die Vergleichsfähigkeit für aussagekräftiger gehalten.[188] Erweitert man den Gesetzeswortlaut dann trotzdem dahingehend, so handelt man m.E. *contra legem.* Das Wort „Vergleich" im neuen § 1030 Abs. 1 S. 2 ZPO ist streng nach materiellem Recht auszulegen.[189]

---

183 *Albers* in Baumbach/Lauterbach/Albers/Hartmann, Art. V UNÜ Rz. 2.

184 Siehe zur Unterscheidung von nationalem und internationalem *ordre public,* BGH NJW 98, 2358 ff.; *Sonnenberger* in MüKo, Art. 6 EGBGB, Rz. 19; Bedenken schon zum alten Recht äußert *Schwab,* FS für Henckel, S. 803 (810).

185 Bericht, S. 91; RegBegrE, BT/ Drucks. 13/ 5274, S. 35.

186 Die Regierungsbegründung spricht zwar über die Berechtigung, einen „Vergleich" zu schließen, verneint aber dann die Schiedsfähigkeit der „Parteidisposition" entzogener Sachen ohne zu erwähnen, wie weit diese geht. Siehe RegBegrE, BT/ Drucks. 13/ 5274, S. 35.

187 Der Vorschlag der Reformkommission zu § 1030 Abs. 1 S. 2 ZPO lautete: „Eine Schiedsvereinbarung über nichtvermögensrechtliche Ansprüche ist nicht ausgeschlossen." Siehe Bericht, S. 90 f.

188 RegBegrE, BT/ Drucks. 13/ 5274, S. 34.

189 A.A. *Böcker,* Schiedsfähigkeit, S. 64 und 72 Fn. 340.

D. *Begrenzung der Schiedsfähigkeit*

Die in § 1030 Abs. 1 ZPO getroffenen Regelungen bezüglich der objektiven Schiedsfähigkeit sind nicht abschließend. Im Abs. 2 der Norm findet sich ein expliziter Ausschluß der Schiedsgerichtsbarkeit für große Teile des Mietrechts und Abs. 3 erklärt außergesetzliche Regelungen außerhalb des Zehnten Buches der ZPO ausdrücklich für anwendbar, die die Möglichkeit schiedsgerichtlicher Klärung ausschließen oder zumindest einschränken.
Aus der systematischen Stellung des § 1030 Abs. 3 ZPO - hinter der die Schiedsfähigkeit grundsätzlich regelnden Generalklausel des ersten Absatzes - ergibt sich, daß diese gesetzlichen Einschränkungen sowohl vermögens- als auch nichtvermögensrechtliche Ansprüche betreffen soll.[190]

1. Übergesetzliche Einschränkung der objektiven Schiedsfähigkeit

Durch die Reform des Schiedsrechtes hat das Gesetz eine starke Erweiterung der Möglichkeiten schiedsrichterlicher Klärung von Rechtsstreitigkeiten erfahren. Dies findet vor allem in der in § 1030 Abs. 1 S. 1 ZPO getroffenen Regelung seinen Niederschlag, allen vermögensrechtlichen Ansprüchen Schiedsfähigkeit zuzusprechen.
Diese Erweiterung der Schiedsfähigkeit, welche nach neuem Recht nur durch spezialgesetzliche Regelungen eingeschränkt werden kann, ist in der Literatur auf Kritik gestoßen.[191]
Folgend soll daher untersucht werden, ob eine Begrenzung der Schiedsfähigkeit über den Wortlaut der die Schiedsfähigkeit bestimmenden Vorschriften hinaus geboten ist.

Mit der Neuregelung des § 1030 ZPO erfolgt eine Abkehr von dem seit dem Inkrafttreten der ZPO gültigen Prinzip, die Vergleichsbefugnis mit der Schiedsfähigkeit gleichzusetzen.[192] Diese Verknüpfung war geprägt von innerer Schlüssigkeit, da Gesetzgeber und Rechtswissenschaft immer der Meinung waren, daß die Schiedsgerichtsbarkeit ihre Legitimationsgrundlage auf der Basis der zivilrechtlichen Grundprinzipien Privatautonomie und Dispositionsbefugnis findet.[193] Dadurch, daß die Schiedsgerichtsbarkeit durch eine von den Parteien rechtsgeschäftlich getroffene Vereinbarung die staatlichen Gerichte verdränge, solle dies auch nur in solchen Rechtsangelegenheiten möglich sein, über die die Parteien rechtlich verfügen können.

---

190 So auch *Albers* in Baumbach/Lauterbach/Albers/Hartmann, § 1030 Rz. 7.

191 *Schwab*, FS für Henckel, S. 803 (811 ff.); *ders.*, FS für Gaul, 729 (733); *Voit*, JZ 97, 120 ff.; *ders.* in *Musielak*, § 1030 Rz. 2.

192 In § 792 des 1. Entwurfs der CPO wurde mit dem Inkrafttreten der CPO die Vergleichsfähigkeit zum Abgrenzungskriterium für gleichermaßen die subjektive und die objektive Schiedsfähigkeit gemacht. Später wurde dieses Kriterium in § 1025 a.F. ZPO übernommen; siehe auch oben Fn. 172.

193 Siehe oben Teil 1. I. 1.

In der Neufassung des § 1030 Abs. 1 S. 1 ZPO wird von *Voit* nun der Beweis gesehen, daß der Gesetzgeber staatliche und Schiedsgerichte nicht mehr nur eingeschränkt als gleichwertige Rechtsschutzformen ansieht, sondern die Schiedsgerichtsbarkeit in der Weise in der Bedeutung steigern will, daß er sie prinzipiell zu einer privaten Gerichtsbarkeit erhebt.[194]
Durch die Trennung vom Vergleichskriterium räume der Gesetzgeber der Schiedsgerichtsbarkeit die Entscheidungsbefugnis über Rechtsstreitigkeiten ein, die die Parteien selbst nicht einvernehmlich lösen könnten. Allein die Vorstellung, daß die Schiedsgerichte wegen ihrer Qualifikation als Gerichtsbarkeit über eine höhere Legitimität verfügten, als sie die Willensübereinstimmung der Parteien beanspruchen könne, vermöge es zu rechtfertigen, daß die Schiedsrichter nicht den Schranken unterlägen, die den Parteien gezogen seien.[195]
Voit erachtet diese neue Regelung allerdings nicht nur als rechtsdogmatisch verfehlt, weil sie die Schiedsgerichtsbarkeit aus ihrer rechtlichen Identität reiße, sondern weist auf weitreichenden praktischen Konsequenzen der neuen Regelung hin.
Als Beispiel nennt er das Vergleichs- und Verzichtsverbot, welches gem. §§ 43 Abs. 3 S. 2 iVm. 9 b Abs. 1 GmbHG der Gesellschaft verbietet, sich mit einem Geschäftsführer zu einigen, der sich durch Zahlungen mit dem zum Erhalt des Stammkapitals erforderlichen Geldern schadensersatzpflichtig gemacht hat. Sinn dieser Vorschriften ist der Gläubigerschutz, denn diesen steht die Möglichkeit offen, Forderungen der Gesellschaft an ihren Geschäftsführer zu pfänden, um ihre eigenen Ansprüche zu befriedigen. Wird dieses Verfahren so von den Gläubigern durchgeführt, hat es praktisch eine persönliche Haftung des Geschäftsführers zur Folge. Diesen Schutzmechanismus des GmbH-Rechts könnten Gesellschaft und ihr Gesellschafter nun umgehen, wenn sie ein Schiedsgericht beauftragen würden, nach billigem Ermessen zu entscheiden oder eine Rechtsordnung zugrunde legen, die keine dem deutschen Recht vergleichbare strenge Kapitalbindung kennt.
Die durch rechtswidrige Entnahmen geschädigten Gläubiger müßten sich dann einen solchen Schiedsspruch wie ein rechtskräftiges Urteil entgegenhalten lassen. Bei der Wahl liberaleren fremden Rechts wäre nicht einmal eine Aufhebung wegen Verstoßes gegen den *ordre public* möglich, da es der Gesetzgeber selber gewesen sei, der die Wahl fremden Rechts ermöglicht habe.[196]
Voit schlägt daher als Möglichkeit vor, die Schiedsgerichtsbarkeit wieder in ihre dogmatische Heimat zurückzuführen und oben dargestellte Konflikte mit dem zwingenden deutschen Recht zu vermeiden, und entgegen dem Wortlaut des § 1030 ZPO dessen ersten Satz so auszulegen, daß überall dort, wo die Parteien nach materiellem Recht nicht in der Lage sind, sich über den Streitgegenstand zu vergleichen, ein staatliches Rechtsprechungsmonopol zu sehen sei, welches eine Schiedsfähigkeit ausschließe.[197]

---

194 *Voit*, JZ 97, 120; so auch *Schwab*, FS für Henckel, S. 803 (813).

195 *Voit*, JZ 97, 120 (125).

196 *Voit*, JZ 97, 120 (125).

197 *Musielak/ Voit*, § 1030 Rz. 3, § 1053 Rz. 1.

Mit dieser Interpretation würde man also den Begriff „vermögensrechtlicher Anspruch" genauso auslegen, wie es die früher h.L. zum Vergleichsbegriff des § 1025 a.F. ZPO tat.[198]
Ebenso wie *Voit* ist *Schwab* der Meinung, daß durch die Neuregelung die Vereinbarkeit staatlicher Gerichtshoheit und Schiedsgerichtsbarkeit nicht mehr gewahrt sei.[199]
Auch ihm ist die Neuregelung, vor allem im Hinblick auf die jetzt angenommene Schiedsfähigkeit von Drittwiderspruchs- und Vollstreckungsabwehrklagen, zu weit gefaßt, und er plädiert für eine restriktive Auslegung auf Ansprüche, die in der Dispositionsfreiheit der Parteien stehen.[200] Im Ergebnis bedeutet dies eine Auslegung nach der Lehre von der objektiven Verfügbarkeit.[201]
Bedenklich an dieser Kritik stimmt weniger, daß der Gesetzgeber ein Jahrhunderte altes Rechtsprinzip verändert, sondern vielmehr, daß die Privatautonomie allgemeinhin als verfassungsrechtliche Basis der Schiedsgerichtsbarkeit gesehen wird.[202]
Obgleich es von keinem der genannten Kritiker der Neuregelung ausgesprochen wird, könnte § 1030 Abs. 1 S. 1 ZPO bei konsequenter Anwendung dieses Gedankens im Gegensatz zur verfassungsmäßigen Grundlage privater Rechtsprechung stehen. Dies hätte zur Folge, daß § 1030 Abs. 1 S. 1 ZPO als nicht vereinbar mit dem Grundgesetz anzusehen wäre und verfassungskonform dahingehend ausgelegt werden müßte, daß nur die Materien schiedsfähig wären, über die die Parteien im Rahmen ihrer Privatautonomie verfügen können.

a. Verfassungsmäßigkeit des § 1030 Abs. 1 S. 1 ZPO

Betrachtet man die historische Entwicklung des Schiedswesens in Deutschland seit dem zweiten Weltkrieg, so stellt man fest, daß das Vertrauen, welches vor allem von der Rechtswissenschaft und der Rechtsprechung der Schiedsgerichtspraxis entgegengebracht wurde, stetig größer geworden ist. Dies wird vor allem deutlich, wenn man sich die Entwicklung von der streng wörtlichen Auslegung der früher h.L. hin zur Theorie der objektiven Verfügbarkeit betrachtet.[203]
Der Gesetzgeber macht sein Vertrauen in die Schiedsgerichtsbarkeit mit dem SchiedsVfG nun sehr deutlich, indem er u.a. die Schiedsfähigkeit nichtvermögensrechtlicher Ansprüche fast schrankenlos ermöglicht und den ehemaligen § 91 Abs. 1 GWB aufhob. Bei dieser Norm handelte es sich um eine unmittelbare Beschränkung der Schiedsfähigkeit kartellrechtlicher Streitigkeiten.

---

198 Siehe zur materiellen Auslegung unter Teil 1. III. 2 a. (1)., der auch *Voit* folgte. Siehe *Voit/ Musielak*, § 1025 a. F. Rz. 20.

199 *Schwab*, FS für Henckel, S. 803 (813 f.).

200 *Schwab*, FS für Henckel, S. 803 (812 f.); *ders.*, FS für Gaul, 729 (733).

201 Siehe hierzu oben Teil 1. III. 2 a. (3).

202 *Achterberg* in BK, Art. 92 Rz. 185; *Maunz/ Dürig/ Herzog*, Art. 92 Rz. 154 ff.; *Detterbeck* in GG, Art. 92 Rz. 29; zur Verfassungsrechtlichkeit der Schiedsgerichtsbarkeit siehe oben Teil 1. I. 1.

203 Zu diesem Wandel in der Rechtswissenschaft siehe Teil 1. III. 2 a. (1). und (3).; zu dem in der Rechtssprechung (4).; vgl. auch schon Schlosser, ZIP 87, 492 (498).

Die Aufhebung begründete der Regierungsentwurf wie folgt: Die Norm des § 91 Abs. 1 GWB, die die Möglichkeit schiedsrichterlicher Klärung kartellrechtlicher Streitigkeiten nur dann erlaubte, wenn sich die Parteien die Möglichkeit einer zeitlich nachgeschalteten vollständigen Nachprüfung durch einen gesetzlichen Richter offenhielten, sei nicht mehr mit den Zielen der Reform zu vereinbaren.[204] Die Schiedsgerichtsbarkeit sei eine der staatlichen Gerichtsbarkeit grundsätzlich gleichwertige Rechtsschutzmöglichkeit.[205]
Aus demselben Grund hob der Gesetzgeber das „Gesetz über die schiedsrichterliche Erledigung privatrechtlicher Streitigkeiten des Reiches und der Länder" vom 10.10.1933[206] auf, welches zur Wirksamkeit einer Schiedsvereinbarung mit einer Behörde die Zustimmung des Bundesfinanzministeriums erforderlich machte. Diese Regelung, mit der der Staat sich selbst vor Schiedsvereinbarungen schütze, sei angesichts der grundsätzlichen Äquivalenz von schieds- und staatlichem Rechtsschutz nicht mehr nötig.[207]
Dies bedeutet aber nicht, daß der Gesetzgeber die Schiedsgerichtsbarkeit der staatlichen Gerichtsbarkeit gleich gestellt hätte.
Schiedsgerichte sind auf privater Willensentscheidung der Parteien beruhende Stellen, die materiell Recht sprechen.[208] Durch diese Entscheidung verzichten die Parteien auf ihren verfassungsrechtlich garantierten Richter (Art. 101 Abs. 1 GG). Im bisher geltenden Recht war es anerkannt, daß ein solcher Verzicht verfassungsgemäß ist.[209] Art. 92 GG, der grundsätzlich die Ausübung der Gerichtsbarkeit den staatlichen Gerichten zuweist, steht der Schiedsgerichtsbarkeit in dem ihr durch das Zehnte Buch der ZPO gegebenen Rahmen nicht entgegen.[210] Allerdings zieht das Rechts- und Sozialstaatsprinzip, das sich aus Art. 20 Abs. 1 GG ergibt, der privaten Schiedsgerichtsbarkeit gewisse Grenzen. Hierzu gehört vor allem der Schutz der nicht an der Schiedsvereinbarung beteiligten aber mittelbar von dem Schiedsspruch betroffenen Bürger.[211]
Zu bezweifeln ist aber, ob sich aus dem Grundgesetz ergibt, daß eine Bindung an die materielle Verfügungsbefugnis der Parteien gegeben sein muß. Dem allgemeinen Persönlichkeitsrecht des Art. 2 Abs. 1 GG entnimmt man das Recht des Bürgers, Verträge auszuhandeln und abzuschließen. Er kann also materiellrechtlich in eigener Sache tätig werden und ist nur in Ausnahmefällen an das deskriptive Recht gebunden. Prozessual setzt sich diese Freiheit u.a. in der sowohl im Zivil- als auch im Verwaltungsprozeß geltenden Dispositionsmaxime fort.

---

204 RegBegrE, BT/ Drucks. 13/ 5274, S. 35.

205 RegBegrE, BT/ Drucks. 13/ 5274, S. 34.

206 RGBl. 1933 I S. 733; Aufhebungsgesetz BGBl. 1999 II 7.

207 RegBegrE, BT/ Drucks. 13/ 5274, S. 35.

208 BGH NJW 86, 3078; *Schütze*, Schiedsverfahren, S. 1; *Lachmann*, Schiedsgerichtspraxis, S. 2; Zöller/ *Geimer*, Grundz § 1025 Rz. 6, *Stober*, NJW 79, 2000.

209 BGHZ 65, 59 (61); BGH NJW 89, 1477; *Wieczorek/ Schütze*, § 1025 Rz. 1; Zöller/ *Geimer*, vor 1025 Rz. 4.

210 *Maunz/ Dürig/ Herzog*, Art. 92 Rz. 154; Zöller/ *Geimer*, vor 1025 Rz. 4.

211 Siehe hierzu im Teil 1. III. 3.a. (2.).

Die Parteien haben also auch außerhalb ihrer materiellrechtlichen Privatautonomie vielfältige Dispositionsmöglichkeiten. Ihnen obliegt etwa die Grundsatzentscheidung, ein ihnen gebührendes Recht überhaupt geltend zu machen. Angesichts dieser Tatsache wäre es aber widersinnig anzunehmen, daß die Parteien nicht in der Lage sein sollen, bei einer möglichen Rechtsgefährdung zu befinden, welchen Rechtsschutz sie beanspruchen wollen. Es ist also auch in Fällen, in denen zwar die materiellrechtliche Parteiautonomie begrenzt ist, eine Derogation auf ein Schiedsgericht möglich, wenn die Parteien ganz auf die Durchsetzung des Rechts verzichten könnten.

Dieses Ergebnis wird unter anderem dadurch betätigt, daß der Staat keinesfalls immer ein Rechtsprechungsmonopol seiner eigenen Gerichte einfordert oder dies gar von Verfassungs wegen erforderlich wäre, wenn die Parteien zwar durch Vergleichs- oder Verzichtsverbote in ihrer materiellrechtlichen Privatautonomie gehindert sind, grundsätzlich aber über das zugrunde liegende Recht disponieren können. Den Parteien steht nämlich die Möglichkeit offen, die Zuständigkeit eines fremdnationalen Gericht zu vereinbaren.[212]

Durch die Trennung vom Kriterium der Vergleichsfähigkeit ist in verfassungsrechtlicher Hinsicht keine Veränderung zum alten Recht eingetreten, da die Geltendmachung eines vermögensrechtlichen Anspruches der Entscheidung des Anspruchsberechtigten obliegt.

Somit ist festzustellen, daß auch nach der Reform das Fundament schiedsrichterlicher Berechtigung in der Privatautonomie zu sehen ist,[213] wenn man sie nicht streng materiellrechtlich, sondern im Sinne parteilicher Disponibilität sieht.

Diese hier vertretene Ansicht hat zur Folge, daß der Schiedsfähigkeit von Verfassungs wegen so gut wie keine Grenzen gesetzt sind; denn im Regelfall wird die Möglichkeit eines *pactum de non petendo* zu bejahen sein. Eheleute haben natürlich die Möglichkeit sich nicht scheiden zu lassen und trotz einer gescheiterten Ehe diese auch weiterhin rechtlich bestehen zu lassen. Auch andere statusrechtliche Streitfragen wie etwa das Sorgerecht für ihre Kinder müssen sie im Fall der Trennung nicht gerichtlich klären lassen (vgl. § 623 Abs. 3 S. 1 ZPO).

Sollte der Gesetzgeber also zukünftig die Entscheidung treffen, solche Streitigkeiten der Schiedsgerichtsbarkeit zu überlassen, so wäre diese Entscheidung von der Verfassung gedeckt. Der Gesetzgeber ist aber in der Lage, das Auffanggrundrecht des Art. 2 Abs. I GG inhaltlich zu beschränken. Diese Möglichkeit ist in § 1030 Abs. 3 ZPO festgehalten.

Eine verfassungskonforme Beschränkung des § 1030 Abs. 1 S. 1 ZPO bezüglich seiner Erweiterung der objektiven Schiedsfähigkeit auf alle vermögensrechtlichen Ansprüche ist daher nicht vorzunehmen.

---

212 Zur Prorogation auf ausländische Gerichte siehe *Hartmann* in Baumbach/ Lauterbach/ Albers/ Hartmann, § 38 Rz. 27 f. m.w.N.

213 So auch die nachreformatorische Literatur, vgl. *Lachmann*, Schiedsgerichtspraxis, S. 1 f.; *Schütze*, Schiedsverfahren, S. 1; Zöller/ *Geimer*, vor § 1025 Rz. 3.

b. Verfassungsmäßiger Drittschutz der neuen Regelungen

Zu untersuchen bleibt, ob durch die Neuregelung auch der durch das Rechts- und Sozialstaatsprinzip erforderliche Drittschutz gewährt ist.
Voit hält mit seinem zur Sprache gebrachten praktischen Beispiel,[214] mit dem er für eine Einschränkung der Schiedsfähigkeit über den Wortlaut des § 1030 Abs. 1 S. 1 ZPO hinaus plädiert, neben der Tatsache, daß er die Vorschrift für zu weit gezogen hält, den gebotenen Drittschutz des neuen Schiedsrechtes für nicht gegeben. Auch in diesem Falle könnte eine verfassungskonforme Beschränkung des § 1030 Abs. 1 S. 1 ZPO geboten sein.
Der Theorie von der materiellen Auslegung im alten Recht wurde zu Recht vorgeworfen, daß sich die mangelnde Schiedsfähigkeit der Streitsache gar nicht an der Streitsache selbst festmachen ließ, sondern erst am späteren Schiedsspruch selbst, da generell ein Vergleich über die streitige Sache ja eventuell möglich sei.[215] Als Beispiel mag der von *Voit* angeführten Sachverhalt dienen; denn ein Vergleich, der die Gläubigerinteressen nicht berührt, ist ja möglich (§ 43 Abs. 1 GmbHG). Somit wäre auch ein dahingehender Schiedsspruch wirksam gewesen.
Das neue Recht ermöglicht eine Definition schiedsfähiger Ansprüche, ohne den Umweg über den hypothetischen Schiedsspruch gehen zu müssen. § 1030 Abs. 1 ZPO macht deutlich, daß grundsätzlich jeder Streitgegenstand, dem ein vermögensrechtlicher Anspruch zugrunde liegt, schiedsfähig iSd. Zehnten Buches der ZPO ist.[216] Dies bedeutet aber nicht, daß die deutsche Rechtsordnung dann in einem zweiten Schritt jedes der nach dem neuen Schiedsrecht ergangenen Urteile auch akzeptieren oder gar rechtlich anerkennen muß. Vielmehr äußert sich in dieser Erweiterung der schiedsgerichtlichen Befugnisse das erhöhte Vertrauen, welches der Schiedsgerichtspraxis nunmehr entgegengebracht wird. Der Gesetzgeber geht grundsätzlich davon aus, daß auch das Schiedsgericht an Recht und Gesetz gebunden ist, und dieser Verantwortung auch gerecht wird, das heißt korrekte Rechtsanwendung vornimmt.
Die Beschränkung dieses Vertrauens findet sich dann in den dem Gesetzgeber vorgegebenen verfassungsmäßigen Schranken. So ist nach wie vor nur das staatliche Gericht in der Lage, Schiedsurteile anzuerkennen oder für vollstreckbar zu erklären (§§ 1060 f. ZPO), und ihm obliegt auch die letzte Entscheidung über die Wirksamkeit des Schiedsspruches (§ 1059 ZPO). Im Zuge dieser Überprüfung ist es verfassungsgemäß Aufgabe der staatlichen Gerichtsbarkeit, Rechte nicht an der Schiedsvereinbarung beteiligter Dritter zu wahren.[217]
Hierbei ist aber zu beachten, daß ein Schiedsspruch genauso in materieller Rechtskraft erwächst wie das Urteil eines staatlichen Gerichts (§ 1055 ZPO)[218] also rechtliche Wirkung entfaltet, die sich grundsätzlich auch mittelbar betroffene Dritte entgegenhalten lassen müssen, obgleich ein Schiedsspruch direkt nur

---

214 Siehe *Voit*, JZ 97, 120 (125); dargestellt in Teil 1. III. 3.a.

215 *Bork*, ZZP 100 (1986), 249 (262).

216 So die RegBegrE, BT/ Drucks. 13/ 5274, S. 34.

217 Siehe oben Teil 1. I. 1.

218 *Maier* in MüKo, ZPO, § 1040 Rz. 15.

inter partes wirkt (§ 1055 ZPO). Im Gegensatz zum Urteil eines staatlichen Gerichtes steht die Entfaltung materieller Rechtskraft eines schiedsrichterlichen Urteils allerdings unter dem Vorbehalt, daß es durch eine Aufhebungsklage rückwirkend vernichtet werden kann. Es hat nämlich jeder durch einen Schiedsspruch Beschwerte das Recht, bei einem staatlichen Gericht einen Aufhebungsantrag gem. § 1059 ZPO zu stellen, um nicht durch einen Schiedsspruch, bei dem er nicht Partei war, rechtlos gestellt zu werden.[219]

Handeln nun Parteien untereinander oder kumulativ mit den Schiedsrichtern bewußt zum Nachteil unbeteiligter Dritter, so ist die Schiedsvereinbarung schon wegen § 138 Abs. 1 BGB nichtig. Gleiches gilt, wenn nur zur Entlastung gegenüber Dritten fremdes Recht[220] zur Anwendung gebracht wird oder die Parteien das Schiedsgericht nach Billigkeit entscheiden lassen. Diese für den Dritten nachteilige Zusammenarbeit wird aber in der Regel schwer zu beweisen sein.

Sollte eine wirksame Schiedsvereinbarung vorliegen, weil eine bewußte Zusammenarbeit nicht vorlag oder nicht beweisbar ist, das Schiedsgericht aber gegen Gläubigerschutzvorschriften verstoßen, so hat die grundsätzliche Annahme der Schiedsfähigkeit von Ansprüchen gem. §§ 43, 9 b Abs. 1 GmbHG nicht zur Folge, daß diese Vorschriften nicht mehr anwendbar sind.[221] Vielmehr ist der Schiedsspruch gem. § 1059 Abs. 2 Nr. 2 b. ZPO aufzuheben, wenn sein Ergebnis gegen den *ordre public* verstößt.

Fraglich ist aber, welcher Maßstab bei der Bestimmung des *ordre public* in § 1059 Abs. 2 Nr. 2 b. ZPO anzulegen ist. Der verfassungsmäßige Auftrag des Gesetzgebers bei der Ermöglichung von Rechtsprechung durch Privatpersonen ist es u.a., eine Mißbrauchskontrolle zu gewährleisten. Auftrag dieser als Kontrollinstanzen tätig werdenden staatlichen Gerichte kann es aber nicht sein, jeden Verstoß gegen zwingendes Recht zu unterbinden. Wäre dem nämlich so, wäre die Schiedsgerichtsbarkeit mit allen ihren von den Parteien gewünschten Vorteilen wirkungslos und würde zu einer reinen Vorinstanz verkommen.[222] Dies wäre nicht mit dem Recht der Parteien auf ihre Parteiautonomie zu vereinbaren (Art. 2 Abs. 1 GG).

Bei der *ordre public*- Kontrolle des § 1059 Abs. 2 Nr. 2 b. ZPO ist daher nicht auf den engen nationalen *ordre public* abzustellen,[223] den der deutsche Richter bei der Anwendung ausländischen Rechts anzuwenden hätte, sondern auf den großzügigeren *ordre public* international. Mit diesem ist ein Schiedsspruch nicht schon dann unvereinbar, wenn er gegen zwingendes deutsches Recht verstößt, sondern erst dann, wenn er mit den Grundgedanken deutschen Rechts und den in ihm enthaltenen Gerechtigkeitsvorstellungen unvereinbar wäre.[224]

---

219 Zöller/ *Geimer*, 21. Aufl., § 1059 Rz. 3; so auch *Schlosser*, JZ 96, 1020 (1022).

220 Dies ist aber mit Rücksicht auf § 27 Abs. 3 EGBGB nur bei einem Auslandsbezug möglich; a.A. *Voit*, JZ 97, 120 (125).

221 So aber anscheinend *Voit*, JZ 97, 120 (125).

222 Zöller/ *Geimer*, 21. Aufl., § 1059 Rz. 75.

223 Zum Begriff siehe, *Sonnenberger* in MüKo, Art. 6 EGBGB, Rz. 5.

224 So wohl auch die RegBegrE, BT/ Drucks. 13/ 5274, S. 59; zum Begriff des *ordre public* international vgl. BGH NJW 98, 2358; BGHZ 123, 268 (270); 118, 312 (330); *Sonnenberger* in MüKo, Art. 6 EGBGB, Rz. 19.

Dies muß aber für alle Schutzvorschriften Dritter, also insbesondere für die Gläubigerschutzvorschriften des deutschen Rechts gelten; denn sie schützen nicht die an der Schiedsvereinbarung beteiligten Parteien, sondern Dritte, die vor mißbräuchlichen Vereinbarungen der Parteien bewahrt werden sollen. Ließe man eine schiedsrichterliche Umgehung zu, so würden Gläubiger der Unternehmen durch diese und ihre Geschäftsführer oder Vorstände schutzlos gestellt werden können. Dies spricht aber sehr deutlich gegen die Gerechtigkeitsvorstellung des deutschen Rechts. Sie sind daher Teil des *ordre public* international und durch ein staatliches Gericht nachprüfbar.

Allerdings steht die Aufhebungsklage des § 1059 ZPO unter der Frist des Abs. 3. Ist diese Frist abgelaufen, sind nach der zum alten Recht h.L. keine Rechtsschutzmöglichkeiten mehr gegen den Schiedsspruch gegeben, da eine Feststellungsklage auf Unwirksamkeit des Schiedsspruches gegenüber der Aufhebungsklage subsidiär sei.[225] Diese Ansicht ist im Hinblick auf den erforderlichen Drittschutz nicht mehr haltbar.

Durch den Schiedsspruch mittelbar betroffene Dritte sind nach dem Wortlaut des § 1059 Abs. 3 ZPO nicht vom Fristbeginn in Kenntnis zu setzen. Sollten sie dennoch vom ergangenen Schiedsspruch erfahren, so hängt dies von bloßem Zufall ab.

Allerdings ist es verfassungsgemäße Aufgabe des Staates, betroffene Dritte nicht rechtlos zu stellen und ihre Interessen zu schützen. In diesen Fällen muß also die Feststellungsklage auf Unwirksamkeit des Schiedsspruches zulässig sein, oder ein staatliches Gericht berechtigt sein, *incidenter* die Wirksamkeit des Schiedsspruches zu überprüfen. Hierdurch werden auch die Grundsätze der Prozeßökonomie nicht umgangen; denn dem Dritten war es nicht möglich, die Aufhebungsklage zu erheben, wenn er schuldlos vom Fristanlauf keine Kenntnis hatte. Auch Rechte des Schiedsspruchgläubigers werden nicht umgangen; denn dieser kann Rechtssicherheit dadurch erlangen, daß er einen Vollstreckungsantrag gem. § 1060 ZPO stellt. Das Gericht prüft dann die Aufhebungsgründe des § 1059 Abs. 2 ZPO von Amts wegen, so daß dann eine geltend gemachte Klage gegen den Schiedsspruch wegen der materiellen Rechtskraft der Vollstreckungserklärung unzulässig wäre.

Verneint man die Zulässigkeit einer Feststellung nach Fristablauf des § 1059 Abs. 3 ZPO, so verkennt man die Tatsache, daß nicht nur die Schiedsparteien, sondern jede Dritte ein Recht hat den Auftragungsantrag zu stellen. In Hinsicht auf das oben Gesagte ist ein solches Recht Dritter unbedingt erforderlich, um einer ihnen nachteiligen Rechtsanwendung durch Schiedsgerichte zu entgehen. Akzeptiert man aber dieses Recht, so kann die Frist des § 1059 Abs. 3 ZPO für dritte Anspruchssteller keine negativen Folgen beinhalten, da sie ungleich den Parteien keine Kenntnis vom Erlaß eines Schiedsspruches erhalten. Da aber der Gesetzgeber den Aufhebungsantrag befristet hat, muß die Feststellungsklage zulässig bleiben.

Der vom Grundgesetz geforderte Mindeststandard der Kontrollerfordernisse an die private Schiedsgerichtsbarkeit ist gewahrt. Hierbei beschränkt sich das Gesetz berechtigterweise auf einen Schutz im Range des *ordre public* international. Dieser wird allerdings regelmäßig zu bejahen sein, wenn es sich um die

---

225 Zöller/ *Geimer*, 20. Aufl., § 1041 Rz. 26; *Maier* in MüKo, ZPO, § 1041 Rz. 2; *Stein/ Jonas/ Schlosser*, § 1041 Rz. 40.

Nichtbeachtung von Normen handelt, die Rechte Dritter gesondert schützen. Diese betroffenen Dritten können sich mit dem Aufhebungsantrags des § 1059 ZPO oder nach dessen Fristablauf mit der Feststellungsklage schützen. Eine Gefährdung von Drittinteressen geht nicht von der in § 1030 Abs. 1 S. 1 ZPO getroffenen Regelung aus. Eine verfassungskonforme Auslegung ist aus diesem Grund nicht nötig.

c. Vergleich mit vereinbartem Wortlaut gem. § 1053 Abs. 1 ZPO

Bedenken gegen eine wortlautgetreue Auslegung des § 1030 Abs. 1 S. 1 ZPO könnten sich neben den dargelegten verfassungsrechtlichen Bedenken auch aus normativen Gesichtspunkten ergeben.
Die Parteien können sich nach § 1053 Abs. 1 S. 1 ZPO über den Streitgegenstand vergleichen. S. 2 desselben Absatzes normiert die Möglichkeit, den Schiedsvergleich durch das Schiedsgericht als Schiedsspruch mit vereinbartem Wortlaut festhalten zu lassen. Dies könnte zu Wertungsunterschieden zwischen den materiellen Vergleichsbefugnissen und den weiter gezogenen Grenzen der Schiedsfähigkeit führen.
Zwar findet die Möglichkeit, einen Vergleich mit vereinbartem Wortlaut zu treffen, stets dort ihre Grenze, wo der zu erwartende Inhalt gegen den *ordre public* verstößt, und dies ist immer dann anzunehmen, wenn der zugrunde liegende Streitgegenstand nicht schiedsfähig ist.[226] Anderseits ist eine Diskrepanz zwischen der Vergleichsfähigkeit des materiellen Rechts und der weiter gezogenen Grenze der Schiedsfähigkeit denkbar, wenn im konkreten Fall ein schiedsrichterlicher Vergleich über eine nach materiellem Recht nicht vergleichsfähige Sache getroffen wird. Um diesem Wertungsunterschied auszuweichen, könnte es nötig sein, den § 1030 Abs. 1 S. 1 oder den § 1053 ZPO einschränkend auszulegen.

(1) Rechtsnatur von Prozeßvergleich und Schiedsspruch mit vereinbartem Wortlaut

Um ermitteln zu können, ob es zu einem solchen Wertungswiderspruch kommen kann, ist es nötig die Rechtsnatur des Schiedsspruches mit vereinbarten Wortlautes und die des Prozeßvergleiches darzustellen.
Wie sich aus § 794 Abs. 1 Nr. 1 ZPO ergibt, beendet der Prozeßvergleich den Prozeß. Er ist gleichzeitig Vollstreckungstitel. Auf Grund dieser prozessualen Auswirkungen ist er also Prozeßvertrag. Neben dieser prozessualen Seite ist der Prozeßvergleich aber auch ein materiellrechtlicher Vertrag gem. § 779 BGB; denn er regelt die materiellen Rechtsbeziehungen der Parteien bezüglich des Streitgegenstandes. Durch diese prozessuale und materielle Funktion kommt dem Prozeßvergleich also eine Doppelnatur zu.[227]

---

226 RegBegrE, BT/ Drucks. 13/ 5274, S. 55; Zöller/ *Geimer*, § 1053 Rz. 5; *Albers* in Baumbach/ Lauterbach/ Albers/ Hartmann, § 1053 Rz. 3.

227 So die h.M.; siehe zum Prozeßvergleich BGH NJW 82, 2072 (statt vieler); *Thomas/ Putzo*, § 794 Rz. 3 ff.; Zöller/ *Stöber*, § 794 Rz. 3 ff.; *Hartmann* in Baumbach/ Lauterbach/ Albers/ Hartmann, § 794 Rz. 3 ff.

Das alte Schiedsrecht kannte keine eigenständige Vorschrift, die einen schiedsrichterlichen Vergleich regelte. Es setzte aber in § 1044 a a.F. ZPO, der die Zwangsvollstreckung aus einem Vergleich regelte, diesen als selbstverständlich voraus. Ihm kam nach damals h.L. ebenfalls eine Doppelnatur zu, da auch er u.a. als ein materieller Vergleich iSd. § 779 BGB eingestuft wurde.[228]
Die Parteien konnten sich also nach dem altem Schiedsrecht unstreitig nicht über Streitsachen vergleichen, die materiellen Vergleichsverboten entgegenstanden.
Das neue Schiedsrecht enthält nun mit § 1053 ZPO eine Vorschrift, die den nichtamtlichen Titel „Vergleich" trägt. In § 1053 Abs. 1 S. 1 ZPO heißt es, daß das Schiedsgericht das Verfahren beendet, wenn sich die Parteien vergleichen. Auf Antrag ist es den Parteien möglich, diesen „Vergleich" durch das Schiedsgericht zu einem Schiedsspruch mit vereinbartem Wortlaut festhalten zu lassen (§ 1053 Abs. 1 S. 2 ZPO), wenn durch seinen Inhalt nicht die öffentliche Ordnung gefährdet ist. Für den Begriff der öffentlichen Ordnung gelten die für § 1059 Abs. 2 Nr. 2 a. und b. ZPO angeführten Maßstäbe.[229]
Im Gegensatz zum alten Schiedsvergleich iSd. § 1044 a a.F. ZPO, insofern sich der Schuldner der sofortigen Zwangsvollstreckung unterworfen hatte, entwickelt der Vergleich des § 1053 Abs. 1 S. 1 ZPO nur dann prozeßrechtliche Wirkung, wenn er die gesetzliche Form des Anwalts- oder Notarvergleiches iSd. §§ 796 a oder c ZPO erfüllt. In diesen Fällen ist er Vollstreckungstitel. Ansonsten kann ihm allenfalls materiellrechtliche Bedeutung zu kommen.
Diese prozeßrechtliche Unerheblichkeit des Vergleiches nach § 1053 Abs. 1 S. 1 ZPO ergibt sich aus dem zweiten Satz dieses Absatzes, der festlegt, daß nur ein Schiedsspruch mit vereinbartem Wortlaut die rechtliche Wirkung eines Schiedsspruches zur Sache erlangt. Dieser ist gem. §§ 1053 Abs. 2 S. 2, 1054 ZPO einem Schiedsspruch zur Sache gleichgestellt. Er kann nach § 1060 ZPO für vollstreckbar erklärt werden.
Gleichzeitig macht § 1053 ZPO deutlich, daß der Schiedsspruch mit vereinbartem Wortlaut kein Schiedsvergleich iSd. des alten Rechts ist. Genauso wie ein Schiedsspruch zur Sache bedarf er der Form des § 1054 ZPO, unterliegt im Gegensatz zum schiedsrichterlichen Vergleich des alten Rechts der Aufhebungsklage gem. § 1059 ZPO[230] und hat unter den Parteien gem. § 1055 ZPO dieselbe Wirkung wie ein rechtskräftiges Urteil durch ein staatliches Gericht. Im Gegensatz zum alten Schiedsvergleich nach § 1044 a a.F. ZPO[231] entwickelt der Vergleich mit vereinbarten Wortlaut Rechtskraft.

---

228 *Stein/ Jonas/ Schlosser*, § 1044 a Rz. 3; *Albers* in Baumbach/ Lauterbach/ Albers/ Hartmann, 56. Aufl. § 1044 a. Rz. 1.

229 Vgl. RegBegrE, BT/ Drucks. 13/ 5274, S. 55; *Albers* in Baumbach/Lauterbach/Albers/Hartmann, § 1053 Rz. 3; Zöller/ *Geimer*, 21. Aufl., § 1053 Rz. 5.

230 Über die Wirksamkeit eines Schiedsvergleiches nach altem Recht befand entweder das Schiedsgericht selbst oder das mit der Vollstreckungserklärung befaßte staatliche Gericht; vgl. *Stein/ Jonas/ Schlosser*, § 1044 a Rz. 7 ff.

231 Siehe zum alten Recht *Stein/ Jonas/ Schlosser*, § 1044 a Rz. 8.

(2) Untersuchung eventueller Wertungswidersprüche

Aus dem oben Festgestellten ergibt sich also, daß der Schiedsspruch mit vereinbartem Wortlaut mit dem schiedsrichterlichen Vergleich des alten Rechts an sich nur noch gemein hat, daß keine streitige Entscheidung ergeht, sondern sich die Parteien über den Ausgang des Verfahrens gütlich einigen. Überwiegend ist er allerdings mit der rechtlichen Qualität eines Schiedsspruches zur Sache ausgestattet und muß daher auch nach dessen Maßstäben beurteilt werden.
Der Schiedsspruch mit vereinbartem Wortlaut ist kein Vergleich im Sinne eines Prozeßvergleiches. Er ist, aufbauend auf der das gesamte Schiedsrecht durchziehenden Maxime der Privatautonomie, eine Möglichkeit für die Parteien, das ergehenden Schiedsurteil selbst zu bestimmen. Daher hat er auch nicht die den Vergleich kennzeichnende Doppelnatur, sondern ist rein schiedsprozessualer Natur. Es ergeben sich im Vergleich mit dem Schiedsurteil zur Sache keine Unterschiede, und daher ist bezüglich einer Diskrepanz zwischen Vergleichs- und Schiedsfähigkeit auf das oben zum Schiedsurteil zur Sache Gesagte zu verweisen. Der Vergleich mit vereinbartem Wortlaut stellt im Prinzip ein schiedsrichterliches Sachurteil dar. Zu seinem Erlaß hat das Schiedsgericht in gleicher Weise das materielle Recht anzuwenden und zu beachten, wie dies auch bei Erlaß eines Schiedsspruches zur Sache seine Pflicht ist. Für den Fall der Nichtbeachtung des materiellen Rechts, unterliegt der Vergleich mit vereinbarten Wortlaut iSd. § 1053 Abs.1 S.2 ZPO den gleichen Aufhebungsvorschriften wie der Schiedsspruch auch.
Auch der „Vergleich“ des § 1053 Abs.1 S.1 ZPO ist kein Vergleich im Sinne des Prozeßrechtes, da er zumindest schiedsrechtlich nur die Wirkung hat, daß das Schiedsgericht nach einer dahingehenden Einigung der Parteien das Verfahren gem. § 1056 Abs. 2 Nr. 2 ZPO durch Beschluß beendet. Hierin erschöpft sich aber die prozessuale Wirkung. Der Beendigungsbeschluß hat keinen über die Beendigung des Verfahrens hinausgehenden Inhalt. Er erwächst weder in Rechtskraft noch entwickelt er eine sonstige bindende Wirkung. Es entsteht daher keine Diskrepanz zwischen den materiellen Grenzen der Vergleichs- und den prozessualen Grenzen der Schiedsfähigkeit.[232]
Festgehalten werden kann, daß es auch durch die Neuregelung des Schiedsvergleiches nicht zu systematischen Unstimmigkeiten kommen kann.

d. Schutz besonderer staatlicher Interessen

Diskutiert man die Möglichkeit der übergesetzlichen Beschränkung der Vorschrift des § 1030 Abs. 1 S. 1 ZPO, so ist letztlich zu untersuchen, ob zum Schutz besondere staatlicher Interesses eine besondere Beschränkung im Einzelfall nötig sein kann. Diese Überlegung kann man aus dem Normzweck Regelungen zur Schiedsfähigkeit des Streitgegenstandes ziehen. Diese haben im Schwerpunkt das Ziel, der staatlichen Gerichtsbarkeit zum Schutz des Bürgers

---

232 Eine eventuelle schuldrechtliche Bindung der Parteien untereinander kann durch eine Vereinbarung gem. § 1053 Abs. 1 S. 1 ZPO entstehen, die zu ihrer Wirksamkeit dann den Regeln des materiellen Rechts unterliegt.

besonders gewichtige Streitsachen vorzubehalten.[233] Es wäre daher anzudenken, ob die Rechtssprechung im Einzelfall auch vermögensrechtliche Streitsachen als für nicht schiedsfähig befinden kann.

Zum alten Recht gab es Stimmen in der Literatur, die einerseits die an die Vergleichsbefugnis gebundene Definition der Schiedsfähigkeit des § 1025 Abs. 1 a.F. ZPO für zu eng hielten, andererseits aber die Eingrenzung der Schiedsfähigkeit auch nicht am konkreten Merkmal der parteilichen Dispositionsbefugnis festmachen wollten, sondern generell Ansprüche immer dann für schiedsfähig hielten, wenn kein besonderes öffentliches Interesse gefährdet war, welches die Entscheidung eines staatlichen Gerichts erforderlich machen würde.[234]
Diese damals schon sehr schiedsfreundliche Auslegung des § 1025 Abs. 1 a.F. ZPO ist mittlerweile durch den § 1030 Abs. 1 S. 1 ZPO obsolet geworden, da die Erstreckung der Schiedsfähigkeit auf alle vermögensrechtlichen Ansprüche wenigstens genauso weit ist wie der damalige Vorschlag.
Es ist aber davon auszugehen, daß das Interesse am Erhalt staatlicher Rechtsprechungsmonopole sich zum Teil auch auf vermögensrechtliche Ansprüche erstrecken wird und es daher immer ein Spannungsverhältnis zwischen den Regelungen zur objektiven Schiedsfähigkeit und der staatlichen Pflicht geben wird.[235]
Die einzige Möglichkeit dieses Spannungsverhältnis aufzulösen, wäre, die Schiedsfähigkeit vermögensrechtlicher Ansprüche über den Wortlaut des § 1030 Abs. 1 S. 1 ZPO wieder am Interesse an einem Rechtsprechungsmonopol der staatlichen Gerichtsbarkeit festzumachen.
Im folgenden soll kurz dargestellt werden, warum diese Lösung weder praktisch durchführbar, noch gesetzgeberisch gewollt ist.
Das alte deutsche Schiedsrecht, welches auf einer durchaus als lückenhaft zu bezeichnenden gesetzlichen Basis stand, wurde von der Rechtsprechung zu einem den Bedürfnissen der Praxis jedenfalls annähernd genügenden Gesetzeswerk ergänzt. Gerade bezüglich der Schiedsfähigkeit litt das alte Recht an mangelnder Transparenz und Praktikabilität, da aus dem Gesetzestext selbst kein genügender Aufschluß zu ziehen war.[236] Selbst durch ein Studium der Rechtsprechung war kein abschließende Ergebnis zu ziehen, da der BGH zum Ende hin die von ihm vertretene materielle Lehre aufgab und sich der Lehre von der objektiven Verfügbarkeit anschloß.[237]

---

233 Siehe hierzu näher im Teil 1. II. 1.

234 *Schwab/ Walter*, Schiedsgerichtsbarkeit, S. 33.

235 So sind etwa Patentnichtigkeitsklagen Klagen, die auf vermögensrechtlichen Ansprüchen beruhen. Dennoch ist der Gesetzgeber der Meinung, daß sie nicht von einem Schiedsgericht gelöst werden dürften, da der Staat mit dem Bundespatentgericht eine besondere Gerichtsbarkeit geschaffen habe, vgl. RegBegrE, BT/ Drucks. 13/ 5274, S. 34.

236 Siehe Einleitung I.

237 Siehe oben Teil 1. III. 2 a. (4).

Das SchiedsVfG hatte nun aber gerade zum Ziel, das deutsche Schiedsverfahrensrecht klarer und eindeutiger zu gestalten, so daß es vor allem für ausländische Schiedsparteien attraktiver werde.[238]
Legt man den § 1030 Abs. 1 S. 1 ZPO nun so aus, daß bei Vorliegen eines besonderen öffentlichen Interesse trotz der Vermögensrechtlichkeit des zugrunde liegenden Anspruchs eine schiedsrichterliche Klärung ausgeschlossen ist, so handelt man gegen den eindeutig formulierten Wortlaut einer gerade erst geschaffenen Norm. Durch diese hat der Gesetzgeber aber deutlich gemacht, daß er zwar den Zweck der Regelungen der Schiedsfähigkeit darin sieht, besonders zu schützende Rechtsgüter, die ein staatliches Entscheidungsmonopol erforderlich machen, von solchen zu trennen, die der Schiedsgerichtsbarkeit offen stehen, er aber andererseits die Verankerung dieses Gesichtspunktes als Abgrenzungskriterium im Gesetz für zu vage hält.[239]
Nutzt man die Wichtigkeit einzelner Rechtsgüter als Abgrenzungskriterium, so erhält man einen weit dehnbaren und nur sehr schwer bestimmbaren Rechtsbegriff, der wiederum einer kasuistischen Ausfüllung durch die Rechtsprechung bedürfte. Die gesetzgeberischen Ziele wären völlig unterwandert. Das Gesetz würde weder über ein eindeutiges Abgrenzungskriterium verfügen, noch wäre ein Element der Rechtssicherheit vorhanden, auf das sich ausländische wie deutsche Nutzer verlassen könnten.

Zusammenfassend läßt sich feststellen, daß der Wortlaut des § 1030 Abs. 1 S. ZPO weder der verfassungskonformen Auslegung bedarf, noch dahingehend ausgelegt werden darf, daß die Schiedsfähigkeit vermögensrechtlicher Ansprüche beim Vorliegen besonderer staatlicher Interessen zugunsten staatlicher Gerichtsbarkeit ausgeschlossen ist. Sie ist allein den Schranken unterworfen, die ihr von Spezialgesetzen gezogen werden. Eine Beschränkung über diese hinaus ist mit dem Gesetzeswortlaut nicht vereinbar.

2. Gesetzliche Grenzen der Schiedsfähigkeit iSd. § 1030 Abs. 3 ZPO

Da die Regelungen zur Schiedsfähigkeit grundsätzlich dazu dienen, staatliche Rechtsprechungsmonopole dort zu wahren, wo besonders wichtige Rechtsgüter zu schützen sind, muß es dem Gesetzgeber möglich sein, die großzügig gefaßte Regelung des § 1030 Abs. 1 S. 1 ZPO einzuschränken, wenn er solche Rechtsgüter gefährdet sieht. Diese Regelung trifft er in § 1030 Abs. 3 ZPO, der vorsieht, daß neben den die Schiedsfähigkeit regelnden Vorschriften des Zehnten Buches der ZPO, solche außerhalb dieses Buches anwendbar bleiben.

Nach der Reform stellen Vergleichs- und Verzichtsverbote[240], die im alten Recht noch die Schiedsfähigkeit beschränkten, keinen Hinderungsgrund für das Treffen einer Schiedsvereinbarung mehr dar, die sich auf vermögensrechtliche Ansprüche bezieht. Diese Normen schränken nämlich nicht die privatrechtliche Möglichkeit ein, Schiedsvereinbarungen zu treffen, sondern beziehen sich auf das dem späteren Schiedsstreit zugrunde liegende Rechtsverhältnis.

---

238 RegBegrE, BT/ Drucks. 13/ 5274, S. 22; Bericht, S 2 f.

239 So die RegBegrE, BT/ Drucks. 13/ 5274, S. 34.

240 Wie etwa auch §§ 312 BGB, 89 b HGB, 9 b, 43 GmbHG oder 50, 302 Abs. 2 AktG.

Das neue Schiedsrecht nimmt im Gegensatz zum alten Recht eine noch deutlichere Trennung von Schiedsverfahrensstatut und dem Recht der Hauptsache vor. Während das alte Recht an den schwer zu definierenden Begriff der Vergleichsfähigkeit anknüpfte, bestimmt sich die objektive Schiedsfähigkeit nunmehr nach der Vermögensrechtlichkeit des Streitgegenstandes. Bei dieser handelt es sich aber um einen reinen Tatsachenbegriff. Ein Rückgriff in das materielle Rechts erübrigt sich.[241]
Das der Schiedsvereinbarung zu Grunde liegende Rechtsverhältnis ist rechtlich von dieser streng zu trennen.[242] Deutlich wird dies insbesondere dadurch, daß der Schiedsvereinbarung und dem streitigen Rechtsverhältnis unterschiedliche Rechte zu Grunde gelegt werden können.[243]
Es wäre aus diesem Grund nach dem neuen Recht systemwidrig, materielle Vergleichs- oder Verzichtsverbotsregelungen zur Bestimmung der objektiven Schiedsfähigkeit heranzuziehen.
Mit der neuen Regelung äußert der Gesetzgeber sein Vertrauen, daß Schiedsgerichte eine richtige Rechtsanwendung vornehmen und die im Einzelfall beschränkte Parteidisposition achtet.[244]

Im folgenden soll nun geklärt werden, wie die von § 1030 Abs. 3 ZPO für weiterhin anwendbar erklärten Vorschriften ausgestaltet sein müssen.

a. Einschränkung durch die ausschließliche Zuständigkeit staatlicher Gerichte

Zum alten Recht wurde vertreten, daß Vorschriften, die einem staatlichen Gericht eine ausschließliche Zuständigkeit zusprechen, gleichzeitig eine schiedsrichterliche Klärung verhindern, da Ausdruck einer Regelung, die ein staatliches Gericht allein für zuständig erkläre, sei, daß der zugrunde liegende Streitgegenstand der Parteiwillkür entzogen werden soll.[245]
H. L. schon zum alten Recht war, daß die ausschließliche Zuständigkeit einzelner Gerichte sich in der Regel allein auf die interne Zuständigkeitszuweisung in der staatlichen Gerichtsbarkeit beziehe und bedeutungslos sei, wenn diese wirksam ausgeschlossen wurde.[246]
Argumentativ belegt wurde diese Ansicht vor allem mit der schiedsverfahrensimmantenten Begründung, daß der § 1025 a a.F. ZPO neben der ausschließli-

---

241 Siehe näher oben Teil 1. III. 1. b.

242 BGH ZIP 1991, 1231 (1232); *Schütze*, Schiedsverfahren, S. 55 f.; *Lachmann*, Schiedsgerichtspraxis, S. 39 f.; *Raeschke-Kessler/ Berger*, Schiedsverfahren, S. 91 f.; *Albers* in Baumbach/ Lauterbach/ Albers/ Hartmann, § 1040 Rz. 2.

243 *Lachmann*, Schiedsgerichtspraxis, S. 39.

244 Vgl. RegBegrE, BT/ Drucks. 13/ 5274, S. 34 f.

245 BGH MDR 1991, 674; OLG Stuttgart JW 1927, 1111 (1112).

246 *Stein/ Jonas/ Schlosser*, § 1025 Rz. 27 d; *Schwab/ Walter*, Schiedsgerichtsbarkeit, S. 32 jeweils m.w.N.; BGHZ 6, 248 (256 f.), BGH ZIP 1996, 830 (831).

chen Zuständigkeitszuweisung des § 29 a ZPO keine Existenzberechtigung hätte, wenn schon § 29 a ZPO die Schiedsgerichtsbarkeit ausschließen würde.[247] Diesbezüglich tritt nach der Neufassung des Zehnten Buches der ZPO keine Rechtsänderung ein, da die Regelung des § 1025 a a.F. ZPO nunmehr wortgleich in § 1030 Abs. 2 ZPO aufgenommen wurde.
Etwas anderes kann allenfalls dann gelten, wenn der Staat über diesen bloß formalen Aspekt der internen Ordnung der Gerichtszweige hinaus mit der Festsetzung einer ausschließlichen Gerichtszuständigkeit eines staatlichen Gerichts deutlich machen wollte, daß er durch die besondere Zuständigkeitserklärung eines staatlichen Gerichts für bestimmte Rechtsstreitigkeiten ein besonderes Interesse hat.[248] Dieses Interesse kann aber nur darin bestehen, sich zum Schutze besonders wichtiger Rechtsgüter oder zur Wahrung öffentlicher Interessen ein staatliches Rechtsprechungsmonopol vorbehalten zu wollen, daß nämlich allein der staatliche Richter befugt sein soll, den angestrebten Rechtszustand herbeizuführen.[249]
Ausschließliche Zuständigkeiten der staatlichen Gerichtsbarkeit sind also grundsätzlich keine die Schiedsfähigkeit ausschließenden Normen.[250]

b. Einschränkung durch explizites Verbot oder Einschränkung der Schiedsgerichtsbarkeit

Am Beispiel der Vorschriften über die ausschließlichen Zuständigkeiten staatlicher Gerichte wird deutlich, daß die Beschränkungen der Schiedsgerichtsbarkeit mittels besonderer Vorschriften immer dem Erhalt staatlicher Rechtsprechung in Bereichen dienen, die die Obrigkeit auf keinen Fall Laienrichtern überlassen möchte oder wegen ihrer offensichtlichen Importanz gar nicht darf. Ungeklärt bleibt aber noch, welcher Maßstab an diese einschränkenden Vorschriften des § 1030 Abs. 3 ZPO angelegt werden muß.
Unproblematisch fallen alle Vorschriften, die eine Einschränkung oder einen Ausschluß der Schiedsgerichtsbarkeit *expressis verbis* vorsehen, in den Anwendungsbereich des § 1030 Abs. 3 ZPO.[251]
Aus dem Wortlaut des § 1030 Abs. 3 ZPO, der den Ausschluß des Schiedsverfahrens an das objektive Rechtsverhältnis knüpft, ließe sich zwar schließen, daß nur solche Vorschriften von § 1030 Abs. 3 ZPO erfaßt werden, die die objektive Schiedsfähigkeit betreffen. Aus der systematischen Stellung im § 1030 Abs. 3 ZPO ergibt sich aber, daß - wie im ersten Absatz der Norm - sowohl die objektive als auch die subjektive Schiedsfähigkeit erfaßt werden.[252] Zu diesem Ergebnis kommt auch der Gesetzgeber, der in der Regierungsbegrün-

---

247 *Bork*, ZZP 100 (1987), 249 (259 f.).

248 *Raeschke-Kessler/ Berger*, Schiedsverfahren, S. 40 f.

249 So der BGH *obiter dictum* zum Bundespatentgericht, BGHZ 132, 278 (283). Siehe zu Patentstreitigkeiten allerdings ausführlich Teil 2. I. III.

250 Vgl. RegBegrE, BT/ Drucks. 13/ 5274, S. 35.

251 So der Bericht, S. 92; vgl. auch RegBegrE, BT/ Drucks. 13/ 5274, S. 35, deren Beispiele für Einschränkungen iSd. § 1030 Abs. 3 ZPO allesamt die Beschränkung explizit erklären.

252 Siehe zu § 1030 Abs. 1 ZPO oben Teil 1. III. 1.-3.

dung als Beispiele für die Einschränkung der Schiedsfähigkeit iSd. § 1030 Abs. 3 ZPO, die §§ 1822 Nr. 12 BGB, 28 BörsG und § 133 Nr. 2 KO nennt.[253] Diese Vorschriften sind aber Einschränkungen der subjektiven Schiedsfähigkeit. Eine ausdrückliche Einschränkung der objektiven Schiedsfähigkeit findet sich nur in § 14 Abs. 6 WahrnG.

Allen oben genannten Vorschriften ist gemeinsam, daß sie die Möglichkeit der schiedsrichterlichen Klärung des zugrunde liegenden streitigen Rechtsverhältnisses eindeutig beschränken oder ausschließen.
Zu untersuchen wird aber sein, ob eine solche Einschränkung durch den Gesetzgeber *expressis verbis* formuliert werden muß oder ob ein Ausschluß der Schiedsgerichtsbarkeit immer schon dann gegeben ist, wenn sich im Wege der Auslegung aus dem Gesetz ergibt, daß ein Ausschluß der staatlichen Gerichtsbarkeit im konkreten Fall unerwünscht wäre.
Aus dem Gesetzestext selbst lassen sich hierauf keine Rückschlüsse ziehen; denn dieser macht zwar deutlich, daß Vorschriften, die die Schiedsgerichtsbarkeit einschränken oder ausschließen, auch nach der Gesetzesänderung Bestand haben, äußert sich aber nicht zu der Frage, welcher Maßstab an diese Einschränkungen anzusetzen ist.
Auch in den Gesetzesmaterialien zum SchiedsVfG finden sich bezüglich der Deutlichkeit, mit der ein Ausschluß oder die Einschränkung normiert sein muß, widersprüchliche Aussagen.
So verlangt die Reformkommission in ihrem Bericht, daß sich eine Beschränkung der Schiedsfähigkeit vermögensrechtlicher Ansprüche zukünftig nur noch aus solchen Vorschriften außerhalb des Zehnten Buches der ZPO ergeben könnten, die dies ausdrücklich klarmachen.[254] Die Regierungsbegründung äußert sich zu der Frage des anzusetzenden Maßstabes nicht eigens. Während sie aber auf der einen Seite als Beispiele für beschränkende Normen iSd. § 1030 Abs. 3 ZPO ausschließlich solche nennt, die eine Einschränkung oder den Ausschluß explizit normieren, macht sie auf der anderen Seite deutlich, daß auch Vorschriften, die ausschließliche Zuständigkeiten einzelner staatlicher Gerichte normieren, die Schiedsfähigkeit nicht entstehen lassen, wenn der Gesetzgeber besondere Gerichte für bestimmte Streitigkeiten eingerichtet hat.[255]
Als Beispiel führt sie Patentnichtigkeits- und Patentrücknahmeklagen an, für die der Gesetzgeber mit dem Bundespatentgericht ein besonderes Gericht errichtet hat. Allerdings findet sich weder in § 61 noch in § 85 PatG eine Bestimmung, die ausdrücklich anordnet, eine schiedsgerichtliche Klärung sei nicht möglich. Vielmehr handelt es sich um eine ausschließliche Zuständigkeitsregelung zugunsten des Bundespatentgerichts in München.
Letztlich führt auch ein Blick in das UNCITRAL- Modellgesetz nicht zu weiteren Erkenntnissen, da Art. 1 Abs. 5 UNCITRAL- MG lediglich feststellt, daß einschränkende Normen der Schiedsfähigkeit in den rezipierenden Staaten vom Modellgesetz unberührt bleiben. Eine eigene Aussage zur Schiedsfähigkeit trifft

253 RegBegrE, BT/ Drucks. 13/ 5274, S. 35.

254 Bericht der Reformkommission, S. 92.

255 RegBegrE, BT/ Drucks. 13/ 5274, S. 35.

es allerdings nicht,[256] so daß auch über die notwendige Deutlichkeit der Einschränkung keine Aussage getroffen wurde.

Der Zweck der Schiedsverfahrensrechtsreform ist darin zu sehen, die Schiedsgerichtsbarkeit zu fördern, indem das Schiedsverfahrenrecht von seiner durch Rechtsprechung geprägten Grundsätzen befreit und verständlich und gut strukturiert in Gesetzesform gebracht wird. Dies ist dem Gesetzgeber vor allem mit leicht verständlichen Generalklausel zur Schiedsfähigkeit (§ 1030 Abs. 1 ZPO) gelungen. Diese Regelung soll nur durch Regelungen iSd. § 1030 Abs. 3 ZPO eingeschränkt werden.
Diesem Förderungs- und Transparenzerhöhungszweck steht auf der anderen Seite die Importanz der Regelungen bezüglich der Schiedsfähigkeit des Streitgegenstandes gegenüber. Diese sind nämlich die einzige gesetzgeberische Möglichkeit, den Parteien die Möglichkeit der Schiedsgerichtsbarkeit präventiv zu versagen und so die Rechtsprechungsmonopole des Staates am effektivsten durchzusetzen.
Es widerspräche daher dem Interesse der Allgemeinheit, wenn nur Vorschriften die Schiedsfähigkeit ausschlössen, die im Wortlaut ausdrücklich eine Einschränkung oder den Ausschluß der Schiedsgerichtsbarkeit enthielten.
Ergibt sich durch Auslegung eindeutig, daß die Schiedsgerichtsbarkeit begrenzt sein soll, so kann im Einzelfall auch über den Wortlaut hinaus eine Beschränkung angenommen werden, da nicht anzunehmen ist, daß der Gesetzgeber bei der Schaffung sämtlicher Gesetze an den Ausschluß der staatlichen Gerichtsbarkeit gedacht haben wird.
Dieses Ergebnis darf aber wiederum nicht soweit führen, daß man in jede beliebige Norm des deutschen Rechts die gesetzliche Intention interpretiert, ein staatliches Rechtsprechungsmonopol sichern zu wollen. Im Gegenteil, es ist eine restriktive Handhabung der erweiternden Auslegung geboten, damit man nicht im Ergebnis zu einer übergesetzlichen Einschränkung des § 1030 Abs. 1 S. 1 ZPO gelangt, die ja gesetzgeberisch gerade nicht gewollt ist.[257]
Inwiefern nach dem neuen deutschen Recht nunmehr Erweiterungen bezüglich der objektiven Schiedsfähigkeit im Vergleich zum alten Recht eingetreten sind und welche spezialgesetzlichen Normen eventuell Anwendung finden, soll folgend im 2. Teil an Hand der einzelnen Rechtsgebiete näher erläutert werden.

---

[256] Zu den Gründen, siehe *Berger*, Schiedsgerichtsbarkeit, S. 23 f.

[257] Siehe auch Teil 1. I. III. 3. a.

3. Bestimmung der objektiven Schiedsfähigkeit in internationalen Streitigkeiten nach dem deutschen autonomen Recht

Im Gegensatz zum Schweizer Schiedsrecht trennt das neue deutsche Schiedsrecht nicht in zwei unterschiedliche Vorschriften zur Bestimmung der Schiedsfähigkeit in nationalen und internationalen Streitsachen.[258] Bei Vereinbarung eines deutschen Schiedsorts sind die Regelungen des Zehnten Buches der ZPO anzuwenden (§ 1025 Abs. 1 ZPO). Dieses Regelungskonzept wird unweigerlich dazu führen, daß ein Schiedsgericht mit deutschem Schiedsort internationale Streitigkeiten zu entscheiden hat, die zwar deutschem Verfahrens-, nicht aber deutschen Sachrecht unterliegen. Letzteres kann nämlich gem. § 1051 ZPO abweichend vom deutschen Verfahrensrecht bestimmt werden.
In diesen Fällen stellt sich die Frage, nach welchem Recht sich die objektive Schiedsfähigkeit qualifiziert. Die praktische Bedeutung der folgenden Ausführungen dürfte allerdings gering sein; denn regelmäßig werden das UNÜ oder andere internationale Schiedsverfahrensrechtsabkommen wie das EÜ das autonome Recht verdrängen.

a. Altes Schiedsrecht

Das bis zum 31.12.1997 geltende Schiedsrecht war im wesentlichen eine für innerdeutsche Schiedsverfahren gedachte Kodifikation. Nur in § 1044 a.F. ZPO fand sich eine Regelung bezüglich der Anerkennung und Vollstreckung ausländischer Schiedssprüche. Hieraus läßt sich erklären, daß im alten Recht keine Kollisionsnorm für die objektive Schiedsfähigkeit enthalten ist. Diese einzige „internationale“ Regelung im alten Recht enthielt keine Bestimmung, daß in fehlender Schiedsfähigkeit ein Versagungsgrund für die Anerkennung zu sehen sei.[259]
Für das Exequaturverfahren wurde daher von dem überwiegenden Teil der Literatur angenommen, daß der deutsche Richter eine eventuell fehlende Schiedsfähigkeit des Streitgegenstandes nur im Rahmen der *ordre public-* Prüfung gem. § 1044 Abs. 2 Nr. 2 a.F. ZPO zu berücksichtigen hatte.[260] Weiterhin ergab sich aus § 1044 Abs. 2 S. 1 a.F. ZPO, daß der Schiedsspruch, dessen Anerkennung beantragt wurde, rechtswirksam sein müßte. Teil dieser Rechtswirksamkeitsprüfung, die von Amts wegen zu erfolgen hatte, konnte u.a. die Prüfung der objektiven Schiedsfähigkeit sein. Diese erfolgte dann nach dem Recht, welches sich aus den für das Schiedsverfahrensstatut geltenden Kollisionsnormen ergab.[261]

Uneinigkeit herrschte darüber, nach welchem Recht der Einrederichter die objektive Schiedsfähigkeit in internationalen Verfahren zu beurteilen hatte.

---

258 Vgl. § 177 Abs. 1 IPRG für internationale Streitigkeiten und § 5 SchK für die nationalen; vgl. auch *Bucher*, Schiedsgerichtsbarkeit, S. 18 ff.

259 Auch sahen §§ 1042 Abs. 2, 1041 a.F. ZPO kein Vollstreckungshindernis für den Fall des Fehlens der objektiven Schiedsfähigkeit vor.

260 *Schlosser*, Schiedsgerichtsbarkeit, S. 223; *Schwab/Walter*, Schiedsgerichtsbarkeit, S. 411; *Gottwald* in FS für Nagel, S. 54 (60).

261 *Schlosser*, Schiedsgerichtsbarkeit, S. 223.

Teilweise wurde der Regelung des § 1044 Abs. 2 a.F. ZPO entnommen, daß sich auch im Einredeverfahren die objektiven Schiedsfähigkeit nach dem Recht des Schiedsverfahrenstatuts bestimme, wenn nicht internationale Abkommen etwas anderes bestimmten.[262]
Auf der anderen Seite gingen andere Teile der Literatur davon aus, daß die objektive Schiedsfähigkeit stets nach der *lex fori*, also dem deutschen Recht qualifiziert werden müßte.[263]
Weil der Staat die Regelungen der objektiven Schiedsfähigkeit erlassen habe, um seine staatlichen Rechtsprechungsmonopole zu kennzeichnen und vor allem zu schützen, könnten diese nicht einfach durch die Wahl fremden Rechts umgangen werden. Schon zum Schutze dieser Rechtsprechungsmonopole müsse man die objektive Schiedsfähigkeit nach der *lex fori* bestimmen. Dies ergebe sich auch aus dem Vergleich mit Art. V Abs. 2 lit. a. UNÜ, der gleichermaßen auf die *lex fori* verweise.[264]

b. Neues Schiedsrecht

(1) Anknüpfung der objektiven Schiedsfähigkeit

Der Gesetzgeber hat sich im neuen Schiedsrecht zur Bestimmung, ob ein Schiedsspruch aus- oder inländischer Natur ist, vom bisherigen Verfahrensprinzip getrennt und das sog. Territorialitätsprinzip übernommen.[265] Dies bedeutet, daß nunmehr für das staatliche deutsche Gericht die Verfahrensregeln des neuen deutschen Schiedsrecht immer dann zur Anwendung kommen, wenn der Schiedsort in Deutschland liegt.[266]

Bei Vorliegen eines deutschen Schiedsortes ist also die objektive Schiedsfähigkeit gezwungenermaßen nach § 1030 ZPO zu entscheiden; denn diese Norm ist nicht dispositiv. Daß der Gesetzgeber eindeutig eine Anknüpfung an die *lex fori* wünschte, ergibt sich aus den Gesetzesmaterialien. Zu § 1059 Abs. 2 Nr. 2 a. ZPO heißt es sowohl im Bericht der Kommission als auch in der Regierungsbegründung, daß die Kollisionsregel der objektiven Schiedsfähigkeit (§ 1059 Abs. 2 Nr. 2 a. ZPO) Vorrang vor der allgemeinen Kollisionsregel des § 1059 Abs. 2 Nr. 1 a. ZPO genieße, wenn in der Hauptsache ausländisches Recht zur Anwendung komme. Ansonsten würde den Parteien ungewollt eine Dispositionsbefugnis hinsichtlich der objektiven Schiedsfähigkeit eingeräumt.[267] Der Gesetzgeber geht also von einer nicht disponiblen *lex fori*- Anknüpfung aus.

---

262 *Schütze*, Schiedsverfahren, 1. Aufl., S. 35; *Schütze/ Tschernig/ Wais*, Schiedsverfahren, S. 303.

263 Zöller/ *Geimer*, 20. Aufl., § 1025 Rz. 46 b; *Schlosser*, Schiedsgerichtsbarkeit, S. 223; *Hausmann* in FS für Lorenz, S. 370 ff.

264 *Hausmann* in FS für Lorenz, S. 370 ff.

265 Vgl. hierzu *Musielak/ Voit*, § 1025 Rz. 1; Zöller/ *Geimer*, § 1025 Rz. 1; *Albers* in Baumbach/ Lauterbach/ Albers/ Hartmann, § 1025 Rz. 1.

266 *Musielak/ Voit*, § 1025 Rz. 1.

267 Bericht, S. 198; RegBegrE, BT/ Drucks. 13/ 5274, S. 59.

Auch im Anerkennungsverfahren ist das neu eingeführte Territorialitätsprinzip für die Qualifizierung der objektiven Schiedsfähigkeit von entscheidender Bedeutung; denn bei Vorliegen eines ausländischen Schiedsspruchs verweist § 1061 ZPO auf die Regelungen des UNÜ, so daß die Regelungen des Zehnten Buchs der ZPO nicht unmittelbar zur Anwendung kommen. Allerdings verweist Art. V UNÜ, der die Anerkennung und Vollstreckung internationaler Schiedssprüche regelt, wiederum zurück in das nationale Recht, so daß sich die Schiedsfähigkeit des Streitgegenstandes auch im Anerkennungsverfahren nach § 1030 ZPO (*lex fori*) bestimmt.[268]

Gem. §§ 1025 Abs. 2-4 ZPO sind gewisse Vorschriften des Zehnten Buches auch dann anzuwenden, wenn ein ausländischer Schiedsort vorliegt oder noch nicht sicher ist, wo dieser letztlich gelegen sein wird. Dies gilt insbesondere für § 1032 ZPO, der das Einredeverfahren regelt. Wird bei einem staatlichen Gericht Klage erhoben, und der Beklagte erhebt die Einrede der Schiedsgerichtsbarkeit (§ 1032 Abs. 1 ZPO), so hat das Gericht *incidenter* die Wirksamkeit der Schiedsvereinbarung zu prüfen.[269] Teil dieser Prüfung ist u.a. die Schiedsfähigkeit des Streitgegenstandes.
Ist nun weder das Schiedsvertragsstatut, noch das der Hauptsache deutsch, so stellt sich die Frage, wonach die Schiedsfähigkeit zu bewerten ist.

Das deutsche Schiedsverfahrensrecht enthält sich der Beantwortung dieser Frage. Allein in den Aufhebungsvorschriften heißt es in § 1059 Abs. 2 Nr. 2 lit. a. ZPO, daß der Schiedsspruch aufzuheben ist, wenn die Sache „nach deutschem Recht" nicht schiedsfähig ist. Diese Vorschrift ist allerdings nur dann anwendbar, wenn ein deutscher Schiedsort gewählt wurde. Es besteht daher die Möglichkeit, die objektive Schiedsfähigkeit auch im Einredeverfahren der strikten Kollisionsnorm des § 1025 Abs. 1 ZPO zu unterwerfen und vom Recht des Schiedsortes auszugehen oder die Wirkung des § 1030 ZPO in das Ausland zu erstrecken, also auch im Fall eines ausländischen Schiedsortes oder vor Festlegung desselben auf die *lex fori* abzustellen.
Ersterer Auffassung kann nicht gefolgt werden, weil das Ergebnis zu enormer Rechtsunsicherheit führen würde. Bejaht nämlich ein deutsches Gericht im Einredeverfahren die objektive Schiedsfähigkeit, obgleich sie nach dem deutschen Recht nicht schiedsfähig ist, und wird später um Anerkennung und Vollstrekkung in Deutschland ersucht, so müßte der Antrag wegen mangelnder Schieds-

---

268 Zum Verweis in das nationale Recht siehe *Wieczorek/ Schütze*, Int. ZPR, UNÜ, zu Art. II, S. 559; *Gottwald* in MüKo, IZPR, Art. V UNÜ Rz. 47. Bis zur geplanten Aufhebung des Art. I Abs. 3 S. 1 des eingelegten Vertragsstaatenvorbehalts der Bundesrepublik Deutschland (BGBl. 1962 II, 102) gilt diese Regelung in Zusammenhang mit Vertragsstaaten des UNÜ deklaratorisch, und ansonsten gelten die Regeln des UNÜ im Verhältnis mit Nichtvertragsstaaten als nationales Recht, siehe RegBegrE, BT/ Drucks. 13/ 5274, S. 61 f.

269 Dies gilt auch für die ebenfalls von § 1025 Abs. 2 und 3 genannten §§ 1033, 1034, 1037, 1038, 1050 ZPO, wobei hinsichtlich dieser Normen generell von einer eingeschränkten Prüfungskompetenz des staatlichen Gerichts ausgegangen wird, siehe hierzu exemplarisch *Musielak/ Voit*, § 1050 Rz. 1 mit Verweis auf § 1036 aF Rz. 3 (Fn. 24) m.w.N.

fähigkeit abgelehnt werden. § 1061 ZPO iVm. Art. V Abs. 2 lit. a. UNÜ verweist nämlich auf die *lex fori.*
Hiergegen kann eingewandt werden, daß es kaum einsichtig sei, warum ein deutsches Gericht eine mögliche Schiedsunfähigkeit nach seinem eigenen zwingenden Recht beurteilen solle, obwohl der Schiedsspruch weder auf seinem Staatsgebiet ergehen solle, noch sicher sei, ob er jemals dort vollstreckt werde oder zumindest ein Inlandsbezug gegeben sei.[270]
Tatsache ist aber, daß in den internationalen Übereinkommen entweder direkt auf die *lex fori* des Einrederichters[271] verwiesen wird oder zumindest wie im Fall des UNÜ auf die des Exequaturrichters.[272] Die herrschende Lehre überträgt dies dann auch auf die Einredesituation.[273]
Folglich ergibt sich aus Gründen der Rechtssicherheit und dem Regelungszweck der §§ 1025 Abs. 1, 1030 ZPO, daß der deutsche Richter auch im Einredeverfahren die Schiedsfähigkeit nach seiner *lex fori* bestimmt.

In internationalen Streitigkeiten, die nach dem UNÜ entschieden werden, wird mit Rücksicht auf Art. II Abs. 1 UNÜ, der die Einredesituation im Bereich des UNÜ regelt, vertreten, daß die objektive Schiedsfähigkeit sowohl nach der *lex fori* des Einrederichters als auch nach dem Schiedsvertragsstatut bestimmt werden müsse. Es wird eine sog. kumulative Anwendung vorgenommen.[274] Begründet wird dies mit Art. V Abs. 1 lit. a UNÜ, der festlegt, daß eine Anerkennung des Schiedsspruches nicht ergehen kann, wenn er nach dem Schiedsvertragsstatut nicht schiedsfähig sei, da ansonsten die Parteien auf ein Schiedsverfahren verwiesen würden, dessen Schiedsspruch nach Art. V Abs. 1 lit. a UNÜ mangels Schiedsfähigkeit nach dem Schiedsvertragsstatut nicht anerkannt und nicht für vollstreckbar erklärt werden könnte.[275]
In § 1059 ZPO ist Art. 34 UMG fast wortgleich übernommen worden; dieser wiederum entspricht seinem Sinn nach dem Art. V UNÜ.[276] Es liegt also nahe, auch im Bereich des deutschen autonomen Rechts eine solche kumulative Anwendung vorzunehmen, um diesen Zirkelschluß zu vermeiden.
Auch die Aussage der Regierungsbegründung, die objektive Schiedsfähigkeit sei vorrangig nach der den § 1059 Abs. 2 Nr. 1 lit. a ZPO verdrängenden Spezi-

---

270 Wobei letzterer wohl in der Regel zumindest in der Nationalität des Klägers gegeben sein wird, da anzunehmen ist, daß dieser vor seine eigenen nationalen staatlichen Gerichten klagen wird.

271 Art. VI Abs. 2 S. 2 EÜ.

272 Art. V Abs. 2 lit. a. UNÜ

273 *Van den Berg*, NYAC, S. 152; *Gottwald* in MüKo, IZPR, Art. II UNÜ Rz. 8; *Bork/ Stöve*, Börsentermingeschäfte, S. 54; *Schlosser*, Schiedsgerichtsbarkeit, S. 219 ff.; *ders.* in *Stein/ Jonas*, Anhang zu § 1044 Rz. 28; *Schwab/ Walter*, Schiedsgerichtsbarkeit, S. 380; *Epping*, Schiedsvereinbarung, S. 210 ff.

274 So auch *Gottwald* in MüKo, IZPR, Art. V UNÜ Rz. 47 (Fn. 86); *Schwab/ Walter*, Schiedsgerichtsbarkeit, S. 437; v. *Hülsen*, Schiedsvereinbarung, S. 135 ff.; Wieczorek/ Schütze, Int. ZPR, UNÜ, zu Art. II, S. 555.

275 Siehe hierzu auch Teil 2. E. III. 1. c. (a.). (iv.).

276 RegBegrE, BT/ Drucks. 13/ 5274, S. 59.

alvorschrift des § 1059 Abs. 2 Nr. 2 lit. a ZPO zu bewerten,[277] spricht nicht gegen dieses Ergebnis; denn sie besagt lediglich, daß sich die Schiedsunfähigkeit der *lex fori* grundsätzlich gegenüber gegenteiligen Aussagen nach dem Schiedsvertragsstatut durchsetzt. Ebenfalls ist in dem Teil der Regierungsbegründung, der davon spricht, daß abgesehen von der objektiven Schiedsfähigkeit die Gültigkeit der Schiedsvereinbarung nach dem Recht des Schiedsortes zu treffen ist,[278] kein Argument zu sehen, daß der Gesetzgeber den § 1059 Abs. 2 Nr. 2 lit. a ZPO als abschließende Sondernorm sieht.[279] Es wäre nämlich schon vom Ansatz her verfehlt, in der gesetzgeberischen Begründung zu § 1059 ZPO Argumente für das Einredeverfahren zu suchen, da der Gesetzgeber im Rahmen von § 1059 ZPO nicht vor Augen hatte, welches Recht der deutsche Richter zur Anknüpfung der Schiedsfähigkeit zu wählen hat, wenn ein ausländischer Schiedsort gegeben ist, sondern vielmehr welche Konstellationen vorliegen müssen, damit der deutsche staatliche Richter, einen inländischen - nach fremden Recht erlassenen - Schiedsspruch für vollstreckbar erklären kann, oder wann er ihn aufzuheben hat. Der Gesetzgeber hatte also in seiner Begründung zu § 1059 ZPO gar keinen Anlaß, die Probleme des internationalen Entscheidungseinklangs in übernationalen Einredeverfahren zu kommentieren; denn diese entstehen ja ohnehin nur im Rahmen von § 1032 ZPO oder bei Anwendbarkeit des UNÜ im Rahmen von Artt. II und V UNÜ.

Der deutsche Richter hat also im Einredeverfahren die Schiedsfähigkeit bei Vorliegen eines fremdnationalen Schiedsortes und der Anwendung ausländischen Rechts, die Schiedsfähigkeit sowohl nach deutschem als auch nach dem Recht des Schiedsvertragsstatuts zu bemessen. Ansonsten setzt sich das deutsche Recht bei der Bestimmung der Schiedsfähigkeit gegen ausländisches Recht durch.

(2) Tatbestandliche Vorfragen im Rahmen von § 1030 Abs. 1 ZPO

Festgestellt wurde also, daß sich die objektive Schiedsfähigkeit in internationalen Fällen bei Anwendung des autonomen Rechts stets nach der *lex fori* bestimmt. In einem zweiten Schritt ist im Einredeverfahren auch das Recht des Schiedsvertragsstatuts heranzuziehen.
Angedacht werden könnte, daß die Begriffe „vermögensrechtlich" und „vergleichsfähig" im Rahmen von § 1030 Abs. 1 ZPO, der als die deutsche *lex fori* die objektive Schiedsfähigkeit bestimmt, als tatbestandliche Vorfragen dennoch nach dem ausländischen Recht bestimmt werden könnten.
Für das alte Schiedsrecht, welches dem Begriff der Vergleichsfähigkeit ein ungleich höheres Gewicht zumaß, ist dies im Rahmen von § 1025 Abs. 1 a.F. ZPO (Vergleichsfähigkeit) vereinzelt bejaht worden.[280]
Der Gesetzgeber hat für das neue Schiedsrecht sehr deutlich gemacht, daß er eine Verfügungsmöglichkeit der Parteien über die Schiedsfähigkeit des Streit-

---

277 RegBegrE, BT/ Drucks. 13/ 5274, S. 59.

278 RegBegrE, BT/ Drucks. 13/ 5274, S. 59.

279 A.A. *Epping*, Schiedsvereinbarung, S. 214.

280 *Schlosser*, Schiedsgerichtsbarkeit, S. 219 f.

gegenstandes nach deutschem Recht nicht wünscht.[281] Der Sinn der Vorschriften der objektiven Schiedsfähigkeit ist nämlich darin zu sehen, dem Staat im Interesse besonders schützenswerter Rechtsgüter Rechtsprechungsmonopole zu sichern. Gäbe man nun den Parteien die Möglichkeit über die Schiedsfähigkeit zu disponieren, indem man sie die Wahl eines anderen Hauptsacherechts vornehmen läßt, welches als tatbestandliche Vorfrage geprüft wird, so wäre dieser Schutz unterwandert. Die Entscheidung aber, inwieweit staatliche Rechtsprechungsmonopole bestehen sollen, muß dem deutschen Sachrecht überlassen bleiben.[282]
Die Tatbestandsmerkmale des § 1030 Abs. 1 ZPO sind daher nicht als gesonderte Vorfragen nach ausländischem Recht zu prüfen.

Zusammenfassend läßt sich sagen, daß nach dem deutschen autonomen Recht, die objektive Schiedsfähigkeit stets nach § 1030 ZPO zu bemessen ist. Dieser wird nur noch durch die spezialgesetzlichen Einschränkungen seines Abs. 3 begrenzt. Eine Berücksichtigung des ausländischen Rechts ergibt sich nur noch im Einredeverfahren kumulativ zur deutschen *lex fori*.

---

281 Bericht, S. 198; RegBegrE, BT/ Drucks. 13/ 5274, S. 59.

282 So auch *Hausmann*, FS für Lorenz, S. 359 (371).

Teil 3: Schiedsfähigkeit von Ansprüchen einzelner Rechtsgebiete

Auch nach der grundsätzlichen Vereinfachung der gesetzlichen Lage zur Schiedsfähigkeit ist bezüglich einer Vielzahl einzelner Ansprüche unklar, ob und inwieweit das Gesetz eine schiedsrichterliche Klärung eröffnet.
Im folgenden zweiten Teil der Arbeit soll eine detaillierte Untersuchung der objektiven und, soweit dies für den Verlauf einer lückenlosen Darstellung erforderlich ist, auch der subjektiven Schiedsfähigkeit der fraglichen Ansprüche in den unterschiedlicher Rechtsgebiete erfolgen.
Besonderes Augenmerk wird auf die mögliche Gefährdung von Rechten Dritter gelegt werden, die nicht in die Schiedsklausel einbezogen sind.

A. *Familienrecht*

Auf dem Gebiet des Familienrechts, besonders im Bereich der Ehescheidung und der posthehelichen Ansprüche, ist das Bedürfnis nach außergerichtlicher Klärung in den letzten Jahren eminent gestiegen. Der Grund für diese Entwicklung dürfte im wesentlichen darin zu sehen sei, daß in einem kontradiktorischen gerichtlichen Verfahren eine oftmals lange währende emotionale Bindung auf sehr harsche Weise und unter Nutzung eines jeden möglichen Vorteils durch jeden Ehepartner zum Ende kommt.[283]
Daher sind gerade Scheidungssachen im Hinblick auf die mit der Trennung verbundenen Emotionen und Animositäten nicht mit anderen Rechtssachen zu vergleichen. Kommt es zum streitigen Verfahren, so sind beide Parteien über die Maßen psychisch belastet. Diese Belastungen werden unter anderem dadurch hervorgerufen oder zumindest gefördert, daß intimste Verhältnisse und Probleme vor unbekannten Dritten und familientherapeutisch ungeschulten Juristen dargelegt und erörtert werden müssen.[284]
Ziel der folgenden Untersuchung ist daher festzustellen, inwieweit nach der neuen Rechtslage die staatliche Gerichtsbarkeit in Scheidungssachen ausgeschlossen werden kann. Die Eheleute könnten sich dann zur Klärung scheidungsrechtlicher Ansprüche ein mit familientherapeutisch geschulten Fachleuten oder mit persönlichen Bekannten besetztes Schiedsgericht wählen. Anbieten würde sich ein sogenanntes „mediation – arbitration – Modell“[285]. Hierunter versteht man eine Einzelperson oder ein Panel von Schiedsleuten, die versuchen, auf eine gütliche Einigung hinzuarbeiten. Sollte es trotz dieser Bemühungen nicht zu einer Einigung kommen, so ständen den Mediatoren die Entscheidungsbefugnisse eines Schiedsrichter zu, um den Rechtsstreit abschließend zu entscheiden.[286]

---

283 *De Witt*, FamRZ 98, 211; *Haynes*, Scheidung ohne Verlierer, S. 1 und 8.

284 *Haynes*, Scheidung ohne Verlierer, S. 8.

285 Zum Begriff siehe *Lachmann*, Schiedsgerichtspraxis, S. 10 vgl. auch den Vorschlag *Lörchers*, DB 99, 789 f., Rechtskraft im Mediationsverfahren über den Schiedsspruch mit vereinbarten Wortlaut zu erhalten.

286 Zur praktischen Anwendung des „mediation-arbitration-Modells“, siehe den Sachverhalt zu BGHZ 99, 143 (144).

I. Scheidung der Ehe

Bei der Ermittlung, inwieweit eine schiedsrichterliche Ehescheidung vorgenommen werden kann, ist zwischen einer nach deutschem und einer nach fremden Recht zu scheidenden Ehe zu differenzieren.

1. Scheidung einer nach deutschem Recht geschlossenen Ehe

Im deutschen Recht besteht gem. § 1565 Abs. 1 iVm. § 1564 Abs. 1 BGB bei Vorliegen der tatbestandlichen Voraussetzung ein Anspruch auf Scheidung der Ehe.[287] An die materiellen knüpft der Gesetzgeber aber weiterhin die prozessuale Voraussetzung, daß zur wirksamen Ehescheidung ein richterlicher Gestaltungsakt seitens eines staatlichen Gerichtes notwendig ist (§ 1564 Abs. 1 S. 1 BGB).[288] Eine rechtswirksame Ehescheidung kann also nur vor dem staatlichen Richter vollzogen werden.
Bei § 1564 Abs. 1 S. 1 BGB handelt es sich um eine die Schiedsgerichtsbarkeit ausschließende Vorschrift iSd. § 1030 Abs. 3 ZPO, so daß eine schiedsrichterliche Scheidung nach deutschem Recht nicht möglich ist.

2. Ausländische Privatscheidungen

Das deutsche Scheidungsmonopol der staatlichen Gerichtsbarkeit erstreckt sich auch auf Scheidungen, die nach dem durch die kollisionsrechtlichen Vorschriften ermittelten fremden Recht zu entscheiden sind, wenn sie in Deutschland begehrt werden.[289] Dies wird durch die Vorschrift des § 1564 Abs. 1 BGB deutlich, die auf Grund ihres prozessualen Charakters verfahrensrechtlich eine Scheidung nur durch ein staatliches Gericht möglich macht.[290] Der Gesetzgeber bestätigt dies noch einmal durch Art. 17 Abs. 2 EGBGB, der eindeutig normiert, daß zur Scheidung einer Ehe im Inland ein Gestaltungsurteil eines deutschen Gerichtes notwendig ist.
Fraglich ist, ob sich dieses Ergebnis auch dann halten läßt, wenn durch eine Schiedsvereinbarung der Parteien die staatliche Gerichtsbarkeit ausgeschlossen wurde und die Anwendung der Vorschriften einer Rechtsordnung vereinbart

---

287 *Lüderitz*, Familienrecht, S. 183.

288 *Wolf* in MüKo, BGB, 1564 Rz. 1; a. A. *Hattenhauer*, ZRP 85, 203, der die Einrede der Schiedsklausel zulassen möchte. Allerdings erkennt er die Aufhebbarkeit eines eventuellen die Ehe scheidenden Schiedsspruches gem. § 1041 Abs. 1 Nr. 2 a.F. ZPO an.

289 Die Anwendung fremden Rechtes kann sich ergeben, wenn gem. § 17 Abs. 1 EGBGB das Ehewirkungsstatut (§ 14 EGBGB) das eines fremden Staates ist und keine Ausnahme des § 17 Abs. 1 S. 1 EGBGB vorliegt. In diesem Fall wendet der deutsche Richter fremdstaatliches materielles Recht an; vgl. *Winkler v. Mohrenfels* in MüKo, Art. 17 EGBGB Rz. 29.

290 BGHZ 82, 34 (44); 110, 267 (276).

wurde (vgl. § 1051 ZPO), nach der eine rechtsgeschäftliche Ehescheidung möglich ist.[291]
Sollten die Parteien eine Schiedsvereinbarung treffen und als den Sitz des Schiedsgerichtes Deutschland vereinbaren, so wären nach § 1025 Abs. 1 ZPO die Vorschriften des 10. Buches der ZPO zwingend anwendbar. § 1564 Abs. 1 BGB stünde also weder als materielle noch als prozessuale Vorschrift der schiedsrichterlichen Entscheidung entgegen, da das deutsche Familienrecht nicht zur Anwendung käme.

Es wurde aber bereits dargelegt, daß sich die objektive Schiedsfähigkeit bei Vorliegen eines deutschen Schiedsortes immer nach dem durch die *lex fori* bestimmten Recht richtet.[292] Die Schiedsfähigkeit des Streitgegenstandes bestimmt sich also nach dem von § 1030 ZPO ermittelten Recht. Dies ist das deutsche autonome Recht. Ausländisches Recht kommt auch nicht als tatbestandliche Vorfrage zur Anwendung.[293]
Da aber nach deutschem Recht eine Scheidung nicht objektiv schiedsfähig ist, können sich ausländische Ehepaare auch nach fremden Hauptsachestatut nicht in Deutschland von einem Schiedsgericht scheiden lassen. Einem in diesem Sinne dennoch ergangenen Schiedsspruch ist die Anerkennung auf Grund mangelnder Schiedsfähigkeit zu versagen (§ 1059 Abs. 2 Nr. 2 lit. b. ZPO).

Fraglich ist allerdings, ob ein solcher Schiedsspruch der staatlichen Anerkennung überhaupt bedarf. Dies wäre dann nicht der Fall, wenn es sich um einen Gestaltungsschiedsspruch[294] handeln würde, der ohne staatliche Anerkennung seine Wirkung entfaltet.[295]
Bei der objektiven Schiedsfähigkeit handelt es sich um eine gesetzliche Minimalanforderung an die Wirksamkeit einer Schiedsvereinbarung. Ihr Fehlen ist sowohl im Anerkennungs- als auch im Vollstreckbarerklärungsprozeß von Amts wegen zu beachten (§ 1059 Abs. 2 Nr. 2 lit. b. ZPO). Das Gesetz räumt der Schiedsfähigkeit des Streitgegenstandes insofern einen höheren Wichtigkeits-

---

291 So etwa nach jüdischen Rabbinatsrecht durch Übergabe des Scheidungsbriefes in Anwesenheit von Rabbinern, durch rituelle Verstoßung der Frau (talaq) im islamischen Recht, durch einverständliches Rechtsgeschäft mit Registrierung in Japan, der Volksrepublik China und in Thailand oder durch Aufhebungsvertrag (Südkorea, Taiwan); vgl. *Winkler v. Mohrenfels* in MüKo, Art. 17 EGBGB, Rz. 89 m.w.N.; für das jüdische Recht *Goldfine*, jüdisches Eherecht, S. 71 ff.; für das japanische Recht vgl. Artt. 763, 764 iVm. 739 des japanischen BGB (entnommen aus *Baumgärtel*, Das japanische BGB in deutscher Sprache), hierzu auch *Humbert-Droz*, Ehescheidungsrecht in Japan, S. 6 f.

292 Siehe oben Teil 1. IV. 2. a.

293 Siehe oben Teil 1. IV. 2. b.

294 Siehe zur Anerkennung von Gestaltungsschiedssprüchen durch Rechtsprechung und Lehre, BGHZ 132, 278 (281 f.); *Schwab/ Walter*, Schiedsgerichtsbarkeit, S. 179; vgl. auch Fn. 586 und 587.

295 *Schwab/ Walter*, Schiedsgerichtsbarkeit, S. 195; *Stein/Jonas/Schlosser*, § 1042 Rz. 2; Zöller/ *Geimer*, § 1040 Rz. 1; a.A. BayObLG 1984, 809 (810); *K. Schmidt*, AG 95, 551 (554).

grad als den übrigen Wirksamkeitsvoraussetzungen einer Schiedsvereinbarung ein, da zur Ahndung des Fehlens dieser ein klägerischer Antrag erforderlich ist.[296] Es ist also zu hinterfragen, ob ein Gestaltungsschiedsspruch, der auf einer objektiv nicht schiedsfähigen Streitsache beruht, Gestaltungswirkung entfaltet.

Gestaltungsurteile der Staatsgerichtsbarkeit verändern die materielle Rechtslage mit dem Eintritt der formellen Rechtskraft (§ 704 ZPO) unabhängig davon, ob das Urteil richtig ist, das heißt, der Anspruch auf Rechtsänderung materiell bestanden hat.[297] Gleiches gilt auch für die Schiedsgerichtsbarkeit. Wird gegen einen materiell unrichtigen Schiedsspruch der Aufhebungsantrag gem. § 1059 ZPO nicht gestellt oder muß dieser in Ermangelung eines materiellen Prüfungsrechts[298] zurückgewiesen werden, so entfaltet der Schiedsspruch Gestaltungswirkung.
Die vorliegende Situation stellt sich allerdings anders da. Die Frage ist nicht, ob der klagenden Partei das materielle Recht zusteht, die Scheidung zu verlangen, sondern ob sie die Möglichkeit haben soll, dies vor einem Schiedsgericht zu tun. Die Regelungen zur objektiven Schiedsfähigkeit sollen dazu dienen, die Parteien präventiv davon abzuhalten, ein Schiedsgericht anzurufen, weil sich der Staat ein Rechtsprechungsmonopol sichern wollte.[299] Dies gilt gleichermaßen für Leistungs-, Feststellungs- und Gestaltungsurteile; denn die Urteilswirkung hat überhaupt keinen Einfluß auf die Regelungen zur Schiedsfähigkeit des Streitgegenstandes. Ist nun aber den Parteien komplett die Basis für eine schiedsrichterliche Klärung entzogen, so kann der ergehende Schiedsspruch in einer solchen Sache nicht mehr rechtliche Wirkung entfalten als die Parteien auch rechtsgeschäftlich hätten erzielen können.
Rechtsgeschäftlich ist aber eine Ehe in Deutschland nicht scheidbar, so daß eine Scheidung durch ein Schiedsgericht mit deutschem Schiedsort im Inland immer unwirksam sein muß. Dies bedeutet allerdings nicht, daß die Ehe der Schiedsparteien nicht möglicherweise im Heimatland der Parteien als rechtswirksam geschieden gilt.[300] In diesem Fall handelt es sich um das im Internationalen Privatrecht häufig vorkommende Problem der hinkenden Ehe.[301]

Aus denselben Gründen, aus denen eine Ehe in Deutschland nicht von einem Schiedsgericht geschieden werden kann, ist es auch einem deutschen Gericht

---

296 Vgl. § 1059 Abs. 1 ZPO. Neben der fehlenden objektiven Schiedsfähigkeit prüft das Gericht nur noch *ordre public*- Verstöße des Schiedsspruches von Amts wegen.

297 *Rosenberg/ Schwab/ Gottwald*, Zivilprozeßrecht, S. 529.

298 Dies ist immer dann der Fall, wenn die materielle Rechtsverletzung unter dem Rang des *ordre public* gelegen ist, vgl. § 1059 Abs. 2 Nr. 2 lit. b ZPO.

299 Siehe oben Teil 1. II. 1.

300 Zu beachten ist allerdings, daß in vielen religiösen Rechtsordnungen eventuelle Nichtbeachtungen der sehr komplizierten religiösen Rituale zur Nichtigkeit der Scheidung führen können, siehe zum jüdisch- israelischem Recht *Goldfine*, jüdisches Eherecht, S. 73.

301 Siehe zu dieser im Zusammenhang mit vorliegender Arbeit irrelevanten Problematik *Winkler v. Mohrenfels* in MüKo, Art. 17 EGBGB Rz. 77 ff. m.w.N.

nicht möglich, eine in Deutschland schiedsrichterlich geschiedene Ehe in Deutschland anzuerkennen.
Die Anerkennung schiedsrichterlicher Entscheidungen bestimmt sich gem. § 1060 ZPO iVm. den Regelungen des UNÜ nach der *lex fori*. Im deutschen Recht ist also § 1030 ZPO anzuwenden,[302] nach dem die Ehescheidung nicht schiedsfähig ist.

Abschließend ergibt sich daher, daß in Deutschland auch nach der Schiedsverfahrensrechtsreform weder die Möglichkeit existiert, eine Ehe schiedsgerichtlich scheiden zu lassen, noch eine solche Entscheidung anzuerkennen.

II. Weitere an die Scheidung geknüpfte Ansprüche

Eingangs wurde festgestellt, daß die Scheidung einer deutschen Ehe nur durch ein staatliches Gericht möglich ist. Eine schiedsrichterliche Scheidung ist also mangels objektiver Schiedsfähigkeit in Deutschland nicht durchführbar. Dieses Ergebnis entspricht im wesentlichen der Regierungsbegründung. Ungeklärt läßt diese jedoch, welche mit der Scheidung verbundenen Ansprüche schiedsfähig sind.[303]
Vermutlich im Hinblick auf die generelle Schiedsfähigkeit vermögensrechtlicher Ansprüche nach § 1030 Abs. 1 S. 1 ZPO gehen Teile der Literatur ohne weitere Begründung von einer Schiedsmöglichkeit aus.[304]
Im folgenden soll grundsätzlich geklärt werden, inwieweit die Vorschriften über die ausschließliche Zuständigkeit der Familiengerichte gem. §§ 606, 621 Abs. 1 ZPO oder die des familienrechtlichen Verbundes gem. §§ 622 ff. iVm. § 1030 Abs. 3 ZPO die Schiedsfähigkeit einzelner Folgeansprüche hindern.

1. Ausschließlicher Gerichtsstand des § 621 Abs. 1 ZPO

Sowohl Ehesachen (§§ 606 Abs. 1 ZPO, 23 b GVG) als auch die Folgesachen (§§ 621 Abs. 1, 23 b GVG) unterliegen dem örtlich zuständigen Familiengericht als ausschließlichen Gericht.
Wie sich den Materialien zum SchiedsVfG[305] und der neuesten Rechtsprechung des BGH[306] entnehmen läßt, wird in Vorschriften zu ausschließlichen Gerichtsständen mittlerweile kein grundsätzlicher Hinderungsgrund für eine schiedsrichterliche Konfliktlösung mehr gesehen. Diese normieren allein die funktionelle Zuständigkeit, bei genereller Zuständigkeit der staatlichen Gerichtsbarkeit. Ausnahmen hierzu können sich allenfalls dann ergeben, wenn der Gesetzgeber diese Vorschriften nicht als interne Ordnungsvorschriften der ein-

---

302 Siehe ausführlich Teil 1. IV. 2.

303 RegBegrE, BT/ Drucks. 13/ 5274, S. 35.

304 *Schlosser* in Schiedsgerichtsbarkeit in gesellschafts- und erbrechtlichen Angelegenheiten, S. 97 (98); *Böcker*, Schiedsfähigkeit, S. 62 f.

305 Bericht, S. RegBegrE, BT/ Drucks. 13/ 5274, S. 35; siehe auch *Berger*, Schiedsgerichtsbarkeit, S. 25.

306 BGH JZ 1996, 1017.

zelnen Gerichte untereinander geschaffen hat, sondern vielmehr in der Vorschrift ausdrücken wollte, daß ein bestimmtes staatliches Gericht auf Grund besonderer staatlicher Interessen in der betreffenden Streitsache entscheiden soll.[307]

Diese Aussage läßt sich aber bezüglich der Zuständigkeitsvorschriften im Scheidungsrecht so nicht treffen. Die ausschließlichen Zuständigkeiten dienen vielmehr dazu, alle mit der Ehesache verbundenen Folgesachen bei einem staatlichen Gericht zu konzentrieren, so daß die Eheleute nicht gezwungen sind, möglicherweise in mehreren Orten bei verschiedenen Gerichten zu klagen. Auch sollen den Eheleuten bei der Verhandlung über ihren Scheidungsantrag die weitlaufenden Konsequenzen ihres Handelns vor Augen geführt werden.[308]

Zweck der Vorschrift ist es also, die Eheleute davor zu bewahren, vor mehreren staatlichen Gerichten ihr Recht durchsetzen zu müssen. Sie treffen aber keine Aussage dahingehend, ob die staatliche Gerichtsbarkeit gänzlich ausgeschlossen werden kann. Die versteckte Intention des Gesetzgebers, mit der Scheidung verbundene Folgesachen der Schiedsgerichtsbarkeit zu versagen, ist daher in ihnen nicht zu sehen.

Somit schließen die Regelungen über die ausschließliche Zuständigkeit im Scheidungsrecht die Möglichkeit nicht aus, ein Schiedsgericht zu vereinbaren.

2. Scheidungsverbund

Mit der rechtskräftigen Entscheidung des staatlichen Gerichtes ist die Ehe rechtskräftig gestaltend geschieden und somit beendet. Sie ist allerdings noch nicht „auseinandergesetzt".

An die gerichtliche Beendigung der Ehe sind eine Vielzahl von Rechtsbeziehungen geknüpft, die auch noch nach der Scheidung zwischen den ehemaligen Ehegatten existieren.

a. Scheidungsverbund als prozessuales Hindernis der Schiedsgerichtsbarkeit

(1) Scheidungsverbund bei streitiger Ehescheidung

Der Gesetzgeber hat zur Vereinfachung der Erledigung der noch zu klärenden übrigen Familiensachen, wohl aber auch zum Schutz des schwächeren Ehegatten, die Möglichkeit geschaffen, diese Familiensachen zusammen mit der Scheidung in einem Verbund zu entscheiden (Entscheidungskonzentration).[309]

Durch die Einbindung offener Familiensachen in den Verbund erhält jeder Ehepartner die Garantie, daß über Familiensachen,[310] die ihm persönlich wichtig sind, zusammen mit der Scheidung verhandelt (Verhandlungsverbund) und ent-

---

307 RegBegrE, BT/ Drucks. 13/ 5274, S. 35.

308 *Musielak/ Borth*, § 623 Rz. 1.

309 *v. Heintschel-Heinegg*, Familiensachen, S. 47.

310 Durch Einbindung in den Scheidungsverbund werden diese Familiensachen zu Folgesachen; siehe Legaldefinition in § 623 Abs. 1 S. 1.

schieden wird (Entscheidungsverbund).[311] Das Gesetz unterscheidet zwischen dem Zwangs- und dem Antragsverbund.
Der Zwangsverbund beinhaltet neben der Scheidung selbst nur noch den öffentlich-rechtlichen Versorgungsausgleich.[312] Dies ergibt sich aus dem § 623 Abs. 1 S. 3 ZPO.
Durch das Kindschaftsreformgesetz vom 16.12.97[313] wurde der § 623 Abs. 3 S. 1 a. F. ZPO aufgehoben. Um das bis dahin dem Zwangsverbund zugehörige Kindessorgerecht nun mit der Scheidung im Verbund entscheiden zu lassen, bedarf es eines gesonderten Antrages der Eltern (§ 623 Abs. 3 S. 1 ZPO). Es ist keine notwendige Folgesache mehr.[314]
Zum sogenannten Antragsverbund können die Parteien den Verbund um die weiteren in §§ 621 Abs. 1 und 2 ZPO genannten Familiensachen erweitern, wenn sie rechtzeitig einen entsprechenden Antrag stellen.[315] Grundsätzlich werden die im Verbund enthaltenen Ansprüche gemeinsam verhandelt und entschieden.[316] Hierbei ist unbeachtlich, ob sich das Verfahren nach den Vorschriften der ZPO oder dem FGG richtet.[317]

Zu klären bleibt, ob die den Scheidungsverbund betreffenden Vorschriften die Möglichkeit der schiedsrichterlichen Klärung der Scheidung folgender Familiensachen ausschließen.
Gezwungenermaßen wäre dies der Fall, wenn sich die Vorschriften betreffend des Scheidungsmonopols durch ein staatliches Gericht auch auf den Verbund erstreckten.

Das Scheidungsmonopol der staatlichen Gerichte wurde aus zweifacher Motivation in das BGB aufgenommen. Zum einen macht es das Interesse des Staates am Erhalt der Ehe deutlich, indem es die grundsätzlich unauflösbare bürgerliche Ehe nur durch ein staatliches Gericht scheidungsfähig macht,[318] zum anderen aber soll durch die Wahrnehmung der Scheidung durch ein staatliches Gericht gewährleistet werden, daß die Ehe nicht geschieden wird, bis sichergestellt ist,

---

311 *Bergerfurth*, Ehescheidungsprozeß, S. 218; *v. Heintschel-Heinegg*, Familiensachen, S. 47; vgl. auch *Musielak/ Borth*, § 623 Rz. 21 und 23.

312 Siehe zum Begriff *Dörr* in MüKo, BGB, vor § 1587 Rz. 4; auch Teil 2. A. III. 2.

313 Das Kindschaftsrecht des BGB wurde geändert durch das Kindschaftsrechtsreformgesetz vom 16.12.1997 (BGBl. 1997 I 2846), welches am 01.07.1998 in Kraft getreten ist. Vorschriften des Vierten Buches des BGB, die mit dem Zusatz a.F. gekennzeichnet sind, beziehen sich auf das bis dahin geltende Recht.

314 *Bergerfurth*, Ehescheidungsprozeß, S. 219; *Schwab*, FamRZ 98, 457 f.; *Büttner*, FamRZ 98, 585 (591).

315 Vgl. zu den verschiedenen Verbundstypen näher: *Bergerfurth*, Ehescheidungsprozeß, S. 253; *v. Heintschel-Heinegg*, Familiensachen, S. 54.

316 Ausnahme ist die auf Antrag oder von Amts wegen vorgenommene Abtrennung, siehe eine detaillierte Darstellung bei *Bergerfurth*, Ehescheidungsprozeß, S. 36 ff., 14 f.

317 *v. Heintschel-Heinegg*, Familiensachen, S. 47 m. w. N.

318 *Wolf* in MüKo, BGB, 1564 Rz. 1 und Fn. 2 m.w.N.

daß beide Eheleute ausreichend versorgt sind und keiner von beiden übervorteilt wurde.[319]
M.E. ist in der Forderung des § 1564 Abs. 1 BGB nach einem staatlichen Gericht eine Schutzfunktion für den schwächeren Ehepartner zu sehen. Durch die in ihm normierte Mindestanforderung, daß ein Gericht die Scheidung vornehmen müsse, wird in Kombination mit den Regelungen des Zwangsverbundes garantiert, daß dasselbe Verfahren, welches den Ehepartner aus dem gesetzlichen Schutzraum Ehe scheidet, ihn auf der anderen Seite nicht unversorgt stellt, sondern vielmehr auch seinen zukünftigen Unterhalt sichert. Um dieser Schutzfunktion gerecht zu werden, dient der prozessuale Scheidungsverbund. Dies wird insbesondere dadurch deutlich, daß es sich bei dem familienrechtlichen Verbund nicht um eine normale Prozeßverbindung iSd. § 147 ZPO handelt,[320] die im pflichtgemäßen Ermessen des Richters steht, sondern um einen Verbund eigener Art, der gesetzlich vorschreibt, daß vor demselben Gericht über die Scheidung und die Folgesachen verhandelt und gleichzeitig entschieden wird.[321] Eine Abtrennung im gesonderten Verfahren nach § 145 ZPO ist daher ausgeschlossen. Generell ist eine getrennte Entscheidung von Scheidungsantrag und Folgesache nur in den engen Grenzen des § 628 ZPO möglich.
Mit den Regelungen über den Zwangsverbund macht der Gesetzgeber in § 1564 Abs. 1 BGB in Verbindung mit § 623 Abs. 1 S. 3 ZPO deutlich, daß er den staatlichen Gerichten neben der Scheidung selbst auch die den Verbund gehörenden Ansprüche zur Entscheidung vorbehalten möchte.

Der Scheidungsverbund ist allerdings in zweifacher Weise konzipiert. Während der Zwangsverbund von Amts wegen zu beachten ist, läßt das Gesetz den Eheleuten beim Antragsverbund die Wahl, welche Familiensachen sie zu Folgesachen machen wollen und somit in den Verbund aufnehmen wollen.
Gem. § 1030 Abs. 3 ZPO ist die objektive Schiedsfähigkeit sämtlicher Ansprüche dann ausgeschlossen, wenn gesetzliche Vorschriften die schiedsrichterliche Klärung verhindern sollen.
Ließe man nun aber Schiedsvereinbarungen bezüglich der im Zwangsverbund enthaltenen Ansprüche zu, so würde der Normzweck des § 1564 Abs. 1 BGB leerlaufen, da die gesetzlichen Schutzvorschriften umgangen würden. Somit ist trotz der eindeutigen Vermögensrechtlichkeit des öffentlich-rechtlichen Versorgungsausgleiches gem. § 1587 b BGB zu dem Schluß zu kommen, daß er objektiv nicht schiedsfähig ist, da der Gesetzgeber ihn dem Zwangsverbund zugeordnet hat.[322]

---

319 *Lüderitz*, Familienrecht, S. 180.

320 *Bergerfurth*, Ehescheidungsprozeß, S. 222; vgl. auch BGH FamRZ 83, 376.

321 Gemeinsam entschieden wird nur dann, wenn keiner der Abtrennungsgründe der §§ 627 oder 628 ZPO gegeben ist und der Richter das Verfahren abtrennt.

322 Vgl. §§ 1030 Abs. 3 ZPO, 1564 Abs. 1 BGB, 623 Abs. 1 S. 3 ZPO; a. A. *Schlosser* in Schiedsgerichtsbarkeit in gesellschafts- und erbrechtlichen Angelegenheiten, S. 97 (98), der § 1030 Abs. 3 ZPO nicht erwähnt. Er sieht allerdings praktische Bedenken auf Grund der Tatsache, daß die Sozialversicherungsträger zwar Verfahrenssubjekt, nicht aber Teil der Schiedsvereinbarung wären.

Der Schiedsfähigkeit der Familiensachen, die im Antragsverbund zusammenfaßbar sind, stehen die §§ 1030 Abs. 3 ZPO, 1564 Abs. 1 BGB allerdings nicht entgegen.
Das Gesetz eröffnet bezüglich dieser Ansprüche ausdrücklich eine Wahlmöglichkeit, ob die Eheleute sie im Scheidungsprozeß miterledigt haben wollen. Wenn die Ehegatten ohnehin die Möglichkeit haben, auf den Einbezug in den Verbund zu verzichten und somit die grundsätzliche Entscheidung, überhaupt ein gerichtliches Urteil erwirken zu wollen, wieder bei ihnen liegt, so können sie diese Ansprüche auch rechtsgeschäftlich im Wege einer Schiedsvereinbarung einem Schiedsgericht zur Klärung anvertrauen.
Insofern können die Parteien diese Ansprüche einer Schiedsvereinbarung unterwerfen, so daß hier der Einbindung in den Scheidungsverbund die Einrede der Schiedsklausel entgegenstünde, wenn die objektive Schiedsfähigkeit nach den Regeln des Zehnten Buches der ZPO gegeben ist.

(2) Besonderheiten bei einvernehmlicher Scheidung

Bei der einvernehmlichen Scheidung gem. §§ 1565, 1566 Abs.1 BGB ergeben sich durch §§ 630 Abs. 1 Nr. 3, Abs. 3 ZPO Unterschiede zur streitigen Scheidung. Die Antragsschrift muß enthalten, welche Regelung die Eheleute bezüglich des nachehelichen Unterhaltes und des Unterhalts für eventuell vorhandene Kinder getroffen haben, außerdem, wie sie sich über die Rechtsverhältnisse an Ehewohnung und Hausrat geeinigt haben (§ 630 Abs. 1 Nr. 1 ZPO). Der Richter darf das Scheidungsurteil erst dann erlassen, wenn über diese Dinge ein vollstreckbarer Schuldtitel vorgelegt wurde (§ 630 Abs. 3 ZPO). In welcher Form die Eheleute den vollstreckbaren Schuldtitel bezüglich der in § 630 Abs. 1 Nr. 3 ZPO genannten Rechtssachen beibringen, bleibt ihnen überlassen.[323] Durchaus stünde also die Möglichkeit offen, einen gem. § 794 Abs. 1 Nr. 4 lit. a. ZPO genannten Vollstreckungstitel zu wählen. Die generelle Möglichkeit der Schiedsgerichtsbarkeit ist also nicht durch §§ 630, 1030 Abs. 3 ZPO ausgeschlossen, da ein für vollstreckbar erklärter Schiedsspruch als Sachurteilsvoraussetzung bis zum Tag der letzten mündlichen Verhandlung nachgereicht werden könnte.
Bezüglich des Sorgerechtes muß die Antragsschrift erwähnen, ob die Eheleute eine gerichtliche Entscheidung wünschen oder sich über das Sorgerecht einig sind und somit auf gerichtliche Klärung verzichten (§ 630 Abs. 1 Nr. 2 ZPO).

Gemeinsam ist sowohl der streitigen als auch der einvernehmlichen Scheidung aber, daß der öffentlich-rechtliche Versorgungsausgleich von Amts wegen vom Richter mitentschieden wird (§ 623 Abs. 1 S. 3 ZPO).
Bezüglich der Schiedsgerichtsbarkeit bestehen also dieselben Einschränkungen wie auch bei der streitigen Scheidung. Der vom Zwangsverbund umfaßte öffentlich-rechtliche Versorgungsausgleich ist ebensowenig schiedsfähig wie die Scheidung selbst, da er von der in § 1564 Abs. 1 BGB enthaltenen Schutzfunktion gleichermaßen umfaßt wird.

---

323 *Bergerfurth*, Ehescheidungsprozeß, S. 228.

b. *Argumentum ex* §§ 1408 Abs. 2 und § 1587 o BGB für die Schiedsfähigkeit des öffentlich-rechtlichen Versorgungsausgleiches

Folgt man nun aber der Meinung, daß die Regelungen über den Zwangsverbund die Schiedsgerichtsbarkeit ausschließende Vorschriften iSd. § 1030 Abs. 3 ZPO darstellen, so erscheint dies im Widerspruch zu den §§ 1587 o und 1408 Abs. 2 BGB zu stehen; denn beide Vorschriften ermöglichen ihren nichtamtlichen Überschriften nach Parteivereinbarungen über den Versorgungsausgleich. Es wäre allerdings widersprüchlich anzunehmen, daß der Staat ein Rechtsprechungsmonopol seiner Gerichte einfordert, um den Schutz des schwächeren Ehegatten zu gewährleisten, wenn er andererseits diesem Ehegatten das Recht einräumt, sich selbst durch Rechtsgeschäft vollkommen schutzlos zu stellen.

Im Rahmen des § 1587 o BGB ist allerdings bereits fraglich, inwieweit die nichtamtliche Überschrift, die eine Parteivereinbarung indiziert, irreführend ist. Mit dem § 1587 o Abs. 2 S. 3 BGB macht der Gesetzgeber deutlich, daß zur Wirksamkeit der Vereinbarung die Kontrolle durch ein staatliches Gericht Grundbedingung ist. Nur wenn die Genehmigung des Familiengerichtes vorliegt, kann die Ehe ohne eine Entscheidung über den öffentlich-rechtlichen Versorgungsausgleich iSd. § 1587 b BGB geschieden werden (§ 53 d S. 1 FGG).[324] Die Schutzfunktion des Zwangsverbundes wird also bereits im Genehmigungsvorgang erfüllt. Obgleich es den Parteien freisteht, Vereinbarungen zu treffen, die einen von beiden leicht bevorteilen und das Gericht nur bei grober Unbilligkeit die Genehmigung verweigern darf,[325] kann bei der Vereinbarung iSd. § 1587 o BGB von freier Parteientscheidung nicht die Rede sein. Bezüglich der Übertragung oder Begründung von Anwartschaftsrechten schließt § 1587 o Abs. 1 S. 2 BGB die Parteiautonomie sogar völlig aus, so daß er nicht als Argument gegen die mangelnde Schiedsfähigkeit des öffentlich-rechtlichen Versorgungsausgleiches heranzuziehen ist.

Dies gilt allerdings nicht für § 1408 Abs. 2 BGB. Außerhalb des Zeitraumes von einem Jahr vor der Einreichung der Scheidung ermöglicht das Gesetz nicht nur eine Vereinbarung über den öffentlich-rechtlichen Versorgungsausgleich, sondern sogar den totalen Verzicht auf ihn.[326] Dieser Verzicht unterliegt keiner gerichtlichen Prüfung, sondern nur der Warnfunktion einer notariellen Beurkundung (§ 1410 BGB). Diese ist in ihrem Schutzwert mit dem einer gerichtlichen Genehmigung aber nicht gleichzusetzen, da sich die Aufgabe des Notars darauf beschränkt, die Parteien über die Gefahren aufzuklären, die des Gerich-

---

324 *Strobel* in MüKo, BGB, § 1587 o Rz. 34.

325 BGH NJW 1991, 1743 (1744); *Strobel* in MüKo, BGB, § 1587 o Rz. 23, 35; *Soergel/ Vorwerk*, § 1587 o Rz. 26.

326 *Kanzleiter* in MüKo, BGB, § 1408 Rz. 21; *Soergel/ Gaul*, § 1408 Rz. 30; zu beachten ist aber, daß nur der Ehegatte, der keinen eigenen Rentenanspruch hat, auf seinen Ausgleichsanspruch verzichten kann. Im Ehevertrag kann nicht der Rentenanspruchsberechtigte seine Ansprüche an den Ehegatten abtreten (§ 32 SGB I).

tes aber auch darin besteht, vor ihnen zu bewahren.[327] So ist es also den Ehegatten grundsätzlich möglich, parteiautonom auf jeden Ausgleich ehevertraglich zu verzichten und sich in die Gefahr zu begeben, nach der Scheidung völlig ohne finanzielle Absicherung zu sein.[328]
Dem Schutzbedürfnis des bedürftigen Ehegatten wird vielmehr insofern genüge geleistet, als gesetzlich normiert ist, daß ein Ausschluß des Versorgungsausgleiches dann hinfällig wird, wenn innerhalb des darauffolgenden Jahres ein Antrag auf Scheidung der Ehe gestellt wird (§ 1408 Abs. 2 S. 2 BGB). Hierbei ist zu berücksichtigen, daß sich die Situation in der sich die Eheleute im Zeitpunkt des Versorgungsausgleichsausschlusses befinden, deutlich von der des Scheidungszeitpunktes unterscheidet. Wenn die Eheleute einen Ehevertrag vor der Eingehung der Ehe oder während der Dauer dieser den Ehevertrag schließen, werden sie sich regelmäßig in einem Stadium der seelischen Ausgeglichenheit befinden.[329] Im Zeitpunkte der drohenden Scheidung aber, eventuell nach einer langjährigen Ehe, in der gewisse Abhängigkeiten entstanden sind, ist insbesondere der schwächere Ehepartner mental beeinflußbarer. § 1408 Abs. 2 S. 2 ZPO soll verhindern, daß sich dieser Ehegatte wegen des zum Schein abgegebenen Versprechens des anderen, sich nicht scheiden zu lassen, zum Ausschluß des Versorgungsausgleichsanspruchs bewegen läßt.[330] Im Ergebnis wird also wie auch von § 1587 o BGB[331] der schwächere Ehegatten geschützt.
Insbesondere auf Grund der Tatsache, daß auch das Getrenntleben der Eheleute keinen Hinderungsgrund für den Abschluß eines Ehevertrages darstellt[332] und die Jahresfrist nicht alle Mißbrauchsfälle ausschließen kann, ist die Regelung des § 1408 Abs. 2 BGB als nicht effizient genug kritisiert worden.[333] Diese Kritik ist berechtigt. Fraglich ist aber, ob sich aus der großzügiger gezogenen Parteiautonomie im Zeitpunkt des Ehevertragsabschlusses schließen läßt, daß Vereinbarungen über den öffentlich-rechtlichen Versorgungsausschluß grundsätzlich schiedsfähig sind.

Die Bedingung des § 1564 Abs. 1 BGB, daß die Scheidung nur durch einen staatlichen Richter möglich sei, ist geknüpft an den Zeitpunkt der tatsächlichen

---

327 Vgl. zu § 1587 o BGB, *Lüderitz*, Familienrecht, S. 180; *Strobel* in MüKo, BGB, § 1587 o Rz. 37.

328 *Palandt/ Diederichsen*, § 1408 Rz. 10.

329 *Lüderitz*, Familienrecht, S. 158.

330 *Kanzleiter* in MüKo, BGB, § 1408 Rz. 18. Weiterhin ist die Jahresfrist nötig, damit nicht kurz vor der Scheidung durch Abschluß eines Ehevertrages die Voraussetzung der gerichtlichen Genehmigung umgangen wird; vgl. OLG Düsseldorf FamRZ 80, 798 (799); OLG München FamRZ 81, 465.

331 *Strobel* in MüKo, BGB, § 1587 o Rz. 37.

332 BGH FamRZ 83, 459; OLG Frankfurt a.M. FamRZ 86, 1005; OLG Düsseldorf FamRZ 87, 953 f.

333 *Kanzleiter* in MüKo, BGB, § 1408 Rz. 18 und Fn. 52 m.w.N.; weitere Kritik an der Regelung ist, daß alle im Vertrag beschlossenen Rechtsfolgen unwirksam werden, gleich, ob sie zum Nachteil einer der beiden Eheleute gereichen oder vielleicht für beide von Vorteil wären, siehe *Gaul*, FamRZ 81, 1134 (1135).

Ehescheidung. Hieran ist auch der prozessuale Zwangsverband gebunden. Richtig ist, daß die Eheleute in einem Stadium mindestens ein Jahr vor der Scheidung die gerichtliche Entscheidung über den öffentlich-rechtlichen Versorgungsausgleich vermeiden können. Die Kontrollanforderungen an diesen Ausschluß sind relativ gesehen geringer als die im Wege der Vereinbarung nach § 1587 o BGB. Trotzdem ist eine gerichtliche Kontrolle nicht gänzlich ausgeschlossen; denn wird im Scheidungsprozeß geltend gemacht, daß der Versorgungsausgleich ganz oder zum Teil ausgeschlossen ist, so prüft das Gericht die Wirksamkeit des Ehevertrages.[334] Allerdings ist die Prüfungskompetenz des Familiengerichts im Vergleich zu einer Vereinbarung gem. § 1587 o BGB stark eingeschränkt. Während es im Genehmigungsverfahren eine inhaltliche Kontrolle der Vereinbarung vornehmen und die Genehmigung unter Umständen wegen eines grob unbilligen Inhalts verweigern kann, kann ihm bei der Prüfung eines Ehevertrages aus Gründen der Privatautonomie ein solches Prüfungsrecht grundsätzlich nicht zukommen.

Für Eheverträge iSd. § 1408 Abs. 2 BGB gelten aber die normalen gesetzlichen Schranken, insbesondere die des § 138 BGB.[335] Liegen also besondere Umstände zur Zeit des Vertragsschlusses vor, die seine Sittenwidrigkeit nach den allgemeinen Maßstäben rechtfertigen,[336] so kann das Gericht sehr wohl die Wirksamkeit der Vertrages verneinen und über den Versorgungsausgleich entscheiden.

Grundsätzlich geht das Gesetz davon aus, daß der staatliche Richter im Zuge des Ehescheidungsprozesses sowohl über den Scheidungsantrag als auch den Versorgungsausgleich befindet (§ 623 Abs. 1 S. 3 ZPO). Nur in eng begrenzten Ausnahmefällen, in denen der Schutzbedürftigkeit der Ehepartner auf andere Weise genüge geleistet wird, läßt es autonome Entscheidungen der Parteien zu. Selbst in diesen Fällen erfolgt aber eine, wenn auch eingeschränkte, gerichtliche Kontrolle.

Der Regelfall einer Ehescheidung dürfte allerdings sein, daß vor ihrer Schließung oder während ihrer Dauer nicht vertraglich über den Versorgungsausgleich entschieden wurde. Zöge man nun den Schluß, daß die genannte Regelung der Grund dafür sei, daß man nach dem heute geltenden Schiedsrecht von einer Schiedsfähigkeit der öffentlichen Versorgungsansprüche ausgehen müsse, so würde eine ohnehin eng auszulegende Ausnahmeregelung (§ 1408 Abs. 2 BGB) zur Basis der Umgehung des klaren gesetzgeberischen Ziels, zum Schutz des schwächeren Ehegatten die Entscheidung über den Versorgungsausgleich demselben staatlichen Gericht vorzubehalten, welches auch dem Scheidungsantrag stattgibt.

Auch nach der Reform des Schiedsverfahrensrechts ist also der öffentlich-rechtliche Versorgungsausgleich iSd. § 1587 b BGB trotz seiner eindeutigen Vermögensrechtlichkeit nicht schiedsfähig. Der Grund dieser Schiedsunfähig-

---

334 *Kuntze* in Keidel/ Kuntze/ Winkler, FGG, § 53 d Rz. 7.

335 *Kanzleiter* in MüKo, BGB, § 1408 Rz. 33.

336 Ein solcher Unwirksamkeitsgrund ist allerdings noch nicht im totalen Verzicht auf Ansprüche zu sehen, vgl. *Kanzleiter* in MüKo, BGB, § 1408 Rz. 33. Eine solche Prüfung wäre aber ohnehin eine Inhaltsprüfung. Sittenwidrigkeit ist wohl eher dann anzunehmen, wenn zum Verzicht gegen eine erneute Chance auf Eheerhalt gedrängt wurde.

keit ist in der klaren gesetzgeberischen Entscheidung zu sehen, seinen Richtern ein Entscheidungsmonopol über die im Zwangsverbund der Ehescheidung enthaltenen Ansprüche vorzubehalten, um den schwächeren Ehepartner zu schützen. In der Tatsache, daß dieser Schutz ausnahmsweise anders als durch volle gerichtliche Kontrolle zu erreichen gesucht wird, ist kein Argument für die Schiedsfähigkeit zu sehen.

III. Folgesachen

Der Scheidungsverbund kann neben der notwendigen Folgesache[337] des öffentlich-rechtlichen Versorgungsausgleiches, der mit der Scheidung im Zwangsverbund zusammengefaßt ist, noch weitere Folgesachen enthalten. Diese Ehesachen können von den Eheleuten mit in den Verhandlungs- und Entscheidungsverbund nach §§ 623 ff. ZPO einbezogen werden. Da das Gesetz einen Einbezug allerdings nicht zwingend vorschreibt, stellen die Verbundsvorschriften keinen Hinderungsgrund für die Schiedsfähigkeit des Streitgegenstandes dar. Anschließend soll nun geklärt werden, ob die Schiedsfähigkeit der Folgeansprüche aus anderen Gründen ausgeschlossen ist.

1. Kindessorge und andere Kindesrechte

a. Verbund

Das neue Kindschaftsrecht hat gravierende Änderungen bezüglich des Einflusses der Familiengerichte auf das elterlichen Sorgerechts mit sich gebracht.
Nach dem alten Recht war eine gerichtliche Entscheidung bezüglich des Sorgerechtes teilweise schon bei Trennung der Eltern, spätestens aber bei der Scheidung zu treffen. Auch bei einer Übertragung des Sorgerechtes auf beide Elternteile war ein richterlicher Gestaltungsakt erforderlich (§ 1671 Abs. 1 a.F. BGB). Prozessual war das Sorgerecht in den Zwangsverbund eingeordnet, so daß mit der Scheidung zwingend eine gerichtliche Lösung gefunden werden mußte (§ 623 Abs. 3 S. 1 a.F. ZPO).
Für die Schiedsfähigkeit des Sorgerechts nach dem alten Kindschaftsrecht bedeutete dies, daß eine schiedsgerichtliche Entscheidung selbst dann ausgeschlossen gewesen wäre, wenn man gem. § 1030 ZPO zu dem Ergebnis gekommen wäre, daß Sorgerechtsangelegenheiten schiedsfähig sind. Die Schiedsunfähigkeit hätte sich schon aus der Einbindung in den Zwangsverbund ergeben.[338]
Das neue Kindschaftsrecht behandelt die Frage des Sorgerechtes hingegen ganz anders. Zunächst einmal bindet es prozessual die Sorgerechtsfrage nicht mehr in den Zwangsverbund ein. Dies begründet sich daraus, daß eine Scheidung nicht mehr als Anknüpfungspunkt für eine gerichtliche Überprüfung der Sorgerechtsfrage gesehen wird.[339] Ein Antrag auf völlige oder teilweise Sorgerechtsübertragung gem. § 1671 BGB kann auch schon bei Getrenntleben der Eltern oder muß

337 Siehe zum Begriff, *Bergerfurth*, Ehescheidungsprozeß, S. 253.

338 Siehe zum öffentlich-rechtlichen Versorgungsausgleich gem. § 1587 b BGB oben Teil 2. A. II. 2. , der trotz vermögensrechtlicher Natur nicht schiedsfähig ist.

339 Vgl. § 1671 a.F. BGB, hierzu *Schwab*, FamRZ 98, 457 (458).

gar nicht gestellt werden. Mit der Einbindung in den Antragsverbund entfällt auch die unabdingbare Bindung der Sorgerechtsentscheidung an die Scheidung. Der Rechtsgedanke des § 1564 Abs. 1 BGB erstreckt sich daher nach dem neuen Kindschaftsrecht nicht mehr auf das Sorgerecht, so daß die Schiedsfähigkeit nicht von vornherein ausgeschlossen ist.

b. Vergleichsfähigkeit

Gem. § 1030 Abs. 1 ZPO wäre der Sorgerechtsanspruch schiedsfähig, wenn er vermögensrechtlicher Natur oder vergleichsfähig wäre. Bei einem Prozeßantrag, der auf das Erlangen des Sorgerechts abzielt, handelt es sich um einen nichtvermögensrechtlichen Anspruch. Weder ist das Sorgerecht selbst materiellrechtlich als vermögensrechtlich einzustufen, noch könnten wirtschaftliche Interessen des Antragstellers zu einer prozeßrechtlichen Annahme einer Vermögensrechtlichkeit führen, da ein eventuell zu erwartender Kindesunterhalt nicht das Vermögen des Antragstellers mehrt, sondern vollständig zum Wohle des Kindes bestimmt ist und dahingehend verwendet werden muß.
Für die Schiedsfähigkeit des Sorgerechts ist daher entscheidend, ob sich die Eltern hierüber vergleichen können. Entscheidend ist nach § 1030 Abs. 1 S. 2 ZPO, daß ein Vergleich prozeßrechtlich möglich ist und nicht gegen materielles Recht verstößt.[340]
Aus § 1671 Abs. 1 BGB ergab sich für das alte Kindschaftsrecht, daß zur Scheidung der Ehe eine gerichtliche Entscheidung unbedingt nötig war. Die Eltern hatten aber nach § 1671 Abs. 3 a.F. BGB die Möglichkeit, dem Gericht einen Vorschlag zu unterbreiten. Dieser Vorschlag war für das Familiengericht bindend, wenn er dem Kindeswohl nicht entgegenstand und kein abweichender Vorschlag durch das Kind selbst unterbreitet wurde.[341] Diese letzte Kontrolle des Kindeswohls oblag aber immer dem Gericht. Es war daher von einem gerichtlich kontrollierten Dispositionsakt der Eltern zu sprechen.[342]
Liegt aber ein solcher gerichtlicher Genehmigungsvorbehalt vor, so sind die Parteien so sehr in ihrer Autonomie eingeschränkt, daß eine Vergleichsmöglichkeit nicht gegeben ist.[343] Über das Sorgerecht ihrer Kinder konnten sich die Eheleute also nicht vergleichen. Aus diesem Grund war auch die Schiedsfähigkeit abzulehnen.[344]

Im Gegensatz zum alten Recht ist es nunmehr nicht mehr zwingend erforderlich, daß mit der Scheidung eine gerichtliche Entscheidung zum Sorgerecht ge-

---

340 Der Gesetzgeber folgt insoweit der früher h.L. von der materiellrechtlichen Vergleichsberechtigung, siehe Teil 1. III. 2. b. (2).

341 *Hinz* in MüKo, BGB, § 1671 Rz. 48, 59; *Klauser* in MüKo, ZPO, § 630 Rz. 14 für den Fall der einvernehmlichen Scheidung.

342 BGHZ 44, 220 (226).

343 *Stein/Jonas/Schlosser*, § 1025 Rz. 27 b.

344 So auch die allgemeine Ansicht. Statt aller siehe: *Schwab/ Walter*, Schiedsgerichtsbarkeit, S. 163; *Albers* in Baumbach/Lauterbach/Albers/Hartmann, 56. Aufl., § 1025 24, 31; *Musielak/ Voit*, § 1025 a.F. Rz. 20.

troffen werden muß. Vielmehr können die Eltern, die die gemeinsame Sorge innehaben, völlig auf eine gerichtliche Entscheidung verzichten, indem sie davon absehen, den Antrag gem. § 1671 Abs. 1 BGB zu stellen, der nunmehr die verfahrensrechtliche Voraussetzung für das gerichtliche Tätigwerden bildet.[345] In diesem Fall verbleibt die gemeinsame Sorge bei ihnen beiden. Leben die Sorgeberechtigten nicht mehr gemeinsam an einem Ort, so ist mit der Regelung der §§ 1687 f. BGB den durch die räumliche Distanz entstehenden Schwierigkeiten Rechnung getragen. Das Sorgerecht wandelt also kraft Gesetzes seine Struktur und nicht wie bisher durch richterlichen Gestaltungsakt.
Ziel dieser neuen gesetzlichen Vorschriften war es, eine Deregulierung vorzunehmen.[346] Die Sorgeberechtigten haben also nach dem neuen Recht ohne Hilfe des Gerichts die Möglichkeit, den *status quo* zu wahren. Wollen sie aber eine Veränderung vornehmen, so ist nach wie vor der Antrag an das Familiengericht vonnöten (§ 1671 Abs. 1 BGB). Wie auch im alten Recht ist dieser Antrag nur dann abzulehnen, wenn ihm andere Vorschriften wie etwa § 1666 BGB entgegenstehen.[347]
Ein gerichtliches Eingreifen ist aber auch von Amts wegen möglich.[348] Eine solche über dem Willen der Eltern stehende Eingriffsmöglichkeit ist schon auf Grund des Art. 6 Abs. 2 S. 2 GG nötig. Dieser begrenzt die institutionell freie erzieherische Betätigung der Eltern.[349] Seine gesetzliche Ausformulierung findet Art. 6 Abs. 2 S. 2 GG in den §§ 1666 ff. BGB.[350] Der Staat hat die Aufgabe, die Kinder vor ihren Eltern zu schützen, wenn diese ihre ihnen vom Staat gewährten Erziehungsrechte und –pflichten vernachlässigen oder mißbrauchen.[351] Auch nach dem neuen Recht steht den Eheleute in Sorgerechtsfragen also keine Parteiautonomie zu.
Eine Einigung der Eltern über eine Veränderung des Sorgerechtes ist daher nicht als Prozeßvergleich zu sehen, sondern als Antrag iSd. § 1671 Abs. 1 BGB, dem der andere Teil zustimmt. Daß die Eheleute hierüber keine Dispositionsgewalt haben, wird durch § 627 ZPO deutlich, der normiert, wie das Gericht vorzugehen hat, wenn es von dem einverständlichen Vorschlag abzuweichen wünscht.
Eine schiedsrichterliche Entscheidung über das Sorgerecht ist also auch nach dem neuen Kindschaftsrecht unstatthaft. Eine dahingehende Schiedsvereinbarung wäre unwirksam.

Diese zur Schiedsfähigkeit der Kindessorge gefundenen Ergebnisse haben in gleicher Weise für Ansprüche auf Kindesherausgabe gem. § 1632 BGB und auf Kindesumgang gem. §§ 1684 ff. BGB Geltung; denn auch hier steht das staatli-

345 *Lüderitz*, Familienrecht, S. 384.

346 *Schwab*, FamRZ 98, 457 (458).

347 *Palandt/ Diederichsen*, § 1671 Rz. 32; vgl. zur Kritik an dieser neuen Regelung des Kindeswohlschutzes *Schwab*, FamRZ 98, 457 (465 ff.); *Büttner*, FamRZ 98, 585 (592); *Palandt/ Diederichsen*, § 1671 Rz. 24.

348 *Palandt/ Diederichsen*, § 1666 Rz. 56; *Schwab*, FamRZ 98, 457 (458).

349 BVerfGE 24, 119 (144).

350 *Hinz* in MüKo, BGB, § 1666 Rz.1; *Palandt/ Diederichsen*, § 1666 Rz. 1.

351 *Gröschner* in Dreier- GG, Art. 6 Rz. 88.

che Wächteramt bezüglich des Kindeswohls im Vordergrund.[352] Die Ansprüche sind nicht vergleichs- und somit nicht schiedsfähig.

2. Schuldrechtlicher Versorgungsausgleich

Neben den in der Ehe erwirtschafteten materiellen Gütern wie bebauten Grundstücken oder Wohnungen sowie deren Möblierung gehören zu den wirtschaftlichen Errungenschaften einer Ehe vor allem Anwartschaftsrechte, die eine dem Grunde und der Höhe nach rechtlich gesicherte Aussicht auf Versorgung darstellen, bei der die Entstehung des Anspruches nur noch vom Eintritt des Versorgungsfalls abhängt.[353] Sie werden im Scheidungsfall rechtlich völlig separat behandelt und sind auch unabhängig vom gesetzlichen oder vertraglichen Güterstand.[354]
Diese Anwartschaften, die später in Ansprüchen gegen die Solidargemeinschaft münden, werden in Ehen, in denen nur ein Gatte berufstätig ist, regelmäßig nur von einem der beiden Ehegatten erworben. Häufig bilden diese Anwartschaftsrechte die Grundlage der finanziellen Versorgung im Alter, da die sonstigen während der Ehe erwirtschafteten Mobilien und Immobilien im Wert regelmäßig nicht genügen, um den für die Dauer des Erwerbsleben geführten Lebensstandard auch im Alter zu halten.[355]
Die Tatsache, daß der nicht erwerbstätige Ehepartner wirtschaftlich keine Leistungen erbracht hat, um Anwartschaften zu erlangen, heißt nicht, daß er nicht einen wesentlichen Anteil daran hatte. Normalerweise ist es seine Aufgabe gewesen, für die Dauer der Ehe den Haushalt zu führen und gegebenenfalls die Kinder zu versorgen und zu erziehen. Mit der Übernahme dieser häuslichen Pflichten hat er aber seinem Ehepartner eine Basis geschaffen, die es diesem ermöglichte, einer Erwerbstätigkeit nachzugehen.[356] Damit auch der nicht erwerbstätige Teil der zu scheidenden Ehe nach der Scheidung Anteil an der Altersversorgung des Ehegatten nehmen kann, ist in § 1587 BGB die Grundlage für einen postehelichen Versorgungsausgleich gelegt.
Dieser wird regelmäßig in Form des öffentlich-rechtlichen Versorgungsausgleich gem. §§ 1587 b BGB im Verbund mit der Scheidung durch das Familiengericht mitentschieden.
Nur in Ausnahmefällen, die in § 1587 f BGB festgelegt sind, oder, wenn dies ehevertraglich (§1408 Abs. 2 BGB) bestimmt wurde[357], tritt an Stelle des öffentlich-rechtlichen der schuldrechtliche Versorgungsausgleich nach §§ 1587 f - n BGB.[358]

Dieser besteht im Gegensatz zum öffentlich-rechtlichen Versorgungsausgleich nicht darin, daß Anwartschaftsrechte begründet oder übertragen werden, son-

---

352 Vgl. BGH FamRZ 80, 131; OLG Karlsruhe, FamRZ 78, 201.BGH FamRZ 80, 131.

353 *Bergerfurth*, Ehescheidungsprozeß, S. 671.

354 *Gernhuber* in MüKo, BGB, vor § 1363 Rz. 24.

355 *Lüderitz*, Familienrecht, S. 220 f.

356 *Lüderitz*, Familienrecht, S. 221.

357 *Bergerfurth*, Ehescheidungsprozeß, S. 734 Fn. 399.

358 *Eißler* in MüKo, BGB, § 1587 f Rz. 6; *Bergerfurth*, Ehescheidungsprozeß, S. 732.

dem daß der verpflichtete Ehegatte dem Berechtigten eine Geldrente in der Hälfte der Höhe zu zahlen hat, die seine Ansprüche die des Berechtigten übersteigen.[359] Da ein schuldrechtlicher Anspruch gegen den ehemaligen Ehepartner ungleich gefährdeter ist als einer gegen die öffentliche Hand oder die Rentenkasse, ist der schuldrechtliche gegenüber dem öffentlich-rechtlichen Versorgungsausgleich subsidiär. Von diesem unterscheidet er sich weiterhin dadurch, daß er nur auf Antrag eines Ehegatten in den Scheidungsverbund aufgenommen wird.

Auch der schuldrechtliche Ausgleich zielt auf die posteheliche Versorgung ab und ist damit als vermögensrechtlicher Anspruch iSd. § 1030 Abs. 1 S. 1 ZPO zu qualifizieren. Dennoch ist seine Schiedsfähigkeit zu bezweifeln.

Wie der öffentlich-rechtliche Versorgungsausgleich dient auch der schuldrechtliche dazu, den Anspruchsberechtigten nach der Ehescheidung nicht gänzlich schutzlos zu stellen. Während über die Regelungen zum Zwangsverbund für den öffentlich-rechtlichen Ausgleich gesichert ist, daß eine gerichtliche Kontrolle erfolgt, ist dies für den schuldrechtlichen zumindest nicht durch die Verbundsregeln gewährleistet, da er dem Antragsverbund zugeordnet ist.

Aus § 1587 o Abs. 2 S. 3 BGB ergibt sich aber, daß alle Vereinbarungen nach § 1587 o Abs. 1 S. 1 BGB zu ihrer Wirksamkeit einer familiengerichtlichen Genehmigung bedürfen. Solche Vereinbarungen iSd. Satzes 1 sind alle Ansprüche iSd. § 1587 BGB. Dieser beinhaltet sowohl den öffentlich-rechtlichen als auch den schuldrechtlichen Versorgungsausgleich.[360]

Mit der Norm des § 1587 o BGB, in dem ein Genehmigungsvorbehalt eines staatlichen Gerichts enthalten ist, bringt das Gesetz unzweifelhaft zum Ausdruck, daß es den Schutz des berechtigten Ehegatten für so wichtig erachtet, daß der schuldrechtliche Versorgungsausgleich der Privatautonomie der Ehegatten entzogen wird. Der Staat behält sich mit dieser Regelung ein Rechtsprechungsmonopol vor, so daß gem. §§ 1030 Abs. 3, 1587 o BGB ein Schiedsgericht nicht abschließend über den schuldrechtlichen Versorgungsausgleich entscheiden kann.

Hierdurch wird ausgeschlossen, daß die Ehegatten in einem Ehevertrag den öffentlich-rechtlichen Versorgungsausgleich ausschließen und sich so unter Einbeziehung einer Schiedsklausel bezüglich des Versorgungsausgleiches umfassend der Prüfung durch ein staatliches Gericht entziehen.

3. Zugewinnausgleich

Der scheidungsbedingte Zugewinnausgleich gem. §§ 1384, 1372 ff. BGB soll in erster Linie der wirtschaftlichen Erhaltung des in der Ehe geführten Lebensstandards dienen. Es handelt sich somit um einen vermögensrechtlichen Anspruch.

Ein besonderes Interesse des Staates, sich die Entscheidungen über diese Folgesache vorbehalten zu wollen, läßt sich dem Gesetz nicht entnehmen. Dies wird insbesondere dadurch deutlich, daß der gesetzliche Güterstand nicht nur durch Ehevertrag ganz abbedungen werden kann, sondern auch daher, weil die einzelnen Regelungen bezüglich des Zugewinnausgleichs in der Regel dispositiv

---

359 *Bergerfurth*, Ehescheidungsprozeß, S. 732.

360 *Eißler* in MüKo, BGB, § 1587 Rz. 1; *Soergel/Vorwerk*, § 1587 Rz. 1.

sind.[361] Die Ehegatten können daher eine Schiedsvereinbarung treffen, da der Anspruch vermögensrechtlicher Natur und somit schiedsfähig gem. § 1030 Abs. 1 S. 1 ZPO ist.

4. Nachehelicher Unterhalt

Gleiches gilt im wesentlichen auch für den nachehelichen Unterhaltsanspruch gem. § 1569 BGB. Er ist zahlbar im Rahmen einer Geldrente und somit als vermögensrechtlicher Anspruch (§ 1585 BGB) unproblematisch schiedsfähig.
Der noch zum alten Recht geführte Streit, ob § 1614 Abs. 1 BGB als Verzichtsverbot die Schiedsfähigkeit von unterhaltsrechtlichen Ansprüchen hindere, ist beim nachehelichen Unterhalt nicht von Bedeutung, da hier das Verzichtsverbot des § 1614 Abs. 1 BGB nicht zur Anwendung kommt. Es ist im Rahmen des § 1585 c BGB möglich, gänzlich auf nachehelichen Unterhalt zu verzichten.[362] Dies kann schon ehevertraglich oder im Rahmen eines später getroffenen Vertrages geschehen, in die dann jeweils Schiedsklauseln eingefügt werden können.

5. Kindesunterhalt

Aus den §§ 1601 ff. BGB ergeben sich als Unterfall des allgemeinen Verwandtenunterhalts auch Unterhaltspflichten der Eltern gegenüber ihren Kindern.[363] Diese Ansprüche bleiben auch nach Trennung und Scheidung bestehen.
Die Eltern haften je nach Erwerbs- und Vermögensverhältnissen gleichrangig aber nicht gleichartig nebeneinander.[364] So ist es dem betreuenden Teil möglich, seiner Unterhaltspflicht für ein minderjähriges Kind durch Betreuung und Erziehung gerecht zu werden (§ 1606 Abs. 3 S. 2 BGB), während der erwerbstätige Teil eine Geldrente zu leisten hat (§ 1612 Abs. 1 S. BGB).[365]
Anspruchsberechtigt ist grundsätzlich das Kind selbst. Vertreten wird es bei gemeinsamer Sorge der Eltern durch den Elternteil, in dessen Obhut es sich befindet (§ 1629 Abs. 2 S. 2 BGB); also demjenigen Elternteil, dem der Schwerpunkt der Betreuung obliegt.[366]
Für den Fall, daß die Eltern verheiratet sind oder eine Ehesache zwischen ihnen anhängig ist, trifft das Gesetz in § 1629 Abs. 3 BGB eine Sonderregelung bezüglich der prozessualen Geltendmachung. Antragsberechtigt ist dann der betreuende Elternteil in eigenem Namen. Es handelt sich um einen Fall gesetzlicher Prozeßstandschaft. Der sorgeberechtigte Elternteil macht die Ansprüche des Kindes in eigenem Namen geltend. Gerichtlich erwirkte Entscheidungen oder Vergleiche wirken daher für und gegen das Kind (§ 1629 Abs. 3 S. 2 BGB). Durch diese Regelung soll erreicht werden, daß das

---

361 *Palandt/ Diederichsen*, §§ 1363 Rz. 4 und 1408 Rz. 18 ff.

362 *Köhler* in MüKo, BGB, § 1614 Rz. 1; *Soergel/ Häberle*, § 1585 c Rz. 12; *Richter* in MüKo, BGB, § 1585 c Rz. 20.

363 *Schwab*, Familienrecht, S. 283.

364 BGH FamRZ 86, 153.

365 *Schwab*, Familienrecht, S. 285.

366 *Büttner*, FamRZ 98, 585 (593).

Kind nicht gezwungen ist, zwischen den Eltern anhängigen Streitigkeiten oder Vergleichen beizutreten, die im Zusammenhang mit der Scheidung stehen.[367]
Es steht dem antragsberechtigten Ehegatten offen, im Zuge der Scheidung die Unterhaltsansprüche der gemeinsamen, minderjährigen Kinder in den Antragsverbund aufnehmen zu lassen (§§ 623 Abs. 1, 621 Abs.1 Nr. 4 ZPO).
Prozeßstandschaftlich ist also nur der „Normalfall" geregelt, in dem angenommen wird, daß der erziehende Teil, der sorgeberechtigt ist oder zumindest die Obhut hat, Ansprüche gegen den anderen, verdienenden Elternteil geltend macht. Will das Kind aber Ansprüche gegen den sorgeberechtigten oder obhutpflichtigen Elternteil geltend machen, so folgt aus einem Umkehrschluß aus § 1629 Abs. 3 S. 2 BGB, daß es dies in eigenem Namen tun muß.
Dies gilt auch für den Fall, daß das Kind volljährig wird. In diesem Fall endet die Prozeßstandschaft mit sofortiger Wirkung. Ein im Verbund geführtes Verfahren ist mit sofortiger Wirkung abzutrennen. Das Kind, nunmehr Partei, hat zu entscheiden, ob es die Ansprüche gegen sein Elternteil auch weiterhin geltend machen möchte.[368]

a. Schiedsfähigkeit des Kindesunterhaltes Minderjähriger

Betrachtet man die Schiedsfähigkeit des Kindesunterhalt Minderjähriger, so stellt man fest, daß es sich um einen Unterfall des allgemeinen Familienunterhaltes handelt. Er ist vermögensrechtlich und wäre somit schiedsfähig iSd. § 1030 Abs. 1 S. 1 ZPO. Dem stünde auch § 1614 Abs. 1 BGB nicht entgegen, da bloße Verzichtsverbote nach dem neuen Schiedsrecht die Schiedsgerichtsbarkeit nicht mehr ausschließen.[369] Fraglich ist, ob dieses Ergebnis in Hinblick auf die Schutzaufgaben des Staates bezüglich des Kindeswohles (Art. 6 Abs. 2 S. 2 GG) haltbar ist.
Erste Voraussetzung für die schiedsrichterliche Klärung des Kindesunterhaltes ist das Vorliegen eines wirksamen Schiedsvertrages. Bei einem solchen handelt es sich um einen materiell-rechtlichen Vertrag, der prozeßrechtliche Beziehungen regelt.[370] Zur Prüfung seiner Wirksamkeit sind die Regelungen des materiellen Zivilrechts zumindest entsprechend heranzuziehen.[371] Einem Minderjährigen ist es aber nach dem materiellen Recht nicht möglich, eigenhändig einen

---

367 *Hinz* in MüKo, BGB, § 1629 Rz. 37; *Büttner*, FamRZ 98, 585 (593).

368 *Staudinger/ Peschel-Gutzeit*, § 1629 Rz. 398; *Hinz* in MüKo, BGB, § 1629 Rz. 37 a; *Bergerfurth*, Ehescheidungsprozeß, S. 214.

369 Eine solche Annahme verstieße gegen das Gebot der rechtlichen Trennung der Schiedsvereinbarung und der Hauptsache, siehe hierzu Teil 1. III. 1. b. und RegBegrE, BT/ Drucks. 13/ 5274, S. 34 f.

370 So der BGH und die wohl h.L., BGHZ 23, 198 (200); 40, 320 (322); 51, 255; *Schütze/ Tschernig/ Wais*, Schiedsverfahren, S. 86; *Lachmann*, Schiedsgerichtspraxis, S. 39; 55 f.; vertreten wird weiterhin eine rein materiell-rechtliche Natur, so *Lorenz*, AcP 157 (1958), 265 (277 ff.), und reiner Prozeßvertrag, so *Rosenberg/ Schwab/ Gottwald*, Zivilprozeßrecht, S. 1075, *Stein/Jonas/Schlosser*, § 1025 Rz. 31; vgl. auch Fn. 371.

371 Obgleich die Rechtsnatur der Schiedsvereinbarung umstritten ist, besteht aber Einigkeit darin, daß die Regelungen des materiellen Rechts zumindest entsprechend anzuwenden sind, siehe *Schütze/ Tschernig/ Wais*, Schiedsverfahren, S. 86 Fn. 276.

wirksamen Schiedsvertrag zu schließen. Dies müßte sein gesetzlicher Vertreter für ihn tun (§§ 104 ff., 1629 BGB). Die Vertretungsmacht für minderjährige Kindern bestimmt sich gesetzlich nach § 1629 BGB. So vertreten die Eltern ihre minderjährigen Kinder grundsätzlich gemeinschaftlich (§ 1629 Abs. 1 S. 2 BGB). Nur bei alleiniger Sorge eines Elternteils vertritt dieser das Kind alleine (§ 1629 Abs. 1 S. 3 BGB).
Will dieser allein vertretende Elternteil[372] nun eine Schiedsvereinbarung für das Kind mit dessen anderen Elternteil schließen, so ist er gem. §§ 1629 Abs. 2 S. 1, 1795 Abs. 1 Nr. 1 BGB von der Alleinvertretung ausgeschlossen. Gem. § 1909 ist ein Ergänzungspfleger zu bestellen, der wiederum nur in den Grenzen der §§ 1915 Abs. 1, 1822 Nr. 12 BGB eine Schiedsvereinbarung treffen darf. In Unterhaltssachen muß also die Genehmigung des Vormundschaftsgerichtes vorliegen (§ 1822 Nr. 12 BGB).
Der Kindesunterhalt Minderjähriger ist also grundsätzlich schiedsfähig, unterliegt aber den Beschränkungen der subjektiven Schiedsfähigkeit durch § 1822 Nr. 12 BGB.

Eine Ausnahme könnte sich allenfalls aus § 1629 Abs. 2 S. 2 BGB ergeben, der für die Geltendmachung von Kindesunterhaltsansprüchen dem Elternteil, in dessen Obhut sich das Kind befindet, eine Alleinvertretung zubilligt, auch wenn grundsätzlich gemeinsame Sorge besteht.
Diese Vorschrift durchbricht nicht nur den Grundsatz der Gesamtvertretung durch beide Eltern, sondern auch das Vertretungsverbot der §§ 1629 Abs. 1 S. 1, 1795 Abs. 1 Nr. 1 und 3 BGB, so daß § 1822 Nr. 12 BGB nicht zur Anwendung käme.[373]
§ 1629 Abs. 2 S. 2 BGB eröffnet dem alleinvertretungsberechtigten Elternteil zum Wohl des Kindes sehr weitgehende Kompetenzen.[374] Ihm sollen die optimalen Voraussetzungen an die Hand gegeben werden, den Unterhalt für das Kind geltend zu machen. Erweitert werden diese Kompetenzen durch § 1629 Abs. 3 BGB, der die gerichtliche Geltendmachung des Unterhaltsanspruches im Wege der Prozeßstandschaft als eigenen Anspruch möglich macht, wenn die Eltern getrennt leben oder eine Ehesache anhängig ist.
Gerade auf Grund der Durchbrechung der Prinzipien des Kindesvertretungsrechts sind die Befugnisse des § 1629 Abs. 2 S. 2 BGB auf die Geltendmachung des Kindesunterhaltes beschränkt. Aus dem Gesetz geht allerdings nicht eindeutig hervor, was unter dem Begriff „Geltendmachung" zu verstehen ist.
Vertreten wird teilweise, daß sich die Geltendmachung des Kindesunterhaltes allein auf die gerichtliche Klage beschränken solle, da der Gesetzgeber ausdrücklich darauf verzichtet habe, die außergerichtliche Einigung in das Gesetz miteinzubeziehen.[375]

---

372 Bei Gesamtvertretung beider Elternteile ist dies schon wegen §§ 1629 Abs. 1 S. 1, 1795 Abs. 2, 181 BGB nicht möglich.

373 *Staudinger/ Peschel-Gutzeit*, § 1629 Rz. 342; *Hinz* in MüKo, BGB, § 1629 Rz. 3; *Palandt/ Diederichsen*, § 1629 Rz. 15.

374 *Hinz* in MüKo, BGB, § 1629 Rz. 3.

375 *Langenfeld*, NJW 81, 2377 (2378 Fn. 5).

Eine höchstrichterliche Entscheidung zu der Problematik gibt es nicht. Der BGH hat sich der Stellungnahme bisher bewußt enthalten.[376]
Vor dem Hintergrund, daß Normzweck des § 1629 Abs. 2 S. 2 BGB das Kindeswohl ist und dem vertretungsberechtigten Elternteil alle Möglichkeiten an die Hand geben soll, das Beste für das Kind zu erreichen, muß man wohl sagen, daß auch Vertretungsmacht zur außergerichtlichen vertraglichen Geltendmachung gegeben sein muß.[377]

Zu klären bleibt allerdings, ob sich das in § 1629 Abs. 2 S. 2 BGB enthaltene Alleinvertretungsrecht auch auf das Abschließen einer Schiedsvereinbarung erstreckt. Hierbei ist zu beachten, daß die Abmachung einer Schiedsabrede zwar mit der späteren Geltendmachung des Kindesunterhaltsanspruchs mittelbar zusammenhängt, allerdings nur eine nicht unbedingt nötige Vorstufe darstellt.
In § 1822 Nr. 12 BGB ist festgelegt, daß der gesetzliche Vertreter eines Minderjährigen[378] zum Abschluß eines Vergleichs oder einer Schiedsvereinbarung der Genehmigung des Vormundschaftsgericht bedarf, wenn der zugrunde liegende Streitgegenstand, soweit schätzbar, den Wert von DM 5.000,- nicht übersteigt oder der Vergleich einem gerichtlichen Vorschlag entspricht.
Ließe man nun die Befugnis zum Abschluß einer Schiedsvereinbarung nach § 1629 Abs. 2 S. 2 BGB zu, so würde § 1822 BGB umgangen, da der § 1795 BGB nicht über § 1629 Abs. 2 S. 1 BGB zur Anwendung käme und der vertretungsberechtigte Elternteil alleine abschlußbefugt wäre.
Eine Erweiterung der Vertretungsmacht auf die Vereinbarung einer Schiedsabrede ist daher abzulehnen. Die Vorschrift beschränkt die gesetzliche Vertretungsmacht eindeutig auf die Geltendmachung von Unterhaltsansprüchen. Erweitert man seinen Anwendungsbereich nun um die Vereinbarung des Ausschlusses der staatlichen Gerichtsbarkeit, so ist dies nicht nur schwer mit dem Gesetzestext in Einklang zu bringen, da die Vereinbarung eines Schiedsgerichtes nur mittelbar der Geltendmachung dient. Zudem würde eine Bejahung dieser Frage dazu führen, daß der gesetzliche Schutzanspruch des Staates (§ 1822 Nr. 12 BGB) systemwidrig umgangen würde.

Zusammenfassend ergibt sich also, daß die Schiedsfähigkeit von Kindesunterhaltsansprüchen Minderjähriger unter dem Genehmigungsvorbehalt des Vormundschaftsgerichtes steht. Dies gilt auch in den Fällen des § 1629 Abs. 2 S. 2 BGB, da diese Norm keine Befugnis enthält, eine Schiedsvereinbarung zu treffen. Es muß in jedem Fall ein Ergänzungspfleger bestellt werden, der gem. § 1822 Nr. 12 BGB zur Vereinbarung einer Schiedsvereinbarung die Genehmigung des Vormundschaftsgerichts benötigt.

b. Schiedsfähigkeit des Kindesunterhaltes bei Volljährigen

Bezüglich des Kindesunterhaltes Volljähriger wird auf die Ausführungen zum nachehelichen Unterhalt verwiesen. Zu beachten ist allerdings, daß der Volljäh-

---

[376] BGHZ 86, 254 (255).

[377] So *Staudinger/ Peschel-Gutzeit*, § 1629 Rz. 343.

[378] §§ 1795 Abs. 1, 1909, 1915 Abs. 1, 1822 Nr. 12 BGB

rige regelmäßig nicht Partei der zwischen den Ehegatten geschlossenen Schiedsvereinbarung geworden ist und somit selber eine solche mit dem Anspruchsverpflichteten schließen müßte. Weiterhin muß das Schiedsgericht § 1614 Abs. 1 BGB beachten, da § 1585 c BGB keine Anwendung findet.

6. Hausrat

Unumgängliches Übel einer Scheidung ist weiterhin, daß die Eheleute bisher gemeinsam genutzte Gegenstände bei der endgültigen Aufgabe der gemeinsamen Wohnung aufteilen müssen. Können sie sich hierüber nicht gütlich einigen, so ermöglicht die Verordnung über die Behandlung der Ehewohnung und des Hausrats (HausratsVO)[379] eine gerichtliche Entscheidung bezüglich der Aufteilung des Hausrats und der Ehewohnung.
Unter Mißachtung der dinglichen und vertraglichen Rechtslage können Hausrat und Ehewohnung in einem besonderen Verfahren geteilt werden.[380] Auf Antrag kann die Aufteilung als Folgesache in die Entscheidungskonzentration einbezogen werden.[381] Die Regelungen der HausratsVO sind separat von den Regelungen über den Güterstandsausgleich zu sehen; sie sind also eine die güterrechtlichen Vorschriften verdrängende Sonderregelung.[382]
Nach der Scheidung bestimmen sich die Rechtsverhältnisse an Ehewohnung und Hausrat ausschließlich nach den Bestimmungen der HausratsVO. Nur ergänzend und insoweit sie diesen Regelungen nicht entgegenstehen, sind die Vorschriften des BGB heranzuziehen.[383] Gerichtlich geltend gemacht werden allerdings nicht einzelne Ansprüche bezüglich separater Haushaltsgegenstände, sondern vielmehr stellt ein Ehegatte den Antrag auf gerichtliche Entscheidung, und der Richter verteilt daraufhin von Amts wegen den gesamten Hausrat und bestimmt über das künftige Rechtsverhältnis bezüglich der Ehewohnung.[384]
Hierbei wirkt der Richter rechtsgestaltend. Ihm steht die Möglichkeit offen, Miteigentum beider Ehegatten einem alleine zu übertragen (§ 8 Abs. 3 S. 1 HausratsVO), unter gewissen Bedingungen Alleineigentum eines Ehegatten dem anderen zu übertragen (§ 9 Abs. 2 S. 2 HausratsVO) und Rechtsverhältnisse Dritten gegenüber zu verändern, insbesondere Mietverträge neu zu gestalten (§ 5 HausratsVO).
Die Regelungen der HausratsVO geben den Ehegatten die Möglichkeit, die Rechtsverhältnisse über den gesamten Hausrat und die Ehewohnung durch den Richter bestimmen zu lassen. Diesem werden auf der anderen Seite weite rechtsgestaltende Befugnisse eingeräumt. Neben seiner Möglichkeit, in absolute Rechte der Ehegatten, namentlich das Eigentum, einzugreifen, steht es ihm offen, deren Rechtsverhältnisse mit Dritten neu zu bestimmen und in deren Rechte

---

379 RGBl. 1944 I S. 256, geändert durch die Sechste Durchführungsverordnung zum Ehegesetz (BGBl. 1976 I S. 1421).

380 *Lüderitz*, Familienrecht, S. 194.

381 Siehe §§ 623 Abs. 1, 621 Abs. 1 Nr. 7 ZPO.

382 *Soergel/ Heintzmann*, § 1 HausratsVO Rz. 3; *Bergerfurth*, Ehescheidungsprozeß, S. 325.

383 Insbesondere §§ 745 ff. BGB; siehe *Soergel/ Heintzmann*, § 1 HausratsVO Rz. 18.

384 *Soergel/ Heintzmann*, § 1 HausratsVO Rz. 6.

einzugreifen.[385] Nimmt der staatliche Richter diese Aufgaben war, so handelt er hoheitlich.

Obgleich anerkannt ist, daß auch ein Schiedsgericht rechtsgestaltend tätig werden kann,[386] sind die prozeßrechtlichen Regelungen[387] der HausratsVO nicht entsprechend auf Schiedsgerichte anwendbar. Die Befugnisse, die der staatliche Richter durch die Verordnung erfährt, können nicht für einen Schiedsrichter gelten. Dieser kann, da er rechtsgeschäftlich bestimmt wird, nur zwischen den Parteien Recht sprechen. Werden Rechte Dritter gefährdet oder Dritte ihrem verfassungsmäßigen Recht auf einen staatlichem Richter entzogen, so verliert das Schiedsgericht seine verfassungsmäßige Grundlage.[388]
Dies bedeutet allerdings nicht, daß die Ansprüche, den Hausrat betreffend, schiedsunfähig wären.
Die in der HausratsVO normierten materiellen Rechte der Ehegatten sind vermögensrechtlicher Natur und somit an sich schiedsfähig (§ 1030 Abs. 1 S. 1 ZPO).
Den Eheleuten steht es offen, sich über den Verbleib der Ehewohnung oder den Hausrat ohne gerichtliche Hilfe rechtsgeschäftlich zu einigen (§ 1 HausratsVO). Sollte also ein Schiedsgericht vereinbart worden sein, so kann dieses die von den Parteien gewünschte Rechtsfolge schaffen, indem es den jeweiligen Ehegatten zur Abgabe des Übereignungsangebotes verurteilt. Diesem Schiedsspruch kann, sobald er für vollstreckbar erklärt wurde, im Wege der Zwangsvollstreckung Geltung verschafft werden (§ 894 ZPO). Es steht der Schiedsfähigkeit also nicht entgegen, daß der vom Schiedsgericht gebotene Rechtsschutz nicht identisch mit dem des staatlichen Gerichts ist, solange er ähnlich effizient ist.[389] Auf Einrede der Schiedsgerichtsbarkeit hätte das staatliche Gericht also die Klage abzuweisen.
Handelt es sich allerdings um eine im Eigentum Dritter stehende Sache oder Wohnung, so sind die beteiligten Dritten an der Schiedsvereinbarung zu beteiligen oder die Schiedsvereinbarung und der auf ihrer Basis ergehende Schiedsspruch sind ihnen gegenüber unwirksam.
Eine schiedsrichterliche Entscheidung bezüglich des Hausrats ist also möglich, bei Rechtsverhältnissen mit Dritten aber wegen Notwendigkeit, diese an der Schiedsvereinbarung zu beteiligen, praktisch schwierig handhabbar.

IV. Von der Scheidung unabhängige Familiensachen

Die sonstigen von der Ehescheidung unabhängigen Ansprüche sind vermögensrechtlicher Natur und somit schiedsfähig. Zu nennen sind insbesondere der

---

385 Etwa in Rechte der Hauseigentümer, Vermieter, Nießbraucher, Dienstherren bei Werkswohnungen (§ 4 HausratsVO) und Verkäufer von unter Eigentumsvorbehalt verkauften Hausrat (§ 10 Abs. 2 HausratsVO).

386 Für gesellschaftsrechtliche Gestaltungsklagen, BGHZ 132, 278 (281 f.); *Schwab/ Walter*, Schiedsgerichtsbarkeit, S. 195; siehe auch Fn. 371.

387 §§ 2, 11 ff. HausratsVO.

388 Siehe Teil 1. I. 1..

389 Vgl. zur Vollstreckungsabwehrklage, BGHZ 99, 143 (148).

nacheheliche Unterhalt gem. § 1360 BGB, der Unterhalt während des Getrenntlebens gem. § 1361 BGB[390] und der Anspruch auf Hausratsverteilung während des Getrenntlebens.

V. Zusammenfassung

Zusammenfassend läßt sich feststellen, daß die Anknüpfung der Schiedsfähigkeit des Streitgegenstandes an die Vermögensrechtlichkeit des Anspruchs im Bereich des Familienrechts nicht zu schwerwiegenden Veränderungen der schiedsrichterlichen Entscheidungsbefugnisse geführt hat.
Nach wie vor ist die private Schiedsgerichtsbarkeit in allen statusrechtlichen Fragen ausgeschlossen. Daher sind weder die Scheidung selbst noch die mit ihr zusammenhängenden Kindesrechte schiedsfähig. Obgleich der öffentlichrechtliche und der schuldrechtliche Versorgungsausgleich vermögensrechtlich sind und somit nach der Generalklausel des § 1030 Abs. 1 S. 1 ZPO an sich schiedsfähig wären, ist die Schiedsgerichtsbarkeit auch hier ausgeschlossen, da diese Ansprüche in den Schutzbereich des § 1564 BGB fallen.
Ähnliches gilt für den Kindesunterhaltsanspruch, der zwar auf Grund seiner Vermögensrechtlichkeit objektiv schiedsfähig ist, wohl aber der Einschränkung der subjektiven Schiedsfähigkeit des § 1822 Nr. 12 BGB unterliegt. Eine Schiedsvereinbarung kann daher nur nach Genehmigung durch das Vormundschaftsgericht vereinbart werden.
Auch nach neuem Recht sind die der Scheidung folgenden Ansprüche wie Unterhalt, Zugewinnausgleich und Aufteilung des Hausrats, sowie die nicht mit der Scheidung zusammenhängenden vermögensrechtlichen Ansprüche wie der Getrenntlebenunterhalt vor einem Schiedsgericht klärbar. Dies war aber auch schon zum alten Recht anerkannt,[391] wobei nunmehr feststeht, daß das Verzichtsverbot des § 1614 Abs. 1 BGB die Vereinbarung der Schiedsgerichtsbarkeit nicht hindert.

Besteht der Wunsch der Parteien, die staatlichen Gerichte so weit wie möglich aus ihrer Scheidung herauszuhalten, so wird auch nach der Schiedsverfahrensrechtsreform die Vereinbarung eines Schiedsmediators der am ehesten zum Erfolg führende Weg sein. Dieser kann zusammen mit beiden Ehepartnern versuchen, eine gütliche Einigung aller mit der Scheidung zusammenhängender Ansprüche zu erwirken. Auf diese Weise können Versorgungsvereinbarungen iSd. § 1587 o BGB erstellt werden, die viel leichter die Genehmigung des Familiengerichts erhalten werden, weil sie von beiden Ehegatten gemeinschaftlich vor einer neutralen Stelle vereinbart wurden. Durch eine solche Mediation wäre auch der enge Zusammenhang zwischen dem Versorgungsausgleich und nachehelichem Unterhalt gewahrt, der eine Entscheidung durch zwei unterschiedliche Gremien an sich unsinnig macht.
Für den Fall, daß die Ehegatten auch im Mediationsverfahren zu keiner gütlichen Einigung finden, kann der Mediator ermächtigt werden, die schiedsfähigen Folgeansprüche abschließend zu entscheiden. Sollte er familientherapeutisch geschult und im günstigsten Fall der Familie bekannt sein, so fällt es ihm sicherlich leichter, zu Ergebnissen zu kommen, die beide Seiten befriedigen, als

390 So schon zum alten Recht vom BGH vorausgesetzt, BGHZ 99, 143 ff.

391 Vgl. BGHZ 99, 143 ff.

dies bei einem staatlichen Richter der Fall wäre. In einer solchen Konstruktion ist annehmbar, daß auch das Vormundschaftsgericht davon zu überzeugen zu sein wäre, daß der Schiedsmediator im Interesse des Kindes entscheiden wird. Daher dürfte es leichter fallen, dessen gem. § 1822 Nr. 12 BGB erforderliche Genehmigung zu erlangen.

B. *Erbrecht*

Wie bei den vorrangig dargestellten Scheidungs- und Familiensachen bietet die Schiedsgerichtsbarkeit auch in erbrechtlichen Auseinandersetzungen einen unübersehbaren Vorteil. Vor allem ermöglicht sie dem Erblasser sich im Wege der letztwilligen Verfügung, die oder diejenigen Personen als Schiedsrichter zu suchen, die seines Erachtens nach am Ehesten geeignet sind, die von ihm getroffenen Entscheidungen notfalls im Nachlaßstreit zu bewerten und durchzusetzen.

Der Erblasser kann mittels einer letztwillig verfügten Schiedsbestimmung eine Person seines Vertrauens als Schiedsrichter in eine rechtliche Position bringen, die nicht von den relativ engen Befugnisgrenzen der Testamentsvollstreckung begrenzt ist.[392] Außerdem gewährt die Schiedsgerichtsbarkeit den Parteien die Möglichkeit, unter dem Ausschluß der Öffentlichkeit und vor ihnen vertrauten Personen zu verhandeln, und ist so möglicherweise besser geeignet, den Familienfrieden zu wahren, als dies vermutlich ein staatliches Gericht leisten könnte.[393] Gerade für Erbstreitigkeiten ist festzustellen, daß die Vergleichsquote von Schiedsgerichten die der staatlichen Gerichtsbarkeit um ein Vielfaches überwiegt.[394] Dies kann immer dann wichtig werden, wenn das liquide Vermögen des Erblassers dem zu vererbenden Unternehmensvermögen nicht ebenbürtig ist. Müssen Erben, die nach dem Willen des Vererbenden das Familienunternehmen nicht weiterführen dürfen, anderweitig befriedigt werden, so kann dies das Unternehmen vor unlösbare Liquiditätsprobleme führen, die es letztlich in die Insolvenz treiben könnte.[395]

Denkbar ist die Schiedsgerichtsbarkeit im Bereich des Erbrechts in zweifacher Weise. Einmal könnten die Erbprätendenten uneinig über die Art und Weise sein, wie sie im Nachlaß bedacht wurden und daher darauf bedacht sein, diese Streitigkeit nach dem Erbfall von einem Dritten entscheiden zu lassen. In diesem Fall ist es ihnen möglich, eine Schiedsvereinbarung zu treffen, falls eine solche noch nicht im Testament oder anderweitig verankert ist.[396] Regelmäßig wird eine solche Erbstreitigkeit den Zweck verfolgen, dem Kläger einen größeren Teil des Erbes zu erstreiten. Es handelt sich somit um einen vermögensrechtlichen Anspruch, welcher schiedsfähig iSd. § 1030 Abs. 1 S. 1 ZPO ist. Problematischer gestaltet sich die rechtliche Lage, wenn der Erblasser letztwillig verfügt hat, daß bei eventuell über den Nachlaß geführten Streitigkeiten ein

392 So stehen etwa dem Testamentsvollstrecker keine Entscheidungsbefugnisse etwa im Erbprätendentenstreit zu, vgl. *Brandner* in MüKo, BGB, § 2203 Rz. 8.

393 *Maier*, Schiedsgerichtsbarkeit, S. 108; *Schütze/ Tschernig/ Wais*, Schiedsverfahren, S. 94; siehe zu den weiteren Vorteilen, insbesondere der Kosten, *Schiffer*, Wirtschaftsschiedsgerichtsbarkeit, S. 168 ff und 183.

394 *Raeschke-Kessler/ Berger*, Schiedsverfahren, S. 12.

395 Siehe zur Unternehmensvererbung *Schiffer*, Wirtschaftsschiedsgerichtsbarkeit, S. 168 ff.

396 Siehe Sachverhalte in BGH ZZP 1973 (1960), S. 118 f.; LG Hamburg EWiR 1985, 815.

Schiedsgericht unter Ausschluß der staatlichen Gerichtsbarkeit entscheiden soll; denn hier beruht der Ausschluß der Schiedsgerichtsbarkeit nicht auf Vertrag, sondern ist den Parteien durch letztwillige Verfügung oktroyiert worden. Daher werden sich die folgenden Ausführungen konzentriert mit dieser Thematik beschäftigen.

I. Anzuwendende Vorschriften

Die Schiedsabrede kann entweder in einem zwischen dem Erblasser und den verschiedenen Erbberechtigten vertraglich (§§ 1941, 2274 ff. BGB) vereinbart werden oder als Schiedsklausel vom Erblasser einseitig im Wege der letztwilligen Verfügung wie etwa im Testament (§ 1937 BGB) verankert werden.
Bei einem Erbvertrag handelt es sich um ein zumindest zweiseitiges Rechtsgeschäft.[397] Wird in ihm eine Schiedsvereinbarung getroffen, so bestimmt sich ihre Wirksamkeit nicht nach den Vorschriften für Erbverträge, da diese auf die Fälle des § 2278 Abs. 2 BGB beschränkt sind. Eine Schiedsklausel kann aber gem. § 2299 Abs. 1 BGB wirksam vereinbart werden. Zu ihrer Gültigkeit ist allerdings erforderlich, daß die §§ 1025 ff. ZPO, insbesondere die Formerfordernisse des § 1031 ZPO beachtet werden.[398]
Es handelt sich bei einem mit einer Schiedsabrede versehenen Erbvertrag also um den gesetzlichen Normalfall, daß geschäftsfähige Personen Streitigkeiten, die aus einer zwischen ihnen bestehenden Rechtsbeziehung entstehen können, unter Ausschluß staatlicher Gerichtsbarkeit vor ein Schiedsgericht bringen.

Im deutschen Verfahrensrecht findet sich in § 1066 ZPO eine Ausnahme zu dem Grundsatz, daß ein Ausschluß staatlicher Gerichtsbarkeit nur auf Grund einer privatautonomen Entscheidung der Parteien vollzogen werden kann. Vielmehr schafft er die grundsätzliche Möglichkeit, Schiedsgerichte durch einseitigen Privatrechtsakt einzusetzen.[399]
Durch den Verweis in das materielle Recht, den § 1066 ZPO vornimmt, ergibt sich, daß hier nur die Möglichkeit einer solcher einseitigen Einsetzung vorausgesetzt wird. Die Zulässigkeitsvoraussetzungen ergeben sich aus dem jeweils einschlägigen materiellen Recht, wobei hierfür keine ausdrückliche Einsetzungsmöglichkeit der Schiedsgerichte geregelt sein muß, sondern es vielmehr ausreichend ist, wenn sich aus dem Gesamtzusammenhang des Gesetzeswerkes ergibt, das eine solche Einsetzung möglich sein soll.[400]
Bei der Einsetzung eines Schiedsgerichtes in Form der letztwilligen Verfügung bestehen insofern Probleme, als das Erbrecht zur Frage der schiedsrichterlichen Klärung von Erbstreitigkeiten schweigt, so daß vereinzelt angenommen wurde,

---

397 *Brox*, Erbrecht, S. 67.

398 *Palandt/ Edenhofer*, § 2203 Rz. 1; *Musielak/ Voit*, § 1066 Rz. 1, § 1048 a F Rz. 3; *Thomas/* Putzo, § 1066 Rz. 1; *Albers* in Baumbach/Lauterbach/Albers/Hartmann, § 1066 Rz. 2; für das alte Recht OLG Hamm NJW-RR 91, 455 (456); *Stein/ Jonas/ Schlosser*, 21. Aufl., § 1048 Rz. 4.

399 Weiterhin kann die Schiedsgerichtsbarkeit den Parteien durch Auslobung oder Stiftungsakt oktroyiert werden, vgl. hierzu Bericht, S. 226.

400 *Schwab/ Walter*, Schiedsgerichtsbarkeit, S. 306; *Stein/ Jonas/ Schlosser*, 21. Aufl., § 1048 Rz. 1 sowie Fn. 2, 3 m.w.N. zu § 1048 a.F. ZPO.

es handele sich bei § 1048 a.F. ZPO[401] um eine Verweisung ins Leere, also eine Schiedsbestimmung in einem Testament nicht wirksam sein könne.[402]
Diese Meinung ist als überholt anzusehen und wird nicht mehr vertreten. Mittlerweile ist h.M., daß der Erblasser durch einseitige Verfügung von Todes wegen ein Schiedsgericht einsetzen kann.[403] Es ist anerkannt, daß es sich bei dem Verweis in das Erbrecht durch § 1066 ZPO allein um eine Verweisung auf die erbrechtlichen Formvorschriften handelt.[404] Uneinigkeit besteht allenfalls bei der dogmatischen Begründung.
Vereinzelt wird vertreten, daß es sich bei der Schiedsverfügung um ein Vermächtnis oder eine Auflage handele.[405]
Die heute h.L. hält diese Annahme richtigerweise für inkorrekt. Zum einen handelt es sich sowohl bei dem Vermächtnis (§§ 1939, 2147 ff. BGB) als auch bei der Auflage (§§ 1940, 2192 ff. BGB) um rein schuldrechtliche Verpflichtungen, so daß diese schon wegen der vom Erblasser gewünschten absoluten Bindungswirkung entfallen müssen. Weiterhin ist ein Ausweichen auf im Gesetz verankerte Institutionen im Fall der letztwilligen Schiedsklausel nicht nötig. Erbrechtliche Anordnungen müssen nicht notwendigerweise unter eine der in §§ 1939 ff. BGB genannten Institutionen subsumiert werden. Vielmehr geht das Gesetz davon aus, daß es auch Verfügungen sonstigen Inhalts geben kann.[406] Es ist daher anzunehmen, daß der Erblasser zu allen Anordnungen befugt ist, die ihm nicht gesetzlich verboten sind.[407] Ein solches gesetzliches Verbot ist auch nicht in § 2065 BGB zu sehen, da der Schiedsrichter an Stelle des ordentlichen Richters entscheiden soll und auch an dessen gesetzliche Beschränkungen gebunden ist. Der Schiedsrichter entscheidet anhand der letztwilligen Verfügung, tritt aber nicht an Stelle oder Vertretung des Erblassers.[408]
Der Erblasser kann also direkt und mit die Erben bindender Wirkung eine letztwillige Schiedsklausel erlassen, wenn sie die Formvorschriften einer letztwilligen Verfügung erfüllt. Die Formvorschriften des Zehnten Buches der ZPO kommen nicht zur Anwendung.
Dies gilt auch dann, wenn ein nicht an einem Erbvertrag beteiligter Dritter Ansprüche geltend machen möchte, da dieser nicht Teil der Vereinbarung wurde. Auch er muß sich an das Schiedsgericht halten; der der für ihn geschaffene Erwerbsgrund ist kein vertraglicher, sondern erbrechtlicher Natur. Er muß daher

401 Nunmehr wortgleich übernommen in § 1066 ZPO.

402 Vgl. bei *Leipold* in MüKo, BGB, 1937 Rz. 26.

403 RGZ 100, 76 (77); 133, 128 (131); *Schwab/ Walter*, Schiedsgerichtsbarkeit, *S.* 306; *Stein/ Jonas/ Schlosser*, 21. Aufl., § 1048 Rz. 1; *Esch/ Schulze zur Wiesche*, Vermögensnachfolge, S. 131 f.

404 *Leipold* in MüKo, BGB, 1937 Rz. 26; *Kohler*, DNotZ 62, 125 (127).

405 *Henn*, Schiedsverfahrensrecht, S. 79; *Kohler*, DNotZ 62, 125 (127 f.).

406 Vgl. etwa §§ 332, 1777 Abs. 3, 2197, 2336 BGB, *Schwab/ Walter*, Schiedsgerichtsbarkeit, *S.* 306.

407 RGZ 100, 76 (77); *Schwab/ Walter*, Schiedsgerichtsbarkeit, *S.* 306 f.; *Stein/ Jonas/ Schlosser*, 21. Aufl., § 1048 Rz. 3.

408 So auch *Staudinger/ Otte*, § 2065 Rz. 10.

auch nur den erbrechtlichen und nicht den vertraglichen Anforderungen genügen.

II. Entscheidungsbefugnisse des Schiedsgerichtes

Es ist nunmehr einhellige Meinung, daß der Erblasser einseitig verfügen kann, daß Streitigkeiten, die im Zusammenhang mit seinem Nachlaß geführt werden, vor einem Schiedsgericht ausgetragen werden. Dagegen ist massiv umstritten, welche Entscheidungsbefugnisse dem Schiedsrichter zukommen sollen.
Folgend soll zunächst einmal der Meinungsstand zum alten Schiedsrecht dargestellt und dann die durch das SchiedsVfG eingetretenen Änderungen der Rechtslage erläutert werden.

1. Altes Schiedsrecht

Im alten Recht war bereits umstritten, welche Vorschriften von der Verweisung des § 1048 a.F. ZPO in das Zehnte Buch der ZPO erfaßt werden. Unstreitig war nur, daß die Formvorschrift des § 1027 a.F. ZPO bei einseitigen letztwilligen Verfügungen nicht zur Anwendung kommen solle, sondern von den spezialgesetzlichen Formvorschriften des Erbrechts verdrängt werde.[409]
Uneinigkeit war man sich, inwieweit die Vorschrift bezüglich der objektiven Schiedsfähigkeit (§ 1025 Abs. 1 a.F. ZPO) zur Anwendung komme; vielmehr wessen Dispositionsbefugnisse für die Entscheidungskompetenzen des Schiedsgerichtes entscheidend seien, die der streitenden Parteien untereinander oder die des Erblassers gegenüber seinen Erben.

Der wohl kleinere Teil der Literatur vertrat die Ansicht, daß nicht die Rechtsverhältnisse und Vergleichskompetenzen der Erbprätendenten, sondern vielmehr die Dispositionsbefugnisse des Erblassers von entscheidender Bedeutung seien. § 1025 Abs. 1 a.F. ZPO könne schon daher nicht angewendet werden, da er für den Sonderfall des § 1048 a. F. ZPO nicht passe. Diese Norm erstrecke sich auf die Vergleichsbefugnis der streitenden Parteien, wäre also anzuwenden, wenn die Erben eine Schiedsklausel vereinbarten. In den Fällen des § 1048 a.F. ZPO handele es sich aber um eine einseitige Schiedsklausel. § 1025 Abs. 1 a.F. ZPO müsse analog in dem Sinne angewendet werden, daß es auf die Verfügungsfreiheit des Erblassers ankomme.[410] Schiedsfähig und somit von der Entscheidungskompetenz des Schiedsgerichtes gedeckt sollten also alle diejenigen Streitsachen sein, die in der Verfügungsfreiheit des Erblassers stehen.[411]
Der wohl größere Teil der Literatur sah die Wirkung der letztwillige Verfügung darin, daß die durch die Schiedsabrede erfolgte Einsetzung des Schiedsgerichts

---

409 Statt vieler *Stein/ Jonas/ Schlosser*, 21. Aufl., § 1048 Rz. 4 und oben Teil 2. B. I.

410 *Leipold* in MüKo, BGB, 1937 Rz. 28; i.E. auch *Staudinger/ Otte*, Vorbm. §§ 1937 ff. Rz. 8, der auf die Frage der Analogie aber nicht eingeht.

411 *Staudinger/ Otte*, Vorbm. §§ 1937 ff. Rz. 8; *Leipold* in MüKo, BGB, § 1937 Rz. 28.

unter den Parteien die gleiche Wirkung entfaltet wie eine privatautonom getroffene Schiedsvereinbarung.[412]
Die Vertreter dieser Meinung setzten allerdings der Dispositionsbefugnis des Erblassers ebenfalls Grenzen, weil sie der Meinung waren, daß die den Erben oktroyierte Schiedsklausel nicht weiter gehen könne, als der Erblasser testamentarisch im Rahmen der erbrechtlichen Vorschriften hätte gehen können.[413]
Praktisch relevante Unterschiede ergeben sich daher zwischen diesen Meinungen nicht.

Festgestellt wurde, daß nach beiden Ansichten alle solchen Erbstreitigkeiten der Schiedsgerichtsbarkeit entzogen sind, die außerhalb der Dispositionsbefugnis des Erblassers liegen. Im Ergebnis gilt also, daß das Schiedsgericht nicht über mehr Entscheidungsbefugnisse verfügen kann, als sie der Erblasser selber hatte. Daher sind Ansprüche, die sich gegen vom Testament nicht begünstigte Dritte richten, nicht durch ein Schiedsgericht zu entscheiden, welches durch eine letztwillige Verfügung eingesetzt wurde. Ausgeschlossen sind also die Entscheidungen über Ansprüche der Nachlaßgläubiger,[414] die Zugehörigkeit einzelner Vermögensgegenstände zum Nachlaß[415] und die Ansprüche von Pflichtteilsberechtigten.[416]
Weiterhin ist es den streitenden Parteien nicht möglich, ein formunwirksames Testament vergleichsweise zu korrigieren. Daher kann es auch nicht in der Befugnis des Schiedsgerichtes liegen, eine nicht der gesetzlichen Form entsprechende letztwillige Verfügung für wirksam zu erklären. Ein Schiedsgericht kann Formmängel also nicht heilen.[417]
Wohl aber obliegt ihm die Entscheidung darüber, ob ein den gesetzlichen Anforderungen entsprechendes Testament vorliegt. Es kann also über die Wirksamkeit letztwilliger Verfügungen abschließend entscheiden.[418]

Nicht bezweifelt wurde, daß ein Schiedsgericht nach dem alten Schiedsrecht die Berechtigung hatte, wie ein staatliches Gericht über die Ansprüche bezüglich

412 *Kipp/ Coing*, Erbrecht, S. 436; *Stein/ Jonas/ Schlosser*, 21. Aufl., §§ 1025 Rz. 27 c und 1048 Rz. 4; *Musielak/ Voit*, § 1048 a.F. Rz. 3; *Kohler*, DNotZ 62, 125 (128); *Happe* in Schiedsgerichtsbarkeit in gesellschafts- und erbrechtlichen Angelegenheiten, S.85 (88).

413 *Stein/ Jonas/ Schlosser*, 21. Aufl., § 1048 Rz. 3; *Musielak/ Voit*, § 1048 a.F. Rz. 3; *Schiffer* und *Happe* in Schiedsgerichtsbarkeit in gesellschafts- und erbrechtlichen Angelegenheiten, S. 65 (77) und 85 (87).

414 Ausgenommen diejenigen, die auf der Verfügung von Todes wegen beruhen, *Schiffer*, Wirtschaftsschiedsgerichtsbarkeit, S. 176; *Leipold* in MüKo, BGB, 1937 Rz. 28; *Lange/ Kuchinke*, Erbrecht, S. 520.

415 BayObLG 1956, 186 (189), *Leipold* in MüKo, BGB, 1937 Rz. 28; *Lange/ Kuchinke*, Erbrecht, S. 520.

416 *Leipold* in MüKo, BGB, 1937 Rz. 28; *Happe* in Schiedsgerichtsbarkeit in gesellschafts- und erbrechtlichen Angelegenheiten, S. 85 (87 f.); *Lange/ Kuchinke*, Erbrecht, S. 520; *Schiffer*, Wirtschaftsschiedsgerichtsbarkeit, S. 176.

417 *Kohler*, DNotZ 62, 125 (129).

418 *Schwab/ Walter*, Schiedsgerichtsbarkeit, S. 307.

Vermächtnissen und Auflagen zu entscheiden[419] und den wahren Willen des Erblassers durch Auslegung zu ermitteln.[420]
Umstritten war allerdings, wie weit das Schiedsgericht bei der Auslegung gehen durfte.
Teilweise wurde angenommen, daß nur der wahre Wille des Erblassers aus dem Testament gedeutet werden durfte. Schweige die letztwillige Verfügung aber in streitigen Punkten, so obliege es nicht dem Schiedsgericht, den wahren Willen zu erforschen oder zu ergänzen, auch wenn diese Lücke vom Erblasser offensichtlich ungewollt war.[421]
Andere Literaturstimmen argumentierten auf der anderen Seite, daß dem Schiedsgericht ebenso wie dem staatlichen Gericht obliegen solle, im Wege der ergänzenden Auslegung zu ermitteln, wer Erbe geworden ist, da es sich bei einer solchen Auslegung um eine Rechtsentscheidung und nicht um eine Willensvertretung für den Erblasser handele.[422] Ihre Grenze findet diese ergänzende Auslegung aber in jedem Fall in § 2065 BGB, der festlegt, daß nur der Erblasser bestimmen kann, wer Erbe geworden ist.[423]

Uneinigkeit herrschte weiterhin über die Anfechtung letztwilliger Verfügungen. Vereinzelt wird - allerdings ohne Begründung - die Ansicht vertreten, daß die Zulassung einer Anfechtung durch das Schiedsgericht nicht möglich sei;[424] andere Stimmen wollen auf der anderen Seite auch die Anfechtung zulassen, da sich die Erbprätendenten im Laufe eines Prozesses über den Anfechtungsantrag vergleichsweise einigen können.[425]

Letztlich war man sich zum alten Recht nicht einig, ob ein Schiedsgericht die Befugnis haben solle, über die Abberufung von Testamentsvollstreckern gem. § 2227 BGB zu entscheiden. Teilweise wurde in § 2227 BGB eine Bestimmung gesehen über die der Erblasser nicht letztwillig verfügen könne, da sie seiner Dispositionsbefugnis entzogen sei,[426] während andere eine schiedsrichterliche

---

419 Statt aller *Leipold* in MüKo, BGB, § 1937 Rz. 28.

420 *Stein/ Jonas/ Schlosser*, 21. Aufl., § 1048 Rz. 3; *Staudinger/ Otte*, Vorbm. §§ 1937 ff. Rz. 8; *Schwab/ Walter*, Schiedsgerichtsbarkeit, 306 f.

421 *Schiffer* in Schiedsgerichtsbarkeit in gesellschafts- und erbrechtlichen Angelegenheiten, S. 65 (77); so auch wohl *Schwab/ Walter*, Schiedsgerichtsbarkeit, 306 f.; *Albers* in Baumbach/ Lauterbach/ Albers/ Hartmann, § 1066 Rz. 2 (für das alte Recht, siehe Vorauflage § 1048 Rz. 2), die es „authentische Auslegung“ nennen.

422 *Staudinger/ Otte*, Vorbm. §§ 1937 ff. Rz. 8; *Soergel/ Stein*, § 1937 Rz. 13; *Kohler*, DNotZ 62, 125 (129, 133).

423 *Schütze*, BB 92, 1877 (1881).

424 *Lange/ Kuchinke*, Erbrecht, S. 520.

425 *Palandt/ Edenhofer*, § 2065 Rz. 7; *Schwab/ Walter*, Schiedsgerichtsbarkeit, *S.* 307, der dem Schiedsgericht sogar eine größere Aufgabenkompetenz zuweist als dem Prozeßgericht.

426 RGZ 133, 128 (135); *Kipp/ Coing*, Erbrecht, S. 411 und 437; *Soergel/ Damrau*, § 2227 Rz. 3.

Entscheidung durchaus für möglich hielten, weil nicht notwendigerweise eine nachlaßgerichtliche Entscheidung erfolgen müsse.[427]

2. Neues Schiedsrecht

Auch nach dem neuen Schiedsrecht ist davon auszugehen, daß es sich bei einer letztwilligen Schiedsverfügung um eine Ausnahme von dem Grundsatz handelt, daß die staatliche Gerichtsbarkeit nur durch rechtsgeschäftliche Einigung ausgeschlossen werden kann. Diese Ausnahme ermöglicht der § 1066 ZPO. Im Anschluß an diese Überlegung ergibt sich dann m.E., daß diese einseitig verfügte Schiedsabrede genau wie ein rechtsgeschäftlich vereinbarter Schiedsvertrag zwischen den Parteien Wirkung entfaltet.[428] Dies hat aber zur Folge, daß die später streitenden Parteien, die ihnen oktroyierte Schiedsklausel einvernehmlich wieder aufheben können, denn diese Möglichkeit stände ihnen auf jeden Fall dann offen, wenn sie die Schiedsabrede selber getroffen hatten.[429] Der Erblasser müßte diesem Schritt seiner späteren Erben also mit einer Verwirkungsklausel begegnen. Wie die Form- und Zulässigkeitsvoraussetzungen der Schiedsklausel ergeben sich die Zulässigkeitsgrenzen dieser Verwirkungsklauseln aus dem materiellen Erbrecht.
Weitere Folge der Wirkung zwischen den Erbprätendenten ist, daß die §§ 1025 ff. ZPO mit Ausnahme der Formvorschriften zwischen den Parteien direkt Anwendung finden.[430]
Für die Bestimmung der Kompetenzen des Schiedsgerichtes ergibt sich also, daß § 1030 ZPO anzuwenden ist, wenn der Erblasser einen deutschen Schiedsort angegeben hat (§ 1025 Abs. 1 ZPO).[431]

a. Gesetzliche Grenzen der Entscheidungsbefugnisse

Die Regelungen bezüglich der objektiven Schiedsfähigkeit sind allerdings bei letztwillig eingesetzten Schiedsgerichten nicht die einzigen Vorschriften, die die Entscheidungsbefugnis der Schiedsrichter einschränken können.
Im Erbrecht finden sich bezüglich letztwilliger Verfügungen nicht nur bestimmte Formvorschriften, sondern auch Regelungen, die explizit die Dispositionsfreiheit des Erblassers einschränken. Am Anfang dieses Abschnittes der Arbeit wurde dargelegt, daß sich die Wirksamkeit der letztwillig verfügten Einsetzung des Schiedsgerichtes nach dem Erbrecht bestimmt.[432] Entnimmt man aber die

---

427 *Schwab/ Walter*, Schiedsgerichtsbarkeit, S. 307.

428 Siehe auch *Verfasser*, MDR 2000, S. 314 (315).

429 Vgl. *Schütze* in Assmann/ Schütze, § 29 Rz. 16.

430 So auch für das alte Recht, vgl. *Kipp/ Coing*, Erbrecht, S. 436; *Stein/ Jonas/ Schlosser*, 21. Aufl., §§ 1025 Rz. 27 c und 1048 Rz. 4; *Musielak/ Voit*, § 1048 a.F. Rz. 3; *Kohler*, DNotZ 62, 125 (128); *Schiffer* und *Happe* in Schiedsgerichtsbarkeit in gesellschafts- und erbrechtlichen Angelegenheiten, S. 65 (77) und 85 (88).

431 Liegt eine solche Festlegung nicht vor, so ist der Schiedsort nach §§ 1043 Abs. 1 S. 2, 3 iVm. 27 ZPO zu ermitteln.

432 Siehe oben Teil 2. B. I.

Formanforderungen der letztwilligen Verfügung dem Erbrecht und ermöglicht somit die Ausnahme eines aufgezwungenen Ausschlusses der staatlichen Gerichtsbarkeit zum gesetzlichen Regelfall der Freiwilligkeit, so ergibt sich hieraus zwingend, daß neben den Grenzen der Schiedsfähigkeit, die sich aus dem Zehnten Buch der ZPO ergeben, auch die des materiellen Erbrechts zu beachten sind. Es muß nämlich verhindert werden, daß der Erblasser über den Umweg der Einsetzung eines Schiedsgerichts die erbrechtlich festgesetzten Grenzen seiner Testierfreiheit umgeht und so die Gefahr bestünde, daß die gesetzlich verankerten Rechte der Erben umgangen würden.

(1) § 2065 BGB

Eine der die Dispositionsfreiheit des Erblassers einschränkenden Regelungen ist § 2065 BGB, der den Erblasser hindert, die Entscheidung über die Geltung seiner Verfügungen auf Dritte zu übertragen oder wesentliche Kernpunkte bewußt offenzulassen, damit ein Dritter diese Lücken füllt.[433] Er ist also gezwungen, Erbgegenstände eindeutig zu bestimmen und seine zukünftigen Erben selbst zu benennen. Eine postmortale Willensvertretung bezüglich der Auswahl der Erben ist gesetzlich ausgeschlossen (§ 2065 Abs. 2 BGB). Sie kann weder durch das Prozeßgericht, den Testamentsvollstrecker oder einen anderen Dritten vorgenommen werden. Dies gilt aus denselben Gründen auch für den letztwillig eingesetzten Schiedsrichter; denn dieser tritt an die Stelle des ordentlichen Richters und nicht an die des Erblassers. Auch ihm gegenüber gilt die Grenze des § 2065 Abs. 2 BGB.

Etwas anderes ergibt sich hingegen für die sonstigen Ernennungsfälle, die von der Rechtsprechung in teleologischer Reduktion des § 2065 Abs. 2 BGB entwickelt wurden.[434] Diese Reduktion gilt gleichermaßen auch für Schiedsgerichte. In einem solchen Fall ist der Schiedsrichter einem sonstigen Dritten gleichzusetzen.[435]

In teleologischer Reduktion des § 2065 Abs. 2 BGB kann ein Schiedsgericht also aus einem vom Erblasser im Testament festgelegten, engen Personenkreis nach gewissen Kriterien, die im einzelnen streitig sind,[436] den geeignetsten Erben auswählen; denn hierbei handelt es sich nicht um eine Auswahl nach freiem Ermessen, sondern vielmehr um eine Ausführung von eindeutigen Erblasseranweisungen.[437]

Die Bestimmung einer Schiedsklausel ist in solchen Auswahlverfahren in zweierlei Sicht vorteilhaft. Zum einen wird es einem Schiedsrichter, der in der Regel mit dem Erblasser persönlich bekannt war und somit auch häufig dessen zukünftige Erben besser einschätzen kann, als dies einem unbekannten staatlichen Richter möglich ist, einfacher fallen, zu erkennen, ob die vom Erblasser genannten Auswahlkriterien erfüllt worden sind.

---

433 *Leipold* in MüKo, § 2065 Rz. 1, zu den vom Gesetz genannten Ausnahmen vgl. Rz. 2.

434 RGZ 159, 296 ff.; BGHZ 15, 199 ff.

435 *Wagner*, ZEV 98, 184 (185).

436 Siehe hierzu *Leipold* in MüKo, § 2065 Rz. 18 m.w.N.

437 BGHZ 15, 199 (203); RGZ 159, 296 (299).

Zum anderen muß der Erblasser in seinem Testament ein Auswahlgremium bestimmen. Tut er dies nicht, und läßt sich auch durch Auslegung keines ermitteln, wird die Auswahlklausel im Testament unwirksam, da das Nachlaßgericht nicht zuständig ist. Ohne gesetzliche Grundlage kann es nämlich nicht privatautonom verpflichtet werden.[438] Dies gilt aber nicht für ein Schiedsgericht. In Ermangelung einer genauen Bezeichnung des Auswahlgremiums wäre durch Auslegung das Schiedsgericht zu ermitteln, die Klausel also zu halten.

(2) Billigkeitsentscheidungen gem. § 1051 Abs. 3 ZPO

Im Rahmen der letztwillig eingesetzten Schiedsgerichte ist auch die Möglichkeit, nach Billigkeit entscheiden zu lassen, unter anderen Gesichtspunkten zu betrachten (§§ 1066, 1051 Abs. 3 ZPO). Üblicherweise sind auch nach Billigkeit getroffene Entscheidungen nur dann aufhebbar, wenn sie mit der öffentlichen Ordnung nicht zu vereinbaren sind.
Hier wird man im Erbrecht einen besonderen Maßstab anlegen müssen, da sich die rechtliche Situation vom Normalfall abweichend darstellt. Zu beachten ist stets, daß das Erbrecht neben der Testierfreiheit auch die Interessen der Erbberechtigten schützt. Diese haben aber keine Möglichkeit, den Entscheidungsspielraum des ihnen oktroyierten Schiedsgerichtes zu beeinflussen.
Somit ist auch bei Entscheidungen nach Billigkeit der Entscheidungsspielraum des letztwillig eingesetzten Schiedsgericht so eng zu ziehen, daß es nicht über die nach dem materiellem Erbrecht bestehenden Grenzen hinaus entscheiden darf. Tut es dies doch, so ist die Entscheidung nach § 1059 Abs. 2 Nr. 2 b. ZPO aufhebbar, da eine Erweiterung der gesetzlich gestatteten Testierfreiheit des Erblassers über den Umweg der Einsetzung eines Schiedsgerichts gegen den *ordre public* verstieße.[439]

b. Übergesetzliche Einschränkungen der schiedsrichterlichen Klärung

Eine weitere Grenze der Befugnisse des Schiedsgerichtes ergibt sich geradezu selbstverständlich aus dem Willensdogma des Erbrechts. Es ist dem Schiedsgericht nicht gestattet, gegen den Willen des Erblassers zu entscheiden.[440] Dies ergibt sich ebenfalls aus der Besonderheit des erbrechtlichen Schiedsgerichts. Wie auch das staatliche Gericht muß das Schiedsgericht stets den Erblasserwillen vor Augen haben und nach dessen Maßstab entscheiden. Dies darf allerdings nicht so weit gehen, daß das Schiedsgericht, weil es sich eventuell auf Grund enger freundschaftlicher Beziehungen zum Erblasser rein tatsächlich hierzu in der Lage sieht, den letzten Willen über dessen Wortlaut und über die Grenze anerkannter Auslegungsregeln hinaus im Namen des Erblassers interpretiert. Ein solcher Schiedsspruch wäre mit § 2065 BGB nicht zu vereinbaren.

---

438 *Leipold* in MüKo, § 2065 Rz. 17.

439 Siehe auch *Verfasser*, MDR 2000, S. 314 (316).

440 *Schiffer*, Wirtschaftsschiedsgerichtsbarkeit, S. 176

c. Ansprüche von nicht letztwillig Bedachten

Der schiedsrichterlichen Entscheidungskompetenz bezüglich erbrechtlicher Ansprüche, die die Rechte Dritter betreffen, steht § 1030 ZPO genausowenig entgegen wie zum alten Recht die Bestimmung des § 1025 Abs. 1 a.F. ZPO. Sowohl die Ansprüche von Nachlaßgläubigern als auch solche von Pflichtteilsberechtigten sind vermögensrechtlicher Natur und daher Schiedsklauseln zugänglich. Dennoch ist es einem Schiedsgericht nicht möglich, solche Ansprüche rechtlich wirksam zu entscheiden, wenn es durch letztwillige Verfügung eingesetzt wurde.
Dieses Unvermögen ergibt sich aber nicht aus Gründen mangelnder objektiver Schiedsfähigkeit, so daß auch ein Rückgriff auf § 1030 Abs. 3 ZPO nicht erforderlich ist, sondern vielmehr aus einer Beschränkung der Dispositionsbefugnis, die § 1066 ZPO vornimmt.[441]
Dargelegt wurde bereits, daß diese Norm in Ausnahme zum sonstigen Schiedsrecht ein Aufzwingen der Schiedsgerichtsbarkeit gegenüber den Erben ermöglicht.
Dem Interesses der Erben an ihrem gesetzlichen Erbrecht steht die Testierfreiheit (Art. 14 Abs. 1 GG) des Erblassers gegenüber. Letztere geht vor. Der Erblasser darf entscheiden, auf welche Weise seine Erben von seinem Nachlaß profitieren. Deren Interessen sind weniger schutzwürdig, da sie ohne eine Gegenleistung erwerben. Dies gilt auch bei Erbteilen, die mit Vermächtnissen oder Auflagen beschwert sind.[442]
§ 1066 ZPO ist also Ausdruck der Testierfreiheit des Erblassers. Diese endet aber gegenüber solchen Personen, die nicht vom Nachlaß bedacht sind. § 1066 ZPO gibt dem Testierenden nicht die Möglichkeit, unbedachte Dritte in die Schiedsklausel ohne deren Willen mit einzubeziehen. Eine letztwillige verfügte Schiedsklausel, die es Dritten erschwert, ihre Ansprüche vor einem staatlichen Gericht geltend zu machen, ist diesen Dritten gegenüber unwirksam. Die Wirksamkeit gegenüber den Erben bestimmt sich nach § 2085 BGB.

d. Möglichkeiten der schiedsrichterlichen Klärung

Folgend soll kurz dargestellt werden, ob sich durch die Änderungen zum deutschen Schiedsrecht Veränderungen in der Entscheidungsbefugnis letztwillig eingesetzter Schiedsgerichte ergeben haben.
Festgestellt wurde bereits, daß die durch letztwillige Verfügung erlassene Schiedsklausel zwischen den Parteien dieselbe Wirkung entfaltet, als hätten sie selber eine Schiedsvereinbarung getroffen. Ob das Schiedsgericht also wirksam über die zwischen den Parteien entstandene Streitigkeit entscheiden kann, bestimmt sich nach § 1030 ZPO, wenn keine Einschränkung der Testierfreiheit des Erblassers gegeben ist.
Auch bei letztwilligen Verfügungen tritt an die Stelle der Vergleichsbefugnis die der Vermögensrechtlichkeit des streitigen Anspruchs.
Als vermögensrechtlich sind alle Ansprüche der Bedachten untereinander zu werten, die auf Vermächtnissen und sonstigen erbrechtlichen Zuwendungen be-

---

441 *Verfasser*, MDR 2000, S. 314 (316).

442 Zur Schutzbedürftigkeit des Erben siehe *Brox*, Erbrecht, S. 138.

ruhen. Auch zählen Streitigkeiten, die mit Auflagen verbunden sind, zu den vermögensrechtlichen Ansprüchen, da sie regelmäßig einen wirtschaftlichen Zweck verfolgen. Gleiches gilt für die Feststellung der Erbberechtigung und der Entscheidung der Wirksamkeit eines Testamentes, wobei das Schiedsgericht hierbei nicht gegen die Vorschriften des materiellen Erbrechts verstoßen kann und es ihm somit nicht möglich ist, ein formunwirksames Testament zu heilen. Bezüglich der oben genannten Ansprüche ergeben sich also keine Unterschiede zum alten Recht.[443]

e. Ergänzende Auslegung und Anfechtung von Testamenten durch Schiedsgerichte

Möglicherweise haben sich aber durch die Änderung des deutschen Schiedsrechts die zum alten Recht streitigen Themenkreise geklärt, ob nämlich ein Schiedsgericht befugt ist, eine ergänzende Testamentsauslegung vorzunehmen und über Anfechtungsanträge zu entscheiden.[444]

Raum für Auslegung bietet das Gesetz nur dann, wenn überhaupt eine Unklarheit im Testament gegeben ist. So ergibt sich aus dem Willensdogma des bürgerlich-rechtlichen Erbrechts, welches Art. 14 Abs. 1 GG zu entnehmen ist,[445] daß eine gerichtliche Einigung der Parteien über die gewillkürte Erbfolge nicht möglich ist. Die Bedachten können allenfalls nach dem Erbfall über ihre Erbteile oder Vermächtnisse verfügen (§§ 2033, 2371 BGB).

Auch nach dem neuen Schiedsrecht ergibt sich daher, daß eine schiedsrichterliche Entscheidung über die Erbfolge trotz ihrer unzweifelhaften Vermögensrechtlichkeit bei einer eindeutigen letztwilligen Verfügung nicht möglich ist. Ein Schiedsspruch, der eine solche Entscheidung träfe, ginge über die einseitige Ermächtigung durch den Erblasser hinaus. Er wäre nach den §§ 1059 Abs. 2 Nr. 1 lit. c., 1066 ZPO aufhebbar.

Anders stellt sich die Situation allerdings dar, wenn der Wille des Erblassers sich am Wortlaut des Testaments nicht eindeutig feststellen läßt.

Hier liegt es dann im Befugnisbereich des Prozeßgerichtes, den wahren Willen des Erblassers zu ermitteln und gegebenenfalls auch durch Ergänzung des Testaments eventuelle Lücken zu füllen, solange hierbei nicht die Willensbildung des Erblassers ersetzt wird und das Gericht gewissermaßen als Vertreter des Erblassers auftritt (§ 2065 Abs. 2 BGB).[446]

Ansprüche von Personen, die sich fälschlicherweise nicht im Testament bedacht sehen,[447] oder von Erben, die die Höhe ihres testamentarischen Erbteils für zu

---

[443] Siehe zum alten Recht oben Teil 2. B. II. 1.

[444] Siehe Darstellung oben Teil 2. B. II. 1. zu den zu diesem Streit vertretenen Meinungen

[445] Zum Begriff siehe *Lange/ Kuchinke*, Erbrecht, S. 567 f.; *Brox*, Erbrecht, S. 139.

[446] Zu den Grenzen der erläuternden Testamentsauslegung, der das staatliche Gericht unterliegt, vgl. *Lange/ Kuchinke*, Erbrecht, S. 570 f. und *Staudinger/ Otte*, § 2065 Rz. 9, beide m.w.N.

[447] In einem solchen Fall ist das staatliche Gericht m. E. verpflichtet, einer Einrede der Schiedsgerichtsbarkeit stattzugeben, da hier schon die letztwillige Schiedsklausel so auszulegen ist, daß bei Kenntnis des Erblassers auch der klagende Dritte mit in die Klausel einbezogen worden wäre. Die Auslegung der Schiedsklausel ermöglicht § 1066 ZPO und ist nach dem Grundsatz der weiten Auslegung zwingend. Der Fall un-

niedrig halten, und daher eine ergänzende Vertragsauslegung wünschen, sind vermögensrechtlich und somit schiedsfähig iSd. § 1030 Abs. 1 S. 1 ZPO. Dies gilt im gleichen Maße für Testamentsanfechtungsanträge, da auch sie regelmäßig auf die Erhöhung des Erbteils und somit auf das Ziel wirtschaftlicher Bereicherung gerichtet sind.
Die Schiedsfähigkeit wird auch nicht spezialgesetzlich gehindert. Durch die Änderung des Zehnten Buches der ZPO sollte die Annäherung der schiedsrichterlichen Befugnisse an die der staatlichen Gerichte erreicht werden.[448] Teils wird sogar von einer Gleichstellung mit den Staatsgerichten gesprochen.[449] Im Ergebnis bedeutet dies, daß Schiedsgerichte alle vermögensrechtlichen Ansprüche autonom entscheiden dürfen, wenn ihnen dies nicht spezialgesetzlich untersagt wird (§ 1030 Abs. 3 ZPO). Eine solche Untersagung ist im Bereich des Erbrechts nicht ersichtlich, so daß dem Schiedsgericht die gleichen Befugnisse wie dem Prozeßgericht zustehen.[450] Dem Schiedsgericht obliegt also sowohl die ergänzende Testamentsauslegung als auch die Entscheidung über Anfechtungsanträge.[451]

In der Testamentsauslegung liegt ein weiterer Vorteil der Schiedsgerichtsbarkeit. Dieses ist von der Sache her genauso wenig an höchstrichterliche Rechtsauffassungen gebunden wie ein niederinstanzliches staatliches Gericht.[452] Anders als bei diesem unterliegt es aber keinem Instanzenzug, sondern vielmehr sind seine Entscheidungen nur sehr eingeschränkt überprüfbar. Im Gegensatz zu den staatlichen Gerichten ist ein Schiedsgericht ausschließlich dem Gesetz verpflichtet und an dieses gebunden, nicht aber an zusätzlich einschränkende Rechtsprechung der Obergerichte. Im Endeffekt ist es seinen Entscheidungen freier. Es existiert kein Instanzenzug, der die höchstrichterlichen Rechtsansichten durchsetzen könnte.[453] Wenn es auch strikt an das materielle Recht gebunden ist und nicht gegen dieses verstoßen darf, so ist es doch nicht in gleicher

terscheidet sich insofern vom Pflichtteilsberechtigten, da wohl anzunehmen ist, daß der Erblasser von der Existenz des Klägers keine Kenntnis hatte; ihn also von der Erbfolge nicht ausgeschlossen hat. Vgl. zum Begriff der weiten Auslegung *Albers* in Baumbach/Lauterbach/Albers/Hartmann, § 1029 Rz. 12; *Lachmann*, Schiedsgerichtspraxis, S. 81; rechtsvergleichend *Gottwald*, Internationale Schiedsgerichtsbarkeit, Generalbericht, S. 1 (31 f.).

448 RegBegrE, BT/ Drucks. 13/ 5274, S. 34; dies gilt allerdings nicht für die Kontrollmöglichkeiten vgl. oben Teil 1. I. 1.

449 *Raeschke-Kessler* in DIS-Materialien IV (1998), 81 (84).

450 So auch schon zu alten Recht *Schwab/ Walter*, Schiedsgerichtsbarkeit, S. 307, der allerdings die Entscheidungsbefugnis für die ergänzende Vertragsauslegung verneint.

451 *Verfasser*, MDR 2000, S. 314 (317); a. A. *Albers* in Baumbach/Lauterbach/Albers/Hartmann, § 1066 Rz. 2, allerdings ohne Begründung.

452 *Raeschke-Kessler* in DIS-Materialien IV (1998), 81 (92) am Beispiel des Verbraucherschutzes; vgl. zur Situation des staatlichen Gerichts, *Rosenberg/ Schwab/ Gottwald*, Zivilprozeßrecht, S. 910.

453 Vgl. zur Durchsetzung der höchstrichterlichen Rechtsansichten in den Rechtsmittelinstanzen, *Rosenberg/ Schwab/ Gottwald*, Zivilprozeßrecht, S. 802 ff.

Weise wie ein staatliches Gericht an die Rechtsauffassung der obersten Bundesgerichte gebunden.[454]
Im Rahmen der Auslegung bedeutet dies, daß ein Schiedsgericht sich bei der Auslegung eventuell in ganz anderer Weise an Umstände außerhalb des Testamentes halten kann, da es möglicherweise die Rechtsansicht des BGH zur sogenannten Andeutungstheorie bezüglich der notwendigen Formerfordernisse des Testaments nicht teilt[455] und eher die den etwas größeren Spielraum bietende Rechtsinterpretation der h.L. für richtig hält.[456]

f. Entlassung des Testamentsvollstreckers

Schon vor der Rechtsänderung herrschte darüber Einigkeit, daß sich die Erben und der Testamentsvollstrecker bezüglich dessen Abberufung einem Schiedsgericht unterwerfen können.[457] Die Meinung, daß dies aber nicht durch letztwillige Schiedsgerichtseinsetzung verfügt werden könne, geht auf eine Aussage des Reichsgerichts aus dem Jahr 1931 zurück. In seinem Urteil vom 23.06.1931 stellt es fest, daß sich aus dem Gesetz, insbesondere aus § 2220 BGB, ergebe, daß der Erblasser die am Erbe Beteiligten nicht „mit gebundenen Händen" dem ausgedehnten Machtbereich des Testamentsvollstreckers ausliefern könnte. Jede Schwächung der rechtlichen Position der Erben gegenüber dem Testamentsvollstrecker, die der Erblasser in seiner letztwilligen Verfügung vorsehe, sei daher unwirksam.[458] Da aber in einem letztwilligen Ausschluß der staatlichen Gerichtsbarkeit eine solche Schwächung zu sehen sei, könne letztwillig ein solcher Ausschluß nicht vorgenommen werden.[459]
Diese Ansicht ist nach der Reform des Schiedsrechtes nicht mehr zu halten. Nach der Gesetzesänderung ergibt sich sowohl aus dem Schiedsrecht selbst[460] wie auch aus den umfangreichen Materialien zum SchiedsVfG[461], daß das Gesetz die Schiedsgerichtsbarkeit nunmehr als eine der staatlichen Gerichtsbarkeit ebenbürtige Rechtsschutzmöglichkeit sieht. Hieran ändert auch die Tatsache nichts, daß bei Schiedsklauseln iSd. § 1066 ZPO die Schiedsrichter nicht durch die Parteien, sondern durch den Erblasser bestimmt werden; denn auch dieser ist an die gesetzlichen Vorschriften gebunden.
Das Klageziel einer Absetzungsklage richtet sich darauf, einen inkompetenten oder parteiischen Testamentsvollstrecker abzusetzen, um eine ordnungsgemäße

---

454 *Raeschke-Kessler/ Berger*, Schiedsverfahren, S. 64; *Raeschke-Kessler* in DIS-Materialien IV (1998), 81 (92).

455 BGHZ 86, 41 (45 ff.); 80, 242 ff.

456 Vgl. hierzu *Brox*, Erbrecht, S. 140 ff.; *Lange/ Kuchinke*, Erbrecht, S. 170 ff.

457 *Habscheid*, ZZP 66 (1960), S. 188 (197); *Brandner* in MüKo, § 2220 Rz. 3; *Soergel/ Damrau*, § 2227 Rz. 1; Anmerkung *Damrau* zu BGH EWiR 85, 815 (816).

458 RGZ 133, 128 (135).

459 *Brandner* in MüKo, § 2220 Rz. 3; *Soergel/ Damrau*, § 2227 Rz. 1; *ders.* zu BGH EWiR 85, 815 (816).

460 Vor allem aus der Ausweitung und der Vereinfachung der Feststellung der Schiedsfähigkeit durch § 1030 ZPO.

461 Bericht, S. 36; RegBegrE, BT/ Drucks. 13/ 5274, S. 94.

Nachlaßverwaltung oder Erbauseinandersetzung zu gewährleisten. Es ist also zumindest subjektiv von der Befürchtung des Klägers geprägt, der Testamentsvollstrecker werde ihn bei der Verteilung des Nachlasses benachteiligen oder der Nachlaß in seiner Gesamtheit durch unsachgemäße Verwaltung gemindert. In beiden Fällen liegt ein klägerisches wirtschaftliches Interesse vor, also eine Vermögensrechtlichkeit iSd. § 1030 Abs. 1 S. 1 ZPO.
Die Abberufung eines Testamentsvollstreckers ist schiedsfähig und kann durch letztwillige Verfügung veranlaßt werden.
Auch die in § 2227 BGB enthaltene Bestimmung der Zuständigkeit des Nachlaßgerichtes ändert an diesem gefundenen Ergebnis nichts, da es sich hierbei um eine bloße Organisationsvorschrift innerhalb der staatlichen Gerichtszweige handelt, deren Sinn nicht dahingeht, die Schiedsgerichtsbarkeit schlechthin auszuschließen.[462]
Eine Ausnahme ergibt sich nur, wenn der Erblasser den Testamentsvollstrecker selbst zum Schiedsrichter bestimmt hat.[463] In diesem Fall kann das Schiedsgericht wegen des entstehenden Interessenkonfliktes nicht über eine Entlassung entscheiden, sondern muß dies dem Nachlaßgericht überlassen. Auf die Position des Schiedsrichters hat diese Entscheidung aber keine Auswirkung, sonst wäre es den Erben möglich, auf dem Umweg der Entlassung des Testamentsvollstreckers die letztwillige Schiedsklausel zu umgehen.
Eine Schiedsvereinbarung, die einem Schiedsrichter das Recht gibt über seine eigene Abberufung als Testamentsvollstrecker zu entscheiden, wäre wegen Verstoßes gegen das Gebot der Überparteilichkeit in diesem Punkt unwirksam.

III. Zusammenfassung

Im Bereich des Erbrechts, vor allem bei letztwillig verfügten Schiedsklauseln, zeigt sich, daß die gesetzgeberisch gewünschte Vereinfachung der Schiedsgerichtsbarkeit, vor allem bezüglich der Entscheidungsbefugnisse des Schiedsgerichtes, voll durchgeschlagen hat.
Zwar ist es nach wie vor dem Erblasser unmöglich, am Erbe nicht beteiligte oder von ihm ausgeschlossene Dritte am Schiedsverfahren zu beteiligen, doch liegen diese Schranken im Erbrecht und sind zum Schutz dieser Dritten auch geboten.
Wohl aber kann der Erblasser die Abwicklung seines Nachlasses in die Hände einer ihm vertrauten Person als Testamentsvollstrecker legen, der im Streitfalle auch als Schiedsrichter fungieren solle. Diese Klausel muß er allerdings durch eine Verwirkungsklausel schützen, da es den Erben möglich ist, in gegenseitigem Einvernehmen doch vor die staatliche Gerichtsbarkeit zu treten.
Kommt es zum Streitfall, so kann der der Familie oder den Erben im günstigsten Fall vertraute Schiedsrichter in ganz anderer Weise als der staatliche Richter versuchen, den Familienfrieden zu wahren und auf eine gütliche Einigung hinzuarbeiten. Dies kann u.U. zur Rettung von Familienunternehmen führen. Ist

---

462 *Verfasser*, MDR 2000, S. 314 (318); a. A. offenbar *Kipp/ Coing*, Erbrecht, S. 437.

463 Dies ist nach der h.L. möglich, siehe RGZ 100, 76 (78); BGHZ 41, 23 (25); BayObLG 56, 186 (189); *Soergel/ Damrau*, § 2203 Rz. 7; *Leipold* in MüKo, § 1937 Rz. 30, § 2065 Rz. 4; *Schwab/ Walter*, Schiedsgerichtsbarkeit, 5. Auflage, S. 307; a.A. *Kipp/ Coing*, Erbrecht, S. 437, der einen Interessenkonflikt schon auf Grund einer eventuellen Interessiertheit des Testamentsvollstreckers sieht.

eine Einigung aber nicht möglich, so ist es dem Schiedsrichter mit allen auch dem Prozeßgericht offenstehenden Mitteln möglich, den Rechtsstreit entscheiden; hierzu zählen auch die ergänzende Auslegung und die Entscheidung über Anfechtungsanträge, wie das neue Schiedsrecht unzweifelhaft ergibt.

C. *Schiedsvereinbarungen in AGB*

Der Bundesgerichtshof hat in der Vergangenheit die Ansicht vertreten, daß der Anwendungsbereich des § 9 AGBG in Zusammenhang mit Schiedsvereinbarungen sehr weit zu ziehen sei.[464] Ihm ist daher vorgeworfen worden, er würde über die Grenzen hinaus, die die gesetzlichen Bestimmungen zu objektiver und subjektiver Schiedsfähigkeit ziehen, im Wege einer Art Billigkeitsrechtsprechung die Wirksamkeit von Schiedsvereinbarungen versagen, wenn ihm aus Gerechtigkeitsgründen die Ergebnisse des Schiedsgerichtes nicht haltbar erschienen.[465] Im Mittelpunkt der Kritik stand dabei im wesentlichen, der BGH habe eine Art übergesetzliche Einschränkung der Schiedsfähigkeit vorgenommen.
Im folgenden soll daher die Zulässigkeit der Vereinbarung eines Schiedsgerichts mittels AGB und ein eventueller Zusammenhang mit der objektiven Schiedsfähigkeit erörtert werden.

Das neue Schiedsrecht trifft bezüglich der Formerfordernisse, die eine Schiedsvereinbarung zu erfüllen hat, in § 1031 ZPO eine genaue Regelung. Diese wird in Bezug auf Verbraucher in § 1031 Abs. 5 ZPO entsprechend erweitert und um zusätzliche Anforderungen ergänzt.
Es ist daher bei den Erläuterungen zwischen Verbrauchern und gewerblich tätigen Kaufleuten bzw. Unternehmen zu differenzieren.

I. Schiedsklauseln in AGB unter Kaufleuten

Die Formerfordernisse, die nach neuem deutschen Recht an Schiedsvereinbarungen zwischen juristischen oder natürlichen Personen gestellt werden, zu deren gewerblicher oder selbständig ausgeübter beruflicher Tätigkeit das der Schiedsvereinbarung zugrunde liegende Geschäft gehört, sind im Vergleich zum alten Recht erschwert worden. So ist nunmehr ein mündliche Vereinbarung nicht mehr möglich.[466] Es genügt allerdings ein Abschluß durch sich deckenden, unterschriebenen Briefwechsel, Telefax oder andere dem Beweis zugängliche Formen der Nachrichtenübertragung (§ 1031 Abs. 1 ZPO). Hierzu wird zukünftig also auch elektronische Datenübertragung (E-Mail) zu zählen sein. § 1031 Abs. 2 ZPO eröffnet Kaufleuten die Möglichkeit, eine Schiedsvereinbarung in einem Schriftstück zu übermitteln. Widerspricht der andere Teil der Verkehrssitte entsprechend nicht rechtzeitig, so wird die Schiedsvereinbarung Vertragsbestandteil. In § 1031 Abs. 3 ZPO ist geregelt, daß auch eine Schiedsvereinbarung in einem Schriftstück, auf das gesondert verwiesen wird, wirksam sein kann, wenn jenes Vertragsbestandteil wurde.

---

464 Vgl. Urteil des BGH vom 10.10.1991 abgedruckt in NJW 1991, 575 ff.

465 So *Schlosser* in DIS-Materialien IV (1998), S. 51 (52) zum Urteil des BGH vom 10.10.1991 abgedruckt in NJW 1991, 575 ff.; zur allgemeinen Kritik an dem Urteil, vgl. Zöller/ *Geimer*, § 1031 Rz. 20; *Schumann*, NJW 92, 2065 f.

466 Zöller/ *Geimer*, § 1031 Rz. 5; dies war wegen mangelnder praktischer Akzeptanz aber ohnehin zu vernachlässigen, siehe *Schütze*, Schiedsverfahren, S. 62.

1. Wirksamkeit von AGB unter Kaufleuten

§ 1031 Abs. 3 ZPO macht also in gleicher Weise wie früher § 1027 Abs. 2 a.F. ZPO die Vereinbarung eines Schiedsgerichtes *via* AGB möglich. Zusätzlich zu den grundsätzlichen Formerfordernissen des § 1031 ZPO sind aber auch die Regelungen des AGBG zu erfüllen.[467] Die Allgemeinen Geschäftsbedingungen müssen also durch Einbeziehung Vertragsbestandteil geworden sein. Hierbei kommt es mit Rücksicht auf § 24 AGBG bei Kaufleuten nicht auf die besondere Form des § 2 AGBG an.

Wohl aber unterliegt eine Schiedsklausel der Inhaltskontrolle des AGBG. Dies gilt insbesondere für die §§ 3 und 9 AGBG.[468] Ein Verstoß gegen § 9 AGBG ist allerdings nicht allein im Ausschluß der staatlichen Gerichtsbarkeit zu sehen, da hierin keine unangemessene Benachteiligung des Vertragspartners zu sehen ist. Spätestens durch die Reform des Schiedsverfahrensrechts ist dies ausgeschlossen, da in der Schiedsgerichtsbarkeit mittlerweile eine der staatlichen Gerichtsbarkeit ebenbürtige Rechtschutzmöglichkeit zu sehen ist.[469] Auch wird der für § 3 AGBG nötige „Überrumpelungs- und Übertölpelungseffekt"[470] zumindest in den Wirtschaftsbereichen nicht gegeben sein, in denen solche Klauseln üblich sind. Bei Unüblichkeit von AGB- Schiedsklauseln ist auch hier auf das äußere Erscheinungsbild des Vertrages abzustellen und inwiefern der Empfänger durch eine untypische Klausel überrascht wird.[471]

Eine AGB- Schiedsvereinbarung ist gem. § 9 AGBG unwirksam, wenn sie eine Bestimmung trifft, die mit wesentlichen Grundgedanken der gesetzlichen Regelung nicht zu vereinbaren ist, von der abgewichen wird oder wesentliche, sich aus der Natur des Vertrages ergebende Rechte und Pflichten so einschränkt, daß die Erreichung des Vertragszweckes gefährdet erscheint (§ 9 Abs. 2 AGBG). Dies ist insbesondere dann der Fall, wenn von wesentlichen Verfahrensgrundsätzen wie etwa dem Recht auf rechtliche Gleichbehandlung oder rechtliches Gehör abgewichen wird.[472] Insofern unterscheiden sich die Unwirksamkeitsgrundsätze des AGBG von denen des Schiedsverfahrensrechts selbst nur unwesentlich; denn bei allen oben genannten Verstößen wäre der ergehende Schiedsspruch wegen eines Verstoßes gegen § 1042 ZPO aufhebbar.

Von einem eigenständigen Anwendungsbereich kann also nur insofern gesprochen werden, als § 9 AGBG die sofortige Unwirksamkeit zur Folge hat und die

---

467 *Schwab/ Walter*, Schiedsgerichtsbarkeit, S. 43.

468 BGH NJW 1992, 575 (576); *Wolf/ Horn/ Lindacher*, AGBG, § 9 S 4, S 8; *Lachmann*, Schiedsgerichtsbarkeit, S. 56 f.; *Schwab/ Walter*, Schiedsgerichtsbarkeit, S. 43; Zöller/ *Geimer*, § 1031 Rz. 20; *Raeschke-Kessler/ Berger*, Schiedsverfahren, S. 90 f.

469 Bericht, S. 95 f.; RegBegrE, BT/ Drucks. 13/ 5274, S. 34; schon zum alten Recht BGH NJW 1992, 575 (576); *Schwab/ Walter*, Schiedsgerichtsbarkeit, S. 43; a.A. zum alten Recht *Schlosser/ Coester-Waltjen/ Graba*, § 9 Rz. 110.

470 Vom BGH zur Voraussetzung gemacht, siehe BGHZ 84, 109 (112).

471 BGHZ 7, 188 (193); *Stein/ Jonas/ Schlosser*, § 1027 Rz. 13 b; siehe allgemein, *Wolf/ Horn/ Lindacher*, AGBG, § 3 Rz. 18 ff.

472 OLG Düss WM 1995, 1798 (1800); *Lachmann*, Schiedsgerichtsbarkeit, S. 56 f.

Sanktion des Schiedsrechts in Anfechtbarkeit und mangelnder Vollstreckungsmöglichkeit besteht.

2. Auseinandersetzung mit der Rechtsprechung des BGH

Der BGH hat nun in oben genannter Entscheidung über diese eben dargestellten Grundsätze hinaus einen Anwendungsfall des § 9 AGBG angenommen.[473] Der Gerichtshof sah in der Kombination der Tatsachen, daß dem Hauptvertrag offensichtlich gegen das AGBG verstoßende AGB zu Grunde lagen, nur der Verwender die Möglichkeit hatte, ein Schiedsgericht anzurufen, und das Schiedsrichterpanel allein mit juristischen Laien besetzt war, einen Verstoß gegen das AGBG. Die sich für den Vertragspartner ergebende Konstellation sei so ungünstig, daß in ihr ein Verstoß gegen die Grundsätze von Treu und Glauben zu sehen ist, der nur die Unwirksamkeit der Schiedsklausel gem. § 9 AGBG zur Folge haben könne.[474]

Es ist allerdings zu untersuchen, ob sich eine Unwirksamkeit der Schiedsvereinbarung wirklich auf die Unwirksamkeit von AGB stützen läßt, die dem Hauptvertrag zugrunde liegen.

Als Hauptvertrag versteht man den Vertrag, zu dessen Durchsetzung die Schiedsvereinbarung getroffen wurde.[475] Er ist grundsätzlich rechtlich unabhängig vom Schiedsvertrag.[476] So ist beispielsweise § 139 BGB im Verhältnis der beiden zueinander nicht anwendbar.[477] Deutlich wird die rechtliche Unabhängigkeit insbesondere dadurch, daß eine unterschiedliche Rechtswahl bezüglich des Schiedsvertragsstatuts und des Rechts der Hauptsache möglich ist.[478] Dem steht auch nicht entgegen, daß eine Schiedsvereinbarung in Form einer Schiedsklausel als Teil eines Vertrages getroffen wurde.[479]

Es folgt daher aus der rechtlichen Unabhängigkeit der Schiedsvereinbarung vom Hauptvertrag, daß ein Rückschluß von möglicherweise unwirksamen AGB-Bestimmungen des Hauptvertrages auf die Wirksamkeit der Schiedsvereinbarung über § 9 AGBG unmöglich ist. Eine Unwirksamkeit der Schiedsvereinbarung muß zwingend darauf zurückzuführen sein, daß die in den AGB enthaltene Schiedsklausel gegen das AGBG verstößt. Aus der rechtlichen Trennung von Haupt- und Schiedsvertrag ergibt sich, daß Nichtigkeitsgründe grundsätzlich nur den Vertrag treffen, bei dem sie vorliegen.[480] Gibt es also keine Nichtigkeitsgründe, die gleichermaßen beide Verträge betreffen, so kann sich

---

473 Urteil des BGH vom 10.10.1991 abgedruckt in NJW 1992, 575 ff.

474 BGH NJW 1992, 575 (576); dem BGH zustimmend, *Lachmann*, Schiedsgerichtspraxis, S. 57; *Wolf/ Horn/ Lindacher*, AGBG, § 9 S 4.

475 *Raeschke-Kessler/ Berger*, Schiedsverfahren, S. 91 f.

476 BGH ZIP 91, 1231 (1232); *Schütze*, Schiedsverfahren, S. 55 f.; *Lachmann*, Schiedsgerichtspraxis, S. 39 f.; *Raeschke-Kessler/ Berger*, Schiedsverfahren, S. 91 f.

477 BGHZ 53, 315 (317 ff.).

478 Vgl. *Lachmann*, Schiedsgerichtspraxis, S. 39 f.

479 *Albers* in Baumbach/ Lauterbach/ Albers/ Hartmann, § 1040 Rz. 2; *Musielak/ Voit*, § 1040 Rz. 2.

480 Siehe allgemein *Rosenberg/ Schwab/ Gottwald*, Zivilprozeßrecht, S. 1078.

eine Unwirksamkeit des Schiedsvertrages allein aus den oben genannten Grundsätzen ergeben, nicht aber, weil die verwandten AGB in anderen Punkten gegen das AGBG verstoßen.
Folgert man eine Unwirksamkeit einer Schiedsvereinbarung aber nicht aus den allgemeinen Voraussetzungen, die für Abschluß eines privatrechtlichen Vertrag erfüllt werden müssen, oder aus den besonderen Formvorschriften des § 1031 ZPO, so kann sie sich letztlich nur aus den Regelungen zur Schiedsfähigkeit ergeben.
Die vom Gerichtshof vorgebrachten Argumente vermögen aber auch in diese Richtung nicht zu überzeugen. Anerkanntermaßen kann ein Schiedsgericht mit Personen besetzt werden, die nicht über die Befähigung zum Richteramt gem. § 5 Abs. 1 DRiG oder eine entsprechende ausländische Befähigung verfügen.[481] Gerade die zu erwartende höhere Sachkunde dieser Schiedsrichter ist ja häufig der Grund für ihre Berufung.[482] Letztlich kann dies aber dahingestellt bleiben; denn § 1030 Abs. 1 S. 1 ZPO setzt für die Wirksamkeit einer Schiedsvereinbarung hinsichtlich der objektiven Schiedsfähigkeit lediglich die Vermögensrechtlichkeit des zugrunde liegenden Anspruch voraus. Diese wird bei Handelsgeschäften aber immer gegeben sein. Allein die Gefahr, daß eine Partei sich faktisch der Überprüfung seiner AGB einseitig entziehen kann, weil nur der AGB-Verwender die Möglichkeit hat, ein mit juristischen Laien besetztes Schiedsgericht anzurufen, stellt keinen Grund dar, der Schiedsvereinbarung die Wirksamkeit abzusprechen. Es wird vielmehr darauf vertraut, daß das Schiedsgericht die materiellen Rechtsvorschriften richtig anwendet. Dies ist zwar von einem mit Laien besetzten Schiedsgericht viel verlangt, aber letztlich ist doch anzunehmen, daß die Parteien anwaltlich vertreten sind und das Schiedsgericht mittels der Parteianträge und Schriftsätze zumindest Kenntnis von ihm möglicherweise unbekannten, aber für die Entscheidung relevanten Vorschriften erhält. Kommt es doch zu einer mit deutschen Rechtsgrundsätzen unvereinbaren Entscheidung, so bleibt letztlich nur die Möglichkeit der Aufhebung wegen eines *ordre public*-Verstoßes (§ 1059 Abs. 2 Nr. 2 lit. b ZPO). Diese letzte Waffe ist aber anerkanntermaßen relativ stumpf; denn es ist wohl kaum anzunehmen, daß in einem jedweden Verstoß gegen die §§ 9 ff. AGBG ein Verstoß gegen die wesentlichen Grundsätze deutschen Rechts zu sehen ist.

Zusammenfassend bleibt festzuhalten, daß auf Grund der Trennung von Haupt- und Schiedsvertrag sich eine Unwirksamkeit von Teilen der AGB des Hauptvertrages nicht auf die Wirksamkeit der Schiedsklausel auswirkt. Eine Unwirksamkeit der Schiedsvereinbarung kann sich auch nicht aus der Zusammensetzung des Schiedsrichterpanels in Kombination mit der Wahlmöglichkeit des Verwenders und des Verstoßes der AGB gegen § 9 AGBG ergeben, es sei denn, die Zusammensetzung verstoße schon als solche gegen das Gebot der Überparteilichkeit der Rechtspflege.[483]

---

481 *Schwab/ Walter*, Schiedsgerichtsbarkeit, S. 71; *Schütze*, Schiedsverfahren, S. 22.

482 *Schütze*, Schiedsverfahren, S. 11 m.w.N.; *Lachmann*, Schiedsgerichtspraxis, S. 11.

483 Siehe aber angesichts der Regelung des § 1034 Abs. 2 ZPO an die zu stellenden hohen Anforderungen. Hierzu Teil 2. D. II. 2. c. (1). (c).

II. Schiedsklauseln mit Verbrauchern

Werden Schiedsvereinbarungen mit Verbrauchern getroffen, so erhöht § 1031 Abs. 5 ZPO die Formanforderungen insofern, als die Vereinbarung auf einer von den Parteien eigenhändig unterschriebenen, gesonderten Urkunde enthalten sein muß (§ 1031 Abs. 5 S. 1 ZPO). Andere als die Schiedsvereinbarung enthaltende Bestimmungen darf diese Urkunde nicht aufweisen; es sei denn, sie ist notariell beurkundet (§ 1031 Abs. 5 S. 2 ZPO). Der Gesetzgeber wollte mit dieser Neuformulierung des § 1027 a.F. ZPO möglichst eng an den von diesem geschützten Personenkreis anknüpfen, ohne auf den im internationalen Rahmen nicht vertrauten Begriff des Handelsgeschäftes zurückgreifen zu müssen.[484]

Verbraucher sind daher nach der Legaldefinition des § 1031 Abs. 5 S. 3 ZPO ausschließlich natürliche Personen, die Schiedsvereinbarungen getroffen haben, deren zugrunde liegender Hauptvertrag nicht Teil ihrer gewerblichen oder selbständigen beruflichen Tätigkeit ist.[485] Nicht zum geschützten Personenkreis gehören also Handwerker, Landwirte und Freiberufler.[486] Ebenfalls kann niemals eine Behörde als Organ einer juristischen Person des öffentlichen Rechts Verbraucher sein; denn § 1031 Abs. 5 S. 3 ZPO verlangt die Vereinbarung einer Schiedsabrede durch eine natürliche Person.[487]

Auch § 1031 ZPO schließt aber AGB- Schiedsvereinbarungen mit Verbrauchern grundsätzlich nicht aus. Auf Grund der erschwerten Formanforderungen und wohl vor allem wegen des mangelnden praktischen Bedürfnisses ist es in der Vergangenheit allerdings im wesentlichen nur zu AGB- Schiedsvereinbarungen ohne Verbraucherbeteiligung gekommen.[488] Eine Aussage der Rechtsprechung, inwieweit AGB- Schiedsvereinbarungen mit Verbrauchern überhaupt wirksam sind oder inwieweit § 9 AGBG hier anzuwenden wäre, gibt es daher nicht.

1. Anwendung des § 9 AGBG bei AGB- Schiedsvereinbarungen mit Verbraucherbeteiligung

Mittlerweile haben AGB- Schiedsvereinbarungen mit Verbraucherbeteiligung aber eine nicht zu unterschätzende praktische Bedeutung bei Börsentermingeschäften in Waren oder Devisen im Ausland gewonnen. Es handelt sich hierbei um Spekulationsgeschäfte, die grundsätzlich ohne Vorleistung abgeschlossen werden können und eine Gewinnchance aus einem erwarteten Kursgewinn der gehandelten Sache an einer Börse oder einem anderen Finanzmarkt erwarten lassen. Genauso hoch und vor allem genauso wenig überschaubar wie die Wahrscheinlichkeit einer hohen Rendite bei Steigen des Kurses ist allerdings

---

484 Vgl. § 1027 Abs. 2 a.F. ZPO; RegBegrE, BT/ Drucks. 13/ 5274, S. 37; kritisch *Schütze*, Schiedsverfahren, S. 62.

485 *Schütze*, Schiedsverfahren, S. 62; *Lachmann*, Schiedsgerichtsbarkeit, S. 63 f.

486 *Lachmann*, Schiedsgerichtsbarkeit, S. 64.

487 A.A. *Lachmann*, Schiedsgerichtsbarkeit, S. 64, der auf eine eventuelle gewerbliche Tätigkeit der Behörde abstellt.

488 *Wieczorek/ Schütze*, § 1027 Rz. 12.

das Verlustrisiko bei dessen Fallen.[489] Häufig wird davon auszugehen sein, daß der Anleger ein Verbraucher iSd. § 1031 Abs. 5 S. 3 ZPO sein wird; denn selbst für den Fall, daß er gewerblich oder freiberuflich tätig ist, wird das Börsentermingeschäft in den wenigsten Fällen Teil seiner beruflichen Tätigkeit sein. Die Kapitalanlagepraxis schließt daher mit ihren Kunden in der Regel zwei Verträge, denen jeweils ein gesondertes AGB- Vertragswerk zu Grunde gelegt wird. Bei dem ersten Vertrag handelt es sich um einen Geschäftsbesorgungsvertrag mit dem an der Börse zugelassenen Händler (Broker) und bei dem anderen um einen Schiedsvertrag. Beide werden gesondert unterzeichnet, so daß die zusätzlichen Formerfordernisse des § 1031 Abs. 5 ZPO erfüllt sind.[490]

Unzweifelhaft sind Börsentermingeschäfte im höchsten Maße spekulativ und bilden auf Grund der kaum vorhersehbaren Verlustrisiken einen dankbaren Nährboden für Rechtsstreitigkeiten.[491] Gerade im Bereich des Kapitalmarktes angesichts der im internationalen Vergleich gesehen relativ strengen Anlegerschutzvorschriften drängt sich der Verdacht auf, daß Brokerfirmen Schiedsvereinbarungen treffen, um in Kombination mit Rechtswahlklauseln eben diese Schutzbestimmungen zu umgehen.
In der Literatur wird daher vertreten, im Bereich des Kapitalanlagerechts sei die Wirksamkeit von AGB- Schiedsvereinbarungen mit Verbraucherbeteiligung nach § 9 AGBG über die Grundsätze des Prinzips der Überparteilichkeit der Rechtspflege hinaus zu prüfen.[492]
Unwirksam soll eine Schiedsvereinbarung nach § 9 AGBG schon dann sein, wenn sich aus dem Zusammenspiel der AGB des Kundenvertrages und der Schiedsvereinbarung ergäbe, daß der Kunde unangemessen benachteiligt werde.[493] Diese Benachteiligung könne sich aus einer Vielzahl möglicher Konstellationen ergeben. Vor allem bestehe die Gefahr, daß auch die Ansprüche aus unerlaubter Handlung mit in den Kompetenzbereich des Schiedsgerichtes gestellt würden und der Geschädigte so seinen Deliktsgerichtsstand gem. 32 ZPO verlöre.[494] Diese an sich durchaus legitime Praxis[495] würde dadurch zu einer nach § 9 AGBG unzulässigen Benachteiligung, daß der Broker durch seine unzureichende Beratung nichttermingeschäftsfähiger Anleger mit zumindest bedingtem Vorsatz handele und so bewußt in Kauf nimmt, daß der Kunde den für ihn meist günstigeren Deliktsgerichtsstand verliere.[496]

---

489 Siehe zu Börsentermingeschäften ausführlich im Teil 2. E. I.

490 Vgl. die Sachverhalte der Entscheidungen des OLG Düss WM 1990, 842 ff.; OLG Düss WM 1995, 1488 ff.; OLG Düss WM 1995, 1798 ff.; OLG Düss 1996, 1903 ff.

491 BGHZ 103, 84 (88); *Schäfer/ Müller*, Wertpapierdienstleistungen, S. 155 ff.

492 *Raeschke-Kessler*, WM 98, 1205 (1207 ff.); *ders.* in DIS-Materialien IV (1998), 81 (88 ff.); *Raeschke-Kessler/ Berger*, Schiedsverfahren, S. 63 ff.

493 *Raeschke-Kessler*, WM 98, 1205 (1208); *ders.* in DIS-Materialien IV (1998), 81 (92); *Raeschke-Kessler/ Berger*, Schiedsverfahren, S. 64.

494 *Raeschke-Kessler*, WM 98, 1205 (1207 f.).

495 Siehe zur Unterwerfung von Ansprüchen aus künftig zu begehenden unerlaubten Handlungen BGHZ 102, 199 (200 ff.).

496 *Raeschke-Kessler*, WM 98, 1205 (1207).

Weiterhin sei § 9 AGBG einschlägig, wenn abzusehen ist, daß das Schiedsgericht die von der Rechtsprechung festgesetzten Richtlinien zum Verbraucherschutz nicht einhalte[497] oder dem Verbraucher lediglich Möglichkeit offenstehe, den Schiedsspruch auf einen materiell- rechtlichen *ordre public*- Verstoß prüfen zu lassen.[498] Letztlich sei die Schiedsvereinbarung unwirksam, wenn abzusehen sei, daß die Kosten des Schiedsverfahrens das der staatlichen Gerichte wesentlich überstiegen.[499]

Beurteilt man die Anwendbarkeit von § 9 AGBG so ergeben sich zu den Ausführungen, die zu den AGB- Schiedsvereinbarungen mit Gewerbetreibenden und Freiberuflern getroffen wurden, prinzipiell keine Abweichungen.
Ergibt sich im Einzelfall, daß Schiedsvereinbarungen ausschließlich getroffen wurden, um die Vertragspartei um die ihr zustehenden Rechte zu bringen, so ist eine solche Vereinbarung nach § 138 BGB oder bei Anwendbarkeit des AGBG nach § 9 AGBG nichtig. Dies wäre insbesondere dann der Fall, wenn mit Schiedsrichtern zusammengearbeitet würde oder Schiedsvereinbarungen nachweisbar aus Gründen der Übervorteilung geschlossen würden.. Neben den Nichtigkeitsgründen des allgemeinen Privatrechts, sind auch die schiedsrechtsimmanenten Schranken zu beachten. Hier ist vor allem an ein Aufzwingen des Ausschlusses der staatlichen Gerichtsbarkeit auf den Verbraucher unter Ausnutzung seiner schwächeren Lage zu denken. Nach dem alten Recht ergab sich die Nichtigkeit der Schiedsvereinbarung aus § 1025 Abs. 2 a.F. ZPO direkt. Heute handelt es sich um einen Anwendungsfall des § 138 BGB. Bei der Prüfung des AGBG muß auch berücksichtigt werden, daß es sich eventuell um einen unerfahrenen Verbraucher handeln könnte, der in solchen Geschäften und den damit verbundenen Konsequenzen unbedarft ist. So kann eine durch AGB vereinbarte Schiedsvereinbarung, die zu unverhältnismäßig höheren Kosten führen würde als die Entscheidung durch die staatliche Gerichtsbarkeit, für sich betrachtet durchaus einen Verstoß gegen § 9 AGBG darstellen.[500] Diese Ermittlungen hat im Einzelfall der Tatrichter zu führen.
Dehnt man den Schutz des § 9 AGBG nun aber in der Weise aus, daß auch die Unwirksamkeit der AGB des Kundenvertrages zur Unwirksamkeit der Schiedsvereinbarung führt, so folgt eine Unwirksamkeit nicht aus Willensmängeln beim Vertragsschluß oder Formmängeln des Schiedsrechts, sondern aus einer Erweiterung der Schiedsunfähigkeitsgrenzen. In oben dargestellten Falle handelt es sich um eine Kombination aus der Schiedsfähigkeit des Streitgegenstandes (Börsentermingeschäfte) und der subjektiven Schiedsfähigkeit (Verbraucher).
Der Verbraucherschutz ist allerdings, was die Form angeht, in § 1031 Abs. 5 ZPO abschließend geregelt.[501] Ergänzt wird der Schutz des Ver-

---

497 *Raeschke-Kessler*, WM 98, 1205 (1208 f.); *ders.* in DIS-Materialien IV (1998), 81 (93); *Raeschke-Kessler/ Berger*, Schiedsverfahren, S. 64.

498 *Raeschke-Kessler*, WM 98, 1205 (1208 f.); *ders.* in DIS-Materialien IV (1998), 81 (93); *Raeschke-Kessler/ Berger*, Schiedsverfahren, S. 64;

499 *Raeschke-Kessler*, WM 98, 1205 (1208); *ders.* in DIS-Materialien IV (1998), 81 (92); *Raeschke-Kessler/ Berger*, Schiedsverfahren, S. 64.

500 Vgl. *Graf v. Westphalen*, AGB- Klauselwerke, S. 273.

501 So auch *Graf v. Westphalen*, AGB- Klauselwerke, S. 273, zu § 1027 a.F. ZPO.

brauchers zwar durch § 9 AGBG, doch muß sich eine Unwirksamkeit aus den AGB der Schiedsvereinbarung direkt ergeben. Die Trennung von Haupt- und Schiedsvertrag muß auch im Zusammenhang mit Verbrauchern gewahrt bleiben; denn § 1040 Abs. 1 S. 2 ZPO trifft auch hier keine Unterscheidung. Vielmehr ist davon auszugehen, daß das Schiedsgericht Benachteiligungen durch die AGB des Hauptvertrages erkennt und die entsprechenden Bestimmungen nicht anwendet. Auch die relativ geringe Kontrollmöglichkeit der staatlichen Gerichte ist in Fällen mit Verbraucherbeteiligung nicht bedenklich; denn es kann zwar davon ausgegangen werden, daß eine Nichtanwendung der §§ 9 ff. AGBG nicht zwangsläufig mit einem *ordre public*- Verstoß gleichzusetzen ist, wohl aber kann dies aber von einem Verstoß gegen zwingendes deutsches Verbraucherschutzrecht gesagt werden. Ein Schiedsspruch, der solche Vorschriften unbeachtet ließe, wäre aufhebbar (§ 1059 Abs. 2 Nr. 2 lit. b. ZPO).

Sind die AGB des der Schiedsvereinbarung zugrunde liegenden Hauptvertrags unwirksam, so kann nicht zwangsläufig auf eine Unwirksamkeit der Schiedsvereinbarung geschlossen werden. Dies gilt auch dann, wenn ein Verbraucher beteiligt ist.[502]
Sehr wohl kann aber die Verbraucherstellung bei der Prüfung der AGB der Schiedsvereinbarung besonders berücksichtigt werden. Dies darf allerdings nicht so weit gehen, daß von einem Verstoß gegen die AGB des Hauptvertrages auf die Wirksamkeit der Schiedsvereinbarung rückgeschlossen wird. Die Unwirksamkeit der Hauptvertrags- AGB zu ahnden, ist Sache des Schiedsrichters.

2. Einschränkung der Schiedsfähigkeit bei Verbrauchern durch EG- Richtlinien

Am 05.04.1993 erließ der Rat der Europäischen Gemeinschaften die Richtlinie 93/13/ EWG. In Nr. 1 lit. q des Anhangs zu Art. 3 der Richtlinie ist geregelt, daß AGB- Klauseln unwirksam sind, die darauf abzielen oder zur Folge haben, daß dem Verbraucher die Möglichkeit genommen oder erschwert wird, Rechtsbehelfe bei Gericht einzulegen oder sonstige Beschwerdemittel zu ergreifen, und zwar insbesondere dadurch, daß er ausschließlich auf ein nicht unter die gesetzlichen Bestimmungen fallendes Schiedsgericht verwiesen wird. Wäre diese Richtlinie in das deutsche Recht umgesetzt, so könnte sie sicherlich eine die Schiedsgerichtsbarkeit hindernde oder zumindest beschränkende Vorschrift iSd. § 1030 Abs. 3 ZPO darstellen. Dies ist aber bis *dato* noch nicht geschehen. Ob sie trotzdem eine für deutsche Gerichte bindende Wirkung hat,[503] kann hier dahingestellt bleiben.
Art. 3 der Richtlinie 93/13/ EWG stellt nämlich eine sich im wesentlichen mit § 9 AGBG deckende Inhaltskontrolle auf. Aus Art. 3 Abs. 3 der Richtlinie ergibt sich wiederum, daß sein Anhang für die nationalen Gerichte keine bindende Wirkung hat, sondern ein bloßes Hinweisinstrumentarium darstellt. Nr. 1 lit. q des Anhangs hat also keine die Schiedsgerichtsbarkeit beschränkende Qualität.

---

502 So aber *Raeschke-Kessler*, WM 98, 1205 (1207 ff.); *ders.* in DIS-Materialien IV (1998), 81 (93); *Raeschke-Kessler/ Berger*, Schiedsverfahren, S. 64.

503 So das OLG Düss WM 1996, 1903 (1906).

Außerdem würde Nr. 1 lit. q des Anhangs des Art. 3 Abs. 3 der Richtlinie ohnehin ein eigener Anwendungsbereich fehlen. Er verhindert nämlich nur Schiedsvereinbarungen, welche über die gesetzlichen Beschränkungen des nationalen Rechts hinaus gehen.[504] Wird allerdings eine Schiedsklausel, die als solche nicht mit den §§ 1025 ff. ZPO zu vereinbaren ist, in Allgemeinen Geschäftsbedingungen vereinbart, so wäre sie ohnehin nach § 9 AGBG nichtig.[505]

III. Zusammenfassung

Es ergibt sich also letztlich, daß auch nach dem neuen Recht in den AGB enthaltene Schiedsvereinbarungen wirksam sind, wenn sie den Formerfordernissen des § 1031 ZPO genügen und einer Inhaltskontrolle nach dem AGBG standhalten. Diese AGB- Kontrolle darf sich allerdings nur auf den Inhalt der Schiedsklausel richten. Die AGB des Hauptvertrages bleiben außer Betracht.
Etwas anderes ergibt sich auch nicht, wenn ein Verbraucher beteiligt ist. Auch stellt Nr. 1 lit. q des Anhangs des Art. 3 Abs. 3 der Richtlinie 93/13/ EWG keine die Schiedsfähigkeit beschränkende Vorschrift iSd § 1030 Abs. 3 ZPO dar. Bei der Inhaltskontrolle durch §§ 9 ff. AGBG müssen allerdings bei Verbraucherbeteiligung andere Maßstäbe angesetzt werden, als dies eventuell bei erfahrenen Kaufleuten der Fall wäre. Im Rahmen des Vollstreckungs- oder Aufhebungsverfahren ist zu beachten, daß die Nichtbeachtung zwingender Verbraucherschutzvorschriften einen *ordre public*- Verstoß darstellt.
Schützt man die Verbraucherinteressen im Wege der Nichtanerkennung wegen eines *ordre public*- Verstoßes, so gelangt man m.E. auf einem dogmatisch sauberen und problemlos mit dem Gesetz zu vereinbarenden Weg zu dem unbestreitbar nötigen Schutz von Verbrauchern sowohl im Bereich des Kapitalmarkts als auch im sonstigen Verbraucherschutzrecht.

---

504 *Wolf/ Horn/ Lindacher*, AGBG, Anhang Richtlinie Rz. 214; *Graf v. Westphalen*, AGB- Klauselwerke, S. 276; *Palandt/ Heinrichs*, Anhang zu § 30 AGBG Rz. 43; *Raeschke-Kessler/ Berger*, Schiedsverfahren, S. 62.

505 *Palandt/ Heinrichs*, Anhang zu § 30 AGBG Rz. 43; *Graf v. Westphalen*, AGB- Klauselwerke, S. 276.

D. *Gesellschaftsrecht*

Betritt man den Boden des Gesellschaftsrechts, so fällt auf, daß sich die Schiedsgerichtsbarkeit gerade – wenn auch nicht ausschließlich - im Bereich des Rechts der GmbH großer Beliebtheit erfreut und nicht selten der Wunsch besteht, den zwischen den Gesellschaftern untereinander oder gegenüber der Gesellschaft bestehenden Dissens zeitsparend und inoffiziell von einem Schiedsgericht aus der Welt schaffen zu lassen.[506] Ein besonderer Vorteil des Ausschlusses der Öffentlichkeit im Bereich des Gesellschaftsrechts dürfte vor allem darin zu sehen sein, daß der in der Regel an einer Beteiligung sehr interessierte Betriebsrat bei Streitigkeiten der Gesellschafter untereinander kein Anwesenheitsrecht hat.

Allerdings gibt es gerade auch auf diesem Rechtsgebiet Probleme zu bestimmen, welche Streitsachen einem Schiedsgericht zur Klärung vorgelegt werden können.

Eine abschließende Klärung dieser Ungewißheiten hat bedauerlicherweise auch das neue Schiedsverfahrensrecht nicht gebracht.[507] Diese auf dem UNCITRAL-Modellgesetz, also einem Gesetz zur Angleichung der internationalen Handelsschiedsgerichtsbarkeit, aufbauende Regelung hatte es allerdings auch nicht in erster Linie zum Ziel, gesellschaftsrechtliche Streitfragen aus der Welt zu schaffen.

Im folgenden soll nun versucht werden, die Problemkreise bezüglich der schiedsrichterlichen Klärung gesellschaftsrechtlicher Streitsachen darzulegen und einer Lösung nach dem neuen Schiedsrecht zuzuführen.

I. Einleitung

Zweifelhaft ist vor allem, ob einem Schiedsgericht die Entscheidung über die Wirksamkeit von Beschlüssen der Gesellschafter- bzw. Hauptversammlungen überlassen werden kann. Während diese Frage von weiten Teilen der Literatur bejaht und zum Teil vehement gefordert wird,[508] hat die Rechtsprechung die Möglichkeit schiedsrichterlicher Klärung bisher verneint.[509] Zum Recht der GmbH erging das letzte Urteil des BGH am 29.03.1996,[510] in dem er wiederum eine Schiedsklausel betreffend der Anfechtung von Gesellschafterbeschlüssen als unwirksam ansah. Angesichts der Unübertragbarkehit der §§ 246 ff. AktG auf das schiedsrichterliche Verfahren sei nach der derzeitigen Rechtslage die Möglichkeit grundsätzlich nicht gegeben, Beschlußstreitigkeiten von einem

---

506 Vgl. *Trittmann*, ZGR 99, 340; *Wieczorek/ Schütze*, § 1025 Rz. 22; *K. Schmidt*, Gesellschaftsrecht, S. 32; *Bredow*, DStR 96, 1653 m.w.N.; *Zilles*, BB 99, Beil. 4, 2.

507 Vgl. *Hüffer*, AktG, § 246 Rz. 19 ff.; *Lüke/ Blenske*, ZGR 98, 253 (301).

508 *Bredow*, DStR 96, 1653 ff.; *Zilles*, BB 99, Beil. 4, 2 ff.; *K. Schmidt*, ZHR 162 (1998), 265 (266 f.); *Lüke/ Blenske*, ZGR 98, 253 ff.; *Schwab/ Walter*, Schiedsgerichtsbarkeit, S. 33 ff.

509 BGH WM 1966, 1132 ff.; BGH GmbHR, 1951, 151 f.; NJW 1979, 2567 ff.

510 BGHZ 132, 278 ff. = BGH JZ 1996, 1017 ff. mit Anm. *Schlosser* = BGH NJW 1996, 1753 ff. = BGH BB 1996, 1074 ff. = BGH ZIP 1996, 830 ff.

Schiedsgericht klären zu lassen.[511] In einer bislang nicht rechtskräftigen Entscheidung des OLG Celle vom 31.07.1998 schloß sich das Gericht ohne eigene Begründung mit Verweis auf das Urteil des BGH dessen Rechtsprechung an.[512]

In den nachfolgenden Ausführungen soll dieser vom Gerichtshof aufgestellte Grundsatz untersucht werden. Sie beschränken sich auf die handelsrechtlichen Personengesellschaften, sowie auf die GmbH und auf die AG als die wohl am praktisch relevantesten Gesellschaftsformen.

II. Möglichkeiten der schiedsrichterlichen Durchsetzung gesellschaftsrechtlicher Beschlußstreitigkeiten im Kapitalgesellschaftsrecht

Spricht man im Kapitalgesellschaftsrecht von fehlerhaften Beschlüssen, so sind dies im wesentlichen Beschlüsse, deren Wirksamwerden von der Zustimmung anderer Personen oder Behörden abhängt (unwirksame Beschlüsse) oder solche, deren Mängel so gravierend sind, daß sie schon *ipso iure* zur Nichtgeltung des Beschlossenen führen (nichtige Beschlüsse), und letztlich rechtswidrige Beschlüsse, die durch Gestaltungsklage vernichtet werden können.[513]
Halten ein Aktionär, der Vorstand oder ein Organmitglied einer AG einen von der Hauptversammlung getroffenen Beschluß für fehlerhaft, so bleiben ihnen zwei Möglichkeiten.
Zum einen können sie die Nichtigkeitsklage als spezielle Feststellungsklage des Gesellschaftsrechts erheben.[514] Die Nichtigkeitsklage gem. § 249 AktG ist zwar eine Feststellungsklage,[515] wirkt allerdings rechtsgestaltend gegen jedermann.[516] Sie ist daher auch gegen die Gesellschaft selbst zu richten.[517] Das für die Zulässigkeit erforderliche Rechtsschutzbedürfnis wird regelmäßig in der gesellschaft-

---

511 BGH JZ 96, 1017 (1020).

512 OLG Celle, Aktz. 9 U 1/98, NZG 1999, 167 (168). Das Urteil liegt dem BGH unter dem Aktz. II ZR 274/ 98 zur Revision vor.

513 Siehe hierzu und zu den nicht erwähnten Scheinbeschlüssen, *K. Schmidt*, Gesellschaftsrecht, S. 864 f.; *Rowedder- Koppensteiner*, GmbHG, § 47 Rz. 72.

514 Als solche bezeichnet die h.L. die Nichtigkeitsklage gem. § 249 AktG, vgl. *Hüffer*, AktG, § 249 Rz. 1 und 10 m.w.N.

515 Hüffer, AktG, § 249 Rz. 1 und 10; a.A. *K. Schmidt*, Gesellschaftsrecht, S. 865 (Gestaltungsklage).

516 *Hüffer*, AktG, § 249 Rz. 17.

517 Dies unterscheidet sie von der allgemeinen Feststellungsklage gem. § 256 ZPO, die bei Vorliegen eines Feststellungsinteresses auch gegen einen anderen Gesellschafter erhoben werden könnte, siehe *Schmidt*, Gesellschaftsrecht, S. 865. Die Möglichkeit der Erhebung allgemeiner Feststellungsklagen wird mangels Rechtsschutzbedürfnisses von der Rechtsprechung nur bei Feststellungsklagen von Dritten angenommen, siehe BGH NJW 1966, 1458 f.

lichen Mitgliedschaft zu sehen sein.[518] Begründet ist die Nichtigkeitsklage bei Vorliegen eines Nichtigkeitsgrundes gem. § 241 AktG.[519]
Gem. §§ 249 Abs. 1, 248 Abs. 1 AktG beschränkt sich die Rechtskraftwirkung der Nichtigkeitsklage nicht auf die allgemeine Bindungswirkung zwischen den Parteien,[520] sondern erstreckt sich auf die Organe der Gesellschaft sowie ihre Aktionäre.[521]
Ist nun keiner der abschließend in § 241 AktG aufgeführten Nichtigkeitsgründe erfüllt, der Beschluß aber dennoch mit Mängeln behaftet, so kann zum anderen die Anfechtungsklage gem. § 246 AktG erhoben werden. Die Anfechtungsklage ist Gestaltungsklage. Sie ist innerhalb eines Monats gegen die Gesellschaft zu erheben (§ 246 Abs. 1 und 2 AktG).[522] In ihrer Urteilswirkung steht sie der Nichtigkeitsklage gleich (§ 248 AktG).

Im GmbH- Gesetz finden sich bezüglich der Anfechtung von Gesellschafterbeschlüssen keine Regelungen. Weist ein Gesellschafterbeschluß einer GmbH einen Mangel auf, so finden auf ihn die aktienrechtlichen Vorschriften über die Nichtigkeit und Anfechtbarkeit (§§ 241 ff. AktG) entsprechende Anwendung, soweit nicht die Besonderheiten des Rechts der GmbH der Analogie entgegen stehen.[523]

1. Schiedsfähigkeit

Der in der Literatur seit Jahrzehnten geführte Streit, ob es einem Schiedsgericht überlassen werden dürfe, Gesellschafterbeschlüsse bzw. Beschlüsse der Hauptversammlung[524] für nichtig zu erklären, wurde im wesentlichen auf dem Boden der Regelungen zur Schiedsfähigkeit geführt. Dies ist vor dem Hintergrund verständlich, daß die Normen, die die Schiedsfähigkeit ein- oder beschränken, gemeinhin als die Grenze der Möglichkeit schiedsrichterlicher Klärung gesehen werden. Eingangs wurde aber bereits dargelegt, daß sowohl der Gesetzgeber als auch der Bundesgerichtshof in einzelnen Fällen Grenzen der Schiedsgerichtsbarkeit angenommen haben, die über die der Schiedsfähigkeit hinausgingen.[525]
Im folgenden soll daher zunächst die Schiedsfähigkeit gesellschaftsrechtlicher Beschlußmängelklagen dargelegt werden und bei ihrem Vorliegen weiterhin

---

518 *Hüffer*, AktG, § 249 Rz. 12.

519 *K. Schmidt*, Gesellschaftsrecht, S. 865.

520 Siehe hierzu *Gottwald* in MüKo, ZPO, § 322 Rz. 36 ff.

521 Wobei sich die Bindung von Vorstand und Aufsichtsrat schon aus der Klage gegen die Gesellschaft folgt, *Hüffer*, AktG, § 249 Rz. 12.

522 Siehe zur Klagebefugnis § 245 AktG, hierzu *Eisenhardt*, Gesellschaftsrecht, S. 348 f.

523 BGHZ 51, 209 (210 f.); zuletzt BGH NZG 1999, 723; *Lutter/ Hommelhoff*, GmbHG, Anhang § 47 Rz. 1; *Rowedder- Koppensteiner*, GmbHG, § 47 Rz. 96; *Bork*, ZZP 160 (1996), 374 (375); a.A. Zöller/ *Noack*, ZGR 89, 525 ff.

524 Der Einfachheit halber wird folgend von Gesellschafterbeschlüssen und Gesellschaftern gesprochen werden. Das Gesagte gilt aber in gleicher Weise für Hauptversammlungsbeschlüsse und Aktionäre, es sei denn, Unterschiede werden deutlich gemacht.

525 Siehe oben Teil 1. II. 3.

erörtert werden, ob es sich aus anderen Gründen verbieten könnte, solche Streitigkeiten durch ein Schiedsgericht klären zu lassen.

a. Meinungsstand zu § 1025 Abs. 1 a.F. ZPO

Entscheidend geprägt sind die Aussagen aller Vertreter davon, wie sie den Begriff der Vergleichsfähigkeit im § 1025 Abs. 1 a.F. ZPO verstanden haben.[526] Auffallend ist allerdings, daß sich bei der Diskussion um die Schiedsfähigkeit des Streitgegenstandes bei gesellschaftsrechtlichen Beschlußstreitigkeiten auch innerhalb der verschiedenen Theorien durchaus unterschiedliche Ansichten zu dem Problem ergaben.[527] Argumentativ wurde die Diskussion eher im prozessualen Bereich des Gesellschaftsrechts geführt.

So wurde von den Gegnern der Schiedsfähigkeit gesellschaftsrechtlicher Beschlußstreitigkeiten geltend gemacht, bereits aus der ausschließlichen Zuständigkeitsvorschrift des § 246 Abs. 3 S. 1 AktG lasse sich entnehmen, daß in diesem Bereich nicht von einer objektiven Vergleichsfähigkeit auszugehen sei; denn mit der genannten Vorschrift habe der Gesetzgeber deutlich machen wollen, daß ein staatliches Rechtsprechungsmonopol im Bereich der Beschlußstreitigkeiten bestehen solle.[528]
Aus der Natur solcher Streitigkeiten ergebe sich weiterhin, daß eine Vergleichsfähigkeit von vornherein ausgeschlossen sein müsse. Ein Beschluß der Hauptversammlung sei entweder rechtmäßig oder fehlerhaft. Einen Kompromiß im Wege eines gegenseitigen Nachgebens, wie es § 779 BGB erfordere, könne es daher nicht geben.[529]
Letztlich wurde gegen die Schiedsfähigkeit von Beschlußstreitigkeiten eingewandt, daß eine der Hauptfunktionen der Beschlußmangelklage, nämlich der Schutzeffekt für den Minderheitsgesellschafter, verloren ginge, wenn ein Schiedsgericht möglicherweise sogar nach Billigkeitserwägungen entschiede.[530]

Die Vertreter der Gegenansicht bejahten die objektive Schiedsfähigkeit und zeigten auf, daß zumindest in § 246 Abs. 3 S. 1 AktG nach dem EuGH- Urteil vom 10.03.1992 kein Argument mehr für ein staatliches Rechtsprechungsmonopol gesehen werden könne. Der europäische Gerichtshof habe nämlich zu Art. 17 EuGVÜ entschieden, daß die Parteien einem ausländischen Gericht die ausschließliche Zuständigkeit übertragen könnten.[531] Demzufolge erscheine es

---

526 Zu den vertretenen Theorien siehe Teil 1. III. 2 a. (1) – (4).

527 So waren *Bork*, ZZP 100 (1987), 249 (269 f.) und *Vollmer*, ZGR 82, 15 (28 f.) der Meinung, daß keine rechtsgeschäftliche Verfügungsmacht im Bereich der Anfechtungsklage bestehe, während etwa *Schlosser* in *Stein/ Jonas*, 21. Aufl., § 1025 Rz. 27 f und *Schick*, Schiedsfähigkeit, S. 64, diese als durch aus gegeben sahen. *Bork* gab seine Ansicht allerdings in ZZP 160 (1996), 374 (378 Fn. 17) auf.

528 BGH MDR 1951, 674; *Schützel Tschernig/ Wais*, Schiedsverfahren, S. 23.

529 BGH WM 1966, 1132 (1133); OLG Hamm ZIP 87, 780 (783); zustimmend *Henze*, ZGR 88, 542 (555).

530 *Henze*, ZGR 88, 542 (554 f.).

531 EuGH RIW 1992, 492 (493).

ungereimt, ein innerstaatliches Rechtsprechungsmonopol mit einer Vorschrift begründen zu wollen, welche allein die funktionelle Zuständigkeit innerhalb der staatlichen Gerichtsbarkeit regele.[532]
Insbesondere von den Gegnern der materiellen Theorie der Auslegung des § 1025 a.F. ZPO ist vorgebracht worden, daß das durch die Beschlußmangelklage erwünschte Ziel durchaus einer vergleichsweisen Regelung zugänglich sei. Dem sei vor allem nicht abträglich, daß es sich bei den hierbei maßgeblichen Normen um zwingendes Recht handele.[533] Zur Begründung sei in den allgemeinen Teil der Arbeit verwiesen.[534]
Vielmehr liege der Gesellschafterbeschluß sehr wohl in der privatautonomen Verfügungsmacht der Gesellschafter. Zum einen könnten einzelne Gesellschafter darüber entscheiden, ob sie den zweifelhaften Beschluß mittels Klage angreifen wollen, und andererseits sei es die Gesamtheit der Gesellschaft, die Beschlüsse träfe, so daß es auch in ihrer Verfügungsgewalt läge, ihn wieder aufzuheben.[535]

b. Rechtslage nach § 1030 Abs. 1 ZPO

Da das neue Schiedsrecht nicht mehr auf das Kriterium der Vergleichsfähigkeit abstellt, wenn der zu Grunde liegende streitige Anspruch vermögensrechtlicher Natur ist, sondern in diesem Fall mit der Einschränkung des § 1030 Abs. 3 ZPO davon ausgeht, daß ein staatliches Rechtsprechungsmonopol nicht besteht, sind die oben genannten Streitfragen abschließend geklärt.
Unter den Begriff „vermögensrechtlicher Anspruch“ fallen alle prozessualen Ansprüche, die auf einem vermögensrechtlichen Rechtsverhältnis beruhen oder auf ein wirtschaftliches klägerisches Interesse gerichtet sind.[536]
Bei Gesellschafterbeschlüssen in Wirtschaftsunternehmen ist davon auszugehen, daß sie getroffen werden, um den ökonomischen Erfolg der Unternehmung zu fördern. Das Rechtsverhältnis, auf dem der prozessuale Anspruch[537] beruht, ist also als vermögensrechtlich zu bezeichnen. Es ist davon auszugehen, daß dies auch für Klagen gilt, die auf die Zerstörung von Beschlüssen, welche nicht in Zusammenhang mit dem Unternehmenszweck stehen, da es zur Erfüllung des Kriteriums „vermögensrechtlich“ ausreicht, daß der Kläger mit seiner Klage ein

---

532 *Stein/ Jonas/ Schlosser*, § 1025 Rz. 27 f.; siehe auch *Lüke/ Blenske*, ZGR 98, 253 (256).

533 BGHZ 132, 278 (282 f.); *Schick*, Schiedsfähigkeit, S. 64; *Kornmeier*, Schiedsfähigkeit, S. 60.; *ders.* ZZP 94 (1981), 27 (36); vgl. auch *Vollmer*, ZGR 82, 15 (30).

534 Siehe oben Teil 1. III. 2 a. (1).

535 BGHZ 132, 278 (283); OLG Karlsruhe WM 1995, 666 (668); *K. Schmidt*, AG 95, 551 (552); *Lüke/ Blenske*, ZGR 98, 253 (262 f.); *Bork*, ZZP 160 (1996), 374 (378); i.E. auch *Schröder*, Beschlußmängelklagen, S. 59 ff., der allerdings bei Nichtigkeits- und positiver Feststellungsklage gewisse Einschränkungen macht.

536 Siehe oben Teil 1. III. 1. b.

537 Bei dem prozessualen Anspruch handelt es sich entweder um einen auf Feststellung der Nichtigkeit im Falle der Nichtigkeits- oder Anfechtungsklage oder im Fall der positiven Feststellungsklage auf Feststellung der Nichtigkeit und Ersatzvornahme des gewünschten Beschlusses.

wirtschaftliches Ziel verfolgt.[538] Die deutsche Rechtsprechung hat in der Vergangenheit diesen Spielraum des wirtschaftlichen Klägerinteresses sehr weit gezogen.[539] Ficht also ein Gesellschafter einen nicht in direktem Zusammenhang mit dem Unternehmenszweck stehenden Beschluß an, so dürfte regelmäßig davon auszugehen sein, daß er dies aus wirtschaftlicher Motivation tut.
Der oben kurz skizzierte Meinungsstreit ist also durch den neuen § 1030 Abs. 1 S. 1 ZPO gegenstandslos geworden. Es muß davon ausgegangen werden, daß gesellschaftsrechtliche Beschlußstreitigkeiten nach dieser Norm objektiv schiedsfähig sind. Insbesondere ist es nach dem neuen Recht unerheblich, inwieweit die Parteien sich über solche Streitigkeiten vergleichen können, da der § 1030 Abs. 1 S. 2 ZPO auf Grund der Vermögensrechtlichkeit der Streitsache nicht zur Anwendung kommt.

c. Subjektive Schiedsfähigkeit

Wie im allgemeinen Teil der Arbeit dargelegt,[540] war es für die subjektive Schiedsfähigkeit im alten Schiedsrecht von entscheidender Bedeutung, ob die Parteien subjektiv vergleichsberechtigt waren. Dies folgte aus § 1025 Abs. 1 a.F. ZPO, da diese Norm nicht zwischen objektiver und subjektiver Vergleichberechtigung differenzierte.
Bei gesellschaftsrechtlichen Beschlußmängelklagen traten bei der Feststellung der subjektiven Vergleichberechtigung aber Probleme auf. Unklar war zunächst schon, auf wessen subjektive Vergleichsfähigkeit bei Schiedsklauseln im Gründungsvertrag[541] überhaupt abzustellen sei. Teilweise wurde angenommen, es könnten nur die der Prozeßparteien sein; denn es werde schließlich gegen die Gesellschaft geklagt, und diese könne ja im Zeitpunkt des Gründungsvertrags nicht vergleichsbefugt sein; denn sie sei an ihrem eigenen Gründungsakt ja nicht beteiligt.[542] Vom Wortlaut der §§ 1025 Abs. 1 a.F. und 1027 a.F. ZPO ausgehend, verneinte es der wohl größere Anteil der Literaturvertreter, auf die Parteien des Schiedsverfahrens abzustellen.[543] Entscheidend sei die subjektive Vergleichsbefugnis desjenigen, der die Schiedsvereinbarung treffe. Durchaus richtig sei die Feststellung, daß die Gesellschaft nicht selbst an ihrem Gründungsakt mitwirke und daher an sich nicht als Partei der Schiedsvereinbarung

538 A.A. *Schröder*, Beschlußmängelklagen, S. 93, der allerdings dann zu einer Schiedsfähigkeit nach § 1030 Abs. 1 S. 2 ZPO kommt.

539 Siehe etwa BGHZ 14, 72 (74); vgl. die gegenläufige Rechtsprechung in der Schweiz, oben Teil 1. III. 1.b.

540 Siehe oben Teil 1. II. 1.

541 Dieser Gesellschaftsgründungsvertrag wandelt sich bei Kapitalgesellschaften nach ihrer Entstehung zur Satzung. Bei Personengesellschaften bleibt er hingegen mehrseitiger Vertrag. Siehe *Habersack*, JuS 90, 179 (181).

542 OLG Hamm ZIP 1987, 780 (783); OLG Hamm GmbHR 1992, 759 (760).

543 *Stein/ Jonas/ Schlosser*, § 1025 Rz. 49, 51 ; *Schwab/ Walter*, Schiedsgerichtsbarkeit, S. 35; *Schick*, Schiedsfähigkeit, S. 64; *Vollmer*, ZGR 82, 15 (30); *Henn*, Schiedsverfahrensrecht, S. 11.

zu sehen sei. Dieser Mangel werde aber durch die verbandsrechtliche Bindung überbrückt.[544]
Da aber eine Gesellschaft im Beschlußmängelprozeß nicht befugt sei, sich über den Streitgegenstand zu vergleichen,[545] läge eine subjektive Vergleichberechtigung ohnehin nicht vor.[546] Andere wiederum waren der Meinung, daß bezüglich der Vergleichsberechtigung nicht auf die verbandsrechtlich beteiligte Gesellschaft, sondern auf die durch Vertrag (§ 1025 Abs. 1 a.F. ZPO) oder Satzung (§ 1048 a.F. ZPO) materiell Betroffenen, also die Gesellschafter, ankäme. Diese aber könnten in ihrer Gesamtheit sehr wohl über den Bestand des Beschlusses disponieren, so daß auf ihre Vergleichsberechtigung abzustellen sei.[547]

Nach dem neuen Schiedsrecht ist es für die Schiedsfähigkeit im Rahmen von § 1030 Abs. 1 S. 1 ZPO nicht mehr von Bedeutung, ob den Parteien subjektiv eine Vergleichsbefugnis zusteht. Einschränkungen können sich allenfalls aus Normen iSd. § 1030 Abs. 3 ZPO ergeben. Im Bereich des Gesellschaftsrechts finden sich allerdings keine Regelungen, die den eindeutigen Rechtsgedanken verkörpern, Parteien subjektiv zu beschränken, Schiedsgerichte zu vereinbaren. Da gesellschaftsrechtliche Beschlußmängelklagen immer vermögensrechtlicher Natur sind[548] und es somit nicht zu einer Anwendung des § 1030 Abs. 1 S. 2 ZPO kommt, der die subjektive Vergleichsbefugnis der Parteien nach wie vor voraussetzt,[549] stellt sich diese Frage im Bereich der subjektiven Schiedsfähigkeit nach dem neuen Recht nicht mehr.[550]

Es bleibt also festzuhalten, daß gesellschaftsrechtliche Beschlußmängelklagen zumindest nach dem neuen Recht schiedsfähig sind.

2. Schiedsfähigkeit im weiteren Sinn

a. Deutsche und österreichische Rechtsprechung

In seinem letzten Grundsatzurteil des BGH vom 29.03.1996 zur Schiedsfähigkeit gesellschaftsrechtlicher Beschlußmängelklagen hatte der Gerichtshof zu entscheiden, ob eine Anfechtungsklage gegen einen Beschluß einer GmbH mit sieben Gesellschaftern durch ein Schiedsgericht geklärt werden könne. Die Schiedsklausel war in der Satzung enthalten.[551]

---

544 So jetzt der BGH in BGHZ 132, 278 (285); ihm folgend *Lüke/ Blenske*, ZGR 98, 253 (266); *Bork*, ZZP 160 (1996), 374 (379).

545 *Hüffer*, AktG, § 246 Rz. 17.

546 *Hüffer*, AktG, § 246 Rz. 19.

547 *K. Schmidt*, AG 95, 551 (552); *ders.* in AktR- Großkomm., § 246 Rz. 120; i.E. auch *Schröder*, Beschlußmängelklagen, S. 84 f.

548 Siehe hierzu oben Teil 2. D. II. 1. b.

549 Siehe hierzu oben Teil 1. III. 2. b. (2).

550 Das Problem ist allerdings auch nicht gelöst, sondern jetzt in ähnlicher Form bei der Frage zu diskutieren, wer denn überhaupt Partei der Schiedsvereinbarung wird..

551 BGHZ 132, 278 ff.

In seiner eindeutig formulierten Urteilsbegründung[552] machte der BGH deutlich, daß nach seiner Ansicht Beschlußstreitigkeiten nach dem neuen Recht nicht schiedsfähig sind und nach dem alten Recht auch nicht waren.[553] Das Hauptargument des II. Zivilsenats war nicht die mangelnde Vergleichsfähigkeit, gleichermaßen objektiv und subjektiv, sondern die mangelnde Möglichkeit einer *inter omnes*- Rechtskrafterstreckung eines schiedsgerichtlichen Urteils. Es könne nicht die Aufgabe der Rechtsprechung sein, ein den §§ 246, 248 AktG entsprechendes Rechtskonstrukt für die Schiedsgerichtsbarkeit zu begründen. Solches sei allein dem Gesetzgeber überlassen.[554]
Wäre der BGH nun der Meinung gewesen, daß Beschlußstreitigkeiten schiedsfähig seien, so hätte er die Klage als unzulässig abweisen und die Parteien anhalten müssen, ihren Streit vor dem Schiedsgericht auszutragen. Ein daraufhin ergangener Schiedsspruch hätte eine Rechtskraftwirkung *inter partes* gehabt (§§ 1040 a.F., nunmehr 1055 ZPO) und somit Raum für Klagen weiterer Gesellschafter gelassen. Gerade diese Urteilswirkung wollte der BGH mit Sicherheit vermeiden; denn sie steht im Konflikt mit dem Normzweck der §§ 246 Abs. 3 S. 3, 248 Abs. 1 S. 1 AktG, der im Interesse der Rechtssicherheit und –klarheit eine Konzentration aller Klagen auf ein Entscheidungsgremium abzielt, dessen abschließendes Urteil dann für alle Gesellschafter sowie für die Gesellschaftsorgane bindend ist.[555]
Aus diesem Grund lehnte er die Zulässigkeit der Einrede des Schiedsvertrages ab und hob die Berufung auf, so daß das erstinstanzliche Gericht in der Sache entscheiden konnte.[556]
Tatsächlich ließ der Gerichtshof die Wirksamkeit der Schiedsvereinbarung gesellschaftsrechtlicher Beschlußstreitigkeiten also nicht an der Schiedsfähigkeit scheitern, sondern stützte seine Entscheidung auf die Unvereinbarkeit mit Rechtsgedanken des Aktienrechts.

Die letzte Entscheidung eines deutschen Gerichts zum Problemkreis der gesellschaftsrechtlichen Beschlußmängelklagen erging ebenfalls zum Recht der GmbH. Das bisher nicht rechtskräftige Urteil vom 31.07.1998 hatte die Besonderheit, daß es nach dem Inkrafttreten des SchiedsVfG erging und somit das neue Schiedsverfahrensrecht Anwendung fand. Das entscheidende OLG Celle begründete seine Ablehnung der Einrede der Schiedsgerichtsbarkeit allerdings nicht, sondern verwies allein auf die oben dargestellte Begründung des BGH. Inhaltliche Ausführungen des OLG Celle zur Wirksamkeit des Schiedsvertrages waren aber auch nicht nötig, da die Parteien in der ersten Instanz mündlich zur

---

552 Vgl. Urteil vom 29.03.1996, BGH JZ 1996, 1017: „... stehen der generellen Schiedsfähigkeit von Beschlußmängelklagen ... Bedenken entgegen, die nur durch eine gesetzliche Regelung überwunden werden können."

553 A.A. *K. Schmidt*, ZHR 162 (1998), 265 (270), der Gerichtshof verneinte allein die Fähigkeit eines von Gesellschaft und einzelnen Gesellschaftern zusammengesetzten Schiedsgerichts, eine Rechtskrafterstreckung iSd. der §§ 246, 248 AktG zu erreichen.

554 BGH JZ 1996, 1017 (1019).

555 Siehe hierzu, *Hüffer*, AktG, §§ 246 Rz. 37, 249 Rz. 1.

556 BGH JZ 1996, 1017 f.

Sache verhandelten. Daher wurde im konkreten Fall die Zuständigkeit des staatlichen Gerichts durch rügeloses Einlassen begründet (§ 1031 Abs. 6 ZPO).

Anders hingegen wurde ein ähnlich gelagerter Fall in der österreichischen Rechtsprechung entschieden.
Das österreichische Schiedsrecht stellt zur Bestimmung der objektiven Schiedsfähigkeit, genauso wie § 1025 a.F. ZPO, auf die objektive Vergleichsfähigkeit ab (§ 577 Abs. 1 ZPO-Ö). Nachdem auch in Österreich ursprünglich von der überwiegenden Lehre auf die Vergleichsfähigkeit nach dem materiellen österreichischem Zivilrecht (ABGB) zurückgegriffen wurde,[557] ist nach nunmehr h.M. für die Beurteilung der Vergleichsfähigkeit eine an die Lehre von der objektiven Verfügbarkeit angrenzende Definition entscheidend.[558] Von Bedeutung sei daher nicht, ob der hypothetische Vergleich zwingendes materielles Recht verletze, sondern vielmehr, ob den Parteien eine rechtsgeschäftliche Gestaltung des Rechtsverhältnisse offenstünde.[559] Genauso wie auch im deutschen Recht haben österreichische Schiedssprüche grundsätzlich eine Rechtskraftwirkung *inter partes* (§ 594 Abs. 1 ZPO-Ö).
In den gesellschaftsrechtlichen Verfahrensfragen wirft das österreichische Recht ebenfalls einen ähnlichen Problemkreis wie das deutsche Recht auf.
Gleich dem deutschen Recht ist die Klage nicht notwendigerweise von allen Gesellschaftern gegen die Gesellschaft zu richten. Daher normiert § 197 Abs. 3 S. 2 AktG-Ö ebenso eine Entscheidungskonzentration wie § 246 Abs. 3 S. 3 AktG und eine dem § 248 Abs. 1 S. 1 AktG weitgehend entsprechende Rechtskrafterstreckung ist in § 42 Abs. 6 GmbHG-Ö geregelt. Es bietet sich also an, die Sicht des OGH darzustellen.
Dieser wies mit denselben Argumenten wie der BGH[560] den Einwand zurück, der Schiedsgerichtsbarkeit stehe der ausschließliche Gerichtsstand für Anfechtungen gegen Generalsversammlungsbeschlüssen (§ 83 b JN) entgegen, und legte dar, daß ein solcher nur relevant werde, wenn eine Rechtssache vor die ordentliche Gerichtsbarkeit gebracht werde.[561]
Weiterhin machte der OGH im Gegensatz zum BGH deutlich, daß Beschlußmängelklagen (nach österreichischem Schiedsrecht) grundsätzlich schiedsfähig seien, da die Parteien die gewünschten Rechtsfolgen durch Rechtsgeschäft begegnen könnten.[562]
Im Gegensatz zum Bundesgerichtshof aber legte der OGH dar, daß die Rechtskrafterstreckung (§ 42 Abs. 6 GmbHG-Ö) keinen Hinderungsgrund für die Schiedsgerichtsbarkeit darstelle. Zwar mache das Schiedsrecht in § 594 Abs. 1 ZPO-Ö deutlich, daß Schiedssprüche grundsätzlich *inter partes* wirkten, da er aber keine zusätzlichen ausdrücklichen Beschränkungen durch

---

557 *Fasching*, Schiedsgericht, S. 17; *Strohanzl*, ZPO- Zivilprozeßgesetze, § 577 (Anm.).

558 Siehe zum alten deutschen Recht oben Teil 1. III. 2 a. (3).

559 *Thöni*, WBl. 94, 298 (301); ihm nunmehr ausdrücklich folgend OGH Wien, NZG 99, 307 (308).

560 BGH JZ, 1996, 1017 (1018).

561 OGH Wien, NZG 1999, 307 (308).

562 OGH Wien, NZG 1999, 307 (308 f.).

Worte wie etwa „nur" oder „ausschließlich" enthalte, könne ihm nicht entnommen werden, daß er eine Rechtskrafterstreckung ausschließe.[563]
Eine Erstreckung im Bereich der Schiedsgerichtsbarkeit anzunehmen, benachteilige auch die nicht klagenden Gesellschafter nicht unangemessen; denn diese könnten sich, wie im ordentlichen Prozeß auch, rechtliches Gehör verschaffen, indem sie der Partei, mit deren Sache sie sympathisieren, als Nebenintervenient beiträten.[564] Das Ermessen des Schiedsrichters in Verfahrensfragen nach § 587 Abs. 1 ZPO-Ö[565] sei in diesem Fall „auf Null" reduziert.[566]
Zusätzlicher Schutz käme eventuell nicht gehörten Gesellschaftern zu dem durch § 595 Abs. 1 Nr. 2 ZPO-Ö zu. Diese (im österreichischen Recht das Aufhebungsverfahren regelnde Norm) sehe in der Verweigerung der Gewährung rechtlichen Gehörs einen Aufhebungsgrund.[567]
Letztlich stellt also der OGH für die Schiedsfähigkeit gesellschaftsrechtlicher Beschlußmängelklagen darauf ab, ob alle Gesellschafter Schiedsvereinbarungsparteien geworden sind. Unerheblich hingegen ist, ob sie auch Partei des Schiedsverfahrens wurden.[568]

Festzuhalten ist, daß der OGH nach österreichischem Recht, welches sowohl im Bereich des Schiedsverfahrensrechts als auch im Gesellschaftsverfahrensrechts weitreichende Parallelen zum deutschen Recht aufweist,[569] zu einer Möglichkeit der schiedsrichterlichen Klärung kommt, während der BGH diese ablehnt. Bei den Entscheidungen beider Gerichte mangelt es im wesentlichen an einer dogmatischen Begründung. Daher soll im folgenden geklärt werden, inwieweit die Entscheidungen zu halten sind.

b. Entscheidungswirkung gesellschaftsrechtlicher Beschlußmängelklagen

Der BGH stützte sein Urteil vor allem auf die Entscheidungswirkung von Urteilen zu gesellschaftsrechtlichen Beschlußmängelklagen. Es ist daher zunächst zu klären, wie diese aussieht.

(1) Gestaltungswirkung

Betrachtet man die Entscheidungswirkung von Urteilen, die Beschlußstreitigkeiten betreffen, so ist nach den verschiedenen Klagearten zu differenzieren.

---

563 OGH Wien, NZG 1999, 307 (308). Der BGH hat die ähnlich lautende Argumentation *Kornmeiers*, Schiedsfähigkeit, S. 49, zurückgewiesen, siehe BGH JZ 1996, 1017 (1019).

564 OGH Wien, NZG 1999, 307 (308).

565 § 1042 Abs. 4 S. 1 ZPO im deutschen Recht.

566 OGH Wien, NZG 1999, 307 (308). Für das deutsche Recht so vertreten von *Petermann*, BB 96, 277 (278 f.).

567 OGH Wien, NZG 1999, 307 (308).

568 OGH Wien, NZG 1999, 307 (308).

569 Für das Schiedsverfahrensrecht gilt diese Aussage nur für das bis zum 31.12.1997 geltende Recht.

Der Anfechtungs- und der positiven Beschlußfeststellungsklage kommt Gestaltungswirkung zu, wenn sie erfolgreich sind.[570] Mit Rechtskraft des Urteils wird der angegriffene Beschluß rückwirkend vernichtet (Anfechtungsklage) oder durch einen anders lautenden ersetzt (positive Beschlußfeststellungsklage).[571] Das Urteil schafft also eine neue Rechtslage, in dem es ein bestehendes Rechtsverhältnis (Gesellschafterbeschluß) aufhebt bzw. umgestaltet (§ 241 Nr. 5 AktG).[572] Die Veränderung des materiellen Rechts trifft also die gesamte Rechtsgemeinschaft.[573]

Anderes gilt hingegen für die Nichtigkeitsklage. Sie bewirkt keine Gestaltung. Die primäre Urteilswirkung liegt in der Feststellung, daß ein fehlerhafter Beschluß so gravierende Mängel aufweist, daß er eben keine Wirkung entfalten kann.[574] Mit unterschiedlichen Begründungen wird aber auch der Nichtigkeitsklage Gestaltungswirkung zugesprochen,[575] so daß sich im Ergebnis keine Unterschiede zu den anderen Klagen ergeben.

(2) Rechtskrafterstreckung gem. § 248 Abs. 1 S. 1 AktG

Die Urteilswirkung gesellschaftsrechtlicher Beschlußmängelklagen wird von § 248 Abs. 1 S. 1 AktG auf die Mitglieder des Vorstandes und des Aufsichtsrats, sowie alle Aktionäre erstreckt, auch wenn sie nicht Partei des Rechtsstreites wurden. Eine direkte Aussage, was unter der Urteilswirkung zu verstehen ist, trifft § 248 Abs. 1 S. 1 AktG allerdings nicht.
Teilweise ist daher angenommen worden, es handele sich bei der Erstreckung der Urteilswirkung iSd. § 248 Abs. 1 S. 1 AktG um eine Erweiterung der subjektiven Rechtskraft, der allerdings allein deklaratorische Natur zukomme, da diese ohnehin aus der *inter omnes*- Gestaltungswirkung zu folgern sei.[576] Diese Annahme hätte zur Folge, daß über den in § 248 Abs. 1 S. 1 AktG genannten Personenkreis hinaus eine Rechtskrafterstreckung *inter omnes* erfolgen würde. Eine solche Folge ist mit den Regelungen des Aktiengesetzes allerdings nicht in Einklang zu bringen. § 241 Nr. 5 AktG ordnet an, daß das stattgebende Anfechtungsurteil mit Rechtskraft den Beschluß für nichtig erklärt. Diese Gestaltungswirkung trifft jedermann und ist materiellrechtlich zu betrachten. Sie ist von der

---

570 *K. Schmidt*, Gesellschaftsrecht, S. 865; *Kornmeier,* Schiedsfähigkeit, S. 37 (Anfechtungsklage); *Hüffer*, AktG, § 246 Rz. 42 (positive Feststellungsklage).

571 *Lüke/ Blenske*, ZGR 98, 253 (272 f.); *Schröder*, Beschlußmängelklagen, S. 104.

572 Siehe zur Gestaltungsklage, *Rosenberg/ Schwab/ Gottwald*, Zivilprozeßrecht, S. 526.

573 *K. Schmidt* in AktR- Großkomm., § 246 Rz. 4.

574 A. A. *K. Schmidt*, Gesellschaftsrecht, S. 865 (Gestaltungsklage).

575 Teilweise wird eine Gestaltungswirkung aus der entsprechenden Anwendung des § 248 Abs. 1 AktG hergeleitet, so Kölner Komm./ *Zöller*, § 249 Rz. 41; teils geht man davon aus, daß es nach der rechtskräftigen Entscheidung nicht mehr darauf ankommt, wie es zur Nichtigkeit gekommen sei, entscheidend sei die materielle Rechtslage. Es spräche allerdings nichts dafür, eine bloß relative Nichtigkeit anzunehmen, siehe hierzu *Hüffer*, AktG, § 249 Rz. 17.

576 *Petermann*, BB 96, 277 (278 f.); *Timm* in FS für Fleck, S. 365 (376).

verfahrensrechtlichen Wirkung subjektiver Rechtskraft zu trennen.[577] Ob ein Urteil auch verfahrensrechtliche Wirkung gegen nicht am Prozeß beteiligte Dritte entwickelt, ist eine Frage subjektiver Rechtskrafterstreckung.[578] Genau aber dies ist die Funktion des § 248 Abs. 1 S. 1 AktG. Er erweitert die *inter partes*- Rechtskraftwirkung, die im Falle der Beschlußmangelklage die Gesellschaft und die klagenden Gesellschafter als Prozeßparteien ohnehin trifft (§ 325 Abs. 1 ZPO), auf alle nicht unmittelbar am Verfahren, wohl aber am Rechtsverhältnis Beteiligte. Dies sind die Mitglieder der beiden genannten Organe und die nicht klagenden Aktionäre. Ihnen gegenüber erwächst das Urteil in Rechtskraft.[579]

c. Einfluß der Urteilswirkung gesellschaftsrechtlicher Beschlußmängelklagen auf die Schiedsfähigkeit

Betrachtet man die Problematik, Streitigkeiten über die Wirksamkeit gesellschaftsrechtlicher Beschlüsse vor einem Schiedsgericht austragen zu können, einseitig von dem Blickpunkt der Schiedsfähigkeit aus, so läßt sich eindeutig feststellen, daß die Regelungen des Schiedsverfahrensrechts zur Schiedsfähigkeit zumindest seit dem 01.01.1998 keinen Hinderungsgrund mehr darstellen. Ohne Probleme können daher Dritte gegen Gesellschafter auf Feststellung der Unwirksamkeit eines Beschlusses vor einem Schiedsgericht klagen, wenn sie ein Feststellungsinteresse haben.[580]

Vertretern der Theorie, daß mit gegebener Schiedsfähigkeit automatisch der Weg zur schiedsrichterlichen Klärung geebnet sei,[581] ist aber entgegenzuhalten, daß die Schiedsfähigkeit zwar der wohl „prominenteste" Hinderungsgrund der Schiedsgerichtsbarkeit, aber bei weitem nicht der einzige ist. Neben den allgemeinen privatrechtlichen Regelungen zum Vertragsschluß, die natürlich auch Einfluß auf die Wirksamkeit von Schiedsvereinbarungen haben, sind vor allem die sonstigen Verfahrensvorschriften des Zehnten Buches der ZPO zu beachten. Gesellschaftsrechtliche Anfechtungsklagen sind Gestaltungsklagen, die gem. §§ 246, 248 AktG diese Gestaltungswirkung in Rechtskraft über die allgemeine Regelungen der §§ 322 ff. ZPO hinaus auf alle Gesellschafter erstrecken.[582] Diese Wirkung ist dem Schiedsverfahren fremd. Zum einen wirken Schiedssprüche allein zwischen den Parteien, wie § 1055 ZPO unzweifelhaft deutlich

---

[577] *Gottwald* in MüKo, ZPO, § 322 Rz. 172; *Rosenberg/ Schwab/ Gottwald*, Zivilprozeßrecht, S. 529 f. und 909; *K. Schmidt* in AktR- Großkomm., § 246 Rz. 12.

[578] *Gottwald* in MüKo, ZPO, § 325 Rz. 10; *Rosenberg/ Schwab/ Gottwald*, Zivilprozeßrecht, S. 935 f.

[579] So die h.L., *K. Schmidt*, AG 95, 551 (554); *Lüke/ Blenske*, ZGR 98, 253 (270); *Hüffer*, AktG, § 248 Rz. 8; *ders.* in Geßler/ Hefermehl/ Eckardt/ Kropff, AktG, § 248 Rz. 21; Rz. 8; *Gottwald* in MüKo, ZPO, § 325 Rz. 49; *Bork*, ZZP 160 (1996), 374 (375 f.)

[580] Zur Möglichkeit solcher Klage siehe BGH NJW 1966, 1458 ff.

[581] So *Kornmeier*, Schiedsfähigkeit, S. 35 f.; *Petermann*, BB 96, 277 (278).

[582] *Hüffer*, AktG, § 248 Rz. 6 und 8. Auch Nichtigkeitsklagen entfalten sich in *inter omnes*- Rechtskrafterstreckung. Allerdings wirken sie nicht gestaltend, sondern stellen lediglich die ohnehin schon bestehende Nichtigkeit fest, *Hüffer*, AktG, § 249 Rz. 2; a.A. *K. Schmidt*, Gesellschaftsrecht, S. 865.

macht. Zum anderen zieht die Schiedsgerichtsbarkeit ihre Berechtigung aus der Legitimation der Parteien oder im gesetzlich angeordneten Ausnahmefall einseitiger Verfügung (§ 1066 ZPO).[583]
Dargelegt wurde bereits, daß gesellschaftsrechtliche Beschlußmängelklagen rechtsgestaltend wirken und eine *erga omnes*- Rechtskrafterstreckung haben.[584] Folgend wird daher zu klären sein, ob diese Entscheidungswirkungen Einfluß auf die schiedsrichterliche Klärungsmöglichkeit haben.

(1) Bedenken gegen die schiedsrichterliche Klärung auf Grund der Gestaltungswirkung des Schiedsspruchs

Bedenken gegen die schiedsrichterliche Klärung gesellschaftsrechtlicher Beschlußstreitigkeiten können sich aus deren Gestaltungswirkung ergeben. Zum einen muß also geklärt werden, ob Schiedsgerichte grundsätzlich in der Lage sind Recht zu gestalten. Zum anderen ist zu erörtern, ob sich im Einzelfall Ausnahmen ergeben können.

(a) Gestaltungswirkung von Schiedssprüchen

Ob ein Schiedsgericht rechtsgestaltende Schiedssprüche erlassen kann, wurde in der Rechtsprechung bezweifelt.[585] Mittlerweile hat sich aber auch diese[586] der ganz h.L. angeschlossen, die auch ein Schiedsgericht gestaltend urteilen lassen will.[587]
Zur Begründung wurde teilweise allein auf die objektive und subjektive Schiedsfähigkeit abgestellt. Liege diese vor, so könne ein Schiedsgericht die Sache entscheiden, wobei es auf die Urteilswirkung nicht ankäme.[588] Die Schiedsfähigkeit stellt allerdings nur einen von vielen Hinderungsgründen einer wirksamen Schiedsvereinbarung dar, so daß es sicherlich zu eng wäre, als einzigen Hinderungsgrund der schiedsgerichtlichen Entscheidung allein hierauf abzustellen.[589]
Bedenken gegen die Entscheidung eines Schiedsgerichts könnten sich daher aus den wesentlich geringeren Kontrollmöglichkeiten durch die staatliche Gerichtsbarkeit ergeben.
Gestaltungsurteile ändern die bestehende Rechtslage. Die Wirkung tritt mit formeller Rechtskraft des Urteils ein, auch wenn ein Recht auf Rechtsänderung nicht bestand, das Urteil also unrichtig ist.[590] Im Falle eines staatlichen Gerichts

---

583 Siehe hierzu Teil 1. I. 1. und Teil 2. B. I.

584 Siehe oben Teil 2. D. II. 2. b. (1). und (2).

585 BGH NJW 1979, 2567 (2569); vgl. auch OLG Hamm GmbHR, 1992, 759 (760).

586 BGH ZIP 1996, 830 (831).

587 *Schwab/ Walter*, Schiedsgerichtsbarkeit, S. 170 und 195 f.; *Bork*, ZZP 160 (1996), 374 (376); *Henze*, ZGR 88, 542 (552); *K. Schmidt*, ZGR 88, 523 (527); *Schlosser*, JZ 96, 1020 (1022).

588 *Petermann*, BB 96, 277 (278); *Timm* in FS für Fleck, S. 365 (376).

589 So richtig *Schröder*, Beschlußmängelklagen, S. 156.

590 *Rosenberg/ Schwab/ Gottwald*, Zivilprozeßrecht, S. 529.

hat die unterlegene Partei die Möglichkeit durch das rechtzeitige Einlegen von Rechtsmitteln diese Rechtskraft abzuwenden und die Entscheidung durch das nächsthöhere Gericht überprüfen zu lassen (§ 705 Abs. 1 ZPO). Diese Handhabe besteht für Schiedsparteien in der Regel nicht.[591]
Zum anderen bedürfen Gestaltungsschiedssprüche im Gegensatz zu Leistungsschiedssprüchen keiner gesonderten Vollstreckbarerklärung iSd. § 1060 Abs. 1 ZPO, so daß auch hier die staatliche Kontrolle entfiele.[592]
Kornmeier setzte dem entgegen, daß dem Gesetzgeber bei Erlaß der ZPO das Konstrukt der Gestaltungsklage bekannt war. Hätte er sich eine endgültige Kontrolle beibehalten wollen, so hätte er eine dem § 1042 a.F., nunmehr § 1060 Abs. 1 ZPO, vergleichbare Regelung erlassen können.[593] Dies muß natürlich um so mehr für den Gesetzgeber des SchiedsVfG gelten.[594]
Wünsche die unterlegene Partei allerdings eine Kontrolle durch die Staatsgerichtsbarkeit, so sei es ihr ja unbenommen, ein Aufhebungsverfahren nach § 1059 ZPO zu betreiben.[595]
Zu beachten ist auch, daß der Grund für die Notwendigkeit einer staatlichen Gerichtsentscheidung im Vollstreckungsverfahren nur sehr eingeschränkt darin zu sehen ist, daß das staatliche Gericht die Entscheidung des Schiedsgerichts kontrolliert,[596] sondern vielmehr, daß es dem Staat durch das GG verwehrt ist, den Parteien staatliche Hoheitsgewalt zu übertragen.[597] Dieser aber bedarf ein Gestaltungsurteil im Gegensatz zum Leistungsurteil nicht, da es ohne staatlichen Zwang die Rechtslage ändert.

Grundsätzlich bestehen daher keine Bedenken, Schiedsgerichten die Befugnis zuzubilligen, Recht zu gestalten.

(b) Besonderheit der Urteilswirkung gesellschaftsrechtlicher Beschlußmangelklagen

Betrachtet man die Gestaltungsklagen, deren schiedsrichterliche Erledigung von Rechtsprechung und Literatur mittlerweile anerkannt sind,[598] so wird deutlich,

---

591 Ausnahme wäre die Vereinbarung einer zweiten (Schieds-) Instanz.

592 A.A. *K. Schmidt*, AG 95, 551 (554); offenbar auch BayObLG 1984, 809 (810), das davon ausgeht, daß das Registergericht im Gegensatz zum Gestaltungsurteil des staatlichen Gerichts nicht an einen Gestaltungsschiedsspruch gebunden ist.

593 *Kornmeier*, Schiedsfähigkeit, S. 41.

594 Spätestens ab diesem Zeitpunkt sind auch die Argumente *K. Schmidts* in ZGR 88, 523 (527) hinfällig, der *Kornmeier* entgegensetzt, daß der Gesetzgeber der CPO von der Existenz von Gestaltungsklagen keine Kenntnis gehabt habe.

595 *Kornmeier*, Schiedsfähigkeit, S. 42, noch zu § 1041 a.F. ZPO.

596 Hiergegen spricht schon die geringe Prüfungskompetenz, vgl. *Albers* in Baumbach/ Lauterbach/ Albers/ Hartmann, § 1059 Rz. 5 oder oben Teil 1. I. 2.

597 Siehe oben Teil 1. I. 1.

598 Dies sind etwa Rechtsstreitigkeiten nach §§ 127, 133, 140 und 142 HGB, sowie §§ 767 ZPO, siehe BGH JZ 1996, 1017 (1018); *K. Schmidt*, AG 95, 551 f. m.w.N.; siehe zur Kritik an § 767 ZPO, *Schwab*, FS für Henkel, S. 801 (813 f.).

daß es sich ausschließlich um Gestaltungsurteile handelt, deren Wirkungen unmittelbar nur solche Personen betreffen, die auch Partei des Schiedsverfahrens waren. Prüft man dagegen die Situation bei den gesellschaftsrechtlichen Beschlußmängelklagen, so fällt auf, daß etwa im Falle einer großen Publikums-AG die Gestaltungswirkung unmittelbar einen weit größeren Personenkreis trifft als die direkt am Verfahren beteiligten Organe und die klagenden Aktionäre.

Eine vergleichbare Situation ergibt sich bei der GmbH-rechtlichen Auflösungsklage (§ 61 GmbHG). Auch hier ist die Klage von einem oder mehreren Minderheitsgesellschaftern gegen die durch ihre Geschäftsführer vertretene Gesellschaft zu richten. Da das Gestaltungsurteil mit Rechtskraft die Gesellschaft *ex nunc* auflöst,[599] sind ebenfalls die Gesellschafter durch die Auflösung betroffen, die nicht verfahrensbeteiligt sind.

Auch hier geht die h.M. von der Möglichkeit schiedsrichterlicher Erledigung aus.[600]

Diese Ansicht ist im Rahmen von § 61 GmbHG allerdings bedenklich. So hat das Bundesverfassungsgericht im Zusammenhang mit einer Auflösungsklage entschieden, daß ein der Klage stattgebendes Urteil eines staatlichen Gerichts verfassungswidrig sei, wenn es unterlassen wurde, die nichtklagenden Gesellschafter von der Klage in Kenntnis zu setzen. Diesen Gesellschaftern nämlich stünde gem. §§ 66, 69 ZPO die Möglichkeit der Nebenintervention offen, so daß sie entweder auf Kläger- oder Beklagtenseite, ihre Rechte geltend machen könnten. Diese Möglichkeit bestehe aber *de facto* nicht, wenn sie von der Klage keine Kenntnis hätten. Hierin sei ein Verstoß gegen das Recht auf rechtliches Gehör (Art. 103 Abs. 1 GG) zu sehen.[601] Zur Wahrung dieses Rechts muß der staatliche Richter also von Amts wegen die übrigen Gesellschafter über die Klage und die Möglichkeit der Nebenintervention informieren.

Für die Schiedsgerichtsbarkeit hat ein solcher Verstoß grundsätzlich dieselben Folgen. Gem. § 1042 Abs. 1 S. 2 ZPO ist eine Partei rechtlich zu hören. Ein Verstoß gegen das Recht auf Gehör stellt einen Aufhebungsgrund dar.[602]

Bedenken gegen die schiedsrichterliche Entscheidung von Auflösungsklagen gem. § 61 GmbHG bestehen aber vor allem deshalb, weil der *erga omnes*- Gestaltungsschiedsspruch auch gegen die unmittelbar betroffenen Gesellschafter wirkt, die zwar Teil der (satzungsmäßigen) Schiedsvereinbarung sind, aber keine Möglichkeit haben, an der Schiedsrichterbestellung mitzuwirken.

Gegen das Gebot der Überparteilichkeit der Rechtspflege verstoßen Schiedssprüche schon dann, wenn eine der Parteien bei der Wahl der Schiedsrichter ein erhebliches Übergewicht hatte.[603] Dies gilt nach Ansicht des BGH bereits dann,

---

599 *Lutter/ Hommelhoff*, GmbHG, Anhang § 61 Rz. 6; *Scholz/ K. Schmidt*, GmbHG, § 61 Rz. 11.

600 BayObLG 1984, 809 f.; *Lutter/ Hommelhoff*, GmbHG, Anhang § 61 Rz. 6; *Scholz/ K. Schmidt*, GmbHG, § 61 Rz. 6; *Kornmeier*, Schiedsfähigkeit, S. 43 f.. Dem BGH lag bisher keine diesbezügliche Sache zur Entscheidung vor.

601 BVerfG JZ 1982, 330 (331).

602 *Albers* in Baumbach/Lauterbach/Albers/Hartmann, § 1042 Rz. 2.

603 *Raeschke-Kessler/ Berger*, Schiedsverfahren, S. 101 ff.; *Stein/ Jonas/ Schlosser*, 21. Aufl., § 1032 Rz. 17; *Schütze/ Tschernig/ Wais*, Schiedsverfahren, S. 88.

wenn eine der Parteien sich mutwillig dagegen stemmte, einen Schiedsrichter zu bestimmen, und der fehlende Schiedsrichter aus diesem Grund ebenfalls von der anderen Partei ernannt wurde.[604] Folge eines solchen Verstoßes ist gem. Art. 97 GG, 134 BGB die Unwirksamkeit der Schiedsvereinbarung.[605]
Ist nun aber in der Schiedsvereinbarung keine Bestimmung dahingehend enthalten, daß auch die anderen Gesellschafter eine Möglichkeit haben, auf die Schiedsrichterbestellung zu nehmen, so ist ein objektiv neutrales Schiedsrichterpanel, welches alle im Raum stehenden Interessen gleich bewertet, nicht gewährleistet. Die Vereinbarung wäre somit unwirksam (Art. 97 GG, 134 BGB).
Nichts anderes kann daher auch für Schiedsvereinbarungen betreffend der Anfechtung oder Nichtigkeit von Gesellschafterbeschlüssen gelten. Enthalten diese Schiedsvereinbarungen keine Bestimmung, die allen unmittelbar Betroffenen die Gelegenheit gibt, an der Schiedsrichterbestimmung mitzuwirken, so sind diese Schiedsabreden aus den genannten Gründen unwirksam.

(c) Annahme der Nichtigkeit der Schiedsvereinbarung trotz § 1034 Abs. 2 ZPO

Eine andere Lösung ergibt sich auch nicht aus dem neuen § 1034 Abs. 2 ZPO. Zum einen ist diese Vorschrift vorliegend nicht anwendbar, da § 1034 Abs. 2 ZPO den Fall regelt, daß in einem Zweiparteienstreit eine Seite gegenüber der anderen ein Übergewicht bei der Schiedsrichterbestellung zukommt. Obgleich von der h. L. zum neuen Recht angenommen wird, daß diese Regelung auch in Mehrparteienkonstellationen anzuwenden ist,[606] regelt sie nicht den Fall, daß eine Partei der Schiedsvereinbarung nicht Partei des Schiedsverfahrens wird und daher überhaupt nicht an der Schiedsrichterbestellung teilnimmt.
§ 1034 Abs. 2 ZPO wurde geschaffen, um die harte Konsequenz des § 1025 Abs. 2 a.F. ZPO – namentlich die Unwirksamkeit der Schiedsvereinbarung - zu vermeiden.[607] Die Situation der Beschlußmangelklage stellt sich aber ganz anders da.
Hier wird einem am Verfahren unbeteiligten Gesellschafter gegenüber bindend entschieden. Er ist bezüglich der Schiedsrichterbestellung nicht nur benachteiligt, sondern unbeteiligt. Dies bedeutet, daß ihm sein prozessuales Grundrecht entzogen ist, einen Schiedsrichter seines Vertrauens benennen zu können.[608] Ist dieser Entzug aber von vorne herein in der Schiedsklausel festgelegt, so verstößt die Klausel gegen das Gebot der Überparteilichkeit und ist unwirksam.

---

604 BGHZ 54, 392 (394).

605 *Schütze/ Tschernig/ Wais*, Schiedsverfahren, S. 88.

606 *Berger*, DZWiR 98, 45 (50) m.w.N. in Fn. 43; *Albers* in Baumbach/ Lauterbach/ Albers/ Hartmann, 56. Aufl., § 1034 Rz. 4; a.A. *Musielak/ Voit*, § 1034 Rz. 1.

607 RegBegrE, BT/ Drucks. 13/ 5274, S. 39.

608 BGH JZ 1996, 1017 (1019); siehe hierzu grundsätzlich *Schwab/ Walter*, Schiedsgerichtsbarkeit, S. 90.

Aus diesem Grund verbietet sich auch eine analoge Erweiterung des § 1034 Abs. 2 ZPO auf alle materiell Beteiligten.[609] Weiterhin fehlt für eine solche Analogie die erforderliche interessenwidrige Regelungslücke. Das Gesetz geht eindeutig davon aus, daß die Parteien der Schiedsvereinbarungen auch die Schiedsrichter bestimmen (vgl. etwa §§ 1035 Abs. 1 und 3 S. 2 ZPO). Nur in geregelten Ausnahmefällen soll ein Gericht bei Uneinigkeit der Parteien die Bestellung vornehmen (vgl. §§ 1035 Abs. 3 S. 1 und Abs. 4 ZPO).
Nicht im Gesetz enthalten ist der Fall, daß eine Schiedsvereinbarungspartei Schiedsrichter bestellt, die über Rechtssachen von Personen richten, die zwar Teil der Vereinbarung, nicht aber des Verfahrens sind. Hierbei handelt es sich allerdings nicht um eine durch Analogie zu schließende Regelungslücke. Vielmehr handelt es sich bei beschriebener Situation um einen Verstoß gegen die Grundsätze des Schiedsverfahrensrechts.
Der rechtsgeschäftliche Ausschluß der Staatsgerichtsbarkeit beruht nämlich ganz entscheidend auf dem Vertrauen der Partei, sich der Neutralität und der Kompetenz der Schiedsrichters sicher sein zu können. Daher erlaubt das Gesetz auch nur in Ausnahmefällen eine Berufung durch die staatlichen Gerichte. Diese Ausnahmefälle durch Analogie erweitern zu wollen, verstößt nicht nur gegen den Grundsatz der restriktiven Auslegung von Ausnahmeregelungen, sondern verkennt zudem die Interessenwidrigkeit der Regelungslücke.

Ganz bewußt möchte das Gesetz vermeiden, daß nicht von den Parteien der Schiedsvereinbarung bestimmte Schiedsrichter deren Rechtssachen entscheiden. Wegen eines Verstoßes gegen das Gebot der Überparteilichkeit ist die Schiedsvereinbarung unwirksam.
Dieser Mangel kann auch nicht durch die Beteiligungsmöglichkeiten des ordentlichen Prozeßrechts ausgeglichen werden, da das Schiedsverfahren auf gänzlich anderen Grundlagen beruht. Während im staatlichen Prozeß von der Neutralität des Richters ohne weiteres ausgegangen werden kann, beruht die Schiedsgerichtsbarkeit wie erwähnt auf der Auswahlmöglichkeit des entscheidenden Gremiums.
Ist diese Möglichkeit aber ganz ausgeschlossen, so kann nicht mit dem OGH davon ausgegangen werden, daß die Schiedsvereinbarung wirksam ist.[610] Zwar ist es auch nach deutschem Recht zutreffend, daß ein Verstoß gegen das Gebot der Gewährung rechtlichen Gehörs lediglich zur Aufhebbarkeit des Schiedsspruches führt (§ 1059 Abs. 2 lit. 1 b. ZPO). Allerdings genügt es im Gegensatz zum staatlichen Prozeß im Schiedsrecht auch nicht, die übrigen Gesellschafter von der Schiedsklage in Kenntnis zu setzen, um die Wirksamkeit der Schiedsvereinbarung zu erhalten.

Dies ergibt sich aus den unterschiedlichen Grundstrukturen der Klage vor der ordentlichen und der Schiedsgerichtsbarkeit. Während im ordentlichen Prozeß dem Gebot des rechtlichen Gehörs genüge geleistet ist, wenn der Richter die übrigen Gesellschafter von der Klage in Kenntnis setzt und ihnen somit die Möglichkeit zur Nebenintervention gibt,[611] ist die Lage in der Schiedsgerichts-

---

609 *Schlosser*, JZ 1996, 1020 (1022); *ders.* in DIS-Materialien IV (1998), S. 51 (62).

610 Vgl. OGH Wien, NZG 1999, 307 (308).

611 Vgl. BVerfG JZ 1982, 330 (331).

barkeit differenzierter zu sehen. Der nebenintervenierende Gesellschafter hätte sich nämlich vor dem ordentlichen Gericht genausowenig wie die Parteien es konnten den Richter aussuchen können. Dessen Person hängt von den Geschäftsplänen der jeweiligen Zivil- oder Kammer für Handelssachen des jeweils zuständigen Landgerichts ab, ist also vom Zufall abhängig.[612] Der vom Bundesverfassungsgericht zu entscheidende Fall lag also anders, denn hier war die Verletzung des Rechts auf Gehör in der Unkenntnis des Gesellschafters von der Auflösungsklage zu sehen.[613] Diesen Mangel kann man durch Bekanntmachung heilen, weil dadurch die Beteiligungsmöglichkeit eröffnet wird. Die Nebenintervention heilt aber nicht den Verstoß gegen das Gebot der Überparteilichkeit der Rechtspflege, da dieser in der mangelnden Möglichkeit des Gesellschafters zu sehen ist, die Schiedsrichter mitzubestimmen.[614] Die Tatsache, daß die Schiedsrichter von den Schiedsparteien (also durch Kläger und Vorstand bzw. Geschäftsführer für die beklagte Gesellschaft) ausgesucht wurden, der nebenintervenierende Gesellschafter hierzu aber kein Mitspracherecht hatte, ist eine Ungleichbehandlung, die so schwer wiegt, daß eine ihr zu Grunde liegende Schiedsvereinbarung unwirksam sein muß.

Zumindest nach deutschem Schiedsrecht scheitert daher die Möglichkeit der schiedsrichterlichen Klärung gesellschaftsrechtlicher Beschlußmängelklagen an ihrer Gestaltungswirkung, wenn die Schiedsvereinbarung keine Beteiligungsmöglichkeit an der Schiedsrichterbestellung für alle Gesellschafter bereithält.[615]

(2) Bedenken gegen die schiedsrichterliche Klärung auf Grund der Rechtskrafterstreckung des Schiedsspruchs gem. § 248 Abs. 1 S. 1 AktG

Es wurde oben bereits dargelegt,[616] daß § 248 Abs. 1 S. 1 AktG die subjektive Rechtskraft über die Prozeßparteien hinaus aus alle vom Rechtsverhältnis unmittelbar Betroffenen erstreckt. Dieser Urteilswirkung entnimmt der BGH, daß Beschlußmängelklagen nicht der schiedsrichterlichen Klärung unterworfen werden könnten, da Schiedssprüche grundsätzlich nur die *inter partes*- Wirkung des § 1055 ZPO (§ 1040 a.F. ZPO) entfalten.[617]
§ 248 Abs. 1 S. 1 AktG sei Sonderbestimmung einer konnexen gesellschaftsrechtlichen Normenstruktur, aus der er nicht einfach herauszulösen und auf die Schiedsgerichtsbarkeit übertragbar sei. § 248 Abs. 1 S. 1 AktG sei in Zusammenhang mit § 246 Abs. 3 S. 3 AktG zu sehen, der eine Entscheidungskonzen-

---

612 Regelmäßig verteilen die Geschäftspläne der Gerichte nach Anfangsbuchstaben des Klägers. Berücksichtigt werden in der Regel auch spezielle Rechtsgebiete.

613 BVerfG JZ 1982, 330 (331).

614 Dies übersieht *Petermann*, BB 96, 277 (278 f.).

615 A.A. für das österreichische Recht, OGH Wien, NZG 1999, 307 (308); a.A. für das deutsche Recht *K. Schmidt* in AktR- Großkomm., § 246 Rz. 118.

616 Siehe oben Teil 2. D. II. 2. b. (2)..

617 BGH JZ 1996, 1017 (1018 f.). Auch der OGH Wien problematisiert die Rechtskrafterstreckung. Im Gegensatz zum BGH bejaht er sie aber für die Schiedsgerichtsbarkeit, OGH Wien, NZG 1999, 307 (308).

tration mehrerer Klagen beim zuständigen Landgericht anordne. Allein dann, wenn von den Parteien unabhängige, unparteiische staatliche Richter in einem öffentlichen, streng förmlichen Verfahren urteilten, sei es möglich, daß die (subjektive) Rechtskraft auch auf am Verfahren nicht beteiligte, aber subjektiv Betroffene erstreckt wird.[618] Da das Schiedsverfahrensrecht eine dem § 248 Abs. 1 S. 1 AktG entsprechende Regelung nicht kenne, sei die schiedsrichterliche Erledigung ausgeschlossen. Es sei Aufgabe des Gesetzgebers eine dem § 248 Abs. 1 S. 1 AktG in das Schiedsrecht aufzunehmen.[619]

Da der BGH sehr deutlich macht, daß die Gestaltungswirkung eines stattgebenden Schiedsspruches der Schiedsgerichtsbarkeit nicht im Wege steht,[620] wäre aus dem Urteil vom 29.03.1996 zu schließen, daß gesellschaftsrechtliche Beschlußmängelklagen durch ein Schiedsgericht entschieden werden könnten, wenn es eine dem § 248 Abs. 1 S. 1 AktG vergleichbare Vorschrift nicht gäbe. Genau diese Situation beschreibt aber § 61 GmbHG. Die Auflösungsklage ist ebenso wie die Beschlußmängelklage eine Gestaltungsklage. Ihre schiedsrichterliche Durchsetzung wird nicht bezweifelt.[621] Allerdings trifft das GmbHG keine Rechtskrafterstreckung auf die nicht klagenden Gesellschafter. Dies ist im Fall der Auflösungsklage auch unnötig, da die Gesellschaft mit Eintritt der Rechtskraft aufgelöst wird. Eine Rechtskrafterstreckung *erga omnes* würde keinen Sinn ergeben.
Dieses Beispiel zeigt ganz deutlich, daß nicht die Rechtskrafterstreckung das entscheidende Moment für die Ablehnung der Schiedsgerichtsbarkeit sein kann, sondern der auf Grund der Gestaltungswirkung bindende Schiedsspruch in Zusammenhang mit der Schiedsrichterbestellung.

Rechtskrafterstreckungen ordnet das Gesetz aus Zweckmäßigkeitsgründen an, um die durch widersprechende Urteile entstehende Rechtsunsicherheit zu vermeiden.[622] Hierzu gehören etwa § 856 Abs. 4 ZPO oder §§ 145 Abs. 2, 147 S. 1 KO. Diesen Klagen ist gemeinsam, daß sie auf Leistung oder Feststellung gerichtet sind, aber mehrere Personen direkt an dem zu Grunde liegenden Rechtsverhältnis materiell beteiligt sind. Würde das Gesetz nicht direkt eine Rechtskrafterstreckung anordnen, so könnten auch die anderen Beteiligten nach dem ersten Urteil erneut klagen, da dieses erste Urteil nur *inter partes* wirken würde. Diese mißliche Lage wird durch die Rechtskrafterstreckung vermieden.
Eine andere Situation ergibt sich bei den die Rechtskraft erweiternden Normen wie etwa neben § 248 Abs. 1 S. 1 AktG u.a. die §§ 75 Abs. 2 GmbHG, 51 Abs. 5 GenossenschaftsG oder der mittlerweile aufgehobene § 636 a ZPO.[623] In ihrem Fall sind die zu Grunde liegenden Rechte Gestaltungsrechte. Das erge-

---

618 BGH JZ 1996, 1017 (1018 f.). Der BGH spricht von Rechtskrafterstreckung *inter omnes*; siehe hierzu *Lüke/ Blenske*, ZGR 98, 253 (272 Fn. 107).

619 BGH JZ 1996, 1017 (1020).

620 BGH JZ 1996, 1017 f.

621 Siehe Fn. 600.

622 *Rosenberg/ Schwab/ Gottwald*, Zivilprozeßrecht, S. 936.

623 Weggefallen im Zuge der Neufassung des vierten Abschnitts des Sechsten Buches der ZPO durch das EheschlRG vom 04.05.1998 (BGBl. 1998 I 833).

hende Urteil gestaltet die materielle Rechtslage um. Eine Rechtskrafterstrekkung spielt in den Fällen einer Gestaltungsklage daher eine eher untergeordnete Rolle.[624] So heißt es etwa in der Kommentarliteratur zum ehemaligen § 636 a ZPO, daß Gestaltungsurteile ohnehin gegen alle wirkten und § 636 a ZPO daher einen allgemeingültigen Rechtssatz zum Ausdruck bringe.[625]

Im Falle von § 248 Abs. 1 S. 1 AktG ist es schwierig überhaupt einen Anwendungsbereich zu finden, in dem der materiellen Rechtskrafterstreckung eine von der Gestaltungswirkung separate Folge zukommt. Denkbar sind allenfalls Schadenersatzansprüche gegen die Gesellschaft, weil sie bestimmte, im Beschluß benannte Dinge nicht durchgesetzt hat. Ohne die materielle Rechtskrafterstrekkung könnte der im Beschlußmängelprozeß nichtklagende Gesellschafter vorbringen, daß entgegen der Annahme des Gerichts ein wirksamer Beschluß vorgelegen habe.[626]

Dies sind aber für die Schiedsgerichtsbarkeit unerhebliche Folgen. Bei Gestaltungsurteilen erwächst die Feststellung, daß der Kläger ein Gestaltungsrecht inne hatte, in materieller Rechtskraft.[627] Die Tatsache, daß ein solches Gestaltungsrecht bestand, betrifft einen Gesellschafter, der Teil der Schiedsabrede, nicht aber des Schiedsverfahrens war, rechtlich nur mittelbar und praktisch wohl überhaupt nicht.

Relevant ist für ihn die Frage, wie sich die Gestaltungswirkung und die Wirkung der materiellen Rechtskraft letztlich auswirken. Festgestellt wurde bereits, daß die materielle Rechtskraft festlegt, daß ein Gestaltungsrecht gegeben war. Maßgeblicher Zeitpunkt ist also die letzte mündliche Verhandlung. Die Gestaltungswirkung aber ist eine Änderung der materiellen Rechtslage,[628] die mit dem Eintritt formeller Rechtskraft eintritt. Sie gilt also *ex tunc* mit Wirkung für die Zukunft.[629]

Der nichtklagende Gesellschafter muß also eine Rechtsgestaltung gegen sich gelten lassen, die von einem Schiedsgericht vorgenommen wurde, auf dessen Besetzung er keinen Einfluß hatte. Die materielle Rechtslage wurde durch Gestaltungsakt unabänderbar umgestaltet; eine erneute Klage wäre unbegründet. Hierin aber ist die primäre Rechtsverletzung des nichtklagenden Gesellschafters zu sehen, die als Verstoß gegen das Gebot der Überparteilichkeit der Rechts-

---

624 Zu der allgemeinen Notwendigkeit, daß auch Gestaltungsurteile in Rechtskraft erwachsen müssen, vgl. *Rosenberg/ Schwab/ Gottwald*, Zivilprozeßrecht, S. 529.

625 *Stein/ Jonas/ Schlosser*, 21. Aufl., § 636 a Rz. 1; ähnlich *Albers* in Baumbach/ Lauterbach/ Albers/ Hartmann, 56. Aufl., § 636 a Rz. 1; vgl. auch *Stein/ Jonas/ Leipold*, 21. Aufl., § 325 Rz. 66.

626 Zur mangelnden praktischen Relevanz siehe *Hüffer* in Geßler/ Hefermehl/ Eckardt/ Kropff, AktG, § 248 Rz. 6; vgl. auch *Zöller* in Baumbach/ Hueck, GmbHG, Anh. § 47 Rz. 18.

627 *Schlosser*, Gestaltungsklagen und Gestaltungsurteile, S. 408; *Rosenberg/ Schwab/ Gottwald*, Zivilprozeßrecht, S. 529.

628 Dies gilt nach h.L. nicht für die materielle Rechtskraft. Siehe zur herrschenden prozessualen Theorie in Abgrenzung zur materiellen Theorie, *Rosenberg/ Schwab/ Gottwald*, Zivilprozeßrecht, S. 915 ff.

629 *K. Schmidt* in AktR- Großkomm., § 246 Rz. 4 f.; vgl. hierzu auch *Zöller* in Baumbach/ Hueck, GmbHG, Anh. § 47 Rz. 18.

pflege die Schiedsvereinbarung unwirksam sein läßt.[630] Entgegen der Ansicht des BGH scheitert die Schiedsvereinbarung also nicht wegen der Unanwendbarkeit des § 248 Abs. 1 S. 1 AktG im Schiedsverfahren, sondern folgt schon aus der Gestaltungswirkung der stattgebenden Anfechtungsurteils.
In der Rechtskrafterstreckung des § 248 Abs. 1 S. 1 AktG ist eine logische Konsequenz der sich aus der Gestaltungswirkung des stattgebenden Urteil ergebenden Rechtsfolgen zu sehen, so daß ihre Nichtanwendung keinen Sinn machen würde. Sollte es also möglich sein, eine Schiedsvereinbarung zu treffen, die trotz der Gestaltungswirkung keinen Verstoß gegen das Gebot der Überparteilichkeit der Rechtspflege darstellt, wäre es sogar zweckwidrig, ihn nicht für die Schiedsgerichtsbarkeit gelten zu lassen.[631]

(3) Hinderung der Schiedsgerichtsbarkeit durch § 246 Abs. 3 S. 3 ZPO

Auch die vom BGH gewollte Konzentrationswirkung des § 246 Abs. 3 S. 3 AktG hindert die Möglichkeit schiedsrichterlicher Erledigung nicht. Richtig ist zwar, daß § 246 Abs. 3 S. 3 AktG den eindeutigen gesetzgeberischen Willen enthält, daß eine Entscheidung über die Fehlerhaftigkeit eines Gesellschafterbeschluß grundsätzlich abschließend durch eine Stelle bindend für die Gesellschaft, ihre Organe und alle Gesellschafter ergeht. Eine solche Entscheidungskonzentration entspräche im übrigen auch dem Parteiwillen, um Rechtsunsicherheit zu vermeiden.

Allerdings ergibt das System des neuen deutschen Schiedsverfahrensrechts keinen Hinweis, warum die Entscheidungswirkung des § 246 Abs. 3 S. 3 AktG einen Hinderungsgrund für die Schiedsgerichtsbarkeit darstellen soll. Neben den übrigen Wirksamkeitsvoraussetzungen, die sich aus dem allgemeinen Vertragsrecht und aus dem Schiedsverfahrensrecht ergeben, sind Einschränkungen allenfalls über die Schiedsgerichtsbarkeit einschränkende Vorschriften iSd. § 1030 Abs. 3 ZPO zu erreichen. Eine solche Einschränkung aber in § 246 Abs. 3 S. 3 AktG zu sehen, wäre mit dem Normzweck der neu gefaßten Zehnten Buches der ZPO nicht zu vereinbaren. Dieser ist nämlich in der grundsätzlichen Förderung der Schiedsgerichtsbarkeit zu sehen. Vorschriften iSd. § 1030 Abs. 3 ZPO sind daher grundsätzlich repressiv auszulegen.[632]
Der § 246 Abs. 3 S. 3 AktG enthält den eindeutigen gesetzgeberischen Willen, daß eine Entscheidung über die Fehlerhaftigkeit eines Gesellschafterbeschluß grundsätzlich abschließend durch eine Stelle bindend für die Gesellschaft, ihre Organe und alle Gesellschafter ergeht. Zu der Frage, ob diese Stelle ein Schiedsgericht sein kann, äußern sich die §§ 246, 248 AktG allerdings nicht. Einen entsprechenden Willen des Gesetzgebers in diese Normen zu legen, wäre eine Überinterpretation der Reichweite von Normen iSd. § 1030 Abs. 3 ZPO, so

---

630 Siehe oben Teil 2. D. II. 2. c. (1). (b).; ohne Begründung dem BGH folgend *Bredow*, DStR 96, 1653 (1654); *Zilles*, BB 99, Beil. 4, 2 (4); leichte Bedenken äußern *Lüke/ Blenske*, ZGR 98, 253 (271 f.).

631 In diesem Sinne, freilich mit ganz anderer Begründung, vgl. *Ebbing*, NZG 1998, 281 (285 ff.); *Lüke/ Blenske*, ZGR 98, 253 (282 f.); *Bork*, ZZP 160 (1996), 374 (380); siehe hierzu eingehend auch unter Teil 2. D. II. 2. c. (2).

632 Hierzu näher oben Teil 1. III. 3. b. (2.).

daß auch in § 1030 Abs.3 ZPO, 246, 248 AktG keine Einschränkung der Schiedsfähigkeit zu sehen ist.
Vor allem aber kann sich der vom BGH befürchtete „Wettlauf" um eine (schieds-) gerichtliche Entscheidung bei einer Schiedsvereinbarung, die dem Gebot der Überparteilichkeit der Rechtspflege Rechnung trägt, gar nicht ergeben oder würde zumindest keinen Sinn machen.
Wären nämlich ohnehin alle Parteien der Schiedsabrede nach der Schiedsvereinbarung berechtigt, an der Bestellung der Schiedsrichter in gleicher Weise wie alle anderen Gesellschafter zu partizipieren,[633] so wäre es unerheblich, wann und von wem der Schiedsantrag gem. § 1044 ZPO gestellt wird, da ein Vorteil durch eigene Schiedsrichterbestellung nicht erlangbar wäre. Auch ist die Gefahr nicht gegeben, daß ein Gesellschafter die Entscheidung des Schiedsgerichts durch eine eines staatlichen Gerichts zu konterkarieren droht. Zwar ist ein staatliches Gericht nach allgemeiner Ansicht nicht an schiedsgerichtliche Rechtshängigkeit gebunden,[634] zumal diese mangels der analogen Anwendung des § 248 Abs. 1 S. 1 AktG auch nicht gegeben wäre; allerdings ergibt sich schon aus der Schiedsvereinbarung, daß die Gesellschaft verpflichtet wäre, die Einrede des Schiedsvertrags zu erheben.[635] Diese ist nämlich als Teil der Satzung oder des Gesellschaftsvertrag Ausdruck des Willens sämtlicher Gesellschafter. Diesen durchzusetzen ist die Pflicht der geschäftsführenden Organe oder Personen.
Die vom BGH verlangte Konzentrationswirkung ergäbe sich also ganz automatisch aus einer wirksamen Schiedsvereinbarung.

d. Zusammenfassung

Für den von ihm zu entscheidenden Fall ist dem Gerichtshof im Ergebnis zuzustimmen, daß ein einer Beschlußmangelklage stattgebender Schiedsspruch nicht wirksam sein kann, wenn die zu Grunde liegende Schiedsvereinbarung nicht allen Gesellschaftern die Möglichkeit gegeben hat, die Schiedsrichter mitzubestimmen. Nach deutschem Recht würde das Urteil des OGH Wien[636] viel zu weit führen, da es in einem Verstoß gegen das Gebot der Überparteilichkeit der Rechtspflege lediglich einen Aufhebungsgrund und keinen Unwirksamkeitsgrund sieht.[637]
Im Ergebnis war die Entscheidung des II. Zivilsenats also richtig und angesichts der dem Streit zu Grunde liegenden Schiedsklausel auch nicht anders zu erwar-

---

633 Dies wäre die Voraussetzung, um einen Verstoß gegen das Gebot der Überparteilichkeit der Rechtspflege zu vermeiden. Siehe hierzu oben Teil 2. D. II. 2. c. (1).

634 Eine Rechtshängigkeit kann grundsätzlich nur gegen ein zweites Schiedsgericht, nicht aber gegenüber einem staatlichen eintreten. Hier gilt die Einrede des Schiedsvertrages, siehe BGHZ 41, 104 (107); *Schwab/ Walter*, Schiedsgerichtsbarkeit, S. 147 f.; *Rosenberg/ Schwab/ Gottwald*, Zivilprozeßrecht, S. 1100; a.A. *Beitzke*, ZZP 60 (1937), 317 (318).

635 *Lüke/ Blenske*, ZGR 98, 253 (282 f.); *Zilles*, BB 99, Beil. 4, 2 (6); für Klarstellung im Schiedsvertrag, *Bredow*, DStR 96, 1653 (1655).

636 OGH Wien, NZG 1999, 307 ff.

637 OGH Wien, NZG 1999, 307 (308).

ten. Bedauerlich ist allerdings, daß in der Urteilsbegründung von mangelnder Schiedsfähigkeit gesprochen wird.[638] Dies ist zumindest nach dem neuen Schiedsrecht nicht vertretbar.[639] Die Schiedsfähigkeit ist allerdings auch nach dem alten Recht, welches dem besprochenen Urteil ja zu Grunde lag, nicht mit der vom BGH gegebenen Begründung ablehnbar. Diese stellt nämlich allein auf die Urteilswirkung eines (stattgebenden) Anfechtungs- oder Nichtigkeitsurteils ab und nicht auf die Vergleichsfähigkeit des Streitgegenstandes.[640] Letztere wird vielmehr ausdrücklich bejaht.[641]
Die Unwirksamkeit ergibt sich auch nicht – wie vom Gerichtshof erklärt – aus der Rechtskrafterstreckung, die die §§ 246, 248 AktG anordnen, sondern schon aus der Gestaltungswirkung des stattgebenden Urteils. Es ist nicht entscheidend, ob ein Schiedsspruch gegen eine Partei der Schiedsvereinbarung in Rechtskraft erwächst, sondern vielmehr, daß er ihr gegenüber gestaltend und unabänderbar die Rechtslage verändert, obwohl sie die Schiedsrichter nicht mitbestimmen konnte. Durch die dadurch entstehende Gefährdung der Neutralität des Schiedsrichterpanels ist das Gebot der Überparteilichkeit der Rechtspflege verletzt, die Schiedsvereinbarung nach Art. 97, § 134 BGB unwirksam.

3. Statthaftigkeit des Schiedsverfahrens im Gesellschaftsrecht

Aufgezeigt wurde bereits, daß angesichts der Gestaltungswirkung eines einer Beschlußmangelklage stattgebenden Schiedsspruches eine Schiedsvereinbarung nur dann wirksam ist, wenn allen unmittelbar betroffenen Personen das Recht und die praktische Möglichkeit gegeben ist, die staatliche Gerichtsbarkeit ohne Zwang auszuschließen und ihnen darüber hinaus eine angemessene Form der Verfahrensbeteiligung eröffnet, insbesondere ein Recht an der Schiedsrichterbestellung mitzuwirken.
Es ist daher zu untersuchen, ob im Wege der Kautelarjurisprudenz eine Schiedsvereinbarung getroffen werden kann, die zur Folge hat, daß die prozeßrechtlichen Mindestanforderungen an die Schiedsvereinbarung gewahrt bleiben. Aus den oben aufgeführten Argumenten ergibt sich nämlich, daß Beschlußstreitigkeiten grundsätzlich der Klärung durch die Schiedsgerichtsbarkeit offen stehen; denn Beschlußmängelklagen sind schiedsfähig. Die Schiedsklausel muß aber weiter den geforderten Mindestschutzbestimmungen des Schiedsrechts genügen.

Es ist daher zunächst zu erörtern, wenn genau die Gestaltungswirkung des Schiedsspruches träfe und in welcher Form eine Schiedsvereinbarung getroffen werden könnte, um die Rechte aller Betroffenen angemessen zu waren.

---

[638] BGH JZ 1996, 1017.

[639] So aber eindeutig verstanden durch das OLG Celle, NZG 1999, 167 (168).

[640] BGH JZ 1996, 1017 (1020).

[641] BGH JZ 1996, 1017 (1018).

a. Materiell Betroffene des Schiedsspruches

Betrachtet man die von Gesellschaftsbeschlüssen materiell betroffenen Personen im Zusammenhang mit der Schiedsgerichtsbarkeit, so ist zwischen zwei Personenkreisen zu unterscheiden. Zum einen handelt es sich um die Personen, die auf Grund ihrer Beziehung zur Gesellschaft, Teil dieser Schiedsvereinbarung sind, und zum anderen diejenigen, die durch die für und gegen sie wirkende Gestaltungswirkung in Rechten betroffen werden, obgleich sie außerhalb der Gesellschaft stehen.
Folgend wird daher aufgezeigt, wer von der Aufhebung des Beschlusses materiell betroffen wird und ob in den einzelnen Fällen eine Legitimation der Schiedsgerichtsbarkeit erforderlich ist.

(1) Legitimation durch die Gesellschafter

Betroffen sind in erster Linie die Gesellschafter selbst. Verändert ein Schiedsgericht die Rechtslage durch stattgebendes Urteil, indem es den Gesellschaftsbeschluß *ex tunc* vernichtet, so handelt es konträr zur willensbildenden Gesellschaftermehrheit. Das Urteil vernichtet einen von dieser getroffenen Beschluß und greift somit in eine originär den Gesellschaftern zustehenden Rechtsposition ein. Dazu kommt, daß die Gesellschafter in ihren vermögensrechtlichen Interessen berührt werden, die von den kapitalgesellschaftsrechtlichen Beschlußmängelklagen gesondert geschützt werden.[642]
Hierzu bedarf es der Legitimation aller Gesellschafter; denn diese verlieren mit dem Ausschluß der staatlichen Gerichtsbarkeit ihren verfassungsrechtlichen Anspruch auf staatlichen Rechtsschutz.

(2) Bindung der Gesellschaft an den Schiedsvertrag

Von der Umgestaltung des Beschlusses unmittelbar betroffen sind weiterhin die Prozeßparteien. Diese sind im Normalfall mit den Parteien der Schiedsvereinbarung identisch.[643] Im Gesellschaftsrecht weicht die Situation allerdings vom Normalfall ab. Beschlußmängelklagen werden von wenigen Gesellschaftern gem. § 246 Abs. 1 S. 1 AktG gegen die Gesellschaft gerichtet. Diese wird *ipso iure* Partei des Schiedsverfahrens. Schwierigkeiten bereitet allerdings die Feststellung, ob sie auch als Partei der Schiedsvereinbarung zu sehen ist.
Im Bereich des Gesellschaftsrechts stellt sich die Frage, inwieweit dies überhaupt von Interesse ist. Die von der Rechtsprechung[644] geforderte Identität von Parteien der Schiedsabrede und denen des Schiedsverfahrens ist eine Frage der Legitimation der Schiedsgerichtsbarkeit. Niemand darf gegen seinen Willen in den Ausschluß der staatlichen Gerichtsbarkeit gedrängt werden.[645]
Daß aber die Gesellschaft zumindest bei in der Satzung verankerten Schiedsabreden nicht Teil der Schiedsvereinbarung sein kann, liegt darin begründet, daß

---

642 *Schröder*, Beschlußmängelklagen, S. 102.

643 Deutlich wurde dies durch § 1027 a a.F. ZPO.

644 BGH ZIP 1996, 830 (832); OLG Hamm ZIP 1987, 780 (783).

645 Siehe oben Teil 2. I.1.

sie beim Abschluß des Gründungsvertrages noch nicht existent war. Es ist aber allgemein anerkannt, daß eine Gesellschaft an körperschaftliche Bestimmungen in der Satzung gebunden ist.[646] Dies gilt auch für die in der Satzung enthaltene Schiedsklausel.[647] Es ist also in diesem Fall unerheblich, ob die Gesellschaft Teil der Schiedsvereinbarung wurde. Vielmehr ergibt sich ihre Einwilligung zur schiedsrichterlichen Klärung aus ihrer verbandsrechtlichen Gebundenheit an die in ihrer Satzung enthaltene Schiedsklausel.[648]
Zu untersuchen bleibt aber, ob etwas anderes für eine *ad hoc*- Schiedsvereinbarung gelten muß. In diesem Falle gäbe es keine in der Satzung enthaltene Schiedsklausel, an die die Gesellschaft gebunden wäre, und es wäre denkbar, daß sich das Vertretungsorgan der Gesellschaft gegen einen solchen Ausschluß der staatlichen Gerichtsbarkeit stemmen könnte.
Hierzu wäre allerdings erforderlich, daß der Gesellschaft im Verhältnis zu ihren Gesellschaftern eine eigene schützenswerte Rechtssphäre zukäme.
Beschlußmängelklagen eröffnen den in der Gesellschafterversammlung unterlegenen Gesellschaftern die Möglichkeit, sich gegen einen Beschluß zu wehren, der von der Mehrheit der Gesellschafter getroffen wurde. Es handelt sich also um einen Interessenkonflikt unter den Gesellschaftern. Die Klage ist gem. § 246 Abs. 2 S. 1 AktG deshalb gegen die Gesellschaft zu richten, da diese gewissermaßen stellvertretend für die Mehrheit der Gesellschafter den Prozeß führt. Eine Klage gegen alle den Beschluß befürwortenden Gesellschafter wäre gesetzgeberisch nicht gewollt und im Falle von größeren Gesellschaft schon tatsächlich unmöglich.
Es spricht also nichts dafür, der Gesellschaft ein eigenes Interesse zuzusprechen. Vielmehr hat sie die Rolle der Verteidigerin des von der Gesellschaftsmehrheit hervorgebrachten Gesellschafterwillens.
Dies ergibt sich für das Recht der GmbH aus dem Prinzip, daß die Geschäftsführer als Organ der Gesellschaft grundsätzlich den Gesellschafterwillen auszuführen haben.[649] Für die Beschlußmängelklagen folgt demnach, daß sich das Organ Geschäftsführung nicht für die Gesellschaft gegen eine von den Gesellschaftern gewollte Schiedsvereinbarung auflehnen kann. Gleiches macht der Gesetzgeber durch § 246 Abs. 2 S. 2 AktG für die AG deutlich. Im Gegensatz zur sonstigen Alleinvertretung der Gesellschaft durch den Vorstand, wird die AG bei Beschlußmängelklagen zusätzlich durch den Aufsichtsrat vertreten. Hierdurch wird im rechtstechnisch höchstmöglichen Rahmen dem Umstand Rechnung getragen, daß es um den Willen der Gesellschaftermehrheit geht. Kommt aber der Gesellschaft für die Dauer des Prozesses die Aufgabe zu, die Interessen der Gesellschaftermehrheit zu verteidigen, deren Beschluß angefochten wird, so wäre es widersinnig, wenn man ihr das Recht zubilligen würde, eine von allen Gesellschaftern gewollte Schiedsvereinbarung zu boykottieren.

---

646 Es ist daher von den Gesellschaftern zu beachten, daß sie die Schiedsklausel zum Satzungsbestandteil und nicht zu einem bloß schuldrechtlich verpflichtenden „unechten" Satzungsbestandteil machen, vgl. BGHZ 38, 155 (161).

647 *Lüke/ Blenske*, ZGR 98, 253 (266); *Bork*, ZZP 160 (1996), 374 (379); *Schlosser* in *Stein/ Jonas*, 21. Aufl., § 1025 Rz. 27 f.

648 So auch BGH ZIP 1996, 830 (832 f.); *K. Schmidt*, AG 95, 551 (552).

649 Vgl. *Zöller* in Baumbach/ Hueck, GmbHG, § 37 Rz. 6 c ff.; *K. Schmidt*, Gesellschaftsrecht, S. 1076.

Der Gesellschaft selbst kommt also keine eigenständige Rechtssphäre im Verhältnis zu ihren Anteilseignern zu, die vor dem Ausschluß staatlicher Gerichtsbarkeit zu schützen wäre. Ihre gesonderte Zustimmung zu einer *ad hoc*-Schiedsvereinbarung ist nicht erforderlich.

(3) Organe der Gesellschaft

Keinen Einfluß auf die Schiedsvereinbarung haben die Organe bzw. die einzelnen Organmitglieder. Eine solche Vereinbarung wird vielmehr von den Gesellschaftern getroffen, wohl aber können die einzelnen Organmitglieder in Rechten betroffen sein (vgl. § 245 Nr. 5 AktG). Wenig hilfreich wäre im Falle der Verletzung solcher Rechte, die Organmitglieder von der Rechtskrafterstreckung des § 248 Abs. 1 S. 1 AktG auszunehmen;[650] denn die eigentliche Rechtsverletzung erfolgt auch hier aus der Gestaltungswirkung und nicht der Rechtskrafterstreckung.[651] Vielmehr ist zu untersuchen, ob die Organe oder ihre Mitglieder in subjektiven Rechten verletzt werden könnten, die ihre gesonderte Unterwerfung unter die Schiedsgerichtsbarkeit erforderlich machen würde.
Die Organe und somit auch die Organträger sind die Funktionsträger der Gesellschaft. Ihr Klagerecht (§ 245 Nr. 5 AktG) begründet sich durch ihre besondere Verantwortung für die Rechtmäßigkeit ihres organschaftlichen Handelns.[652] Sie sind also nicht in persönlichen materiellen Rechtspositionen, sondern in ihrer Eigenschaft als Amtswalter der Gesellschaft vom Ausschluß der staatlichen Gerichtsbarkeit betroffen, so daß eine gesonderte Legitimation von ihrer Seite nicht erforderlich ist.

(4) Von der Gestaltungswirkung betroffene Dritte

Auf Grund der Gestaltungswirkung wäre es auch denkbar, daß der stattgebende Schiedsspruch in Rechte von Personen eingreift, die überhaupt keinen direkten Zusammenhang mit der Gesellschaft aufweisen. Denkbar wäre etwa die Aufhebung eines Beschlusses, der einen Dritten in eine organschaftliche Position bestellt.[653]
Daß es trotz der Gefahr des Eingriffes in die Rechte Dritter keiner Legitimation der Schiedsgerichtsbarkeit von dieser Seite bedarf, zeigt der Vergleich mit der staatlichen Gerichtsbarkeit. Würde vor dem zuständigen Landgericht auf Aufhebung des streitigen Beschlusses geklagt, so hätte der betroffene Dritte keine eigene Klagebefugnis.[654] Letztlich werden Dritte daher nur mittelbar in eigenen Rechten betroffen und müssen die Veränderung eines primär fremden Rechtsverhältnisse hinnehmen. Hier ergibt sich allerdings keine Besonderheit des Schiedswesens im Vergleich zur staatlichen Gerichtsbarkeit, sondern vielmehr äußert sich hierin die typische Wirkung eines stattgebenden Gestaltungsurteils, welches aber anerkanntermaßen auch ein Schiedsgericht aussprechen kann. Ge-

---

650 So vertreten von *Kornmeier*, Schiedsfähigkeit, S. 50 (Fn. 162).

651 Vgl. hierzu oben Teil 2. II. 2. b. (1).

652 Siehe §§ 93, 111, 116 AktG und §§ 43, 52 GmbHG iVm. den Regeln des AktG.

653 *Lüke/ Blenske*, ZGR 98, 253 (272); vgl. auch *Bork*, ZZP 160 (1996), 374 (377).

654 Vgl. §§ 245, 249 AktG.

sellschaftsdritte werden nicht in der Weise in eigenen Rechten belangt, daß ihre fehlende Legitimation die Schiedsgerichtsbarkeit ausschlösse.

Zusammenfassend läßt sich also sagen, daß der Ausschluß der staatlichen Gerichtsbarkeit nur durch die Gesellschafter legitimiert werden muß, da die Gesellschaft verbandsrechtlich an die Vereinbarung gebunden ist und Dritte nicht in materiellen Rechten verletzt werden.

b. Form der Schiedsvereinbarung

Zu erörtern bleibt die Frage, nach welchen Vorschriften sich die Wirksamkeit einer Schiedsvereinbarung bestimmt.

(1) Satzungsmäßige Schiedsklauseln

Vor der Neuregelung des Zehnten Buches der ZPO war eindeutig herrschende Meinung, daß satzungsmäßige Schiedsklauseln unter den § 1048 a.F. ZPO zu subsumieren waren.[655] Der Wortlaut wurde so verstanden, daß die nicht an die Formvorschriften des Zehnten Buches gebundene Schiedsklausel die Schiedsvereinbarung iSd. heutigen § 1029 ZPO verdrängte. Wann eine Anordnung der Schiedsgerichtsbarkeit „in gesetzlich statthafter Weise" vorlag, bestimmte sich nach dem Recht, welches der Schiedsklausel zu Grunde liegt.[656]
Eine Mindermeinung verwies dagegen auf die Schutzfunktion der § 1027 a.F. ZPO. Es sei nicht ersichtlich, warum einem Mitglied einer juristischen Person ein geringeres Maß an Schutzbedürftigkeit zukommen solle als sonstigen Personen. Zudem seien sowohl die Gründung als auch der Beitritt zu einer juristischen Person rechtsgeschäftliche Akte, so daß kein Grund bestehe, satzungsmäßige Schiedsklauseln dem Anwendungsbereich des § 1048 a.F. ZPO zu unterstellen und die Schutzvorschriften der §§ 1025 ff. a.F. ZPO auszublenden.[657]
Die Materialien zum SchiedsVfG äußern sich differenziert zu diesem Problem. Die Kommission folgt in ihrem Bericht ausdrücklich der Mindermeinung und kommt zu dem Ergebnis, daß satzungsmäßige Schiedsklauseln durchaus vertragsrechtlichen Charakter hätten, somit also insbesondere die Formvorschriften des Zehnten Buches anwendbar seien. Sie beruft sich hierbei vor allem auf das Urteil des EuGH vom 10.03.1992,[658] wonach eine Gerichtsstandsvereinbarung in der Satzung einer AG als Vertrag anzusehen sei.[659] Die Regierungsbegründung läßt die Frage der rechtlichen Einordnung von Satzungen in Kapitalgesell-

---

[655] BGHZ 88, 314 (316); 47, 172 (174); 48, 35 (43); *Maier* in MüKo, ZPO, § 1048 Rz. 5; *ders.*, Schiedsgerichtsbarkeit, S. 112 f.; *Albers* in Baumbach/ Lauterbach/ Albers/ Hartmann, 56. Aufl.; § 1048 Rz. 3 f.; *Thomas/ Putzo*, 20. Aufl., § 1048 Rz. 1; *Musielak/ Voit*, § 1048 aF Rz. 5.

[656] BGH NJW 1963, 203 (204); *Musielak/ Voit*, § 1048 aF Rz. 5; *K. Schmidt*, ZHR 162 (1998), 265 (277).

[657] *Schwab/ Walter*, Schiedsgerichtsbarkeit, S. 298 f.; *Stein/ Jonas/ Schlosser*, § 1048 Rz. 9 f.

[658] EuGH RIW 1992, 492 (493).

[659] Bericht, S. 226.

schaften allerdings ausdrücklich offen, um die Rechtsentwicklung nicht zu präjudizieren.[660]

Das an dieser Stelle skizzierte Problem ist an anderer ausführlich behandelt worden.[661] Hier soll daher zunächst nur erörtert werden, inwieweit es überhaupt von Bedeutung ist, ob die Formvorschriften des Zehnten Buches der ZPO zur Anwendung kommen.[662]
§ 1031 Abs. 5 ZPO macht es erforderlich, daß eine Schiedsvereinbarung, an der ein Verbraucher beteiligt ist, in einer gesondert unterzeichneten Urkunde getroffen wird. Dies würde im Verhältnis zu den Anforderungen des § 1066 ZPO natürlich eine beträchtliche Verschärfung darstellen. Allerdings trifft § 1031 Abs. 5 S. 2 a.E. ZPO eine Ausnahmeregelung für den Fall, daß der Vertrag notariell beurkundet ist. Hierdurch trägt der Gesetzgeber der Tatsache Rechnung, daß der Notar gem. § 17 Abs. 1 S. 1 BeurkG die Beteiligten über die Tragweite des von ihnen getroffenen Rechtsgeschäfts zu belehren hat. Durch diese Belehrungspflicht wird der Schutzfunktion des § 1031 Abs. 5 ZPO genüge getan.[663]
Für Schiedsklauseln in der Gründungssatzung bedeutet dies für die GmbH und die AG aber, daß § 1031 ZPO keine Erschwernis enthält, da sowohl die Gründungssatzung der AG (§ 23 Abs. 1 S. 1 AktG) als auch der Gesellschaftsvertrag der GmbH (§ 2 Abs. 1 S. 1 GmbHG) der notariellen Beurkundung bedürfen.[664] Nichts anderes gilt im Recht der GmbH auch für eine nachträglich durch Satzungsänderung eingefügte Schiedsklausel, da gem. § 53 Abs. 2 S. 1 GmbHG jede Satzungsänderung notariell beurkundet werden muß.[665] Hauptversammlungsbeschlüsse der AG auf der anderen Seite sind gem. § 130 Abs. 1 S. 1 AktG lediglich in notarieller Niederschrift aufzunehmen, welche dann später als Niederschrift zu beurkunden ist. Dies bedeutet also, daß die Belehrungspflicht gem. § 17 Abs. 1 S. 1 BeurkG entfällt.[666] Es ist daher äußerst fraglich, ob einem Aktionär vor seiner Zustimmung die Bedeutung des Ausschlusses der staatlichen Gerichtsbarkeit ausreichend vor Augen geführt wird.

---

660 RegBegrE, BT/ Drucks. 13/ 5274, S. 66; siehe hierzu kritisch *K. Schmidt*, ZHR 162 (1998), 265 (274).

661 *Schröder*, Beschlußmängelklagen, S. 109 ff.; *K. Schmidt*, ZHR 162 (1998), 265 (273 ff.); *Musielak/ Voit*, § 1048 aF Rz. 5 ff.; siehe zu der erbrechtlichen Problematik des § 1066 ZPO und dessen rechtliche Einordnung oben Teil 2. B. I.

662 Angesichts der liberalen Neufassung des § 1031 ZPO gehen die Materialien davon aus, daß der Streit bedeutungslos geworden ist.

663 RegBegrE, BT/ Drucks. 13/ 5274, S. 37.

664 Dies gilt allerdings nicht für die hier nicht erörterte Genossenschaft oder den Verein, für die das Gesetz das Erfordernis notarieller Beglaubigung nicht kennt (vgl. §§ 5 GenossenschaftsG und 25 BGB).

665 Bei Satzungsänderungen ist allerdings zu beachten, daß auf Grund des Minderheitenschutzes, der nicht gegen seinen Willen der staatlichen Gerichtsbarkeit entzogen werden darf, die Änderung einstimmig angenommen werden muß, *Bork*, ZZP 160 (1996), 374 (382); siehe zur ähnlichen Situation der *ad hoc*- Schiedsvereinbarung, *K. Schmidt* in AktR- Großkomm., § 246 Rz. 122.

666 Allgemeine Meinung, siehe statt aller *Hüffer*, AktG, § 130 Rz. 12 m.w.N.

Gleiches gilt im Falle des originären Neuerwerbs von Aktien nach der Gründung der Gesellschaft. Hier wird der Käufer der Aktien nicht im Wege der Rechtsnachfolge Partei der Schiedsvereinbarung,[667] sondern er erwirbt Anteile der Gesellschaft etwa im Wege einer Kapitalerhöhung oder im Aktienhandel. Sollte die Schiedsklausel in der Satzung hier rechtsgeschäftlich zu bewerten sein, so würde der Aktionär, für den Fall, daß er Verbraucher ist, nur dann Partei der Schiedsvereinbarung, wenn er sie gesondert unterzeichnen würde (§ 1031 Abs. 5 S. 1 ZPO).
Letztlich kommt es also doch entscheidend darauf an, ob § 1066 ZPO auch auf Satzungen von Kapitalgesellschaften Anwendung findet.
Hierbei ist m.E. auf die verschiedenen gesetzlichen Ziele der Normen Bezug zu nehmen.

§ 1031 ZPO schafft für den Fall der rechtsgeschäftlichen Schiedsvereinbarung gewisse Formvoraussetzungen, um die schwächere von (im Regelfall) zwei Parteien zu schützen. § 1066 ZPO hingegen schafft die Voraussetzungen, um vom Regelfall der rechtsgeschäftlich vereinbarter Schiedsvereinbarungen abzuweichen, wenn dies im Ausnahmefall notwendig wird.[668]

Die Notwendigkeit einer Anordnung der Schiedsgerichtsbarkeit ist bei Kapitalgesellschaften durchaus gegeben. Bei juristischen Personen, bei denen der Mitgliederbestand im Einzelfall auch ohne Mitwirkung oder Einverständnis der verbleibenden Mitglieder wechseln kann, besteht nämlich ein besonderes Interesse an der Einheitlichkeit der Rechtsbeziehungen der juristischen Person zu allen Mitgliedern. Diese ist aber nur durch eine satzungsmäßige Schiedsklausel effizient zu erreichen.[669] Dies heißt allerdings nicht, daß die Parteien schutzlos gestellt werden. Vielmehr ergibt sich der notwendige Parteischutz aus den Regelungen der speziellen Rechtsgebiete, die die Anordnung eines Schiedsgerichts in „statthafter Weise“ anordnen (§ 1066 ZPO).[670] Die Grenzen der Zulässigkeit dieser einseitigen Anordnung der Schiedsgerichtsbarkeit ergeben sich also aus dem Verbandsrecht, insbesondere des gesetzlichen Minderheitenschutzes.

Gerade im Bereich der GmbH und der AG kann den Vertretern der Gegenmeinung entgegenhalten werden, daß das Gesellschaftsrecht dem Schutz der Gesellschafter, denen die Schiedsklausel oktroyiert wird, ausreichend gewährleistet. So ist nicht nur für beide Gesellschaftsformen die notarielle Beurkundung der Gründungssatzung vorgeschrieben, sondern gilt dies für die GmbH auch bei der Übertragung von Anteilen zwingend (§ 15 Abs. 3 GmbHG).
Das Aktiengesetz auf der anderen Seite ist beherrscht vom Prinzip der formellen Satzungsstrenge. Nach § 23 Abs. 5 AktG darf eine Satzung nur dann von den Vorschriften des Aktiengesetzes abweichen, wenn dies vom Gesetz ausdrück-

---

667 In diesem Fall kommen die Formerfordernisse des Zehnten Buches ebenfalls nicht zur Anwendung, siehe BGHZ 38, 155 (161); Zöller/ *Geimer*, § 1031 Rz. 10; *Lachmann*, Schiedsgerichtspraxis, 88 f.

668 Siehe etwa für den Erbfall, oben Teil 2. B. I.

669 *Musielak/ Voit*, § 1066 Rz. 1 iVm. § 1048 aF Rz. 5.

670 Siehe zum Erbrecht Teil 2. B. I.

lich zugelassen ist. Dies gilt auch für ergänzende Bestimmungen, die nur insoweit zulässig sind, als das Gesetz keine abschließende Regelung vornimmt.[671] § 246 Abs. 3 AktG erklärt ausdrücklich, daß für Beschlußstreitigkeiten das örtliche Landgericht ausschließlich zuständig ist. Hierin ist keine Beschränkung der Schiedsfähigkeit zu sehen, wohl aber bezeichnet diese Vorschrift eindeutig, daß der Streit nach der gesetzlichen AG- Verfassung vor dem in ihr bezeichneten Gericht auszutragen ist.

Das Gesetz beschreibt also eine abschließende Regelung, die zwar angesichts der heutigen Anerkennung der Gleichwertigkeit des Rechtsschutzes von staatlicher und Schiedsgerichtsbarkeit[672] nicht mehr als zeitgemäß anzusehen ist, wohl aber immer noch unmißverständlich die Möglichkeit einer satzungsmäßigen Schiedsklausel für die AG ausschließt (§§ 23 Abs. 5, 246 Abs. 3 AktG).[673] Dies ist eine Einschränkung der Schiedsgerichtsbarkeit, die sich nicht aus den §§ 1025 ff. ZPO ergibt, sondern aus dem über § 1066 ZPO anzuwendenden Verbandsrecht, welches im Einzelfall die einseitige Anordnung der Schiedsgerichtsbarkeit einschränken kann.[674]
Gegen die vormals ganz herrschende Ansicht, satzungsmäßige Schiedsklauseln unter § 1048 a.F. (nunmehr wortgleich § 1066 ZPO) zu subsumieren, spricht auch nicht das Urteil des EuGH vom 10.03. 1992.[675] Dieses auf Art. 17 EuGVÜ zugeschnittene Urteil, der nicht wie die ZPO zwischen „Vereinbarungen" und „nicht auf Vereinbarungen beruhenden Verfügungen" (§ 1066 ZPO) differenziert, soll lediglich klarstellen, daß verfahrensrechtliche Bindungen außer durch individuelle Unterwerfung auch durch Satzungsklauseln zustande kommen können.[676] Eine dogmatische Grundaussage, ob Satzungsklauseln vertraglicher oder nicht vertraglicher Natur sind, trifft es allerdings nicht, so daß sich auf die Frage der Anwendbarkeit des § 1066 ZPO hieraus keine Antwort ziehen läßt.

Satzungsmäßige Schiedsklauseln sind also auch weiterhin als „gesetzlich statthafte" einseitige Anordnungen iSd. § 1066 ZPO zu sehen.[677] Auf Grund des Prinzips der Satzungsstrenge gem. § 23 Abs. 5 AktG ist es aber nicht möglich eine Schiedsklausel in die Verfassung einer AG aufzunehmen.

---

671 *K. Schmidt*, Gesellschaftsrecht, S. 778 und 1004.

672 RegBegrE, BT-Drucks. 13/ 5274, S. 34.

673 So wohl der BGH JZ 1996, 1017 (1018); ausdrücklich *K. Schmidt*, JZ 89, 1077 (1083 f.); *ders.*, AG 95, 551 (552); *ders.* in AktR- Großkomm., § 246 Rz. 121; *ders.*, ZGR 88, 523 (537 f.); *Westermann* in Schiedsgerichtsbarkeit in gesellschafts- und erbrechtlichen Angelegenheiten, S. 31 (40 und 46); a.A. Zöller/ *Geimer*, § 1031 Rz. 24; *Schröder*, Beschlußmängelklagen, S. 134 ff.

674 Dies kann insbesondere dann der Fall sein, wenn der gebotene Minderheitenschutz nicht gewährleistet ist, vgl. Vollmer, S. 124 ff.; *K. Schmidt*, JZ 89, 1077 (1082).

675 EuGH RIW 1992, 492 ff.

676 *K. Schmidt*, ZHR 162 (1998), 265 (276).

677 *Musielak/ Voit*, § 1066 Rz. 1; *Albers* in Baumbach/ Lauterbach/ Albers/ Hartmann, § 1066 Rz. 3; *Thomas/ Putzo*, § 1066 Rz. 1; *K. Schmidt*, ZHR 162 (1998), 265 (276 f.); wohl auch *Schiffer*, Wirtschaftsschiedsgerichtsbarkeit, S. 155 f.; *Schütze*, Schiedsverfahren, S. 155.

(2) *Ad hoc*- Schiedsvereinbarungen

§ 23 Abs. 5 AktG hindert allerdings nur die Möglichkeit, Schiedsklauseln in Satzungen zu verankern. Da er auch in Verbindung mit § 246 AktG keine Aussage zur Schiedsfähigkeit von Beschlußmängelklagen trifft, können auch im Aktienrecht *ad hoc*- Schiedsvereinbarungen geschlossen werden. Insbesondere für kleinere Aktiengesellschaften, denen verwehrt ist, ein Schiedsgericht satzungsmäßig zu berufen, oder für Gesellschaften mit beschränkter Haftung, die über keine satzungsmäßige Schiedsklausel verfügen, kann es interessant sein, für bestimmte Streitsachen die staatliche Gerichtsbarkeit dennoch auszuschließen.
In einem solchen Fall kann ein den allgemeinen Regelungen des Schiedsrechts, insbesondere § 1031 ZPO, unterfallender nichtkorporativer Schiedsvertrag geschlossen werden. Zu beachten ist in diesem Fall nur, daß er innerhalb der schiedsrechtsimmanenten Schranken gehalten ist.

c. Schiedsrechtsimmanente Schranken

Dargelegt wurde, daß Beschlußstreitigkeiten bei Kapitalgesellschaften nach neuem Recht schiedsfähig sind.[678] Auch die Tatsache, daß solchen Klagen stattgebende Schiedssprüche gestaltend wirken, verhindert die Möglichkeit ihrer schiedsrichterlichen Klärung nicht. Dennoch hat der BGH in dem von ihm zu entscheidenden Fall richtigerweise die Wirksamkeit der Schiedsvereinbarung verneint.[679] In seiner Urteilsbegründung macht er deutlich, daß er sich angesichts der heutigen Rechtslage nicht in der Lage sähe, eine für die Schiedsgerichtsbarkeit positivere Entscheidung zu treffen.[680] Da der Gerichtshof sich hauptsächlich auf die, von ihm verneinte, gesetzliche Erlaubnis eines Schiedsgerichts berief, rechtskrafterstreckend zu entscheiden, ist in der Literatur vielfach die Ansicht vertreten worden, der fehlenden gesetzlichen Ermächtigung im Wege der Vertragsgestaltung zu begegnen.[681]
Obgleich der Verfasser das Scheitern herkömmlicher Schiedsklauseln nicht in der Rechtskrafterstreckung, sondern in der Gestaltungswirkung des Schiedsspruches sieht, ist das Ergebnis im Endeffekt das gleiche. Eine Schiedsklausel, die weder eine Benachrichtigung sämtlicher Gesellschafter von der Schiedsklage noch ein Mitbestimmungsrecht aller bei der Schiedsrichterbestellung vorsieht, verstößt gegen das Gebot der Gewährleistung rechtlichen Gehörs und das der Überparteilichkeit der Rechtspflege. Solche Verstöße sind aber in jedem Fall zu vermeiden; denn ersteres führt zur Aufhebbarkeit des Schiedsspruches und letzteres sogar zur Unwirksamkeit der Schiedsvereinbarung.[682]

---

678 Vgl. oben Teil 2. D. II. 1.

679 Vgl. oben Teil 2. D. II. 2. d.

680 BGH JZ 1996, 1017 (1020).

681 *Lüke/ Blenske*, ZGR 98, 253 (297 ff.); *Bredow*, DStR 96, 1653 (1655); *Zilles*, BB 99, Beil. 4, 2 f.

682 Siehe oben Teil 2. D. II. 2. c. (1).

Herkömmliche Schiedsklauseln in Gesellschaftssatzungen enthalten neben den üblichen Bestimmungen in der Regel keine speziellen Regelungen für den Beschlußmangelstreit.[683] Folgend soll daher geklärt werden, welche Bestimmungen eine Schiedsklausel, die auch Beschlußstreitigkeiten umfassen soll, enthalten muß, um nicht gegen die genannten schiedsrechtsimmanenten Schranken zu verstoßen, und welche Bestimmungen sie enthalten sollte, um die Vorteile des Schiedsverfahrens zu erhalten. Die folgenden Ausführungen gelten in gleicher Weise für alle Streitigkeiten des Gesellschaftsrechts, die gestaltend wirken, aber nur von einem Gesellschafter gegen die Gesellschafter zu richten sind. Dies sind neben den Beschlußmängelstreitigkeiten (§§ 246 ff. AktG analog) auch die Auflösungsklage gem. § 61 GmbHG und die Nichtigkeitsklage gem. § 75 GmbHG iVm. §§ 246 ff. AktG.

Nicht aus einer schiedsrechtlichen Notwendigkeit, sondern vielmehr aus Praktikabilitätserwägungen heraus sollte die Klage entsprechend der gesetzlichen Regelungen gegen die Gesellschaft zu richten sein.[684] Aus der Rechtsprechung des BVerfG folgt nämlich, daß ein Urteil nur dann den Grundsätzen der Gewährung rechtlichen Gehörs entspricht, wenn alle Gesellschafter von der Klageerhebung in Kenntnis gesetzt wurden.[685] Diesem Erfordernis kann die Gesellschaft schon auf Grund ihres größeren Überblicks viel besser entsprechen als der einzelne Gesellschafter.[686] Es ist daher unbedingt erforderlich, daß in der Schiedsklausel eine entsprechende Unterrichtungspflicht der Gesellschaft enthalten ist. Auf Grund der erforderlichen Mitbestimmungsmöglichkeit aller Gesellschafter an der Besetzung des Schiedsrichterpanels muß diese Mitteilungspflicht schon der Gesellschaft und nicht erst dem Schiedsgericht aufgelegt werden; denn dieses kann ja erst nach der Bestellung aller Schiedsrichter tätig werden.
Wichtiger noch als die Benachrichtigung der nichtklagenden Gesellschafter ist deren Beteiligung an der Besetzung des Schiedsrichterpanels. Fehlt es nämlich an einer diesbezüglichen Bestimmung in der Schiedsvereinbarung, so ist diese wegen eines Verstoßes gegen das Gebot der Überparteilichkeit der Rechtspflege (Art. 97 GG, § 134 BGB) von Anfang an unwirksam.
Fraglich ist allerdings wie die Überparteilichkeit der Schiedsrichter im Einzelnen erreicht werden kann. Unzulässig ist auf jeden Fall eine Bestimmung der Schiedsrichter durch die Gesellschaft und wenige Gesellschafter alleine. Um dem Gebot der Überparteilichkeit genüge zu leisten, ist es allerdings nicht zwingend erforderlich, alle Gesellschafter an der Bestimmung zu beteiligen, solange die Schiedsklausel überhaupt keinem Gesellschafter oder der Gesellschaft selbst eine Wahl läßt, sondern bestimmt, daß das Schiedsrichterpanel von einer unabhängigen dritten Stelle bestellt wird. Denkbar wäre eine Bestellung

---

683 Siehe als Beispielschiedsvereinbarung, *Lachmann*, Schiedsgerichtspraxis, S. 422 ff.

684 Vgl. § 246 Abs. 2 S. 1 und §§ 249, 246 Abs. 2 S. 1 AktG (Beschlußmangelklagen), § 61 Abs. 2 S. 1 GmbHG (Auflösungsklage) und § 75 Abs. 2 GmbHG iVm. 246 Abs. 2 S. 1 AktG (Nichtigkeitsklage).

685 BVerfG JZ 1982, 330 (331) zur Auflösungsklage gem. § 61 GmbHG vor einem staatlichen Gericht.

686 Eine andere Möglichkeit der Bekanntgabe schlägt *Bredow*, DStR 96, 1653 (1655) vor, der die Mitteilung der Klageerhebung mittels eingeschriebenen Brief an alle Gesellschafter durch den klagenden Gesellschafter festsetzen möchte.

durch den Präsidenten des zuständigen Oberlandesgerichts, durch die Deutsche Institution für Schiedsgerichtsbarkeit e.V. (DIS) oder durch den Präsidenten der örtlichen Industrie- und Handelskammer.[687]
Einigen sich die Gesellschafter bei Festsetzung der Schiedsklausel auf eine solche unabhängige Stelle, so geben sie in gesetzlich zulässiger Weise ihr Recht auf die Mitwirkung an der Schiedsrichterbestellung auf (§ 1035 Abs. 1 ZPO). Der Unwirksamkeitsgrund der Art. 97 GG, § 134 BGB entfiele, da die Unabhängigkeit und Unparteilichkeit der Schiedsrichter durch die Seriosität der Drittstelle garantiert wird.

Eine weitere Alternative, dem Gebot der Überparteilichkeit der Rechtspflege genüge zu leisten, wäre die Bildung von Prozeßparteien. So könnte die Schiedsklausel vorsehen, daß die Gesellschafter sich nach der Benachrichtigung der Kläger- oder Beklagtenseite innerhalb einer gesetzten Frist anzuschließen haben und dann gemeinsam ihren Schiedsrichter eines Dreierpanels bestimmen. Die so bestimmten Beisitzer einigen sich dann gemeinsam auf einen Obmann.[688] Können die Gruppen sich innerhalb einer weiteren bestimmten Frist nicht auf einen gemeinsamen Schiedsrichter einigen, so könnte ersatzweise eine Drittbestimmung vorgesehen werden, um ein bewußtes Herauszögern der Entscheidung zu vermeiden.[689] Weigert sich ein Gesellschafter gänzlich, am Bestellungsverfahren teilzunehmen, oder läßt er die Beteiligungsfrist verstreichen, so ist in seiner Nichtbeteiligung am Auswahlverfahren kein Verstoß gegen das Überparteilichkeitsgebot zu sehen, sondern eine antizipierte Unterwerfung unter den Schiedsspruch, die er im voraus durch Unterwerfung unter die Schiedsklausel vorgenommen hat.[690]

Welcher der beiden genannten Möglichkeiten sich die Praxis bei der Vertragsgestaltung bedient, ist unerheblich.[691] Zur Wirksamkeit der Schiedsklausel ist es allerdings erforderlich, daß auf eine der beiden Gestaltungsarten Rücksicht genommen wird.
Der Vorteil der erstgenannten Lösung liegt eindeutig in ihrer größeren Praktikabilität. Bei der gemeinschaftlichen Bestimmung der Schiedsrichter muß den einzelnen Gesellschaftern nicht nur die Zeit gegeben werden, von der Klage

---

687 Alle drei Stellen würden dem nötigen Neutralitätserfordernis gerecht und verfügen über die notwendige Kompetenz und Erfahrung, geeignete Schiedsrichter zu benennen.

688 Diese Konstruktion entspricht somit weitestgehend dem gesetzlichen Normalfall, siehe §§ 1034 Abs. 1 S. 2, 1035 Abs. 3 S. 2 ZPO. Siehe hierzu die Klauselvorschläge von *Bredow*, DStR 96, 1653 (1655) und *Zilles*, BB 99, Beil. 4, 2 (3).

689 Nach h.L. ist weiterhin § 1034 Abs. 2 ZPO bei Mehrparteienschiedsgerichtsbarkeit analog anzuwenden, siehe *Berger*, DZWiR 98, 45 (50) m.w.N. in Fn. 43; *Albers* in Baumbach/ Lauterbach/ Albers/ Hartmann, 56. Aufl., § 1034 Rz. 4; a.A. *Musielak/ Voit*, § 1034 Rz. 1.

690 Siehe zur generellen Möglichkeit einer antizipierten Unterwerfung, BGH WM 1990, 675 (676).

691 A.A. *Bork*, ZZP 160 (1996), 374 (383); *Schlosser*, JZ 96, 1020 (1022), die dem Urteil des BGH entnehmen, daß allein die Schiedsrichterbestimmung durch eine neutrale dritte Stelle ausreichend ist.

Kenntnis zu nehmen und sich in Prozeßparteien zusammenzufinden, sondern auch eine weitere Frist für die Einigung auf einen Schiedsrichter gewährt werden. Als angemessene Frist dürfte jeweils ein Monat anzusehen sein.[692] Selbst bei Einigung auf einen Schiedsrichter könnte das Verfahren also frühestens zwei Monate nach seiner Einleitung beginnen. Können sich die Gesellschafter nicht einigen, so muß zudem noch die ersatzweise Bestellung der Drittstelle abgewartet werden. Werden die Schiedsrichter aber ohnehin von einer dritten Einrichtung bestellt, so kommt es nur auf dessen Entscheidung an.

Der Nachteil der Ernennung durch eine solche dritte Stelle ist aber in der entstehenden Rechtsunsicherheit zu sehen. Der BGH hat zwar einerseits angedeutet, daß er die Schiedsrichterernennung durch eine unabhängige Einrichtung billigen würde,[693] andererseits aber eine analoge Anwendung des § 248 Abs. 1 S. 1 AktG auf die Schiedsgerichtsbarkeit abgelehnt. Beteiligen sich aber alle Gesellschafter an der Schiedsrichterbestimmung, so werden sie zu Parteien des Verfahrens. Eine analoge Anwendung würde entfallen, da die Rechtskraft gem. § 1055 ZPO ohnehin gegen alle wirken würde. Wird aber der Schiedsrichter durch eine dritte Stelle benannt, so bleiben auch hier die nichtklagenden Gesellschafter am Verfahren unbeteiligt.
Folgt man allerdings der hier vertretenen Auffassung, daß die Rechtsverletzung der unbeteiligten Gesellschafters nicht in der Rechtskrafterstreckung des § 248 Abs. 1 S. 1 AktG, sondern in der Gestaltungswirkung des Schiedsspruches zu sehen ist, so erscheint die Ablehnung dieser Erstreckung auf die übrigen Gesellschafter keinen Sinn zu ergeben. Sie ist vielmehr aus denselben Gründen zu bejahen, denen zufolge eine materielle Rechtskraftwirkung bei Gestaltungsurteilen staatlicher Gerichte angenommen wird.[694] Ein nichtklagender Gesellschafter muß einen Schiedsspruch gestaltend gegen sich gelten lassen, wenn eine unabhängige Stelle die Schiedsrichter bestimmt hat und die Schiedsvereinbarung somit wirksam war. Es wäre widersinnig, ihm erneut die Möglichkeit einzuräumen, einen Schadenersatzprozeß gegen die Gesellschaft mit der Begründung zu führen, das Gestaltungsrecht hätte im Zeitpunkt der letzten mündlichen Verhandlung nicht bestanden.
Eine Anerkennung der Rechtskrafterstreckung des § 248 Abs. 1 S. 1 AktG im Schiedsverfahrens ist also zu bejahen.

III. Zusammenfassung

Zusammenfassend ist also festzuhalten, daß Beschlußstreitigkeiten bei Kapitalgesellschaften objektiv und subjektiv schiedsfähig sind. Allerdings hindern schiedsrechtsimmanente Gründe die Klärung solcher Streitigkeiten durch ein Schiedsgericht, wenn die Schiedsvereinbarungen nicht entsprechend gestaltet

---

692 So *Bredow*, DStR 96, 1653 (1655); zu kurz wohl die Einigungsfrist von drei Tagen bei *Zilles*, BB 99, Beil. 4, 2 (3).

693 Vgl. II. 6 a. der Gründe: „Als denkbare Lösungswege bieten sich ... die Konstituierung des gesamten Schiedsgerichts durch eine von beiden Parteien unabhängige Instanz ... an.“, abgedruckt in BGH JZ 1996, 1017 (1019).

694 *Rosenberg/ Schwab/ Gottwald*, Zivilprozeßrecht, S. 529; siehe auch *Schlosser*, Gestaltungsklagen und Gestaltungsurteile, S. 409 f. (Kondiktionsansprüche).

werden. Dies wird bei herkömmlichen Schiedsklauseln in der Regel nicht der Fall sein. Im Wege der Vertragsgestaltung ist es aber möglich, Schiedsklauseln diesen besonderen Voraussetzungen anzupassen. Wird die Anpassung bei Satzungsschiedsklauseln durch Änderung der Satzung vorgenommen, so ist zu beachten, daß diese Änderung einstimmig erfolgt.
Weiterhin ist der Tatsache Beachtung zu schenken, daß Schiedsklauseln in Gesellschaftssatzungen nur bei der GmbH zulässig sind. Aus dem Prinzip der formellen Satzungsstrenge, welches sich aus § 23 Abs. 5 AktG ergibt, ist zu folgern, daß eine Schiedsklausel in einer AG- Verfassung nicht mit der gesetzlichen Garantie staatlichen Rechtsschutzes des § 246 Abs. 3 S. 1 AktG zu vereinbaren ist. Das Gesetz trifft eine abschließende Regelung, die zwar die Schiedsfähigkeit nicht ausschließt, trotzdem aber die satzungsmäßige Verankerung der Schiedsgerichtsbarkeit verneint. Die schiedsgerichtliche Klärung von Streitigkeiten der AG können die Aktionäre allerdings im Wege einer *ad hoc*- Schiedsvereinbarung ermöglichen. Da eine solche Klausel im Gegensatz zu einer Satzungsklausel (§ 1066 ZPO) der Formvorschrift des § 1031 ZPO unterworfen ist, dürfte sie wohl der personalistisch organisierten AG vorbehalten bleiben.

IV. Möglichkeiten der schiedsrichterlichen Durchsetzung gesellschaftsrechtlicher Streitigkeiten im Personenhandelsgesellschaftsrecht

Bezüglich der Schiedsfähigkeit personengesellschaftsrechtlicher Streitigkeiten kann grundsätzlich auf das oben Gesagte verwiesen werden.
Allerdings sind die oben skizzierten schiedsrechtsimmanenten Bedenken, die gegen die schiedsrichterliche Klärung kapitalgesellschaftsrechtlicher Beschlußstreitigkeiten sprechen, im Personengesellschaftsrecht nicht von Bedeutung. Die Begründung liegt in der unterschiedlichen Prozeßbeteiligung im Personenhandelsgesellschaftsrecht.

Bei den personengesellschaftsrechtlichen Gestaltungsklagen kann es nicht zu einer Gestaltungswirkung auf unbeteiligte oder nichtklagende Gesellschafter kommen, wie es im Kapitalgesellschaftsrecht der Fall ist, da die Sachlegitimation solcher Fragen immer bei allen Gesellschaftern liegt. In personenhandelsgesellschaftsrechtlichen Gestaltungsstreitigkeiten ist es daher unbedingt erforderlich, daß alle Gesellschafter dem Streit als Partei beiwohnen[695] oder eine ausdrückliche, dem Gericht nachzuweisende Aussage des nichtteilnehmenden Gesellschafters vorliegt, daß er sich mit dem Klageziel einverstanden erklärt.[696]
Folglich kann es nicht zu einem Verstoß gegen unabdingbare Rechte der einzelnen Gesellschafter kommen, da sie auf Grund des oben Gesagten ohnehin Parteien des Schiedsverfahrens werden und somit sowohl Kenntnis von diesem haben, als auch eine Beteiligungsmöglichkeit an der Schiedsrichterbestellung gegeben ist. Zur Vermeidung von Unbilligkeiten gilt § 1034 Abs. 2 ZPO analog.
Gleiches gilt im wesentlichen auch für Beschlußstreitigkeiten. Gesellschafterbeschlüsse sind im Falle ihrer Fehlerhaftigkeit ohne weiteres unwirksam oder

695 BGHZ 30, 195 (197) zu §§ 117, 127, 133 und 140 HGB; siehe auch *Baumbach/ Duden/ Hopt*, HGB, § 133 Rz. 13.

696 *Baumbach/ Duden/ Hopt*, HGB, § 133 Rz. 13.

nichtig (§§ 134, 138 BGB). Sie sind mit der Feststellungsklage gem. § 256 ZPO anzugreifen, welche keine Gestaltungswirkung entwickelt.[697] Ihre *inter partes*-Rechtskraftwirkung trifft aber alle Gesellschafter, da sie auf Grund des oben Dargelegten gezwungenermaßen alle Prozeßparteien sind.

Auf Grund der den Gesellschaftern grundsätzlich nur gemeinsam zustehenden Sachlegitimation stehen also personengesellschaftsrechtliche Streitigkeiten der schiedsrichterlichen Klärung offen.

V. Schiedsfähigkeit sonstiger kapitalgesellschaftsrechtlicher Ansprüche

1. Besonderheit bei Umwandlungsbeschlußmangelklagen

Im Zusammenhang mit Umwandlungsbeschlußstreitigkeiten ist es zum alten Recht fraglich gewesen, ob das für die Beschlußstreitigkeit zuständige Schiedsgericht auch das Unbedenklichkeitsverfahren gem. § 16 Abs. 3 S. 1 UmwG durchführen konnte.[698]
Dieses ist erforderlich, um die durch eine Klage gegen den Umwandlungsbeschluß erfolgte Registersperre wieder aufzuheben. Obgleich die objektive Schiedsfähigkeit solcher Verfahren nie zur Debatte stand, wurden Zweifel an der Zuständigkeit des Schiedsgerichts geäußert, weil vereinzelt angenommen wurde, daß es sich bei dem Verfahren gem. § 16 Abs. 3 S. 1 UmwG um ein Verfahren des einstweiligen Rechtsschutzes handele, obgleich es zu diesem wesentliche Unterschiede aufweist.[699] Maßnahmen des einstweiligen Rechtsschutz konnten aber nach dem alten Schiedsrecht einem Schiedsgericht nicht übertragen werden.[700]
Nach der Schiedsrechtsreform kann es nunmehr dahingestellt bleiben, ob es sich bei dem Unbedenklichkeitsverfahren gem. § 16 Abs. 3 S. 1 UmwG um eine Maßnahme des einstweiligen Rechtsschutzes handelt; denn solche Befugnisse räumt das Gesetz der Schiedsgerichtsbarkeit nunmehr ein (§ 1041 ZPO).[701]
Das in Satzung oder durch Vereinbarung berufene Schiedsgericht des Beschlußmangelstreits ist also auch für das Unbedenklichkeitsverfahren zuständig.

---

697 So die ganz herrschende Lehre, siehe statt vieler *Baumbach/ Duden/ Hopt*, HGB, § 119 Rz. 31 f. m.w.N.; a.A. *K. Schmidt*, Gesellschaftsrecht, S. 1392.

698 Diskutiert wurde die Frage allerdings nur im Bereich des Personenhandelsgesellschaftsrechts, da die Schiedsfähigkeit kapitalgesellschaftsrechtlicher Beschlüsse in der Regel verneint wurde, vgl. *Riegger/ Schockenhoff*, ZIP 97, 2105 (2112).

699 *Riegger/ Schockenhoff*, ZIP 97, 2105 (2112).

700 Statt vieler, *Stein/ Jonas/ Schlosser*, 21. Aufl., § 1027 a Rz. 6.

701 *Trittmann*, ZGR 99, 340 (349); *Ebbing*, NZG 1998, 281 (287.).

2. Auflösungsklagen gem. § 61 GmbHG

Entgegen der h. L.[702] kann nicht von einer pauschalen Möglichkeit der schiedsrichterlichen Klärung der Auflösungsklage gem. § 61 GmbHG ausgegangen werden. Gleiches gilt für alle Streitigkeiten des Gesellschaftsrechts, die gestaltend wirken, aber von lediglich einem Gesellschafter gegen die übrigen Gesellschafter zu richten sind.[703]
Zwar sind diese Klagen als vermögensrechtlich einzustufen und somit gem. § 1030 Abs. 1 S. 1 ZPO schiedsfähig, doch gelten auch hier die zu den Beschlußmängelklagen aufgestellten Grundsätze. Berücksichtigt die zugrundeliegende Schiedsklausel nicht die Rechte der nichtklagenden, materiell betroffenen Gesellschafter, so ist auch sie wegen des Verstoßes gegen das Gebot der Überparteilichkeit der Rechtspflege nichtig. Daß eine dem § 248 Abs. 1 S. 1 AktG entsprechende Regelung fehlt, ist unerheblich.[704]
Schon auf Grund der Tatsache, daß es bisher keine BGH- Rechtsprechung zur Wirksamkeit von Schiedsklauseln gibt, die die Auflösungsklage einschließen,[705] ist es ratsam, Schiedsklauseln entsprechend der oben dargelegten Grundsätzen zu gestalten.

3. Auskunfts- und Informationsrechte gem. § 51 a Abs. 1 GmbHG

§ 51 a Abs. 1 GmbHG gibt jedem Gesellschafter einer GmbH das nur im Rahmen des zweiten Absatzes beschränkte Recht, Auskunft über die Angelegenheiten der Gesellschaft und darüber hinaus Einsicht in die Bücher und Schriften zu verlangen. Es handelt sich um ein aus der Mitgliedschaft resultierendes Individualrecht, welches gem. § 51 a Abs. 3 GmbHG nicht beschränkbar ist.[706]
Aus diesem Grund ist die Schiedsfähigkeit von Auskunftsklagen in der Vergangenheit vereinzelt verneint worden.[707] § 51 a Abs. 3 GmbHG sei zwingendes Recht, welches einen Vergleich vor Entstehung der Streitsache ausschließe. Die im Rahmen von § 1025 Abs. 1 a.F. ZPO erforderliche Vergleichsfähigkeit sei daher nicht gegeben.[708]

---

702 *Lutter/ Hommelhoff*, GmbHG, Anhang § 61 Rz. 6; *Scholz/ K. Schmidt*, § 61 Rz. 6; *Kornmeier*, Schiedsfähigkeit, S. 43 f.

703 Dies ist neben den Beschlußmängelstreitigkeiten (§§ 246 ff. AktG analog) die Nichtigkeitsklage gem. § 75 GmbHG iVm. §§ 246 ff. AktG.

704 Siehe hierzu oben Teil 2. D. II. 2. c. (1).

705 Die bisher einzige obergerichtliche Entscheidung stammt vom Bayrischen Obersten Landesgericht, siehe BayObLG 1984, 809 f..

706 *Lutter/ Hommelhoff*, GmbHG, § 51 a Rz. 1; *Rowedder- Koppensteiner*, GmbHG, § 51 a Rz. 1; *Scholz/ K. Schmidt*, GmbHG, § 51 a Rz. 1.

707 LG Mönchengladbach, Beschluß vom 15.01.1986, JZ 87, 99 f.; *Rowedder- Koppensteiner*, GmbHG, § 51 b Rz. 4; HK- GmbHR/ *Fichtelmann*, § 51 a Rz. 3.

708 LG Mönchengladbach, JZ 1987, 99 (100).

Spätestens ab dem Inkrafttreten des neuen Schiedsrechts am 01.01.1998 ist diese Auffassung nicht mehr zu halten. Es ist davon auszugehen, daß auch die informationsrechtlichen Ansprüche des § 51 a Abs. 1 GmbHG in prozessualer Hinsicht vermögensrechtlicher Natur sind.[709] Zwar ist das zu Grunde liegende Rechtsverhältnis nicht als solches zu bewerten, doch ist die Definition der Vermögensrechtlichkeit im Prozeßrecht weit zu ziehen. Ausreichend ist alleine, daß der Kläger deutlich macht, in Vermögensinteressen gefährdet zu sein.[710] Die Rechte des Gesellschafters, die § 51 a Abs. 1 GmbHG gewährt, dienen aber zum einen der Kontrolle der Geschäftsführung und zum anderen der richtigen Ausübung des Stimmrechtes des Gesellschafters.[711] Beides sind allerdings Mechanismen, die dazu dienen, den wirtschaftlichen Erfolg des Unternehmens zu fördern und den finanziellen Interessen des Gesellschafters gerecht zu werden.[712] Letztlich kann die Frage der Vermögensrechtlichkeit in dieser Frage dahingestellt bleiben, da Auskunftsstreitigkeiten gem. § 1030 Abs. 1 S. 2 ZPO auch vergleichsfähig sind. Sowohl nach der zum alten Recht herrschenden materiellen Theorie als auch nach der Lehre von der objektiven Verfügbarkeit wurde der Begriff der Vergleichsfähigkeit so verstanden, daß die Parteien befugt sind, über den Streitgegenstand zu verfügen.[713] In dem Verzicht auf die staatliche Gerichtsbarkeit selbst war allerdings der Vergleich iSd. § 1025 Abs. 1 a. F. ZPO nicht zu sehen.[714] Die Gesellschafter wählen also eine andere Form des Rechtsschutzes, verzichten aber nicht im Voraus auf ihr Auskunftsrecht.

Zulässig iSd. § 51 a Abs. 3 GmbHG sind sogar Regelungen über das Verfahren der Informationserteilung. Entscheidend ist nur, daß sie die Substanz des Informationsrechts unberührt lassen.[715] Durch die Vereinbarung eines Schiedsgerichtes wird aber weder das Verfahren der Informationserteilung modifiziert, noch die Substanz des Informationsrechts eingeschränkt, da lediglich eine andere, der staatlichen Gerichtsbarkeit gleichwertige Rechtsschutzmöglichkeit für den Fall gewählt wird, daß der Geschäftsführer den Auskunftsanspruch verweigert. Da also in der Vereinbarung eines Schiedsgerichts kein Verzicht auf ein zukünftiges Informationsrecht zu sehen ist, sind solche Streitigkeiten sowohl nach dem neuen als auch nach dem alten Schiedsrecht uneingeschränkt schiedsfähig.[716]

Auch die Tatsache, daß das Auskunftserteilungsverfahren nach den Verfahrensregeln des FGG durchzuführen ist, stellt keinen Hinderungsgrund der Schieds-

---

709 A.A. ohne Begründung *Böcker*, Schiedsfähigkeit, S. 90.

710 BGHZ 14, 72 (74); siehe ausführlich oben Teil 1. III. 1. b.

711 *Scholz/ K. Schmidt*, GmbHG, § 51 a Rz. 1.

712 Siehe zur Vermögensrechtlichkeit von Gesellschafterbeschlüssen, oben Teil 2. D. II. 1. b.

713 Beide Ansichten differierten allein im Ansatzpunkt, vgl. Teil 1. III. 2 a. (1) und (3).

714 So anscheinend LG Mönchengladbach, JZ 1987, 99 (100).

715 BayObLG 1988, 1789 (1790 f.); OLG Köln WM 86, 761.

716 So auch schon zum alten Recht OLG Koblenz NJW- RR 1990, 1374; *Schwab/ Walter*, Schiedsgerichtsbarkeit, S. 33; *Schwab*, FS für Henckel, S. 804 (812).

fähigkeit dar.[717] Schon zum alten Recht schloß die ganz h. M. aus dem Wortlaut des § 1025 Abs. 1 S. 1 a.F. ZPO, daß nicht auf die Verfahrensart,[718] sondern auf die Verfügungsmacht der Parteien abzustellen ist. Schiedsfähig waren daher vor allem die „echten Streitsachen", die zur Durchsetzung privater Rechte geführt werden. Diese Verfahren hat der Gesetzgeber nur deshalb dem FGG- Verfahren zugeordnet, weil er sich von der elastischeren Verfahrensart eine schnellere Entscheidung versprach als vom normalen Zivilprozeß nach der ZPO.[719] An dieser richtigen Ansicht hat sich durch das neue Recht nichts verändert, so daß Auskunftserteilungsstreitigkeiten objektiv schiedsfähig sind.

---

717 So aber LG Mönchengladbach, JZ 1987, 99 (100); HK- GmbHR/ *Fichtelmann*, § 51 b Rz. 2.

718 So nur die formelle Theorie *Kornmeiers*, siehe Teil 1. III. 2 a. (2).

719 So schon BGHZ 6, 248 (253 ff.); *Bork*, JZ 87, 100 (Anmerkung zum Beschluß des LG Mönchengladbach vom 15.01.1986, JZ 1987, 99 f.) ; *Bärmann*, FS für Weber, S. 1 (5 f.); *Maier*, Schiedsgerichtsbarkeit, S. 45 f.

E. *Schiedsfähigkeit von Börsentermingeschäften*

I. Einleitung

Der Begriff des Börsentermingeschäfts ist im Börsengesetz (BörsG) nicht legaldefiniert.[720] Auch der BGH hat sich wegen der Vielfalt der an den Terminmärkten gehandelten Finanzprodukte und der stetigen Entwicklung neuer Finanzinstrumente einer endgültigen Begriffsbestimmung enthalten. Er hat lediglich bestimmte Mindestanforderungen benannt, die vorliegen müssen, um ein solches Geschäft zu bejahen.
Börsentermingeschäfte sind danach Verträge über Wertpapiere, vertretbare Sachen oder Devisen, die nach gleichartigen Bedingungen abgeschlossen werden, von beiden Parteien erst zu einem späteren Punkt zu erfüllen sind und einen Bezug zu einem Terminmarkt haben. Letzteres war unter anderem deshalb nötig, da die Möglichkeit bestehen mußte, jederzeit ein Gegengeschäft abzuschließen.[721] Entscheidend bei Börsentermingeschäften ist nämlich nicht die tatsächliche Erfüllung des abgeschlossenen Geschäftes, vielmehr wird ein Gewinn durch das später abzuschließende Glattstellungsgeschäft erhofft. Es soll also durch eine erwartete Kurssteigerung am Terminmarkt ohne Einsatz eigenen Vermögens ein Gewinn erwirtschaftet werden. Die Gefährlichkeit des Geschäfts liegt in der ebenfalls möglichen gegenläufigen Entwicklung des Marktes. Der Anleger ist nicht vorhersehbaren Verlustrisiken durch das dann nötige Glattstellungsgeschäft zu einem verlustbringenden Marktpreis ausgesetzt.[722] Durch die verhältnismäßig geringen Einlagen, die der Käufer zu erbringen hat, sind die Verlustrisiken allerdings nicht nur objektiv schwer vorhersehbar, sondern für im internationalen Vergleich weitestgehend alleine stünde, wenn man die
Vor diesen Risiken schützten in Deutschland der Termin- und der Differenzeinwand (§§ 53 BörsG und §§ 762, 764 BGB), die das Börsentermingeschäft für unverbindlich erklären und von Amts wegen zu beachten sind.[724]

An der Voraussetzung der späteren Glattstellungsmöglichkeit hält der BGH in neuerer Rechtsprechung allerdings nicht weiter fest, da die Praxis das klassische Termindirektgeschäft mit effektiver Liefer- und Abnahmeverpflichtung hin zum offenen Differenzgeschäft ausgestaltet hat, so daß eine Glattstellungsmöglichkeit durch ein Gegengeschäft nicht mehr unbedingt nötig ist.[725] Für die Qualifizierung zum Börsentermingeschäft wird daher nunmehr auf den mit ihm verfolgten wirtschaftlichen Zweck und den Schutz des Anlegers abgestellt.[726]

---

720 *Häuser/ Welter* in Assmann/ Schütze, § 16 Rz. 538.

721 *Ellenburger*, WM 99, Beil. 2, S. 1 (4); siehe zur Abgrenzung zum Kassageschäft, bei dem die schützenden Einwände des Börsenterminrechts nicht zum Tragen kommen, BGHZ 103, 84 (87 f.).

722 *Ellenburger*, WM 99, Beil. 2, S. 1 (4).

723 BGHZ 103, 84 (88).

724 BGHZ 103, 84 (88).

725 BGH WM 1998, 2331 (2332 f.); siehe auch *Schäfer/ Müller*, Wertpapierdienstleistungen, S. 155 f.

726 BGH WM 1998, 274 (275).

II. Schiedsfähigkeit von Börsentermingeschäften im nationalen Rechtsverkehr

Der typische Fall des in der Bundesrepublik Deutschland abgewickelten Börsentermingeschäfts ist der des Optionsgeschäftes in Wertpapieren oder Devisen. Obgleich solche Geschäfte im Vergleich mit den vornehmlich an den internationalen Terminmärkten im Ausland getätigten Warentermingeschäften weniger spekulativ sind, sind sie doch risikoreich genug, um Anlaß zu Rechtsstreitigkeiten zu bieten.

Schon wegen der hochgradigen Spezialisierung solcher Börsentermingeschäfte vertrauen die Parteien nicht selten in den höheren Sachverstand privater Schiedsrichter und schließen daher die staatliche Gerichtsbarkeit aus.[727]

Es soll nun zuerst dargelegt werden, wovon die Wirksamkeit einer Schiedsvereinbarung abhängt, die einen deutschen Schiedsort (§ 1025 Abs. 1, 1043 Abs. 1 ZPO) und die Anwendung deutschen Rechts zugrundelegt (§ 1051 ZPO).

1. Objektive Schiedsfähigkeit

Vor der Neuregelung des Schiedsverfahrensrechts war es teilweise unklar, inwieweit die Vertragsparteien über die zugrunde liegende Streitsache disponieren konnten, Ansprüche aus Börsentermingeschäften also vergleichsfähig iSd. § 1025 Abs. 1 ZPO seien.

Die Vertreter der strengen materiellen Theorie[728] sahen zumindest in den verbotenen Börsentermingeschäften ein Geschäft, welches gegen die §§ 53 ff. BörsG, 762, 764 BGB verstieß, und somit einem Vergleich nicht zugänglich war, da es wegen § 134 BGB nichtig sei.[729] Sie kamen daher zumindest bezüglich der verbotenen Börsentermingeschäfte schon zu einem Fehlen der objektiven Schiedsfähigkeit.

Die Vertreter der Lehre von der objektiven Verfügbarkeit[730] wählten einen anderen, allerdings nur schwer mit dem Gesetzeswortlaut in Einklang zu bringenden Ansatz zur Bestimmung der objektiven Schiedsfähigkeit. Da die Regel des § 1025 Abs. 1 a.F. ZPO in erster Linie daraufhin abziele, im Interesse besonders schutzwürdiger Rechtsgüter dem Staat vorbehaltene Rechtsprechungsmonopole zu sichern, sei der materielle Ansatz zu eng gewählt. Für die Beurteilung der objektiven Schiedsfähigkeit komme es vielmehr darauf an, ob für die betreffende Materie ein Rechtsprechungsmonopol bestehe oder ob sie für die Vertragsparteien objektiv verfügbar sei.[731] Im Bereich der Börsentermingeschäfte sei

---

727 *Schütze*, Schiedsverfahren, S. 153; *Schiffer*, Wirtschaftsschiedsgerichtsbarkeit, S. 186.

728 Siehe Teil 1. III. 2 a. (1).

729 Zöller/ *Geimer*, 20. Aufl., § 1025 Rz. 36; *Bärmann*, FS für Weber, S. 1 (3 f.); unter verbotenen Börsentermingeschäften versteht man an sich legale Termingeschäfte in Waren oder Devisen, die auf Grund einer entsprechenden Rechtsverordnung iSd. § 63 BörsG unverbindlich sind (§ 64 BörsG), vgl. zum Begriff *Häuser/ Welter* in Assmann/ Schütze, § 16 Rz. 538.

730 Siehe Teil 1. III. 2 a. (3).

731 Vgl. hierzu *Bork*, ZZP 100 (1987), 249 (251).

dies weitestgehend unproblematisch, da sich *argumentum ex* § 28 BörsG ergebe, daß das Gesetz die Möglichkeit der Anrufung eines Börsenschiedsgerichts zwar auf termingeschäftsfähige Personen iSd. § 53 Abs. 1 BörsG beschränke, zumindest aber die schiedsrichterliche Klärung aus Börsentermingeschäften resultierenden Streitigkeiten anerkenne und nicht der staatlichen Gerichtsbarkeit vorbehalte.[732] Börsentermingeschäfte seien also objektiv verfügbar und somit auch objektiv schiedsfähig.[733]

Der oben dargestellte Streit ist nach dem SchiedsVfG abschließend durch das Gesetz geklärt. Ansprüche aus Börsentermingeschäften sind regelmäßig Ansprüche aus vertraglicher oder deliktischer Haftung sowie aus ungerechtfertigter Bereicherung.[734] Sie sind darauf gerichtet, das aus Börsenterminverpflichtungen Erlangte für den Fall zurückzufordern, daß das Geschäft wegen eines Termin- oder Differenzeinwands für den Kunden unverbindlich war[735] oder Schadenersatz für das durch mangelnde Aufklärung verlorene Vermögen zu erlangen. Die Ansprüche sind somit vermögensrechtlicher Natur und nach dem neuen Recht unproblematisch schiedsfähig (§ 1030 Abs. 1 S. 1 ZPO).

2. Subjektive Schiedsfähigkeit

Im Allgemeinen Teil wurde erläutert, daß sich Beschränkungen der subjektiven Schiedsfähigkeit nur aus Regelungen iSd. § 1030 Abs. 3 ZPO ergeben können.[736] Eine solche könnte man im Bereich des Börsenrecht in § 28 BörsG sehen.[737]

Abzulehnen ist die Annahme, eine eingeschränkte Schiedsfähigkeit direkt aus § 53 BörsG zu ziehen, da eine nicht börsentermingeschäftsfähige Person auch keine Schiedsvereinbarung über ein solches Geschäft treffen könne.[738] Eine solche Argumentation hieße zum einen gegen die Trennung von Hauptvertrag und Schiedsvereinbarung zu verstoßen. Vor allem wäre sie nach dem reformierten Schiedsrecht aber auch *contra legem*, da in die §§ 52 ff. BörsG auch im Wege

---

732 *Schütze* in Assmann/ Schütze, § 29 Rz. 12; *ders.*, Jahrbuch 1987, S. 94 (96); *Bork/ Stöve*, Börsentermingeschäfte, S. 32.

733 BGH ZIP 91, 1231 (1232); OLG Düss WM 90, 842 (845), wenn deutsches Recht und ein deutsches Schiedsgericht vereinbart wurden; *Bork/ Stöve*, Börsentermingeschäfte, S. 32; *Stein/Jonas/Schlosser*, § 1025 Rz. 30 a.

734 Siehe zu den Anspruchsgrundlagen im Börsenterminrecht *Schäfer/ Müller*, Wertpapierdienstleistungen, S. 8 ff., 14 ff., 153 ff; *Ellenburger*, WM 99, Beil. 2, S. 1 (9 und 18 f.) m.w.N.

735 Siehe zu dem nur eingeschränkten Rückforderungsrecht des Kunden, RGZ 7, 48 (52); BGH WM 79, 1381 (1383); OLG Düss WM 82, 751(752) für den Differenzeinwand, BGH WM 87, 1153 (1155) m.w.N. für den Termineinwand, sowie *Bork/ Stöve*, Börsentermingeschäfte, S. 12 f.

736 Siehe Teil 1. II. 2.

737 § 28 BörsG wird auch von der RegBegrE, BT/ Drucks. 13/ 5274, S. 35, als Beispiel genannt.

738 Vgl. hierzu zum alten Recht *Samtleben*, BB 74, 1616 (1618), der diese These im Zusammenhang mit § 28 BörsG und § 61 a.F. BörsG aufstellt.

der teleologischen Auslegung nicht das gesetzgeberische Ziel interpretiert werden kann, die fehlende Termingeschäftsfähigkeit mit mangelnder subjektiver Schiedsfähigkeit gleichzusetzen.
§ 28 BörsG regelt, daß sich die Parteien nur dann einem Börsenschiedsgericht unterwerfen dürfen, wenn beide börsentermingeschäftsfähig nach § 53 Abs. 1 BörsG sind oder die Schiedsvereinbarung erst nach Entstehung des Streitfalls abgeschlossen wurde. Ob § 28 BörsG aber die subjektive Schiedsfähigkeit einschränkt, ist im einzelnen unklar.

a. Reichweite des Begriffs der Börsenschiedsgerichtsbarkeit in § 28 BörsG

Um eine Antwort auf diese Frage zu finden, ist es zuerst nötig, den Anwendungsbereich des § 28 BörsG zu bestimmen. Schlüssel zu dieser Antwort ist der Begriff des Börsenschiedsgerichts.
Unter Börsenschiedsgerichten versteht man in erster Linie die mit dem Institut Börse oder Terminmarkt verbundenen Schiedsgerichte. Ob es sich im konkreten Fall um ein Börsenschiedsgericht iSd. § 28 BörsG handelt, ist nicht nach der zu behandelnden Rechtsmaterie zu beurteilen, sondern nach den Personen, die es besetzen. Sind die zum Schiedsrichter berufenen Personen an der Börse tätig oder sonst institutionell mit ihr verbunden, so handelt es sich um ein Börsenschiedsgericht.[739]

Unklar in der Literatur ist man sich darüber, inwieweit der Begriff Börsenschiedsgericht in § 28 BörsG auch die sonstige Schiedsgerichtsbarkeit umfaßt. *Schwark* argumentiert, daß der Sinn und Zweck des § 28 BörsG darin bestünde, den nicht nach § 53 Abs. 1 BörsG geborenen Börsenteilnehmer[740] vor dem vorschnellen Ausschluß der staatlichen Gerichtsbarkeit hin zu einem mit Börsenmitgliedern besetzten Schiedsgericht zu schützen.[741] Dies müsse auch für ein sonstiges deutsches Schiedsgericht gelten; denn auch hier erfülle § 28 BörsG eine Schutzfunktion.[742]
Es ist allerdings äußerst fraglich, ob sich der Sinn und Zweck des § 28 BörsG, der vom Gesetzeswortlaut her nur für Börsenschiedsgerichte gilt, sich auf die sonstige Schiedsgerichtsbarkeit erstrecken läßt.
Börsenschiedsgerichte sind mit einer deutschen Börse organisatorisch verbunden oder mit Börsenbesuchern besetzt. Der börsentermingeschäftsfähige Anleger ist weder Mitglied der Börse noch mit ihr organisatorisch verbunden, er hat daher selbst auf die Besetzung des Schiedsgerichts keinen Einfluß. Anders stellt sich die Situation dar, wenn ein nicht institutionelles Schiedsgericht vereinbart

---

739 BGH WM 1991, 1248 (1249).

740 Siehe zu den Begriffen geborener Börsenteilnehmer (Teilnehmer nach § 53 Abs. 1 BörsG) und gekorener Börsenteilnehmer (Teilnehmer kraft Information gem. § 53 Abs. 2 BörsG), *Weber/ Weber-Rey*, Jahrbuch 1989, S. 149 (150).

741 *Schwark*, Börsengesetz, § 28 Rz. 3; so auch *Peterhoff/ Schäfer*, Börsengesetz, § 28 Rz. 1.

742 *Schwark*, Börsengesetz, § 28 Rz. 6; so auch *Häuser/ Welter* in Assmann/ Schütze, § 16 Rz. 295; *Schütze* in Assmann/ Schütze, § 29 Rz. 14; *Samtleben*, BB 74, 1616, (1617 f.).

wird; denn hier kommen die allgemeinen Grundsätze des Schiedsrechts zum Greifen. Vor allem sind die Schiedsrichter und die Verfahrensordnung von beiden Seiten frei wählbar.
Es läßt sich aus dem neuen Schiedsrecht selbst und aus den umfangreichen Materialien zum SchiedsVfG eindeutig entnehmen,[743] daß das Gesetz nunmehr in der Schiedsgerichtsbarkeit eine der staatlichen Gerichtsbarkeit grundsätzlich ebenbürtige Rechtschutzmöglichkeit sieht. Nur in Ausnahmesituationen läßt das Gesetz über § 1030 Abs. 3 ZPO zu, die autonome Entscheidung der Parteien zu beschränken, wenn es besondere Umstände erforderlich machen. Diese besonderen Umstände werden bei Börsenschiedsgerichten in ihrer durch die Parteien nicht beeinflußbare Besetzung dargestellt. Nur auf sie bezieht sich § 28 BörsG wie der Wortlaut unzweifelhaft zu erkennen gibt.[744]

Ebenso ist eine Erweiterung des § 28 BörsG im Wege der Analogie abzulehnen. Es fehlt an einer interessenwidrigen Regelungslücke; denn das gesteigerte Schutzbedürfnis des Anlegers vor einem Börsenschiedsgericht, welches in erster Linie in seiner mangelnden Möglichkeit der Schiedsrichterernennung zu sehen ist, entfällt vor einem normal bestimmbaren Schiedsrichterpanel. Hier finden die gesetzlichen Parteischutzbestimmungen des Zehnten Buches der ZPO Anwendung.

b. Bedeutung des § 28 BörsG

Folgt man nun aber der hier vertretenen Ansicht, daß sich der Anwendungsbereich des § 28 BörsG auf Börsenschiedsgerichte beschränkt, so bleibt dennoch zu ermitteln, welche inhaltliche Bedeutung dieser Norm zukommt.
Bork/ Stöve sind auf Grund der einseitigen Besetzung von Börsenschiedsgerichten der Meinung, daß § 28 BörsG überhaupt keine Aussage zur subjektiven Schiedsfähigkeit treffe, sondern allein verbiete, daß die Parteien ihre Streitigkeit von einem Börsenschiedsgericht klären lassen.
Dies sei keine Einschränkung subjektiver Schiedsfähigkeit, sondern ein Anwendungsfall des allgemeinen Grundsatzes von der überparteilichen Rechtspflege, der auch in der Schiedsgerichtsbarkeit von uneingeschränkter Bedeutung sei.[745]
Gegen die Annahme, daß § 28 BörsG ein bloßer Anwendungsfall des Gebot überparteilicher Rechtspflege sei, spricht aber § 28 Abs. 1 2. Fall BörsG. Auch hier ist es dem gekorenen Börsenteilnehmer nicht möglich, auf die Besetzung des Börsenschiedsgerichts einzuwirken, noch ändert sich die Tatsache, daß das Schiedsgericht allein mit Schiedsrichtern besetzt ist, die einem Verband angehören, dem nur eine der Parteien ebenfalls zugehörig ist. Gerade aber hierin ist

743 Bericht, S. 95 f.; RegBegrE, BT/ Drucks. 13/ 5274, S. 34.

744 Vgl. zum alten Recht BGH WM 1991, 1248 (1249); OLG Düss WM 1990, 842 (845); *Bork/ Stöve*, Börsentermingeschäfte, S. 35; *Mann*, FS für v. Caemmerer, S. 737 (754); a.A. *Schütze* in Assmann/ Schütze, § 29 Rz. 13; *ders.*, Jahrbuch 1987, S. 94 (96 f.); *Häuser/ Welter* in Assmann/ Schütze, § 16 Rz. 597.

745 *Bork/ Stöve*, Börsentermingeschäfte, S. 35; zur Anwendung des Gebots der überparteilichen Rechtspflege in der Schiedsgerichtsbarkeit, siehe *Walter/ Schwab*, Schiedsgerichtsbarkeit, 4. Aufl., S. 72 f.

der entscheidende Verstoß gegen das Gebot der Überparteilichkeit der Rechtspflege, zu sehen.[746]
Die entscheidende Differenz zwischen den beiden Fällen des § 28 BörsG bildet der Zeitpunkt des Entstehen der Streitigkeit. Erst nach dem Entstehen der Streitigkeit erlaubt das Gesetz auch dem Börsenterminungeschäftsfähigen und dem Börsengeschäftsfähigen kraft Information, Börsenschiedsvereinbarungen zu treffen (§ 28 Abs. 1 2. Fall BörsG).
Beschränkungen der subjektiven Schiedsfähigkeit enthält das Gesetz in erster Linie aus einem Schutzinteresse des Staates gegenüber seinen Bürgern.[747] Dies gilt auch für § 28 BörsG. Geschützt werden soll der von der Börse unabhängige Börsentermingeschäftspartner, der eventuell börsengeschäftlich unerfahren ist und mittels Allgemeiner Geschäftsbedingungen (AGB) möglicherweise unerkannt zum Ausschluß der staatlichen Gerichtsbarkeit gebracht werden könnte.[748] Dieses Schutzbedürfnis sieht das Gesetz aber nach der Entstehung der Streitigkeit als nicht mehr gegeben an. AGB können nicht mehr zur Anwendung kommen und der Börsentermingeschäftsunfähige ist nach der entstandenen Streitigkeit eher in der Lage, nüchtern und vorbehaltsfrei über den Ausschluß der staatlichen Gerichtsbarkeit nachzudenken und sich gegebenenfalls beraten zu lassen.
Dadurch, daß § 28 BörsG den Zeitpunkt des Entstehens der Streitigkeit in den Vordergrund rückt, als Gremium aber weiterhin das einseitig besetzte Börsenschiedsgericht bezeichnet, wird deutlich, daß es sich um eine Beschränkung der subjektiven Schiedsfähigkeit handelt.

Gegen die Annahme des gesetzgeberischen Ausdrucks des Gebots der Überparteilichkeit der Rechtspflege spricht auch der durch die Schiedsrechtsreform neu eingeführte § 1034 Abs. 2 ZPO. Diese Norm entschärft das Gebot der Überparteilichkeit der Rechtspflege, indem es dessen harte Konsequenz der Nichtigkeit der Schiedsvereinbarung (Art. 97 Abs. 1, § 134 BGB), durch die Möglichkeit der benachteiligten Partei ersetzt, eine Neubesetzung durch ein staatliches Gericht zu beantragen.[749] Indem der Gesetzgeber aber § 28 BörsG durch das SchiedsVfG unverändert belassen hat, ist deutlich geworden, daß er in den dort genannten Fällen auch weiterhin eine Unwirksamkeit der Schiedsvereinbarung wünscht.
Bei § 28 BörsG handelt es sich um eine Beschränkung der subjektiven Schiedsfähigkeit iSd. § 1030 Abs. 3 ZPO.
Dieses Ergebnis widerspricht auch nicht dem § 1030 Abs. 3 ZPO. Der Gesetzgeber hält sich nach einer grundsätzlichen Liberalisierung der Schiedsfähigkeit mit dieser Norm die Möglichkeit offen, in besonderen Fällen die subjektive Schiedsfähigkeit zum Schutz des Bürgers zu beschränken. Dies bedeutet aber, daß es dem Gesetzgeber nicht nur möglich ist, bestimmten Personengruppen die

---

746 BGHZ 51, 255 (257).

747 Siehe hierzu Teil 1. II. 2.

748 *Schwark*, Börsengesetz, § 28 Rz. 3; *Häuser/ Welter* in Assmann/ Schütze, § 16 Rz. 295.

749 Folglich wird man in Zukunft eingehend zu beweisen haben, warum trotz § 1034 ZPO eine Unwirksamkeit einer Schiedsvereinbarung wegen Art. 97 Abs. 1 iVm. § 134 BGB angenommen wird, siehe hierzu Teil 2. D. II. 2. c. (1). (c).

autarke Vereinbarung eines Schiedsgerichtes gänzlich zu verweigern,[750] sondern auch die generelle subjektive Schiedsfähigkeit anzuerkennen, wohl aber die Vereinbarung bestimmter (institutioneller) Schiedsgerichte zu verneinen. Eine andere Argumentation würde unweigerlich dazu führen, daß Schutz des Bürgers im Einzelfall unnötigerweise beschnitten würde.

3. Zusammenfassung

Festzustellen ist also, daß die Parteien von Börsentermingeschäften bei der Vereinbarung deutschen Rechts weder objektiv noch subjektiv daran gehindert sind, die Form der schiedsrichterlichen Streiterledigung zu wählen. Lediglich bei der Wahl von Börsenschiedsgerichten sind nicht börsentermingeschäftsfähige Personen und kraft Information zu Börsengeschäftsfähigen gekorene Personen (§ 53 Abs. 2 BörsG) vor Entstehung der Streitigkeit subjektiv in ihrer Schiedsfähigkeit beschränkt (§ 28 BörsG).

III. Schiedsfähigkeit von Börsentermingeschäften im internationalen Rechtsverkehr bei Vereinbarung eines ausländischen Schiedsgerichts

Die in der Regel äußerst spekulativen und somit für den Anleger sehr risikoreichen Termingeschäfte in Waren werden vornehmlich auf den internationalen Terminmärkten in Chicago und New York in den USA, sowie in London[751] abgewickelt. Obgleich die Verträge zumeist in der Bundesrepublik Deutschland abgeschlossen werden, wird häufig ausländisches Recht vereinbart und die deutsche Gerichtsbarkeit ausgeschlossen.[752] Dies kann durch Derogation auf ein ausländisches staatliches Gericht oder - wie wohl häufiger bei Börsentermingeschäften der Fall - durch die Wahl eines ausländischen Schiedsgerichtes erfolgen.[753]
Da aber weder das britische noch das US-amerikanische Börsenrecht den Termineinwand (wie ihn etwa das deutsche Recht in § 53 BörsG regelt) kennen und der Differenzeinwand auf Grund seiner schwer nachzuweisenden Voraussetzungen nicht die gleiche Schutzfunktion wie der deutsche entwickelt,[754] ist die Wirksamkeit der Schiedsvereinbarung bei Streitigkeiten über die Wirksamkeit internationaler Börsentermingeschäfte häufig von entscheidender Bedeutung für den Ausgang des Prozesses.[755]

---

750 So etwa bei § 1822 Nr. 12 BGB.

751 Siehe zu den Londoner Handelsmöglichkeiten, Bernstein/ Tackaberry/ Marriot/ Wood-*Johnson*, Handbook of Arbitration Practice, S. 271.

752 *Bork/ Stöve*, Börsentermingeschäfte, S. 1; siehe auch *Ellenburger*, WM 99, Beil. 2, S. 1 (10 und 21).

753 *Häuser/ Welter* in Assmann/ Schütze, § 16 Rz. 574; vertiefend zur Derogation auf ein ausländisches staatliches Gericht *Häuser/ Welter* in Assmann/ Schütze, § 16 Rz. 576 ff., die hier nicht weiter behandelt wird.

754 Vgl. allerdings OLG München ZIP 1981, 1194.

755 *Häuser/ Welter* in Assmann/ Schütze, § 16 Rz. 574.

Deutschen Gerichten stellt sich die Behandlung dieser Streitigkeiten vor allem in zwei Hauptkonstellationen. Zum einen kann der Anleger ein deutsches Gericht anrufen, um seine beim Broker hinterlegte Sicherheit zurückzuverlangen, wenn er das Geschäft nach den Grundsätzen des deutschen Rechts für unwirksam hält. Erhebt der Beklagte daraufhin gem. § 1032 Abs. 1 ZPO die Einrede der Schiedsvereinbarung, so hat das deutsche Gericht im Einredeverfahren die Wirksamkeit der Schiedsvereinbarung zu prüfen (im folgenden unter 1. behandelt).
Der zweite denkbare Fall, in dem ein deutsches Gericht mit der Wirksamkeit einer Schiedsklausel, der als Hauptvertrag ein internationales Börsentermingeschäft zugrunde liegt, konfrontiert werden kann, ist die Exequatursituation. Der ausländische Vertragspartner könnte nämlich den Anleger erfolgreich auf die Leistung eines Nachschusses vor dem fremdnationalen Schiedsgericht verklagt haben und nunmehr die Vollstreckung dieses ausländischen Schiedsspruches gem. § 1061 iVm. Art. V UNÜ wünschen (behandelt unter 2.).

1. Wirksamkeit der Schiedsvereinbarung in der Einredesituation

a. Rechtsprechung

Die Rechtsprechung hat sich bezüglich der Derogation der innerdeutschen staatlichen Gerichtsbarkeit auf ausländische Schiedsgerichte stets feindlich gezeigt.[756] In seinem Urteil vom 15.06.1987 entschied der BGH, daß eine Schiedsvereinbarung unwirksam sei, die sowohl ein ausländisches Schiedsgericht zur Entscheidung ermächtigt, als auch eine Rechtswahlklausel zu Gunsten einer ausländischen Rechtsordnung enthalte.[757] Diese Unwirksamkeit sei unabhängig von der Börsentermingeschäftsfähigkeit des Anlegers.[758] Begründet hat der Senat dies mit § 61 a.F. BörsG[759], der als Kollisionsnorm des deutschen internationalen Privatrechts dafür Sorge trage, daß die §§ 52 ff. a.F. BörsG auch Anwendung fänden, wenn die Parteien ausländisches Recht vereinbaren.[760] Er berief sich insofern auf die Rechtsprechung des BGH zu Gerichtsstandsvereinbarungen, in denen ausländische Gerichte von den Parteien vereinbart werden.[761] Dies hat aber zur Folge, daß das Börsengeschäft gem. § 53 a.F. BörsG für den nicht Börsentermingeschäftsfähigen unverbindlich ist. Hieraus zog der

756 Dies gilt allerdings nicht für die Vereinbarung deutschen Rechts und deutscher Schiedsgerichte. Hier läßt die Rechtsprechung mittlerweile eine Derogation zu, vgl. BGH WM 1991, 1248 (1249); OLG Düss WM 1990, 842 (845).

757 BGH WM 1987, 1153 (1154 f.), bestätigt durch Urteil vom 21.09.1987, BGH WM 1987, 1353 (1354).

758 BGH WM 1987, 1153 (1154).

759 Das Börsengesetz wurde am 11.07.1989 durch das Gesetz zur Änderung des Börsengesetzes (BGBl. 1989 I 1412) novelliert. Die Bezeichnungen a.F. zu Vorschriften des Börsengesetzes beziehen sich auf die gesetzlichen Regelungen vor dieser Änderung.

760 BGH WM 1987, 1153 (1154).

761 Urteil vom 12.03.1984, BGH WM 1984, 1245 m.w.N.

Senat dann letztlich auch die Begründung, der Schiedsvereinbarung die Wirksamkeit zu versagen. Er betonte nämlich, daß es der Zweck des § 61 a.F. BörsG sei, die Anlegerschutzvorschriften des deutschen gegen ausländisches Recht durchzusetzen. Daher sei auch in der Vergangenheit die Vollstreckung eines im Ausland erwirkten Urteils abgelehnt worden.[762] Dadurch aber, daß das ausländische Schiedsgericht dem Anleger den Termineinwand versagen würde, schloß der Senat, daß die Schiedsvereinbarung unwirksam sein müsse.[763] Dies gelte genauso für börsentermingeschäftsfähige Anleger, denn in deren Fall stehe der Differenzeinwand der §§ 762, 764 Abs. 1 BGB entgegen, dessen Nichtanwendung gegen den *ordre public* verstoße und daher die Nichtanerkennung der Schiedsvereinbarung erforderlich mache.[764]
In seinem Urteil vom 06.06.1991[765] machte der BGH allerdings deutlich, daß er nicht die objektive Schiedsfähigkeit von Börsentermingeschäften schlechterdings verneint hat, sondern sie durchaus für schiedsfähig hält, wenn ein deutsches Schiedsgericht deutsches Recht anwendet.[766] Es handelt sich also um eine Verneinung der Schiedsfähigkeit im weiteren Sinn.[767]
Nach der Börsengesetznovelle im Jahr 1989 hat der BGH keinen Fall zur Anerkennung einer Schiedsvereinbarung, der im Hauptvertrag neues Recht zu Grunde gelegen hätte, mehr zur Entscheidung angenommen, so daß eine Änderung seiner Rechtsprechung noch nicht erfolgen konnte. Eine Abweichung von seiner bisherigen Rechtsprechung deutet sich aber insofern an, als der BGH von den beiden grundlegenden Säulen seiner bisherigen Rechtsprechung *in puncto* ausländischer Schiedsvereinbarungen zum Börsenterminrecht abgewichen ist.
Zum Differenzeinwand urteilte der BGH zum alten Börsenrecht im Hinblick auf den heutigen § 58 BörsG, daß der Differenzeinwand nicht mehr zum *ordre public* (international) gezählt werden könne, wenn Börsentermingeschäfte zwischen börsengeschäftsfähigen Personen abgeschlossen würden.[768] Aus der Tatsache, daß es nunmehr möglich sei, eine Börsentermingeschäftsfähigkeit auch kraft Information zu schaffen (§ 53 Abs. 2 BörsG) und dies gem. § 58 BörsG zur Folge habe, daß der Differenzeinwand auch im Ausland ausgeschlossen sei, schließt der XI. Zivilsenat, daß auch der Termineinwand nicht mehr zum deutschen *ordre public* (international) zu zählen sei.[769] Dies gelte auch für nicht

---

762 Auch hierbei handelte es sich um eine Forderung aus Börsentermingeschäften. Das ausländische Gericht beachtete den Termineinwand des deutschen § 53 a.F. BörsG nicht. Urteil vom 04.06.1975, BGH WM 1975, 676.

763 BGH WM 1987, 1153 (1154).

764 BGH WM 1987, 1153 (1154) unter Berufung auf die BGH-Urteile vom 12.07.1978, BGH WM 1203 und vom 25.05.1981, BGH WM 1981, 758 in denen der Gerichtshof entschieden hat, daß der Differenzeinwand auch für börsentermingeschäftsfähige Anleger Gültigkeit habe.

765 Abgedruckt in BGH WM 1991, 1248 ff.

766 BGH WM 1991, 1248 (1249).

767 Zum Begriff Teil 1. II. 3.

768 Diese Entscheidung war ein Anerkennungsurteil eines ausländischen Schiedsspruch, ergangen am 26.02.1991, BGH WM 1991, 576 (577), bestätigt durch Nichtannahmebeschluß vom 12.10.1993, BGH WM 1993, 2121 (2122).

769 Urteil vom 21.04.1998, BGH WM 1998, 1176 (1177).

börsentermingeschäftsfähige Anleger, wenn sie in Bezug auf die Termingeschäfte nicht aufklärungsbedürftig seien.[770]

b. Literatur

Bis auf wenige Ausnahmen[771] ist diese Rechtsprechung des BGH in der ausländischen und deutschen Literatur auf Kritik gestoßen.

Als befremdlich wird im Ausland vor allem die ergebnisorientierte Rechtsprechung des BGH empfunden. Während der Gerichtshof seine Rechtsprechung als unbedingt nötigen Schutz des unerfahrenen Anlegers bezeichnet,[772] wird sie im Ausland als die Ermöglichung eines ungefährlichen Glücksspiels gesehen, bei der der Anleger zwar seine Gewinne behalten, das Verlustrisiko aber auf den – zumeist ausländischen- Broker abschieben kann.[773]

Schütze betont die - auch vom BGH[774] anerkannte - rechtliche Trennung von Hauptvertrag und Schiedsvereinbarung. Der Gerichtshof aber sieht § 61 a.F. BörsG als Kollisionsnorm in der Weise an, daß er daraus die Unwirksamkeit der Schiedsvereinbarung zieht.[775] Hierbei verstoße er aber gerade gegen die rechtliche Trennung; selbst wenn § 61 a.F. BörsG eine Kollisionsnorm wäre, die die rechtliche Unmöglichkeit einer Rechtswahl des Hauptvertrages normieren würde, so wäre allenfalls die Privatautonomie für Ansprüche aus dem Börsentermingeschäft selbst beschränkt, nicht dagegen für die selbständige Schiedsvereinbarung.[776] Diese könne auch nicht wegen eines möglichen *ordre public-* Verstoßes im Hinblick auf Art. V Abs. 2 b. UNÜ unwirksam sein, da sich diese Norm allein auf das Exequaturverfahren beziehe.[777]
Der *ordre public-* Vorbehalt sei allerdings die Sperre gegen die Anwendung eines mißbilligten ausländischen Rechtssatzes; im Ausschluß der staatlichen Gerichte könne ein *ordre public-* Verstoß nicht gesehen werden; denn der sei im Zehnten Buch der ZPO ausdrücklich zugelassen.[778]
Schlosser kritisiert, daß der BGH allein aus der Befürchtung heraus, daß deutsche Anlegerschutzvorschriften umgangen würden, deutschen Parteien die Derogation an ausländische staatliche Gerichte verwehre. Diese Rechtsprechung sei nach den geltenden Vorschriften des EuGVÜ zumindest in dessen Anwen-

---

770 BGH WM 1998, 1176 (1177).

771 So etwa *Schwab/ Walter*, Schiedsgerichtsbarkeit, S. 33; *Samtleben*, NJW 90, 2670 (2672), der die Rechtsprechung nach geltendem Recht zwar für richtig hält, ihr Ergebnis aber zu bedauern scheint.

772 BGH WM 1987, 1153 (1154).

773 *Rogers/ Markham*, Law and Policy in International Business 19 (1987), S. 273.

774 BGHZ 53, 315 (318); BGH NJW-RR 1993, 444 (445); BGH NJW 1991, 2215 (2216).

775 BGH WM 1987, 1153 (1154).

776 *Schütze*, Jahrbuch 1987, S. 94 (97 f.).

777 *Schütze*, Jahrbuch 1987, S. 94 (98).

778 *Schütze*, Jahrbuch 1987, S. 94 (98); so auch *Lüer*, JIntArb 7 (1990), 127 (136 f.).

dungsbereich nicht haltbar.[779] Nichts anderes könne dann allerdings auch für Schiedsgerichte gelten; denn es sei nicht einsehbar, warum die Nichtbeachtung von Differenz- oder Termineinwand durch ein ausländisches Schiedsgericht weniger beachtlich sein sollte als die durch ein ausländisches nationales Gericht.[780]

Bork/ Stöve letztlich setzen sich detailliert mit der Rechtsprechung des BGH in Bezug auf seine Anwendung der internationalen Abkommen auseinander.[781] Im Ergebnis stellen sie fest, daß Schiedsvereinbarungen betreffend Börsentermingeschäfte, die sowohl von nicht- als auch von börsentermingeschäftsfähigen Personen nach ausländischen Recht getätigt werden, wirksam sein müssen, selbst dann, wenn die Gefahr bestünde, daß zwingende Anlegerschutzvorschriften umgangen würden, weil ein ausländisches Schiedsgericht beauftragt wurde. Dies gelte sowohl nach den Regeln des UNÜ[782] und denen des deutschen autonomen Rechts.[783]

c. Auseinandersetzung mit der Rechtsprechung des BGH

(1) Anzuwendendes Recht

Auffallend an der Grundsatzentscheidung des BGH vom 15.06.1987 ist nicht nur seine von der Literatur kritisierte Ergebnisorientierung,[784] sondern vor allem auch, daß der Senat selbstverständlich von der Anwendbarkeit des deutschen autonomen Rechts bezüglich seiner Zuständigkeit ausgeht und nur in einem kurzen Absatz der Urteilsbegründung feststellt, daß das Urteil nicht gegen internationale Verträge verstoße, weil diese nicht einschlägig seinen.[785] Diese Feststellung erscheint in Bezug auf das UNÜ zweifelhaft.[786]

---

779 Mit Rücksicht auf Art. 17 EuGVÜ, *Schlosser*, Jahrbuch 1988, S. 241 (243); so auch *Häuser/ Welter* in Assmann/ Schütze, § 16 Rz. 587.

780 *Schlosser*, Jahrbuch 1988, S. 241 (243).

781 *Bork/ Stöve*, Börsentermingeschäfte, S. 46 ff.

782 *Bork/ Stöve*, Börsentermingeschäfte, S. 46 ff.

783 Wobei es sich hier um eine Erläuterung nach dem alten deutschen Schiedsrecht handelt, *Bork/ Stöve*, Börsentermingeschäfte, S. 71 f.

784 *Rogers/ Markham*, Law and Policy in International Business 19 (1987), S. 273; *Häuser/ Welter* in Assmann/ Schütze, § 16 Rz. 593 ff.; *Bork/ Stöve*, Börsentermingeschäfte, S. 44.

785 II. 2. d. aa. und bb. der Urteilsbegründung, abgedruckt in BGH WM 1987, 1153 (1155).

786 Zweifelsfrei liegt kein Verstoß gegen Art. 6 Abs. 2 des Freundschafts-, Handels-, und Schiffahrtsvertrages zwischen den Vereinigten Staaten von Amerika und der Bundesrepublik Deutschland vom 29.10.1954 (BGBl. 1956 II, 487) vor; so auch BGH WM 1987, 1153 (1155). Zum einen handelt es sich hierbei um eine Vorschrift, die allein die Diskriminierung der Schiedsgerichtsbarkeit in Bezug auf den Schiedsort und die Nationalität der Schiedsrichter verhindern soll, den Gerichten der Vertragspartnern aber überläßt, die - hier vom BGH abgelehnte Schiedsfähigkeit - nach ihren eigenen autonomen Kollisionsnormen zu bestimmen. Zu bezweifeln ist außerdem, ob Art. 6 Abs. 2

Bevor der deutsche Richter das von seinem Kollisionsrecht bestimmte Sachrecht zur Anwendung bringen kann, hat er seine internationale Zuständigkeit zu bejahen. Das deutsche Verfahrensrecht kennt zwar keine Vorschriften, die explizit eine internationale Zuständigkeit zuweisen, nach allgemeiner Ansicht aber indizieren die Regelungen der örtlichen Zuständigkeit auch die internationale, wenn sie auch mit dieser nicht gleichzusetzen sind.[787] Allerdings kann auch im internationalen Bereich die Zuständigkeit der deutschen Gerichtsbarkeit wirksam abbedungen werden. Voraussetzung ist eine wirksame Schiedsvereinbarung. Ihre Wirksamkeit bestimmt sich im Vorrang zum autonomen Recht nach den von der Bundesrepublik Deutschland getroffenen Staatsverträgen.[788] In Betracht kommt hier vor allem das UNÜ.[789] Es ist also zunächst zu untersuchen, ob bei der Entscheidung des Gerichtshofes nicht zunächst Rücksicht auf diese Abkommen hätte genommen werden müssen.

(d) UNÜ

Art. II Abs. 3 UNÜ legt fest, daß der staatliche Richter im Geltungsbereich des Übereinkommens (Art. I UNÜ) der Einrede der Schiedsgerichtsbarkeit stattgeben und auf das schiedsrichterliche Verfahren verweisen muß, wenn eine wirksame Schiedsvereinbarung vorliegt.

Das UNÜ ist allerdings allein, bezogen auf seinen Titel, ein Abkommen, das in erster Linie auf das Exequaturverfahren gerichtet ist. Da aber Art. V Abs. 1 UNÜ davon ausgeht, daß einem anzuerkennenden Schiedsspruch eine wirksame Schiedsvereinbarung zugrunde liegen muß, ist zumindest im Exequaturverfahren davon auszugehen, daß das Gericht als Vorfrage, die Wirksamkeit der zur Anerkennung anstehenden Schiedsvereinbarung zu prüfen hat. Ob das UNÜ allerdings im Einredeverfahren zur Bestimmung der Wirksamkeit von Schiedsvereinbarungen herangezogen werden kann, ist mit Rücksicht auf Art. I Abs. 1 UNÜ fraglich. Aus dieser Vorschrift geht hervor, daß das Übereinkommen allein auf „die Anerkennung und Vollstreckung von Schiedssprüchen" anzuwenden sei. Dieser Vorschrift tritt allerdings Art. II Abs. 3 UNÜ entgegen, der explizit das Einredeverfahren regelt. Ginge man davon aus, daß

---

des Vertrages im Einredeverfahren überhaupt zur Anwendung kommt, da der Wortlaut des Vertrages allein das Exequaturverfahren regelt.

787 Diese Unterscheidung zeigt ihre Bedeutung insbesondere in der Berufungs- bzw. Revisionsinstanz, in denen nicht mehr über die örtliche, wohl aber die internationale Zuständigkeit gestritten werden kann (§§ 512a, 549 II ZPO), siehe hierzu *Nagel/ Gottwald*, Internationales Zivilprozeßrecht, S. 57.

788 Zum Vorrang von internationalen Verträgen zum deutschen autonomen Recht, vgl. *Hausmann* in Wieczorek/ Schütze, Anhang I § 40 Rz. 10.

789 Auf das Genfer Europäische Übereinkommen über die internationale Handelsschiedsgerichtsbarkeit vom 21.04.1961 (BGBl. 1964 II, 427) wird nicht ausdrücklich eingegangen, da es bezüglich der objektiven Schiedsfähigkeit in Art. VI Abs. 2 EuÜ eine den UNÜ- Regelungen entsprechende Kollisionsnorm enthält. Die für das UNÜ ermittelten Ergebnisse haben also auch für das EuÜ identische Bedeutung, vgl. zum EuÜ *Stein/ Jonas/ Schlosser*, vor § 1044 Rz. 78 ff. Soweit relevant, werden die entsprechenden Regelungen des EuÜ angegeben.

vom UNÜ nur die Exequatursituation umfaßt sein solle, so wäre Art. II Abs. 3 UNÜ obsolet.
Aus diesem Grund wird von der ganz herrschenden Literatur eine Geltung des UNÜ auch im Einredeverfahren angenommen, wenn die Möglichkeit bestünde, daß beim Vorliegen einer wirksamen Schiedsvereinbarung der Parteien das Zustandekommen eines ausländischen Schiedsspruches iSd. Art. I UNÜ zu erwarten wäre.[790] Dieser Ansicht ist auch der BGH gefolgt, der die Anwendung des UNÜ im Einredeverfahren nicht schlechterdings in Frage gestellt hat, sondern vielmehr die Voraussetzungen der Art. II und V UNÜ als nicht gegeben angesehen hat.[791]

(i) objektive Schiedsfähigkeit iSd. Art. II UNÜ

Der BGH geht in seinem Urteil davon aus, daß das UNÜ im zu entscheidenden Fall unter anderem deshalb nicht anwendbar ist, da nach dem damals in der Bundesrepublik Deutschland geltenden Börsenrecht der Anspruch aus den getätigten Börsentermingeschäften in Waren nicht schiedsfähig gewesen sei.[792] Ob dieser Feststellung nach dem damaligen Börsenrecht zugestimmt werden kann, oder ob sich die mangelnde Schiedsfähigkeit nach der damaligen Fassung des Zehnten Buches der ZPO überhaupt nach dem Börsenrecht zu beurteilen war, sei an dieser Stelle dahingestellt. Der Senat geht in seinem Urteil offensichtlich davon aus, daß nach Art. II Abs. 1 UNÜ die objektive Schiedsfähigkeit nach dem autonomen Recht des Einrederichters zu beurteilen ist. Angesichts der Tatsache, daß Art. II Abs. 1 UNÜ keine Kollisionsregelung enthält,[793] ist die Rechtswahl des BGH zu hinterfragen.
In Art. V Abs. 2 lit. a. UNÜ findet sich eine Vorschrift, die zur Bestimmung der objektiven Schiedsfähigkeit auf das Recht des Anerkennungs- und Vollstreckungsrichters also auf die *lex fori* verweist. Aus der systematischen Stellung im Übereinkommen und seinem eindeutigen Wortlaut läßt sich aber entnehmen, daß Art. V UNÜ eine dem Exequaturverfahren vorbehaltene Vorschrift darstellt.[794]
Auf Grund der Tatsache, daß aber Art. II Abs. 1 UNÜ die objektive Schiedsfähigkeit zur Grundvoraussetzung der Gültigkeit einer Schiedsvereinbarung erhebt, sich aber über die kollisionsrechtliche Anbindung ausschweigt, wird teilweise vertreten, im Einredeverfahren sei Art. V Abs. 2 lit. a. UNÜ entsprechend anzuwenden.[795]

---

790 *Gottwald* in MüKo, IZPR, Art. II UNÜ Rz. 2 und 17; *Schlosser*, Schiedsgerichtsbarkeit, S. 220; *Barber*, Schiedsfähigkeit, S. 28; *v. Hülsen*, Schiedsvereinbarungen, S. 99 f.

791 BGH WM 1987, 1153 (1155).

792 BGH WM 1987, 1153 (1155).

793 *Gottwald* in MüKo, IZPR, Art. II UNÜ Rz. 8; diese Lücke wird auf die Entstehungsgeschichte des UNÜ zurückgeführt, siehe hierzu *v. Hülsen*, Schiedsvereinbarung, S. 99 f. und *Epping*, Schiedsvereinbarung, S. 19.

794 *Bork/ Stöve*, Börsentermingeschäfte, S. 53.

795 *Van den Berg*, NYAC, S. 152; *Gottwald* in MüKo, IZPR, Art. II UNÜ Rz. 8; *Bork/ Stöve*, Börsentermingeschäfte, S. 54; *Epping*, Schiedsvereinbarung, S. 210 ff.

Die Gegenansicht verneint eine direkte wie analoge Anwendung der Regelungen des Exequaturverfahrens in der Einredesituation prinzipiell.[796] In der Rechtsprechung befinden vor allem die belgischen[797] und amerikanischen Gerichte neuerdings,[798] daß für eine Anwendung des Art. V Abs. 2 lit. a. UNÜ im Einredeverfahren kein Platz sei.
Eine *lex fori-* Anknüpfung, wie sie in Art. V Abs. 2 lit. a. UNÜ festgelegt sei, sei im Einredeverfahren mit der *ratio conventionis* des Übereinkommens nicht zu vereinbaren, läge dem UNÜ doch der grundsätzliche Gedanken innerer Entscheidungsstimmigkeit zu Grunde.[799] Diese würde allerdings durchbrochen, wenn Einrede- und Vollstreckungsstaat nicht identisch seien, beide nationalen Gerichte aber nach ihrer *lex fori* entscheiden würden. Vielmehr lasse sich aus dem Schweigen des Art. II UNÜ und dem diametral entgegenlaufendem Wortlaut des Art. V Abs. 2 lit. a UNÜ entnehmen, daß es den Verfassern des Übereinkommens in erster Linie darauf ankam, daß ein bestimmtes nationales Recht erst in dem Stadium zur Geltung komme, in dem keine der Privatautonomie unterliegenden Rechtsprinzipien mehr in Frage stünden, sondern der Erlaß staatlicher Hoheitsakte.[800] Dies ist aber erst im Exequaturstadium der Fall. Erst hier machten berechtigte Interessen des Anerkennungsstaates die Anwendung nationalen Rechts erforderlich. Sähe man aber die Position des Einrederichters, so überwiege der Grundsatz des UNÜ, die Ermöglichung der Schiedsgerichtsbarkeit in so weiten Umfang wie möglich zu gewährleisten und zu fördern, die eventuellen Interessen des Einredestaats. Dieser hätte nämlich grundsätzlich davon auszugehen, daß internationale Schiedssprüche grundsätzlich keiner Anerkennung und Vollstreckung bedürften, weil die Parteien, sich dem ergangenen Schiedsspruch in der Regel freiwillig unterwerfen.[801]
Die Frage der letztendlichen Bewertung der objektiven Schiedsfähigkeit im Rahmen von Art. II Abs. 1 UNÜ (also im Einredestadium) bewerten die US-amerikanischen und die belgischen Gerichte unterschiedlich.
Die amerikanischen Gerichte auf der einen Seite lehnen eine Beurteilung der objektiven Schiedsfähigkeit nach einer nationalen Rechtsordnung ab und entscheiden nach internationalen Handelsbräuchen und einer Art rechtsvergleichenden Ermittlung der Schiedsfähigkeit unter Rücksichtnahme auf die Rechts-

---

[796] Vgl. *v. Hülsen*, Schiedsvereinbarung, S. 139 (Fn. 21); *Barber*, Schiedsfähigkeit, S. 32, der auf Grund des Schweigens von Art. II Abs. 1 UNÜ den Vertragsstaaten die Lösung des Problems autonom überlassen möchte.

[797] Tribunal des Commerce de Bruxelles, Rev. arb. 1995, 311 (315) m.w.N.; beachte aber auch Tribunal des Commerce de Bruxelles, YCA 1983, 360.

[798] U.S. District Court (EDNY), YCA 1992, 686 (690); früher noch U.S. District Court (EDNY), YCA 1978, 290 (*lex fori*-Anknüpfung).

[799] So die Vertreter beider Ansichten, vgl. etwa *van den Berg*, NYAC, S. 152 oder Tribunal des Commerce de Bruxelles, Rev. arb. 1995, 311 (315).

[800] Tribunal des Commerce de Bruxelles, Rev. arb. 1995, 311 (315); U.S. District Court (EDNY), YCA 1992, 686 (690).

[801] U.S. District Court (EDNY), YCA 1992, 686 (692); ähnlich Tribunal des Commerce de Bruxelles, Rev. arb. 1995, 311 (316).

ordnungen der verschiedenen Vertragspartnerstaaten des UNÜ.[802] Mit Rücksicht auf Art. V Abs. 1 lit. a UNÜ wenden belgische Gerichte auf der anderen Seite schon zur Bewertung der objektiven Schiedsfähigkeit nationales Recht an und berufen sich zur Ermittlung, ob der Streitgegenstand schiedsfähig ist, auf das in der Hauptsache anwendbare Recht.[803]
Vergleicht man nun die amerikanischen und belgischen Lösungswege und die Divergenz ihrer Ansätze, so kommt es im Ergebnis zu dem Vorschlag *Barbers,* die Beurteilung der objektiven Schiedsfähigkeit durch die nationalen Gerichte autonom vorzunehmen.[804]

Die Vertreter der überwiegenden Ansicht sehen im Schweigen des Art. II Abs. 1 UNÜ ein redaktionelles Versehen,[805] welches eine Lücke im Vertrag hinterlassen habe, die durch eine Analogie des Art. V Abs. 2 lit. a UNÜ zu schließen sei.[806] Zu diesem Ergebnis kommen auch die italienischen Gerichte[807] und wohl auch der deutsche Bundesgerichtshof.[808]
Auch diese Ansicht versucht mit dem inneren Entscheidungseinklang des UNÜ zu belegen, daß Art. V Abs. 2 lit. a. UNÜ zur Bestimmung der objektiven Schiedsfähigkeit heranzuziehen sei.[809] Theoretisch wäre es nämlich möglich, daß ein Staat im Einredeverfahren die Wirksamkeit der Schiedsvereinbarung bejaht, da er einen von seiner *lex fori* differierenden Anknüpfungspunkt gewählt hat, im Anerkennungsverfahren dann aber erkennen muß, daß der Schiedsspruch nach dem nationalen Recht überhaupt nicht anerkennungsfähig ist und daher nicht für vollstreckbar erklärt werden kann.[810] Werde also die objektive Schiedsfähigkeit vom Anerkennungsrichter nach der *lex fori* bestimmt, so kön-

---

802 U.S. District Court (EDNY), YCA 1992, 686 (692); so auch U.S. District Court (District of Maryland), YCA 1996, 967 (970)

803 Tribunal des Commerce de Bruxelles, Rev. arb. 1995, 311 (317). So auch *Gottwald*, Generalbericht, S. 1 (23) in *Gottwald (Hrsg.)*, Internationale Schiedsgerichtsbarkeit, mit der Einschränkung für den Fall, daß der dann ergehende Schiedsspruch in keinem der möglichen Exeqauturstaaten vollstreckbar wäre (Einrederichter müsse in diesem Fall entsprechend Art. 7 EuÜ die Schiedsunfähigkeit in den Vollstreckungsländern mitbeachten).

804 Vgl. *Barber*, Schiedsfähigkeit, S. 32.

805 Siehe hierzu *v. Hülsen*, Schiedsvereinbarung, S. 99 f.

806 *Van den Berg*, NYAC, S. 152; *Gottwald* in MüKo, IZPR, Art. II UNÜ Rz. 8; *Bork/ Stöve*, Börsentermingeschäfte, S. 54; *Schlosser*, Schiedsgerichtsbarkeit, S. 219 ff.; *ders.* in *Stein/ Jonas*, Anhang zu § 1044 Rz. 28; *Schwab/ Walter*, Schiedsgerichtsbarkeit, S. 380; *Epping*, Schiedsvereinbarung, S. 210 ff.

807 Corte di Cassazione, YCA 1981, 229 (230); Tribunale di Bologna, YCA 1992, 534 (535).

808 BGH WM 1987, 1153 (1154), der zumindest Art. V Abs. 2 lit. b UNÜ im Einredeverfahren berücksichtigt hat. Wohl auch BGH WM, 1993, 2121 (2122), wobei unklar bleibt aus welchen Normen der BGH die Unzulässigkeit der Schiedseinrede zieht.

809 *Van den Berg*, NYAC, S. 152; *Bork/ Stöve*, Börsentermingeschäfte, S. 54.

810 Tribunale di Bologna, YCA 1992, 534 (535).

ne auch für den Einrederichter nichts anderes gelten.[811] Der Sinn einer Schiedsvereinbarung sei nämlich darin zu sehen, dem staatlichen Gericht seine Zuständigkeit zu entziehen. Da aber das Gericht seine eigene Zuständigkeit aus seinem eigenen Recht ableite, müsse es auch den Entzug dieser Zuständigkeit nach seinem eigenen Recht überprüfen können.[812]
Als ein weiteres Argument wird die Kollisionsregelung des jüngeren EuÜ ins Feld geführt. Aus Art. VI Abs. 2 EuÜ, der dem Art. V Abs. 2 UNÜ entspricht und nicht auf das Exequaturverfahren beschränkt ist, ließe sich entnehmen, daß eine entsprechende Interpretation auch für die analoge Anwendung des Art. V Abs. 2 UNÜ gelten müsse.[813]

(ii) Stellungnahme

Auffallend ist, daß beide Seiten ihre Ansicht mit dem Argument des inneren Entscheidungseinklangs zu begründen.[814] Tatsache ist aber, daß sich diese Argumentation mangels eines einheitlichen Kollisionsrechtes der Mitgliedsstaaten in beide Richtungen drehen läßt. Es handelt sich um ein immer wiederkehrendes Problem bei der Auslegung internationaler Abkommen, bei denen durch die Gerichte nur allzu häufig nationale Interessen vorangestellt werden.[815] Läßt sich nun aber mit Ergebnissen in beide Richtungen argumentieren, so sollte zunächst festgestellt werden, wohin beide Konstellationen führen.
Zunächst ist den Vertretern der erstgenannten Meinung zuzugeben, daß es dem inneren Entscheidungsklang nicht dienlich ist, wenn der Einrederichter nach seiner eigenen *lex fori* entscheidet. Sowohl zu dem Staat, in dessen Gebiet das Schiedsverfahren stattfindet, als auch zum späteren Vollstreckungsstaat können Differenzen in der Anknüpfung der objektiven Schiedsfähigkeit auftreten. Überläßt man es aber dem nationalen Gericht, im Einredeverfahren die Schiedsfähigkeit des Streitgegenstandes selbst zu definieren, so generiert man einen Faktor, der die Gefahr ungleich höherer Rechtsunsicherheit beinhaltet. Das Ergebnis, daß ein Staat im Einredeverfahren das Schiedsverfahren zuläßt, den folgenden Schiedsspruch dann aber nicht vollstreckt, wäre widersinnig und untragbar.
Letztlich spricht auch der Zweck der Regelungen zur Schiedsfähigkeit des Streitgegenstandes gegen eine individuelle Anknüpfung wie etwa dem Recht

---

811 *Bork/ Stöve*, Börsentermingeschäfte, S. 54.

812 *Schlosser*, Schiedsgerichtsbarkeit, S. 221.

813 *Bork/ Stöve*, Börsentermingeschäfte, S. 54.; v. *Hülsen*, Schiedsvereinbarung, S. 139.

814 „Internal consistency", vgl. *van den Berg*, NYAC, S. 152; und Tribunal des Commerce de Bruxelles, Rev. arb. 1995, 311 (315).

815 Siehe am Beispiel des EuGVÜ folgenden Fall: Nachdem ein französisches Gericht seine internationale Zuständigkeit in einem internationalen Schadensersatzfall bejaht und die Klage abgewiesen hatte, weil es den Schadensort in Frankreich sah, verneinte der EuGH die französische Zuständigkeit und legte den Begriff „Schädigungsort" in Art. 17 EuGVÜ vertragsautonom dergestalt aus, daß sowohl Handlungs- als auch Erfolgsort umfaßt sind. Daraufhin wurde die Beklagte zur Ersatzleistung verurteilt, obwohl die streitige Immission von den französischen Behörden genehmigt war. Siehe EuGH RIW 77, 356 (359).

der Hauptsache oder nach internationalen Handelsbräuchen.[816] Sinn und Zweck der Regelungen zur objektiven Schiedsfähigkeit ist es, den staatlichen Gerichten in besonderen Fällen Rechtsprechungsmonopole vorzubehalten.[817] Nimmt man nun aber die Anknüpfung nicht an die *lex fori* des Einredestaats vor, sondern etwa nach dem Recht der Hauptsache, so zwingt man den Einrederichter eventuell, Rechtsprechungsmonopole fremder Staaten zu definieren.[818] Festzustellen ist daher, daß sowohl die praktikableren Ergebnisse als auch normative Erwägungen dafür sprechen, als Anknüpfungspunkt der Bestimmung der Schiedsfähigkeit die maßgebliche *lex fori* des Einrederichters zu wählen.[819]

(iii) Bestimmung der *lex fori*

Kommt man zu dem Ergebnis, zur Bestimmung der objektiven Schiedsfähigkeit die *lex fori* zu bemühen, so stellt sich die Frage, wie diese zu bestimmen ist. Insbesondere in der US-amerikanischen Rechtsprechung ist angedacht worden, daß zum Erhalt des Entscheidungseinklanges eine analoge Anwendung des Art. V Abs. 2 lit. a. UNÜ im Einredeverfahren allenfalls mit Rücksicht auf den zukünftigen Exequaturstaat und dessen *lex fori* möglich wäre.[820] Auch in der deutschen Literatur ist hinterfragt worden, ob auf Grund der nötig werdenden Analogie nicht automatisch auf die *lex fori* des Einrederichters verwiesen werden könne, sondern vielmehr die des voraussichtlichen Exequaturrichters bemüht werden müsse.[821] In der Tat wäre den um Vollstreckung nachsuchenden Parteien nicht geholfen, wenn sie einen Schiedsspruch, der nach dem Recht des Einredestaats schiedsfähig war, im Exequaturstaat nicht vollstrecken könne, da dieser die Schiedsfähigkeit nicht akzeptiere.
Praktikabel dürfte ein solcher Ansatz in einer Vielzahl von Fällen zumindest nicht sein; denn es ist ja keineswegs immer davon auszugehen, daß schon im Zeitpunkt der Geltendmachung der Schiedseinrede feststeht, wo der später ergehende Schiedsspruch letztlich vollstreckt wird. Weiterhin liefe eine solche Anknüpfung an den Exequaturstaat auch dem eigentlichen Ziel des Übereinkommens - nämlich der Förderung der internationalen Schiedsgerichtsbarkeit - zuwider, da bei mehreren möglichen Vollstreckungsstaaten die Schiedsfähigkeit schon immer dann verneint werden müßte, wenn nur nach dem Recht eines der Staaten eine Schiedsunfähigkeit gegeben wäre.

---

816 So die belgischen und amerikanischen Gerichte, siehe oben Fn. 797 und 798.

817 Siehe hierzu näher oben Teil 1. II. 1.

818 *Bork/ Stöve*, Börsentermingeschäfte, S. 56.

819 Dem Problem, daß ein Land dann möglicherweise gezwungen ist, eine Schiedsvereinbarung als unwirksam zu erklären, obwohl die Sache sowohl nach dem Schiedsvertragsstatut als auch nach dem Recht des zu erwartenden Exequaturstaat schiedsfähig wäre, möchten einige Vertreter mit einer Entschärfung im Bereich des materiellen Rechts bei mangelnden Inlandsbezug begegnen. Zu Fragen der praktischen Durchführbarkeit äußern sie sich allerdings nicht, vgl. *Schlosser*, Schiedsfähigkeit, S. 220 f.; *van den Berg*, NYAC, S. 369; *Epping*, Schiedsvereinbarung, S. 211 ff.

820 U.S. District Court (EDNY), YCA 1992, 686 (690 ff.), der die daraufhin gerichtete Abwehr gegen die Schiedseinrede allerdings zurückwies.

821 *Bork/ Stöve*, Börsentermingeschäfte, S. 56.

Letztlich muß man dann auch hier sagen, daß bei Anwendung der *lex fori* des Exequaturstaats der Einrederichter gezwungen wäre, Rechtsprechungsmonopole einer anderen Rechtsordnung festzulegen. Es ist also auf die *lex fori* des Einrederichter abzustellen.

(iv) kumulative Anwendung des Statuts der Schiedsvereinbarung gem. Art. V Abs. 1 lit. a. UNÜ

Folgt man der hier vertretenen Auffassung, so bestimmt sich die Anknüpfung der objektiven Schiedsfähigkeit im Anwendungsbereich des UNÜ auch im Stadium der Schiedseinrede gem. Art. V Abs. 2 lit. a. UNÜ, verstanden in der Weise, daß er Bezug auf die *lex fori* des nationalen Richters nimmt.
Umstritten in der Literatur ist über die Frage der Bestimmung der Schiedsfähigkeit des Streitgegenstandes hinaus, ob neben der *lex fori* des Einrederichters auch die Schiedsfähigkeit nach dem Schiedsvereinbarungsstatut gegeben sein müsse.[822] In diesem Fall hätte das staatliche Gericht selbst für den Fall, daß die Schiedsvereinbarung nach seinem eigenen Recht wirksam wäre, in der Sache zu entscheiden, wenn eine Schiedsfähigkeit nach dem Schiedsvertragsstatut nicht gegeben wäre.
Verneint wird dies von einigen Stimmen in der Literatur, die in den Kollisionsregeln bezüglich der objektiven Schiedsfähigkeit (Art. V Abs. 2 lit. a UNÜ)[823] zu den allgemeinen Regeln bezüglich der Versagung von Schiedsvereinbarungen (Art. V Abs. 1 lit. a UNÜ)[824] ein Spezialitätsverhältnis sehen.[825] Daraus lasse sich aber nur schließen, daß die allgemeinen Versagungsvorschriften nicht zur Anwendung kommen können, da sie durch die im Exklusivitätsverhältnis stehenden Kollisionsnormen verdrängt würden.[826]
Weiterhin werden die praktischen Probleme hervorgehoben, die zwangsläufig entstehen können, wenn das Schiedsvereinbarungsstatut und das Recht der Hauptsache auseinanderfallen. Bestimme nämlich das Schiedsvereinbarungsstatut, daß die Vergleichsbefugnis die Grenze der objektiven Schiedsfähigkeit ziehe, so entscheide das Recht der Hauptsache über die Schiedsfähigkeit. Letztlich müsse also die mangelnde Schiedsfähigkeit des Hauptsacherechts der mangelnden Vergleichsbefugnis gleichgestellt werden.[827]

Diese durch das Auseinanderfallen von Schiedsvertragsstatut und dem Recht der Hauptsache entstehenden Probleme werden auch durch die Vertreter der an-

---

822 Dieser Streit wird genauso für das Exequaturverfahren als auch für das Einredeverfahren geführt, vgl. *Barber*, Schiedsfähigkeit, S. 28.

823 Für das EuÜ handelt es sich um Art. VI Abs. 2 S. 2 EuÜ.

824 Art. VI Abs. 2 lit. a EuÜ.

825 *Van den Berg*, NYAC, S. 152 ff., 288 f., 369; *Schlosser*, Schiedsfähigkeit, S. 220; *ders.* in *Stein/ Jonas*, Anhang zu § 1044 Rz. 28 f.; *Hausmann*, FS für Lorenz, S. 359 (370 f.); *Weber/ Weber-Rey*, Jahrbuch 1989, S. 149 (157 Fn. 38); *Epping*, Schiedsvereinbarung, S. 215 ff.

826 *Schlosser*, Schiedsfähigkeit, S. 220.

827 *Schlosser*, Schiedsfähigkeit, S. 219 f.; *ders.* in *Stein/ Jonas*, Anhang zu § 1044 Rz. 28 f.; *Hausmann*, FS für Lorenz, S. 359 (370 f.)

deren Ansicht gesehen. *Bork/Stöve* etwa sind der Meinung, daß angesichts der Tatsache, daß ein nationales Gericht nicht in die Lage versetzt werden kann, über die Rechtsprechungsmonopole anderer Staaten zu befinden, ein Verweis in das materielle Recht daher nur als Verweis in die eigene *lex fori* gewertet werden könne.[828]

Vor allem aber sei die Ansicht, daß die Regelung des Art. V Abs. 2 lit. a. UNÜ *lex speciales* zu den allgemeinen Unwirksamkeitsregelungen sein sollen, weder mit dem Text noch dem Sinn des Übereinkommens zu verbinden. Dies ergebe sich für das Exequaturverfahren schon aus der Systematik des Übereinkommens. Sehe man Art. V Abs. 2 lit. a. UNÜ als spezielle Regelung, so würde man zwar die eigene Vorstellung zu nationalen Rechtsprechungsmonopolen durchsetzen, die anderer Nationen allerdings nicht respektieren, da man Art. V Abs. 1 lit. a. UNÜ als abschließend verdrängt betrachten würde. Für das Einredeverfahren müsse dies mit Rücksicht auf die Parteiinteressen genauso gelten.[829]

Der ersten Ansicht ist zuzugeben, daß sie die Möglichkeiten schiedsrichterlicher Klärung insofern einschränkt, als die objektive Schiedsfähigkeit von den nationalen Rechtsordnungen zweier Länder abhängig gemacht wird. Dies läuft dem Förderungszweck des Übereinkommens sicherlich entgegen. Andererseits aber handelt es sich bei der objektiven Schiedsfähigkeit um eine Voraussetzung der Wirksamkeit der Schiedsvereinbarung. Es ist daher wesensfremd, sie nun von den übrigen Voraussetzungen als Spezialvoraussetzung zu trennen. Praktische Erwägungen sind für eine solche Konstruktion nicht ausreichend. Argumentiert man nämlich mit Praktikabilität, so muß man feststellen, daß die erste Ansicht den Parteiinteressen stark zuwider läuft. Verweist der Einrederichter an das Schiedsgericht, ohne daß die Schiedsfähigkeit nach dem Schiedsvertragsstatut gegeben ist, so hat das zur Folge, daß der ergangene Schiedsspruch letztlich in keinem Land vollstreckt werden kann.[830] Dies ergibt sich aus Art. V Abs. 1 lit. a. UNÜ, der die Schiedsfähigkeit nach dem Schiedsvereinbarungsstatut zur Voraussetzung der Anerkennung des Schiedsspruches macht. Diese praktische Notwendigkeit, namentlich die Tatsache, daß man bei unterlassener Prüfung der Schiedsfähigkeit bei abweichendem Schiedsverfahrenstatuts den Parteien sprichwörtlich „Steine statt Brot" gäbe, macht es erforderlich, daß das Einredegericht auch die Rechtsprechungsmonopole der Schiedsvertragstatutsnation wahrt. Letztlich wird diese unvermeidbare Tatsache aber auch nicht zu praktischen Konflikten führen, da nicht zu erwarten ist, daß fremdnationale Rechtssprechungsmonopole neu oder umdefiniert würden. Das Einredegericht wird sich vielmehr schon in Ermangelung der umfassenden Kenntnis des fremden Rechts an die ständige Rechtsprechung der Obergerichte des fremden Staates halten und diese fortführen.

---

828 *Bork/ Stöve*, Börsentermingeschäfte, S. 58.

829 *Bork/ Stöve*, Börsentermingeschäfte, S. 58.

830 So auch *Gottwald* in MüKo, IZPR, Art. V UNÜ Rz. 47 Fn. 86; *Schwab/ Walter*, Schiedsgerichtsbarkeit, S. 437; v. *Hülsen*, Schiedsvereinbarung, S. 135 ff.; *Wieczorek/ Schütze*, Int. ZPR, UNÜ, zu Art. II, S. 555.

Festzustellen ist also, daß sowohl die Systematik des Übereinkommens als auch praktische Erwägungen für eine kumulative Anknüpfung sprechen, beziehungsweise diese nötig machen.

(v) analoge Anwendung des Art. V Abs. 2 lit. b. UNÜ

Der BGH hat in seinem Grundsatzurteil weiterhin festgestellt, daß sich die mangelnde Schiedsfähigkeit von Warentermingeschäften bei der Anwendung ausländischen Rechts auf Grund eines drohenden *ordre public* – Verstoßes ergebe.[831] Diese Anknüpfung kann sich aber allenfalls aus einer Vorschrift des UNÜ ergeben; denn weder das alte[832] noch das neue deutsche Schiedsrecht kennen eine direkte Einschränkung der objektiven Schiedsfähigkeit durch den *ordre public*. Der Gerichtshof nennt in seiner Urteilsbegründung Art. V Abs. 2 lit. b. UNÜ und stellt fest, daß nach dieser Vorschrift eine Berücksichtigung des deutschen *ordre public* möglich sei. Diese Aussage ist bezüglich des Exequaturverfahrens ohne weiteres zu bejahen. Der vom BGH zu entscheidende Fall befand sich allerdings erst im Einredestadium, so daß eine direkte Anwendung des Art. V Abs. 2 lit. b. UNÜ von vorne herein nicht in Frage kam. Zu untersuchen bleibt, ob eine analoge Anwendung in diesem Stadium in Betracht zu ziehen ist.

Vertreten wird, eine analoge Anwendung in der Form vorzunehmen, daß allein in dem Verweis auf ein Schiedsgericht ein Verstoß gegen den deutschen *ordre public* begründet wird, weil die Gefahr bestünde, daß zwingende deutsche Vorschriften umgangen würden.[833]
Das deutsche Recht eröffnet den rechtsuchenden Parteien ausdrücklich die Möglichkeit, sowohl fremde Rechtsordnungen zur Entscheidung ihrer Streitigkeiten zu wählen, als auch ihre Streitigkeiten der staatlichen Gerichtsbarkeit zu entziehen. Es ist daher nicht einzusehen, daß in einer solchen Rechtswahl- oder Schiedsabrede an sich schon ein Verstoß gegen den deutschen *ordre public* zu sehen sei.[834] Ziel der *ordre public*- Einschränkung ist es, eine Infiltration ausländischer Rechtsgedanken in den nationalen Rechtsraum zu vermeiden, die mit den Grundgedanken der nationalen Regelungen und den in ihnen enthaltenen Gerechtigkeitsvorstellungen in so starkem Widerspruch stehen, daß sie mit ihm offensichtlich nicht zu vereinbaren sind.[835] Es wäre aber widersinnig anzuneh-

---

[831] BGH WM 1987, 1153 (1155). Der BGH bezieht sich in erster Linie auf die mögliche Nichtbeachtung von Differenz- und Termineinwand. Inwieweit dieses Ergebnis anhand seiner neueren Rechtsprechung überhaupt noch zu halten ist, vgl. Teil 2. III. 2. a. und b.

[832] Vgl. *Barber*, Schiedsfähigkeit, S. 145.

[833] *Barber*, Schiedsfähigkeit, S. 25; *Bork/ Stöve*, Börsentermingeschäfte, S. 67, die im vom BGH zu entscheidenden Fall im Ergebnis eine analoge Anwendung allerdings ablehnen, da sie einen Verstoß gegen den deutschen *ordre public* als nicht gegeben sehen.

[834] *Schütze*, Jahrbuch 1987, S. 94 (98); *Lüer*, JIntArb 7 (1990), 127 (136 f.).

[835] Für das deutsche Recht siehe BGHZ 39, 173 (176); 50, 370 (375 f.); *Sonnenberger* in MüKo, Art. 6 EGBGB, Rz. 3.

men, daß bereits in der Derogation der nationalen staatlichen Gerichtsbarkeit eine solch grobe Unvereinbarkeit mit dem deutschen Recht zu sehen sein soll. Die staatliche Gerichtsbarkeit hat keine Befugnisse in die privatautonom treffbaren Entscheidungen der Parteien einzugreifen, bevor ein solcher fremdländischer Rechtsgedanke überhaupt entstanden ist, der eventuell nicht mit dem *ordre public* zu vereinbaren ist. Die Prüfungskompetenz der staatlichen Gerichte beginnt vielmehr erst zu dem Zeitpunkt, an dem um Anerkennung nachgesucht wird. Auch die positive Funktion des *ordre public*[836] vermag es nicht zu rechtfertigen, daß eine Schiedsklausel deshalb abgelehnt wird, daß durch die Verweisung auf das ausländische Recht deutsche Vorschriften umgangen werden könnten. Würde man dies bejahen, so würde der von Art. V Abs. 2 lit. b. UNÜ eröffnete Schutzbereich weit über den eigentlichen Zweck hinaus aufgerissen. Das UNÜ gibt den Vertragsstaaten das Recht, ihre eigenen Gerechtigkeitsvorstellungen gegen ausländisches Recht in ihrem eigenen Rechtsraum durchzusetzen. Wendet man Art. V Abs. 2 lit. b. UNÜ aber schon im Einredeverfahren mit dem Verweis auf das ausländische Schiedsgericht an und verhindert daher nach nationalen Idealen ein solches Verfahren, so dringt man nicht nur in die Privatautonomie der Parteien ein, sondern erweitert den Schutzbereich über seinen eigenen Rechtsraum hinaus auf die Gesamtheit seiner Staatsbürger, gleich, wo auch immer sie ihre Rechtsstreitigkeiten austragen. Dies ist mit dem Förderungszweck der Schiedsgerichtsbarkeit, den das UNÜ in erster Linie bezweckt, aber sicherlich nicht zu vereinbaren.

Ebenfalls wird die Ansicht vertreten, daß eine analoge Anwendung des Art. V Abs. 2 lit. b. UNÜ dann gerechtfertigt sei, wenn der zu erwartende Schiedsspruch nicht mit dem deutschen *ordre public* vereinbar sei.[837] Der Ansatzpunkt für die Analogie wird in diesem Fall nicht darin gesehen, daß ein *ordre public*- Verstoß schon darin gesehen werden muß, daß allein durch die Beauftragung eines ausländischen Schiedsgerichts die Gefahr der Umgehung deutscher Rechtsprinzipien so immanent ist, daß die Schiedsfähigkeit abgelehnt werden müßte, sondern vielmehr, daß ein Schiedsspruch zu erwarten ist, der solche Prinzipien nicht berücksichtigt.
Wenngleich der Anknüpfungspunkt nun auf den letztlich zu ergehenden Schiedsspruch verlagert wird, so ändert sich an der Argumentation gegen die Analogie nichts.[838] Es fehlt auch hier bereits an einer für die Analogie nötigen Regelungslücke. Ein *ordre public*- Verstoß kann erst dann als solcher bezeichnet werden, wenn eine Diskrepanz zu deutschen Rechtsvorstellungen nicht nur möglich ist, sondern sicher feststeht.[839] Ist aber noch gar kein ausländischer Schiedsspruch ergangen, so kann auch noch kein *ordre public*- Verstoß sicher feststehen. Nimmt man hier eine Analogie an, so schützt man den deutschen Anleger in einem fremden Rechtsraum. Dies wäre aber nicht die Füllung einer

---

836 Zum Begriff siehe *Sonnenberger* in MüKo, Art. 6 EGBGB, Rz. 5.

837 *Schwab/ Walter*, Schiedsgerichtsbarkeit, Kap. 4 Rz. 12; im Ergebnis ist dies auch die Argumentation des BGH, der allerdings auf die Notwendigkeit der Analogie im Einredeverfahren nicht eingeht und Art. V Abs. 2 lit. a. UNÜ direkt anwendet, vgl. BGH WM 1987, 1153 (1155).

838 A.A. *Bork/ Stöve*, Börsentermingeschäfte, S. 64 f.

839 BGHZ 30, 89 (94).

Regelungslücke im UNÜ, sondern eine seinem Wesen völlig fremde Ergänzung des Übereinkommens, welche von seinen Verfassern nicht gewollt war.
Eine analoge Anwendung des Art. V Abs. 2 lit. b. UNÜ ist daher in allen denkbaren Fällen im Einredeverfahren abzulehnen.

(vi) Bestimmung der Schiedsfähigkeit des Streitgegenstandes

Untersucht man also die Schiedsfähigkeit von Börsentermingeschäften, die von deutschen Börseninländern im Anwendungsbereich des UNÜ getätigt werden und nichtdeutschen Schiedsgerichten zur Entscheidung vorgelegt werden, so muß die objektive Schiedsfähigkeit nach deutschem (Recht des Einrederichters) wie auch nach dem ausländischen Recht (Schiedsvereinbarungsstatuts) gegeben sein. Letzteres wird in der Regel amerikanisches oder englisches Recht sein. Daher werden die folgenden Ausführungen auch darauf beschränkt sein.

(1). Deutsches Recht

Betrachtet man die objektive Schiedsfähigkeit nach deutschem Schiedsrecht, so bestimmt sie sich in erster Linie nach den §§ 1025 ff. ZPO.[840] Wie bereits dargestellt,[841] sind Börsentermingeschäfte sowohl nach altem als auch nach neuem Recht schiedsfähig. Dieses Ergebnis ist auch angesichts des vom BGH zum Scheiterungsgrund der Schiedsvereinbarung angeführten § 61 BörsG[842] haltbar. Im neuen deutschen Schiedsrecht findet sich in § 1030 Abs. 3 ZPO eine Vorschrift, daß die Schiedsgerichtsbarkeit einschränkende oder ausschließende Vorschriften außerhalb der ZPO unberührt bleiben.[843] Solche Normen können grundsätzlich auch materieller Natur sein, wenn aus ihnen unmißverständlich deutlich wird, daß der Gesetzgeber für die zugrunde liegende Rechtssache, die Entscheidung eines staatlichen Gerichts für unbedingt erforderlich hält. Dies ist bei § 61 BörsG aber nicht der Fall; denn weder ist eine Einschränkung der Schiedsgerichtsbarkeit aus dem Wortlaut erkennbar, noch ergibt sich aus der Systematik des BörsG, daß eine solche Einschränkung gewollt ist.
Zu beachten ist auch hier vor allem § 28 BörsG aus dem sehr deutlich wird, daß das Börsenrecht die Möglichkeit schiedsrichterlicher Klärung grundsätzlich anerkennt. Bei § 61 BörsG handelt es sich vielmehr um eine spezielle (einseitige) Kollisionsnorm, die im Wege der Sonderanknüpfung zwingende deutsche Anlegerschutzbestimmungen zur Anwendung bringt.[844] Aus einer materiellen Kollisionsnorm, die zwar für alle prozessualen Durchsetzungsmöglichkeiten Gültigkeit hat, den Schluß zu ziehen, der Gesetzgeber wolle mit ihr Schiedsvereinbarungen ausschließen, denen ausländisches Recht zugrunde

840 Eine dem neuen § 1030 Abs. 3 ZPO kannte das alte Recht zwar nicht, jedoch aber waren Vorschriften außerhalb des Zehnten Buches *legis speciales,* vgl. RegBegrE, BT/ Drucks. 13/ 5274, S. 35 f.

841 Siehe Teil 2. E. II. 1. und 2.

842 Gleiches gilt für § 61 a.F. BörsG.

843 Eine Veränderung zum alten Recht ist insofern allerdings nicht eingetreten, da solche Vorschriften vor der Reform als *legis speciales* zu sehen waren.

844 *Schwark,* Börsengesetz, § 61 Rz. 2; *Baumbach/ Duden/ Hopt*, HGB, zu § 61 BörsG, Rz. 3, der allerdings § 61 nicht mehr als Kollisionsnorm sieht (Rz. 2).

barungen ausschließen, denen ausländisches Recht zugrunde liegt, würde den Anwendungsbereich des ohnehin eng auszulegenden § 1030 Abs. 3 über die Maßen strapazieren.
Der Aussage des BGH, § 61 a.F. BörsG schließe die Wirksamkeit der Schiedsvereinbarung direkt aus,[845] ist mit Rücksicht auf die erforderliche Trennung von Hauptvertrag und Schiedsvereinbarung nicht zu vereinbaren.[846] Eine materielle Rechtsnorm kann nur dann verfahrensrechtliche, hier zuständigkeitsrelevante Wirkung entfalten, wenn prozeßrechtliche Normen eine Verbindung zwischen dem materiellen und dem Verfahrensrecht herstellen. Da dies aber weder nach deutschem Recht noch nach dem UNÜ der Fall ist, kann über § 61 BörsG, sowohl in seiner alten als auch der neuen Fassung, keine Zuständigkeit deutscher Gerichte, die die objektive Schiedsfähigkeit ausschließen würde, hergeleitet werden.

Eine Schiedsunfähigkeit ergibt sich also aus dem deutschen Recht nicht. Die Gründe, die der BGH zur Verneinung der objektiven Schiedsfähigkeit bei ausländischen Schiedsgerichten heranführt, nämlich die Umgehung zwingender deutscher Schutzvorschriften und des *ordre public*- Verstoßes, finden weder im UNÜ noch im deutschen Recht eine Grundlage. Es handelt sich um Rechtsprechung, die in erster Linie den deutschen Anleger über die Grenzen der Bundesrepublik Deutschland hinaus schützen soll, aber weder nach den deutschen Regelungen noch nach dem UNÜ gerechtfertigt ist.

(2). US-amerikanisches und englisches Recht

Weder das deskriptive amerikanische, noch das englische Recht verfügen über Normen, die die Schiedsfähigkeit des Streitgegenstandes dogmatisch festlegen.[847]
Im englischen Recht, welchem eine grundsätzlich schiedsfreundliche Haltung eigen ist, kann daher davon ausgegangen werden, daß Rechtssachen schiedsfähig sind, wenn sie nicht auf Grund von gegenteiliger Rechtssprechung oder anders lautendenden Vorschriften explizit ausgeschlossen ist.[848] Dies ist aber im Bereich der Börsentermingeschäfte in Waren nicht der Fall, so daß eine generelle Schiedsfähigkeit angenommen werden kann. Zu beachten ist allerdings, daß durch die Reform des englischen Schiedsrechts eine Einschränkung der Schiedsfähigkeit mit Verbraucherbeteiligung eingeführt wurde, nach der AGB-Schiedsvereinbarungen mit Verbrauchern vor Entstehung des Streitfalls unzulässig sind. Dies ergibt sich aus § 89 (1) S. 1 Arbitration Act von 1996,[849] der

845 BGH WM 1987, 1153 (1154).

846 *Schütze*, Jahrbuch 1987, S. 94 (97 f.).

847 *Schlosser*, Schiedsfähigkeit, S. 215.

848 Siehe zur schiedsrichterlichen Praxis in Börsenterminangelegenheiten im englischen Recht, Bernstein/ Tackaberry/ Marriot/ Wood- *Johnson*, Handbook of Arbitration Practice, S. 271 ff. und 276 ff.

849 Abgedruckt in *Gottwald (Hrsg.)*, Internationale Schiedsgerichtsbarkeit, S. 325 (357 ff.).

seinerseits wiederum auf die Vorschriften des Unfair Terms in Consumer Contracts Regulations Act von 1994 verweist.[850]

In den Vereinigten Staaten erließ der U.S. Supreme Court 1953 eine Leitsatzentscheidung, die die Schiedsfähigkeit von Börsenterminstreitigkeiten im Interesse des Verbraucherschutzes grundsätzlich ablehnte.[851] Im nationalen Bereich hat diese Entscheidung bis heute Bestand.
1974 entschied der Supreme Court allerdings, daß Geschäfte, die in den Anwendungsbereich des Securities und Exchange Act (1934) fallen, im Interesse des länderübergreifenden Handelsverkehrs zumindest in internationalen Verfahren schiedsfähig sind,[852] so daß nach der nunmehr geltenden Rechtsanwendung amerikanischer Gerichte[853] von einer Schiedsfähigkeit von Warentermingeschäften im internationalen Bereich ausgegangen werden kann.[854]

Internationale Börsentermingeschäfte sind also sowohl nach deutschem als auch nach englischem und amerikanischen Recht objektiv schiedsfähig.

(vii) subjektive Schiedsfähigkeit nach dem UNÜ

Es bleibt letztlich zu untersuchen, ob die Möglichkeit schiedsrichterlicher Klärung an der subjektiven Schiedsfähigkeit scheitert.
Das New Yorker Übereinkommen regelt in Art. V Abs. 1 lit. a. UNÜ, daß sich die subjektive Schiedsfähigkeit nach dem Recht bestimmt, welches für die Parteien maßgeblich ist.[855] Um welches Recht es sich hierbei im einzelnen handelt, entscheidet das Personalstatut der Schiedsparteien.
Entgegen seinem Wortlaut, der sich allein auf das Exequaturverfahren bezieht, ist anerkannt, daß sich auch im Einredeverfahren die subjektive Schiedsfähigkeit nach Art. V Abs. 1 lit. a UNÜ richtet.[856] Die deutschen staatlichen Gerichte

---

850 Ausführlich zur Beschränkung der Schiedsfähigkeit mit Verbraucherbeteiligung Bernstein/ Tackaberry/ Marriot/ Wood- *Rutherford*, Handbook of Arbitration Practice, S. 471 ff.

851 Wilko v. Swan, 346 U.S. 427 (1953).

852 Scherk v. Albert- Culver, 417 U.S. 506, 419 U.S. 885 (1974), abgedruckt in YCA 1976, 203 f. Siehe hierzu auch *Carbonneau* in *Gottwald (Hrsg.)*, Internationale Schiedsgerichtsbarkeit, S. 875 (884).

853 Es bestätigt sich der Trend, daß amerikanische Gerichte in internationalen Rechtssachen zu einer wesentlich großzügigeren Beurteilung der Schiedsfähigkeit kommen, als dies im nationalen Bereich der Fall ist; siehe auch eine an die Rechtsprechung in Scherk v. Albert- Culver anknüpfendes Grundsatzurteil zum Kartellrecht, Mitsubishi Motors Corp. v. Soler Chrysler Plymouth 105 U.S. 3346, abgedruckt in YCA 1986, 555 ff.

854 *Gottwald*, Generalbericht, S. 1 (25) in *Gottwald (Hrsg.)*, Internationale Schiedsgerichtsbarkeit.

855 Dieselbe Regelung treffen ebenso Art. 34 UNCITRAL-MG, das Europäische Übereinkommen in Art. VI Abs. 2 EuÜ und jetzt auch das deutsche autonome Schiedsrecht (§ 1059 Abs. 2 Nr. 2 ZPO).

856 Statt aller *Schlosser*, Schiedsfähigkeit, S. 238, 187 f. m.w.N.

haben also gem. Art. 7 und 12 EGBGB das Recht anzuwenden, welches die Rechts- und Geschäftsfähigkeit der Parteien regelt.
Zusätzlich zu den Regeln der Geschäftsfähigkeit kann die subjektive Schiedsfähigkeit durch spezialgesetzliche Normen eingeschränkt werden. Auch die Anwendung dieser Vorschriften bestimmt sich nach dem Personalstatut, so daß im deutschen Recht über § 1030 Abs. 3 ZPO der § 28 BörsG in Betracht käme. Voraussetzung ist natürlich, daß § 28 BörsG eine Einschränkung der subjektiven Schiedsfähigkeit vornimmt, da er ansonsten als Teil des deutschen materiellen Rechts bei ausländischen Recht in der Hauptsache nicht anzuwenden wäre.
Folgt man nun der Ansicht, § 28 BörsG sei allein ein Ausdruck des Gebots der Überparteilichkeit der Rechtspflege und sei vollkommen unabhängig von der Schiedsfähigkeit zu betrachten, so ist er als Teil des materiellen deutschen Rechts vom ausländischen Hauptsacherecht verdrängt.[857]
Nach der hier vertretenen Ansicht ist § 28 BörsG allerdings nach seinem Wortlauts zu interpretieren und schließt die Möglichkeit aus, daß nicht börsentermingeschäftsfähige Personen vor dem Entstehen der Streitsache ein Börsenschiedsgericht vereinbaren.[858] Ist nun aber ein solches vereinbart, so hätte der deutsche Richter die Einrede der Schiedsgerichtsbarkeit durch Beschluß abzuweisen und in der Sache zu entscheiden.

Daher dürfte § 28 BörsG, der dem deutschen Recht unterfallende Anleger vor einseitig besetzten Schiedsgerichten schützen soll, die tatsächlich größte Hürde bei der Bestimmung der Wirksamkeit von internationalen Schiedsvereinbarungen in Börsenterminstreitigkeiten darstellen.
Schon aus praktischen Gründen sind nämlich sowohl in den meisten US-amerikanischen als auch in den englischen Standardschiedsvereinbarungen die Börsenschiedsgerichte der New Yorker oder Londoner Börse vereinbart.
Die Beliebtheit dieser Institutionen läßt sich in zweifacher Weise erklären. Zum einen sind die Stock Exchange Arbitration Courts mit Fachleuten besetzt, die wegen ihrer Tätigkeit an der Börse täglich mit Termingeschäften zu tun haben und ihnen schon von daher die nötige fachliche Kompetenz zugetraut wird. Weiterhin sind die Börsenschiedsgerichte auf Grund ihrer institutionellen Natur ständig besetzt und können - einem staatlichen Gericht gleich - ohne langwierige Besetzungsprozesse angerufen werden.
Der andere Hauptgrund ist ein rechtlicher. Weder das US-amerikanische noch das englische Recht kennen eine dem § 28 BörsG vergleichbare Beschränkung der subjektiven Schiedsfähigkeit bei individualvereinbarten[859] Schiedsklauseln. Die Vorteile der Börsenschiedsgerichte sind also fast uneingeschränkt nutzbar.

---

857 So *Bork/ Stöve*, Börsentermingeschäfte, S. 61, näher siehe oben Teil 2. E. II. b.

858 Siehe hierzu Teil 2. E. II. 2. b., so auch *Schütze* in Assmann/ Schütze, § 29 Rz. 13; *ders.*, Jahrbuch 1987, S. 94 (96 f.); *Häuser/ Welter* in Assmann/ Schütze, § 16 Rz. 597, die allerdings einen Ausschluß der Schiedsgerichtsbarkeit nicht auf Börsenschiedsgerichte beschränken.

859 Auch die strengen Kriterien, die der BGH zur Anwendbarkeit des AGBG und der damit verbundenen Inhaltskontrolle von nur einmalig benutzten Standardverträgen mit Verbrauchern entwickelt hat, vgl. BGH NJW 99, 2080 ff; BGH NJW 88, 410 f., vollzieht der englische Unfair Terms in Consumer Contracts Regulations Act nicht in gleicherweise nach.

Diese (institutionellen) Schiedsgerichte sind aber auf Grund ihrer Besetzung und ihres Aufgabenfeldes den deutschen Börsenschiedsgerichten sehr ähnlich. Die deutsche Rechtssprechung zur Definition eines Börsenschiedsgerichts kann daher eins zu eins übernommen werden. Daß dies in der Vergangenheit von deutschen Gerichten nicht getan wurde, läßt sich nur dadurch erklären, daß bei der Vereinbarung eines ausländischen Gerichts oder Schiedsgerichts bisher immer von mangelnder objektiver Schiedsfähigkeit ausgegangen wurde, so daß die subjektive nicht in das Kalkül gezogen wurde.
Da § 28 BörsG über Art. V Abs. 1 lit. a UNÜ iVm. den deutschen Regelungen zum Personalstatut unbestritten auch im Einredeverfahren Anwendung findet und zudem unabdingbar ist, wird auch zukünftig davon auszugehen sein, daß Schiedsvereinbarungen mangels subjektiver Schiedsfähigkeit unwirksam sind, wenn sie ausländische Börsenschiedsgerichte zum Spruch ermächtigen.
Dies ist auch mit der *ratio conventionis* des UNÜ zu vereinbaren, da dieses ja selber den Vertragsstaaten gestattet, ihre Bürger über das Personalstatut zu schützen.
Es verbietet sich daher auch, die Anwendbarkeit des § 28 BörsG bei Auslandsbezug teleologisch zu reduzieren, da dem Anleger durch diese Norm ein identischer Schutz zukommt wie er ihn bei einem vergleichbaren Inlandsgeschäft auch genießen würde.

(e) Deutsches autonomes Recht

Folgt man der hier vertretenen Ansicht, daß Börsentermingeschäfte nach dem UNÜ grundsätzlich schiedsfähig sind, so erübrigt sich eine Erörterung des deutschen autonomen Rechts, da die Länder, in denen Deutsche in der Regel Börsentermingeschäfte abschließen, Mitgliedsstaaten des UNÜ sind.[860]
Nimmt man schon nach dem UNÜ eine Schiedsfähigkeit an, so kann auch durch die im Einredeverfahren anwendbare Meistbegünstigungsklausel des Art. VII Abs. 1 UNÜ[861] keine Verbesserung der Rechtslage mehr eintreten. Es wird daher auf die Ausführungen betreffend der kollisionsrechtlichen Anknüpfung der objektiven Schiedsfähigkeit im deutschen Recht[862] nach oben verwiesen.

2. Wirksamkeit der Schiedsvereinbarung im Exequaturverfahren

Betrachtet man die Schiedsfähigkeit von Börsentermingeschäften, so fällt auf, daß bisher nur Fälle im Einredeverfahren vor die höherinstanzlichen deutschen

860 Hierbei handelt es sich im Schwerpunkt um Großbritannien und die USA. Begrenzt auch um das kontinentale europäische Ausland.

861 Art. VII Abs. 1 UNÜ erweitert die Aussichten der Partei, die sich auf die Wirksamkeit der Schiedsvereinbarung beruft, indem sie auch ein Heranziehen des u.U. schiedsfreundlicheren Schiedsstatut des Einredestaats ermöglicht. Siehe zur Anwendbarkeit im Einredeverfahren, *Gottwald* in MüKo, IZPR, Art. VII UNÜ Rz. 4; *Stein/ Jonas/ Schlosser*, Anhang zu § 1044 Rz. 91.

862 Siehe Teil 1. IV.

Gerichte gelangt sind. Denkbar ist aber auch, daß der Broker seinen im Ausland erwirkten Schiedsspruch in Deutschland zur Anerkennung und Vollstreckung vorlegt.
Das deutsche Recht trifft bezüglich der Anerkennung ausländischer Schiedssprüche keine eigene Regelung, sondern verweist auf die Regelungen des UNÜ (§ 1061 Abs. 1 ZPO).
Festgestellt wurde bereits, daß Börsentermingeschäfte sowohl nach deutschem als auch nach ausländischem Recht objektiv schiedsfähig sind, so daß sich in diesem Fall ein Streit erübrigt, ob das deutsche Exequaturgericht die Schiedsfähigkeit des Streitgegenstandes überhaupt prüfen darf.[863]

Eine Anerkennung von Schiedssprüchen, denen Börsentermingeschäfte zugrunde liegen, darf daher nur noch dann versagt werden, wenn ihr Inhalt gegen den deutschen *ordre public* verstößt.
Mittlerweile ist anerkannt, daß sich der Maßstab des *ordre public*- Verstoßes nicht nach den verhältnismäßig engen Grenzen des *ordre public* (national), sondern nach den etwas großzügigeren des *ordre public* (international) bemißt.[864]
Im Gegensatz zum nationalen *ordre public*, der allein auf inländischen Rechtsanschauungen beruht, beschreibt der *ordre public* (international) die Summe aller nationalen Rechtsnormen, die auch vor dem Hintergrund des internationalen Rechtsverkehrs und seinen besonderen Bedürfnissen als unverzichtbar erscheinen.[865]

Untersucht man im Einredeverfahren mögliche Verstöße gegen den *ordre public* (international), so kommt im Zusammenhang mit Börsentermingeschäfte zunächst die Mißachtung des Deutschen Differenz- oder Termineinwands in Betracht. Folgend soll daher untersucht werden, ob beide Einwände zum *ordre public* (international) zu zählen sind.

---

863 Mit Rücksicht auf § 1044 a.F. ZPO, der die fehlende objektive Schiedsfähigkeit nicht als Versagensgrund aufführte, sondern nur eine Überprüfbarkeit in den relativ engen Grenzen des *ordre public* ermöglichte, ist im Rahmen von Art. V UNÜ vertreten worden, daß das Gericht diese auch nicht prüfen dürfe, siehe *Gottwald* in MüKo, IZPR, Art. V UNÜ Rz. 47; *Stein/ Jonas/ Schlosser*, Anhang zu § 1044 Rz. 83; für das neue Recht auch *Albers* in Baumbach/Lauterbach/Albers/Hartmann, Art. V UNÜ Rz. 2. Das neue Schiedsrecht kennt eine vergleichbare Regelung allerdings nicht, vielmehr sind gem. § 1061 Abs. 1 ZPO die Regelungen des UNÜ anzuwenden. Art. V Abs. 2 lit. a UNÜ verweist aber direkt auf § 1030 ZPO, so daß dieser Streit erledigt hat.

864 BGH WM 1998, 1176 (1177); BGHZ 98, 70 (73 f.); 110, 104; 118, 312 (330); *Stein/ Jonas/ Schlosser*, § 1044 Rz. 19; *Sonnenberger* in MüKo, Art. 6 EGBGB, Rz. 19; Zöller/ *Geimer*, § 328 Rz. 152; *ders.*, Internationales Vertragsrecht, S. 9; *Gottwald* in MüKo, ZPO, § 328 Rz. 85. Die genannte Zitate beziehen sich teilweise auf die Anerkennung ausländischer Gerichtsurteile. Es sind bezüglich der Anerkennung von Schiedssprüchen allerdings die gleichen Maßstäbe zu setzen, vgl. Zöller/ *Geimer*, § 1061 Rz. 30; *Völker, Ordre public*, S. 257 f.; a.A. *Wunderer, Ordre public*, S. 135, die die Figur des „*ordre public d'arbitrage*" prägt.

865 *Sonnenberger* in MüKo, Art. 6 EGBGB, Rz. 19.

a. Differenzeinwand

In der Regel handelt es sich bei Börsentermingeschäften um Differenzgeschäfte,[866] denen gem. § 58 BörsG der Differenz- oder Spieleinwand (§§ 762, 764 BGB) entgegengehalten werden kann, wenn die Geschäfte gem. §§ 53-57 BörsG unverbindlich sind.
Bezüglich der Verbindlichkeit des Börsentermingeschäfts ist durch die Börsenrechtsreform eine wesentliche Änderung eingetreten. Die alte Fassung, die auch börsentermingeschäftsfähigen Anlegern, mit Ausnahme des herkömmlichen deutschen Aktienoptionshandels und des Devisen-Terminhandels, die Möglichkeit gab, sich insbesondere bei Waren- und Wertpapiertermingeschäften an ausländischen Börsen auf den Differenzeinwand zu berufen, wurde dahingehend geändert, daß dieser nunmehr entfällt, wenn das Geschäft an einem ausländischen Markt oder überhaupt außerbörslich getätigt wurde.[867]
Mit Rücksicht auf diese Gesetzesänderung änderte auch der Bundesgerichtshof seine bis dahin ständige Rechtsprechung, der Differenzeinwand sei zum deutschen *ordre public* (international) zu zählen.[868] Der Gesetzgeber habe mit § 58 BörsG zum Ausdruck gebracht, daß er den Differenzeinwand nicht länger als notwendiges Schutzinstrument sieht und somit könne er nicht mehr zu den unabdingbaren Gerechtigkeitsgrundvorstellungen des deutschen Rechts gezählt werden.[869]
Diese Richtungsänderung der Rechtsprechung entspricht der von der Literatur schon vor der Gesetzesänderung geforderten Rekonsolidierung. Spricht Art. 6 Abs. 2 EGBGB bei einem *ordre public*- Verstoß von einer Unvereinbarkeit mit den Grundrechten, so sei es befremdlich, den §§ 762, 764 BGB in unserer Rechtsordnung auch nur eine annähernd so zentrale Bedeutung zuzumessen. Es könne nicht davon ausgegangen werden, daß diese Normen derart wichtige Grundsätze deutschen Rechts festlegten, daß ein jegliches Abweichen unerträglich wäre.[870]

---

[866] Vgl. die ständige Rechtsprechung BGH WM 1972, 178; BGH WM 1975, 676; BGH ZIP 1981, 721; BGH ZIP 1984, 1461; BGH ZIP 1985, 449.

[867] Vgl. § 58 a.F. BörsG, hierzu *Schwark*, Börsengesetz, § 58 Rz. 1. Der nicht börsengeschäftsfähige Anleger kann sich zwar nach wie vor auf den Differenzeinwand berufen, doch ist das Geschäft in diesem Fall ohnehin schon wegen § 53 BörsG unverbindlich (Termineinwand). Aus diesem Grund wird mit Ausnahme des Kassageschäfts von einem Gleichlauf von Termin- und Differenzeinwand gesprochen, siehe *Ellenburger*, WM 99, Beil. 2, S. 1 (11); *Hartung*, ZIP 91, 1185 (1187), *Schwark*, Börsengesetz, § 58 Rz. 1.

[868] BGH WM 1978, 1203 (1204 f.); zuletzt BGH WM 1987, 1153 (1154).

[869] Entschieden schon für einen noch nach altem Recht zu entscheidenden Fall, BGH WM 1991, 576 (577).

[870] *Schütze*, Jahrbuch 1987, S. 94 (100); *Lüer*, JZ 79, 171 (174 f.); *Bork/ Stöve*, Börsentermingeschäfte, S. 27 f.; *Mann*, FS für v. Caemmerer, S. 737 (749 ff.); a.A. *Henssler*, ZHR 153 (1989), 611 (629).

Der BGH hat im Unklaren gelassen, ob die *ordre public*- Qualität des Differenzeinwands auch gegenüber nicht börsentermingeschäftsfähigen Anlegern entfallen solle.[871]

Tatsache ist, daß sich nach dem deutschen Recht für nicht börsentermingeschäftsfähige Anleger keine Möglichkeit ergibt, Börsentermingeschäfte verbindlich abzuschließen. Tun sie dies nach ausländischem Recht und werden, etwa zur Nachschußleistung, verurteilt, so steht dies eindeutig im Widerspruch zum deutschen Recht. Um aber zu dem Schluß zu kommen, daß dieser Widerspruch so groß ist, daß es sich um einen Verstoß gegen den *ordre public* (international) handelt, müßte festgestellt werden, daß die nicht beachtete Norm von so fundamentaler Bedeutung ist, daß ihre Verletzung nicht hingenommen werden kann.[872] Im Interesse des internationalen Handelsverkehrs kann die Anerkennung nur dann abgelehnt werden, wenn die Entscheidung unter einem gegen die Grundlagen des staatlichen oder wirtschaftlichen Lebens verstoßenden Mangel leidet.[873]

Nach nunmehr geltendem Börsenrecht sind Börsentermingeschäfte für Kaufleute, die im Handelsregister eingetragen sind,[874] und für solche Personen verbindlich, die gewerbsmäßig solche Geschäfte betreiben oder zur Zeit des Geschäftsabschlusses betrieben haben (§ 53 Abs. 1 BörsG). Der Gesetzgeber war also der Meinung, daß mündige Bürger, die die Folgen ihres Handelns überblicken können, auch die Freiheit haben sollten, besonders spekulative Geschäfte zu tätigen.[875]

Aus diesem Grund wurde auch der Börsentermingeschäftsfähige kraft Information geschaffen (§ 53 Abs. 2 BörsG). Praktisch erwirbt der Anleger seine Termingeschäftsfähigkeit bereits durch die Unterzeichnung eines Formblattes, welches die wichtigsten Informationen enthält. Daß dieser Schutz im höchsten Maße unzureichend ist, beweist die Tatsache, daß Schadenersatzansprüche wegen mangelnder Aufklärung und Beratung durch das Unterzeichnen des Informationsblattes nicht ausgeschlossen sind, obwohl dadurch das Termingeschäft verbindlich wird.[876]

Eröffnet aber der Gesetzgeber die Möglichkeit, einen unerfahrenen Anleger durch die Unterzeichnung eines Formblattes mit einem Personenkreis gleichzusetzen, der durch seine Tätigkeit als eingetragener Kaufmann oder einem gewerbsmäßig an der Börse tätigen Händler, der typischerweise im Börsenhandel erfahren ist, so kann nicht behauptet werden, daß die Anerkennung eines Urteil,

---

871 Dagegen *Koller*, EWiR 1991, 559 (560) in Anmerkung zu BGH, Urteil vom 26.02.1991, XI ZR 349/89, abgedruckt in WM 1991, 576 ff.

872 Siehe zu den allgemeinen Anforderungen *Gottwald* in MüKo, ZPO, § 328 Rz. 85.

873 So der BGH in ständiger Rechtsprechung in Bezug auf den verfahrensrechtlichen *ordre public*, BGHZ 55, 162 (175); 98, 70 (74).

874 Hierzu kommen noch diejenigen, die als juristische Personen des öffentlichen Rechts nicht eingetragen zu werden brauchen, und Kaufleute mit Sitz im Ausland, die als solche im Inland nicht eingetragen werden können.

875 Vgl. BT-Drucks. 11/ 4177, S. 10, 19.

876 Vgl. BGHZ 133, 82 (86); BGH ZIP 1997, 782 ff.; BGH ZIP 1998, 2067 (2069); vgl. zur Effektivität des Anlegerschutzes durch § 53 Abs. 2 BörsG auch *Henssler*, ZHR 153 (1989), 611 (626 f.).

welches einen nichttermingeschäftsfähigen Anleger zur Leistung verurteilt, gegen so fundamentale Grundsätze des deutschen Rechts verstößt, die auch gegen die Bräuche des internationalen Handelsverkehrs durchgesetzt werden müßten. Dem Differenzeinwand ist daher weder bei börsentermingeschäftsfähigen noch bei sonstigen Personen eine *ordre public* (international)- Qualität zuzuschreiben.

b. Termineinwand

Die Frage, ob dem Differenzeinwand eine *ordre public*- Qualität zukommt oder nicht, gewinnt letztlich erst dann Bedeutung, wenn man den Termineinwand und seinen Zusammenhang mit dem *ordre public* betrachtet. Tätigt nämlich ein nicht börsentermingeschäftsfähiger Anleger ein Termingeschäft, so ist es nach deutschem Recht ohnehin gem. § 53 BörsG unverbindlich und unterliegt somit dem Termineinwand. Kommt nun dem Termineinwand eine *ordre public*- Qualität zu, so erübrigt sich diese Frage bezüglich des Differenzeinwands, da beide grundsätzlich gleichlaufen.[877]

Im Gegensatz zum Differenzeinwand, der allenfalls über die allgemeinen *ordre public*- Vorschriften zur Anwendung kommen könnte, findet sich im Börsengesetz mit § 61 BörsG eine Norm, die explizit anordnet, daß gegen eine nicht börsengeschäftsfähige Person, die ihren allgemeinen Aufenthalt zur Zeit des Vertragsschlusses im Inland hatte und die hierfür erforderlichen Willenserklärungen auch dort abgegeben hat, keine weitergehenden Ansprüche geltend gemacht werden können, als dies nach deutschen Recht möglich wäre.[878]
Schon zum alten Börsenrecht war umstritten, wie § 61 BörsG in das System der Kollisionsnormen einzuordnen ist.
Teils wurde vertreten, daß es sich gar nicht um eine Kollisionsnorm handele, sondern vielmehr um eine „Sachnorm mit ausländischem Tatbestandsmerkmal."[879] Dies würde bedeuten, daß die Bedeutung des § 61 BörsG sich darin erschöpft zu regeln, ob überhaupt börsenrechtliche Bestimmungen anzuwenden sind. Die Norm legt aber eindeutig fest, welches von ihr bestimmte Recht auf Termingeschäfte im Ausland anzuwenden ist, so daß sich diese Meinung nicht mehr halten läßt.[880]
Eine eindeutige Klärung brachte aber auch das reformierte Börsenrecht nicht. Nach wie vor ist unklar, ob in § 61 BörsG nicht etwa ein Anwendungsfall[881] oder eine Erweiterung[882] des *ordre public* zu sehen ist. Mit der wohl herrschenden Lehre ist zu sagen, daß es sich bei § 61 BörsG um eine Sonderanknüpfung

---

877 Siehe oben Fn. 867.

878 Zur Unanwendbarkeit des § 61 BörsG auf den Differenzeinwand siehe *Bork/ Stöve*, Börsentermingeschäfte, S. 19; ebenso *Reithmann/ Martiny/ Hausmann*, Internationales Vertragsrecht, S. 402; zum alten Börsenrecht *Soergel/ Kegel*, vor Art. 7 EGBGB Rz. 416 (Fn. 10).

879 *Mann*, FS für v. Caemmerer, S. 737 (740).

880 *Henssler*, ZHR 153 (1989), 611 (637).

881 *Soergel/ Kegel*, vor Art. 7 EGBGB Rz. 416; *Göppert*, ZHR 99 (1934), 259.

882 *Nußbaum*, S. 277.

handelt, die deutsche Rechtsbestimmungen in das in der Sache anwendbare ausländische Recht gewissermaßen implantiert.[883]
Aus dieser Implantierung der deutschen Rechtsvorstellungen in das ausländische Recht schließen Teile der Literatur, daß das deutsche Börsenrecht mit § 61 BörsG unmißverständlich klar macht, der Termineinwand sei Teil des deutschen *ordre public*. Daher sind sie der Meinung, daß eine Anerkennung eines ausländischen Urteils oder Schiedsspruches, welcher diesen Einwand nicht beachtet, im Inland nicht erfolgen kann. Diese Aussage des Gesetzgebers wird zwar als rechtpolitisch verfehlt angesehen, sei aber *de lege lata* als sein kodifizierter Wille zu akzeptieren.[884]
Diese eben dargestellte Meinung kann allerdings nur dann einen Einfluß auf die Anerkennungsfähigkeit ausländischer Urteile haben, wenn die Intensität des *ordre public*- Vorbehalts richtig bemessen ist. Wie schon oben zum Differenzeinwand deutlich gemacht, ist nämlich im Anerkennungsverfahren nicht vom *ordre public*- Maßstab des deutschen Richters auszugehen, sondern von den Grundsätzen des deutschen Rechts, die auch angesichts internationaler Handelsbräuche im konkreten Fall so sehr mit den deutschen Regelungen und den in ihnen enthaltenen Gerechtigkeitsvorstellungen in Widerspruch stehen, daß das Ergebnis als untragbar erscheint (*ordre public* international).[885]
Der BGH hat daher in seinem Urteil vom 21.04.1998 entschieden, daß der Termineinwand bei sachkundigen Anlegern, die bei Börsentermingeschäften eine eigenverantwortliche Entscheidung treffen können, nicht zum *ordre public* (international) zu zählen sei.[886]
Der Gerichtshof bestätigt mit diesem Urteil seine 1991 geänderte Rechtsprechung, als er feststellte, daß auch der Differenzeinwand nach der Börsenrechtsreform nicht mehr zum *ordre public* zu zählen sei.[887]
Das entscheidende Argument für die Versagung der *ordre public* (international)- Qualität des Termineinwands war auch in diesem Urteil, die durch die Börsenrechtsreform geänderten Grundvorstellungen des Börsengesetzes. Während es dem Gesetzgeber früher in erster Linie darum ging, die Teilnahme nicht kaufmännischer Anleger an spekulativen Termin- und Differenzgeschäften zu erschweren und so eine Schutzvorstellung in den Vordergrund gerückt wurde, wolle das Gesetz nunmehr im Interesse eines leistungsstarken und wettbewerbsfähigen deutschen Finanzterminmarktes die Teilnahme privater Anleger fördern.[888]
Neben den oben zum Differenzeinwand erwähnten Argumenten zu § 53 Abs. 2 BörsG[889] führt der Gerichtshof den stark eingeschränkten Anwendungsbereich des § 61 BörsG an. Schon die Tatsache, daß ein nicht börsenter-

---

883 *Schwark*, Börsengesetz, § 61 Rz. 2; *Baumbach/ Duden/ Hopt*, HGB, zu § 61 BörsG, Rz. 3; *Henssler*, ZHR 153 (1989), 611 (637); *Bork/ Stöve*, Börsentermingeschäfte, S. 18; *Wengler*, JZ 79, 175 (176).

884 *Henssler*, ZHR 153 (1989), 611 (637); *Bork/ Stöve*, Börsentermingeschäfte, S. 18.

885 Siehe oben Teil 2. E. III. 2.

886 BGH, Urteil vom 21.04.1998, WM 98, 1176 ff.

887 BGH WM 1991, 576 ff.

888 BGH WM 1998, 1176 (1177).

889 Siehe oben Teil 2. E. III. 2. a.

mingeschäftsfähiger Anleger mit ständigem Wohnsitz in Deutschland zum Vertragsabschluß ins Ausland fährt, reiche aus, um den Schutzbereich des § 61 BörsG entfallen zu lassen. Stelle man diese beiden Fallgruppen nun aber gegenüber, so seien die entstehenden Unterschiede so marginal, daß nicht davon gesprochen werden könne, daß die Nichtberücksichtigung des Termin- oder Differenzeinwands nach deutschen Gerechtigkeitsvorstellungen zu einem untragbaren Ergebnis führe.[890]

Betrachtet man die *ordre public*- Qualität des Termineinwands gem. §§ 53 ff. BörsG, so ist zunächst festzustellen, ob der § 61 BörsG in seiner jetzigen Fassung überhaupt noch zum Ziel hat, den Termineinwand in den *ordre public* zu heben, um dann in einem zweiten Schritt zu klären, ob es tatsächlich gesetzgeberisch gewollt ist, diese eventuelle *ordre public*- Qualität auch im Anerkennungsverfahren in gleicher Weise durchzusetzen.

Hält der Gesetzgeber eine Norm für so wichtig, daß sie unbedingt, also auch bei einem sehr starken Auslandsbezug anzuwenden ist, so gibt ihm Art. 34 EGBGB die Möglichkeit, diese Norm im Wege der Sonderanknüpfung auch bei einem ausländischen Vertragsstatut vorschreiben.[891] Dies ist im Bereich des Börsenterminrechts mit Art. 61 BörsG geschehen.
In der Literatur findet sich daher des öfteren die Aussage, daß es Folge der Sonderanknüpfung sei, daß das implantierte Recht (in diesem Fall der Termineinwand) zum *ordre public* erhoben werde.[892] Eine Begründung, warum dies die zwingende Folge einer Sonderanknüpfung sein müsse, ist allerdings nicht erfolgt.
Daß der Gesetzgeber das deutsche Recht gegen die ansonsten anzuwendende ausländische *lex causa* durchsetzen will, bedeutet nämlich nicht gleichzeitig, daß er auch eine *ordre public*- Qualität des im Wege der Sonderanknüpfung anzuwendenden Rechts normiert hat. Allein aus der Tatsache, daß auch nach der Börsenrechtsreform der Termineinwand bei nach ausländischem Recht getroffenen Termingeschäften zum Tragen kommt, läßt sich nicht entnehmen, daß er Teil des *ordre public* ist.
Entscheidet ein deutscher Richter einen Streit über die Rückzahlung geleisteter Gelder oder über eventuelle Nachschußforderungen, so ist ein Rückgriff auf den nationalen *ordre public* gar nicht nötig; denn der deutsche Richter ist durch die Sonderanknüpfung ohnehin gezwungen, im Rahmen von Art. 61 BörsG den Termineinwand von Amts wegen zu beachten. Die Notwendigkeit einer Annahme eines *ordre public*, nämlich die Durchsetzung deutschen Rechts, weil eine Anwendung ausländischer Vorschriften mit den deutschen Regelungen und den in ihnen enthaltenen Gerechtigkeitsvorstellungen nicht zu vereinbaren ist, wäre gar nicht gegeben; denn der Verstoß gegen deutsche Regelungen ist schon mit Rücksicht auf Art. 61 BörsG nicht zu befürchten.

---

[890] BGH WM 1998, 1176 (1178).

[891] *Geimer*, Internationales Zivilprozeßrecht, S. 7.

[892] *Bork/ Stöve*, Börsentermingeschäfte, S. 18; *Wengler*, JZ 79, 175 (176); *Henssler*, ZHR 153 (1989), 611 (638); a.A. *Schütze*, Jahrbuch 1987, S. 94 (96 f.), der dem Termineinwand generell keine *ordre public*- Qualität zumißt.

In kollisionsrechtlicher Hinsicht ist also festzustellen, daß dem Termineinwand keine *ordre public-* Qualität zukommt, da der deutsche Richter durch die Sonderanknüpfung des Art. 61 BörsG ohnehin an den Termineinwand gebunden ist und sich dadurch das ausländische Recht nicht durchsetzen kann.
Obwohl nunmehr festgestellt wurde, daß dem Termineinwand keine *ordre public* (national)- Qualität zukommt, ist weiterhin zu prüfen, ob dies auch für den internationalen *ordre public* gilt.
Daß dem Termineinwand trotzdem internationale *ordre public-* Qualität zukommen kann, liegt in ihren unterschiedlichen Funktionen begründet.
Der nationale oder auch kollisionsrechtliche *ordre public*[893] korrigiert die an sich gegebene kollisionsrechtliche Verweisung in das ausländische Recht, indem er die Anwendung des berufenen fremdnationalen Rechts verbietet, wenn dieses zu Ergebnissen führt, die vom Standpunkt des deutschen Rechts her unerträglich sind.[894] Er dient also nicht der Durchsetzung positiven deutschen Rechts; denn dieses ist mangels einer Sonderanknüpfung gar nicht anwendbar.
Sehr wohl dient allerdings der *ordre public* (international) oder auch anerkennungsrechtlicher *ordre public* der Durchsetzung positiven inländischen Rechts; denn hier stellt sich die Situation für den deutschen Richter anders da. Ist zwingendes deutsches Recht (gleich ob es im Wege der Sonderanknüpfung oder im Wege des nationalen *ordre public* hätte zur Anwendung kommen müssen) vom ausländischen Richter nicht beachtet worden, so ist es Aufgabe des Anerkennungsrichters, diese Normen durchzusetzen.[895]
Dagegen ist die Eingriffsintensität des anerkennungsrechtlichen *ordre public* deutlich geringer als die des kollisionsrechtlichen. Der Grund hierfür ist darin zu sehen, daß der deutsche Anerkennungsrichter grundsätzlich keine materielle Prüfungskompetenz hat. Er darf also das anzuerkennende Urteil weder auf seine materielle Richtigkeit noch die festgestellten Tatsachen überprüfen (Verbot der révision de au fond).[896]
Eine Ausnahme zu diesem Verbot kann sich nur dann ergeben, wenn die Entscheidung ernstlich den Mindestanforderungen des anerkennenden Staates über Minimalanforderungen des Rechtsschutzes oder Grundwerten der Rechtsordnung widerspricht und somit eine Anerkennung unerträglich wäre. Die Brücke für diese Ausnahme stellt der *ordre public* (international) dar.[897] Für die Anerkennung ausländischer Schiedssprüche gilt das Verbot der révision de au fond in gleicher Weise wie für ausländische Urteile, weil sich aus dem Wesen der Schiedsgerichtsbarkeit ergibt, daß sie eine der staatlichen Gerichtsbarkeit

---

893 Der deutsche nationale *ordre public* darf nicht mit der französischen Rechtsfigur des *ordre public* (interne) im Gegensatz zum französischen *ordre public* (international) verwechselt werden. In Frankreich bezeichnet der *ordre public* (interne) lediglich die Gesamtheit des zwingenden französischen Rechts, während der *ordre public* (international) dessen notwendige Durchsetzung gegen ausländisches Recht zur Aufgabe hat.

894 *Geimer*, Internationales Zivilprozeßrecht, S. 8; *Reithmann/ Martiny/ Limmer*, Internationales Vertragsrecht, S. 354.

895 Vgl. hierzu BGHZ 22, 24 (28 f.).

896 *Gottwald* in MüKo, ZPO, § 328 Rz. 85; Zöller/ *Geimer*, § 328 Rz. 151.

897 BGHZ 118, 312 (330); *Gottwald* in MüKo, ZPO, § 328 Rz. 85; Zöller/ *Geimer*, § 328 Rz. 152;

gleichwertige Rechtschutzmöglichkeit ist. Diese entfiele aber, wenn das Staatsgericht in der Sache nachprüfen könnte.[898]

Prüft man nun die *ordre public*- Qualität des Termineinwands, so muß festgestellt werden, ob seine Nichtanwendung zu so großen Defiziten in den aus der deutschen Rechtsordnung hervorgehenden Gerechtigkeitsvorstellungen führt, daß eine Anerkennung solcher Schiedssprüche unerträglich wäre.
Der BGH entschied richtigerweise, daß auch im Falle nicht börsentermingeschäftsfähiger Anleger der Termineinwand nicht mehr zum *ordre public* (international) zu zählen sei, weil eine Anerkennung eines Urteils, welches den Einwand nicht beachtet hat, zwar so in Deutschland nicht hätte getroffen werden können, sein Widerspruch zu deutschen Regelungen aber auch nicht so groß sei, daß eine Anerkennung mit den deutschen Minimalvorstellungen an Gerechtigkeit nicht zu vereinbaren sei.[899]
Betrachtet man das BörsG näher, so stellt man fest, daß es das Erlangen der Börsentermingeschäftsfähigkeit nunmehr ohne größere Hürden ermöglicht (§ 53 Abs. 2 BörsG)[900] und die Sonderanknüpfungsnorm des Termineinwands (§ 61 BörsG) so hohe Tatbestandsvoraussetzungen hat, daß sein Schutzzweck fast zur Bedeutungslosigkeit minimiert wird.
Es wäre falsch anzunehmen, daß ein solch liberales Gesetz so grundlegende deutsche Gerechtigkeitsvorstellungen normiert, daß deren Nichtbeachtung nach deutschen Gerechtigkeitsmaßstäben unerträglich wäre.
Die Bedeutung des Börsengesetzes in seiner heutigen Fassung ist nicht mehr darin zu sehen, daß der unbedarfte Kapitalanleger vor allen ihn möglicherweise treffenden finanziellen Verlusten bewahrt wird, sondern daß mündige Bürger in ihrer Anlagebereitschaft gefördert und gestärkt werden sollen. Damit wird von dem Anleger auch ein höheres Maß an Eigenverantwortung verlangt. Dies aber ist auf dem Kapitalmarkt nichts Ungewöhnliches, und es muß einem einsichtigen Bürger klar sein, daß gerade Geschäfte, welche ungewöhnlich hohe Renditen versprechen, auch nicht unerhebliche Verlustrisiken beinhalten.
So ist festzustellen, daß das deutsche Anlegerschutzrecht zwar den nicht börsentermingeschäftsfähigen Anleger, der sich ständig im Inland aufhält und auch hier den Geschäftsabschluß tätigt, mit dem Termineinwand schützt, dieser aber keine so grundsätzlichen Gerechtigkeitsvorstellungen des deutschen Rechts beinhaltet, daß trotz des Verbots der révision au fond ein Schiedsspruch nicht anerkannt werden kann, der den Termineinwand nicht beachtet.
Dem BGH- Urteil vom 21.04.1998 ist also grundsätzlich zu folgen. Bedauerlicherweise hat der Senat aber entschieden, daß der Termineinwand lediglich bei solchen Personen nicht Teil des *ordre public* (international) sei, die zwar weder nach § 53 Abs. 1 noch Abs. 2 BörsG termingeschäftsfähig sind, in diesem Bereich aber doch so gut informiert seien, daß eine Unterschrift unter ein Informationsblatt ihrer persönlichen Sachkunde nicht mehr förderlich sein könne.[901]

---

898 Zöller/ *Geimer*, § 1061 Rz. 41; explizit auch RegBegrE, BT/ Drucks. 13/ 5274, S. 58, 59.

899 BGH WM 1998, 1176 (1177).

900 Siehe hierzu die zum Differenzeinwand geführte Argumentation oben Teil 2. E. III. 2. a.

901 BGH WM 1998, 1176 (1177).

Diese Aussage des BGH beinhaltet, daß nicht sachkundige Anleger, die kein Informationsblatt unterschrieben haben, weiterhin Börsentermingeschäfte unverbindlich abschließen, weil für sie der Termineinwand nach wie vor zum *ordre public* zu zählen wäre.

Der Praxis stellt dies Probleme; denn mit der erforderlichen Sachkunde wird dem § 61 BörsG ein ungeschriebenes Tatbestandsmerkmal hinzugefügt, welches erst definiert werden muß und dann vom Anerkennungsrichter als Tatfrage zu prüfen wäre. Abgesehen von großen Beweisschwierigkeiten, die dann auf den beweispflichtigen Broker zukämen, generiert diese Unterscheidung von sachkundigen und nichtsachkundigen Börsenterminungeschäftsfähigen erneute Rechtsunsicherheit. Sie läßt außerdem jegliche Grundlage im Gesetz vermissen, sondern erinnert an einen letzten „Rettungsanker", der unbedarften deutschen Anlegern im Ausland Schutz gewähren soll.

§ 53 Abs. 2 BörsG legt fest, daß nur die Unterzeichnung eines genügenden Informationsblattes einen unerfahrenen Anleger zum Termingeschäftsfähigen kraft Information (also zum „Sachkundigen") werden läßt.[902] So erhält die Praxis in einem dem Beweis zugänglichen Verfahren die Sicherheit, ob genügend informiert worden ist.

Es ist daher abzulehnen, auf die Sachkunde des Anlegers abzustellen, wenn kein Formblatt unterschrieben wurde. Vielmehr ist festzustellen, ob auch bei einem sachunkundigen Anleger für den das Termingeschäft nach deutschem Recht unverbindlich wäre, der Termineinwand zum *ordre public* (international) zu zählen ist.

In der Begründung zur Börsenrechtsreform wird ausdrücklich unterstrichen, daß sowohl Differenz- als auch Termineinwand zu Gunsten eines höheren Engagements privater Anleger zurückgedrängt werden sollen.[903] Das Zurückdrängen dieser Vorschriften ist allerdings gleichbedeutend mit verringertem Schutz, welchen das Gesetz den Anlegern verschafft.

Es kommt nicht darauf an, ob der unerfahrene Anleger nach deutschem Recht geschützt würde, sondern darauf, ob in dem verringerten Schutz, den ihm das ausländische Recht bietet, eine Grundlage des deutschen staatlichen oder wirtschaftlichen Lebens angegriffen würde.[904]

Geht nun aber der Gesetzgeber davon aus, daß sogar der gesetzliche Schutz bei innerstaatlichen Verträgen zurückgefahren werden müsse, so kann angesichts der allgemeinen Globalisierung, insbesondere der Internationalisierung der Finanzmärkte und dem Nachdruck, mit dem das neue Börsenrecht in diese Richtung drängt, eine solche Annahme nicht getroffen werden.

Es ist also festzuhalten, daß der Termineinwand weder bei sachkundigen noch bei unerfahrenen börsenterminungeschäftsfähigen Anlegern zum *ordre public* zu zählen ist. Dies gilt sowohl für den nationalen als auch für den internationalen *ordre public*. Seine Nichtbeachtung kann angesichts des Verbots der révision de au fond kein Grund sein, die Anerkennung ausländischer Urteile abzulehnen.

---

902 Zu den Anforderungen, die Informationsschrift zu enthalten hat, vgl. *Schwark*, Börsengesetz, § 53 Rz. 11 ff.

903 BT-Drucks. 11/ 4177, S.9.

904 BGHZ 22, 162 (167); vgl. auch BGHZ 48, 327 (333).

Es ist also festzuhalten, daß auch im Exequaturstadium einem ausländischem Schiedsspruch die Anerkennung nicht mehr versagt werden darf, weil die deutschen Anlegerschutzeinwände vom ausländischen Schiedsgericht unberücksichtigt geblieben sind. Weder der Differenz- noch der Termineinwand sind nach dem heute geltenden Börsenrecht zum *ordre public* (international) zu zählen.

IV. Zusammenfassung

Sowohl nach dem alten als auch nach dem neuen Schiedsrecht sind Ansprüche aus Börsentermingeschäften schiedsfähig. Die Frage der Schiedsfähigkeit ist vollkommen unabhängig von der Tatsache, ob das Verfahren national oder grenzüberschreitend ist. Die die Schiedsfähigkeit internationaler Verfahren verneinende Rechtsprechung des BGH war von einem Schutzinteresse gegenüber dem deutschem Anleger geprägt, welches im Gesetz keine Grundlage fand. Sie ist in der Literatur zu Recht kritisiert worden.

Der Gerichtshof stützte seine Rechtsprechung im wesentlichen auf die zu befürchtende Nichtbeachtung der deutschen Anlegerschutzvorschriften. Da diese aber nach seiner damaligen Rechtsprechung im Rang des *ordre public* (international) standen, lehnte er die Wirksamkeit der zugrunde liegenden Schiedsvereinbarung wegen Verstoßes gegen das unabdingbare deutsche Recht ab. Allerdings ist weder im anwendbaren UNÜ noch im deutschen Börsenrecht eine Vorschrift enthalten, die eine solche Rechtsprechung gerechtfertigt hätte.

Da der BGH nunmehr zumindest in Teilbereichen entschieden hat, daß sowohl der Differenz- als auch der Termineinwand nicht mehr zum deutschen *ordre public* (international) zu zählen sind, ist es wahrscheinlich, daß er nicht nur im Exequatur-, sondern auch im Einredeverfahren seine stringente Rechtssprechung aufgeben wird.

Nach dargestellter Ansicht bringt der Gesetzgeber zum Ausdruck, daß dem Verstoß gegen zwingende deutsche Anlegerschutzvorschriften keine so fundamentale Bedeutung mehr zukommt, daß ihre Verletzung im deutschen Rechtsraum nicht hingenommnen werden könnte. Somit widerspricht eine Nichtbeachtung dieser Normen einer Anerkennung ausländischer Urteile nicht. Kommt man aber zu diesem Schluß, so wäre es unlogisch, einer Schiedsvereinbarung präventiv die Wirksamkeit zu versagen, weil die Gefahr bestünde, das Schiedsgericht könnte gegen zwingende deutsche Schutzvorschriften verstoßen, wenn im Nachhinein dieser Schiedsspruch anerkennungswürdig wäre.

F. *Insolvenzrecht*

Die im Insolvenzrecht am häufigsten auftretende Problematik im Zusammenhang mit der Schiedsgerichtsbarkeit ist wohl die Frage der Bindung des Insolvenzverwalters an die vom Gemeinschuldner getroffenen Schiedsvereinbarung. Es handelt sich hierbei allerdings nicht um ein Problem der Schiedsfähigkeit, sondern vielmehr um die Frage, ob im Falle der Insolvenz und nach Übernahme der Aktivmasse durch den Insolvenzverwalter, noch eine Identität der Schiedsparteien besteht. Diese Frage ist danach zu beantworten, ob der Insolvenzverwalter an die Schiedsvereinbarung des Gemeinschuldners gebunden ist, obgleich er nicht Rechtsnachfolger desselben wird.[905]

Welche Rechtsstreitigkeiten einer schiedsrichterlichen Klärung unterworfen werden können, bestimmt sich auch in der Insolvenz nach den allgemeinen Bestimmungen. Die Schiedsfähigkeit des Streitgegenstandes einschränkende Regelungen finden sich nicht.

Allerdings beschränkt § 160 Abs. 2 Nr. 3 InsO die subjektive Schiedsfähigkeit des Insolvenzverwalters für die Vereinbarung neuer Schiedsabreden, indem er die Genehmigung des Gläubigerausschusses erforderlich macht, wenn der Streitgegenstand von erheblichen Wert ist. Wann dies der Fall ist, wird vom Gesetz nicht bestimmt. Eine genaue Begriffsbestimmung wird der Rechtsprechung überlassen bleiben.[906]

Diese Regelung, die auch in der alten Konkursordnung enthalten war, hat aber kaum praktische Relevanz.[907] Zudem wirkt sie angesichts der heutigen Einschätzung der Schiedsgerichtsbarkeit durch den Gesetzgeber antiquiert.

§ 160 InsO verlangt mit Rücksicht auf die Wichtigkeit oder auch Ungewöhnlichkeit einzelner Handlungen die Zustimmung des Gläubigerausschusses und ist somit eine Schutzvorschrift der Gläubiger. Geht man nun aber mit dem Gesetzgeber davon aus, daß die Schiedsgerichtsbarkeit in seiner Rechtsschutzeffizienz der staatlichen Gerichtsbarkeit ebenbürtig ist und auch von ihr die Beachtung zwingenden Rechts erwartet werden kann,[908] so erscheint die Vorschrift nur deswegen nötig zu sein, weil sie auch auf Schiedsgutachten anwendbar ist.[909]

Ein Schiedsgutachter entscheidet nur Teilaspekte des Rechtsstreits und nicht über diesen als Ganzes. Er unterliegt daher noch weit beschränkterer Kontrolle durch die Staatsgerichtsbarkeit als das Schiedsgericht.

Bei einem Schiedsgutachten handelt es sich um eine Bestimmung einer bestimmten Tatsache durch einen Dritten iSd. § 317 BGB. Schiedsgutachterverträge sind also streng materieller Natur.[910] Dies hat zur Folge, daß sie allein der

---

905 Siehe eingehend zu dieser hier nicht erörterten Problematik *Häsemeyer*, Insolvenzrecht, S. 246; *Smid*, Grundzüge des neuen Insolvenzrechts, S. 105 ff.

906 Vgl. zum alten Recht § 133 Nr. 3 KO, der einen Wert von 300,- DM veranschlagte.

907 *Kübler/ Prütting/ Onusseit*, InsO, § 160 Rz. 18.

908 RegBegrE, BT/ Drucks. 13/ 5274, S. 34; Bericht, S. 94.

909 *Kübler/ Prütting/ Onusseit*, InsO, § 160 Rz. 18; siehe auch *Kilger/ K. Schmidt*, KO, § 133, 134 3.d.

910 H.L. siehe *Schwab/ Walter*, Schiedsgerichtsbarkeit, 5. Auflage, S. 10.

sehr eingeschränkten Erfolgskontrolle des § 319 BGB unterliegen.[911] Einer Verfahrenskontrolle, wie sie § 1059 ZPO vorsieht, unterliegen sie nicht. Im Gegensatz zu schiedsgerichtlichen Entscheidungen haben die staatlichen Gerichte also weder die Möglichkeit zu kontrollieren, ob rechtliches Gehörs gewährt wurde oder ob die Schiedsgutachter unabhängig waren.

Im Gegensatz zu Schiedssprüchen besteht also ein ungleich größerer Spielraum für Mißbrauch, so daß der Genehmigungsvorbehalt des Gläubigerausschusses auch nach der Schiedsverfahrensrechtsreform nötig bleibt.

---

911 Aufhebung durch das staatliche Gericht nur bei offenbarer Unbilligkeit.

G. *Arbeitsrecht*

I. Nationale Streitigkeiten

Die Zulässigkeit der schiedsrichterlichen Klärung nationaler arbeitsrechtlicher Streitigkeiten ist im ArbGG abschließend geregelt.
Gem. § 4 ArbGG kann die Arbeitsgerichtsbarkeit in den in § 2 Abs. 1 und 2 genannten Fällen nur nach Maßgabe der §§ 101 - 110 ArbGG ausgeschlossen werden. In § 4 ArbGG ist also eine die Schiedsfähigkeit beschränkende Norm iSd. § 1030 Abs. 3 ZPO zu sehen.[912] Dadurch, daß in § 4 ArbGG nur die ersten beiden Absätze des § 2 ArbGG genannt sind, wird deutlich, daß dies nicht für die Streitigkeiten gilt, in denen lediglich eine fakultative Zuständigkeit der Arbeitsgerichte gegeben ist. Die in § 2 Abs. 3 und 4 geregelten bürgerlich- rechtlichen Streitigkeiten können demnach mittels einer Schiedsvereinbarung nach §§ 1025 ff. ZPO der staatlichen Gerichtsbarkeit entzogen werden.[913] Ihre Schiedsfähigkeit bestimmt sich also nach § 1030 ZPO. Spezielle Regelungen, die die Schiedsfähigkeit einschränken, gibt es nicht.

Streitigkeiten, für die eine ausschließliche Zuständigkeit der Arbeitsgerichte besteht, können nur nach der Maßgabe der §§ 101 ff. ArbGG ausgeschlossen werden. Die §§ 1025 ff. ZPO sind weder direkt, noch analog anwendbar. Auf Grund der sich ähnelnden Sachverhalte können die Regelungen des Zehnten Buches der ZPO allerdings als Auslegungshilfen herangezogen werden, wenn das ArbGG eine Regelung trifft.[914]
Im Zuge der Schiedsverfahrensreform wurden die §§ 101 ff. ArbGG nicht verändert.[915] Objektiv schiedsfähig sind grundsätzlich alle sonst der Arbeitsgerichtsbarkeit zur Entscheidung zugewiesenen Rechtsstreitigkeiten (§ 2 ArbGG). Für die Rechtsstreitigkeiten, die ausschließlich der Arbeitsgerichtsbarkeit zugewiesen sind (§ 2 Abs. 1 und 2 ArbGG), regelt § 4 ArbGG allerdings ausdrücklich, daß die Schiedsgerichtsbarkeit nur in den relativ engen Grenzen des § 101 ArbGG zulässig ist. Da es eine dem § 4 ArbGG vergleichbare Durchbrechung der ausschließlichen Zuständigkeit der Arbeitsgerichte im Beschlußverfahren gem. § 2 a ArbGG nicht gibt, ist ein Ausschluß der Arbeitsgerichtsbarkeit grundsätzlich nur im Urteilsverfahren möglich.[916]

---

912 Mißverständlich Bericht, S. 96 und RegBegrE, BT/ Drucks. 13/ 5274, S. 36, die direkt §§ 101 ff. ArbGG nennen. Diese Normen regeln aber nur das schiedsrichterliche Verfahren und die Voraussetzungen der Arbeitsschiedsgerichtsbarkeit, nicht aber die Einschränkung der Schiedsgerichtsbarkeit generell.

913 *Grunsky*, ArbGG, § 4 Rz. 5; *Hauk*, ArbGG, § 4 Rz. 7; *Germelmann/ Matthes/ Prütting*, ArbGG, § 4 Rz. 8; *Stein/ Jonas/ Schlosser*, vor § 1025 Rz. 18; *Schütze*, Schiedsverfahren, S. 146.

914 *Germelmann/ Matthes/ Prütting*, ArbGG, § 101 Rz. 31; *Schütze*, Schiedsverfahren, S. 146 f.

915 Siehe zum Verfahren vor den Arbeitsgerichten die Kommentierungen zu §§ 101 ff. ArbGG bei *Germelmann/ Matthes/ Prütting*, ArbGG, *Grunsky*, ArbGG; *Hauk*, ArbGG, zusammengefaßt bei *Schütze*, Schiedsverfahren, S. 146 ff.

916 *Hauk*, ArbGG, § 4 Rz. 2; *Germelmann/ Matthes/ Prütting*, ArbGG, § 4 Rz. 2.

Soweit die §§ 101 ff. ArbGG zwingend anzuwenden sind, gelten die Einschränkungen der Schiedsfähigkeit des § 101 ArbGG.
Gem. §§ 101 Abs. 1 und Abs. 2 ArbGG können grundsätzlich nur Tarifparteien wirksam die Arbeitsgerichtsbarkeit ausschließen. Nur in den engen Grenzen des § 101 Abs. 2 S. 3 ArbGG können Mitglieder abschließend genannter Berufsgruppen die Schiedsvereinbarung des Tarifvertrages auf ihr eigenes Arbeitsverhältnis erstrecken. Es handelt sich bei den genannten Einschränkungen also um eine Beschränkung der subjektiven Schiedsfähigkeit, die für die meisten Arbeitnehmer im nationalen Verfahren auf Null reduziert ist.

II. Internationale Streitigkeiten

In der Zeit der heutigen Globalisierung sind grenzüberschreitende Arbeitverhältnisse keine Seltenheit mehr. Es soll daher im Folgenden geklärt werden, nach welchem Recht sich die Schiedsfähigkeit von Streitigkeiten aus solchen Arbeitsverträgen bestimmt.

1. Exequatursituation

Begehrt ein Gläubiger eines ausländischen Schiedsspruches dessen Anerkennung in Deutschland, so bestimmt sich diese nach § 1061 ZPO, Art. V UNÜ.[917] Die §§ 101 ff. ArbGG kennen keine Anerkennungsvorschrift ausländischer Schiedssprüche, und § 101 Abs. 3 ArbGG hat nur zum Zweck, die Vorschriften des Zehnten Buches für den Bereich auszuschließen, für den er selbst Regelungen trifft. Die §§ 1025 ff. ZPO können also Regelungslücken auffangen. Die §§ 101 ff. ArbGG sind erkennbar für das inländische Schiedsverfahren ausgestaltet, so daß sich ihre Ausschlußwirkung allein auf diese bezieht.
Zur Anerkennungsfähigkeit bedarf es gem. § 1061 Abs. 1 S. 1 ZPO, Art. V Abs. 1 lit. a UNÜ der subjektiven Schiedsfähigkeit der Schiedsvereinbarungsparteien. Diese bestimmt sich nach dem Recht, das für die Parteien persönlich maßgeblich ist (Art. V Abs. 1 lit. a UNÜ). Fraglich ist, wann dies für eine Partei angenommen werden kann, die bei der Anwendung deutschen Rechts auf Grund von § 101 ArbGG nicht in der Lage gewesen wäre, eine wirksame Schiedsvereinbarung zu treffen.
Die Vorschriften der subjektiven Schiedsfähigkeit dienen dem Staat in erster Linie dazu, seine Bürger zu schützen.[918] Mit dem arbeitsrechtlichen Schiedsverfahrensrecht und der ZPO treffen zwei unterschiedliche Regelungsmodelle aufeinander. Diese Unterschiede sind nach der Schiedsverfahrensrechtsreform noch größer geworden.
Die zivilprozessuale Schiedsgerichtsbarkeit ist geprägt vom Grundsatz der Privatautonomie. Nur im Ausnahmefall greift der Staat in die Befugnisse des Bürgers ein und beschränkt ihn in seiner prozessualen Dispositionsfreiheit. Auch in den Fällen, in denen über § 1030 Abs. 3 Einschränkungen der subjektiven Schiedsfähigkeit vorgenommen werden, sind diese Beschränkungen nie endgül-

---

917 So auch die Reformkommission, Bericht, S. 96, die damit der Meinung ihres Mitgliedes *Schlosser*, in Stein/ Jonas, § 1025 Rz. 46, folgt.

918 Siehe Teil 1. II. 2.

tig, sondern erschweren lediglich die Vereinbarung einer Schiedsvereinbarung.[919]
Das arbeitsrechtliche Verfahrensrecht ist geprägt vom Arbeitnehmerschutzgedanken. Im Gegensatz zur zivilprozessualen Schiedsgerichtsbarkeit steht mehr eine Verdrängung derselben als deren Förderung im Vordergrund. Aus diesem Grund ist es auch für die Mehrzahl der vom ArbGG betroffenen Arbeitnehmer nicht möglich, ein Schiedsgericht zu vereinbaren.
Die Regierung sah im Zuge der Schiedsverfahrensrechtsreform keinen Bedarf, die Schiedsverfahrensvorschriften des Arbeitsrechts zu verändern,[920] und brachte damit konkludent zum Ausdruck, daß sie die Angleichung der schiedsprozessualen Freiheiten des Arbeitsrechts an die übrige Schiedsgerichtsbarkeit nicht wünscht.
Betrachtet man die Rechtslage im europäischen Ausland, so ist festzustellen, daß Deutschland mit dieser konservativen Haltung nicht allein ist.
Ein umfassendes Verbot der Schiedsgerichtsbarkeit im Individualarbeitsrecht kennen auch Großbritannien[921] und Italien.[922] Beschränkt zulässig ist die Schiedsgerichtsbarkeit in Arbeitssachen hingegen in Belgien und Österreich. Die arbeitsrechtlichen Kodifikationen beider Länder lassen individualarbeitsrechtliche Schiedsvereinbarung wie etwa der deutsche § 28 BörsG nach Entstehung der Streitigkeit zu.[923]
Eine unbeschränkte Zulässigkeit der Schiedsgerichtsbarkeit im Individualarbeitsrecht findet sich in der Schweiz. § 177 Abs. 1 IPRG, der als Vorbildnorm des § 1030 Abs. 1 S. 1 ZPO diente, regelt, daß alle vermögensrechtlichen Ansprüche schiedsfähig sind. Arbeitssachen machen hiervon keine Ausnahme.[924] Allerdings handelt es sich bei § 177 Abs. 1 IPRG um eine Vorschrift, die allein die internationale Schiedsgerichtsbarkeit betrifft. Kantonale Sondervorschriften für nationale Schiedsverfahren bleiben von ihr unberührt.[925]
Das deutsche Recht regelt die Frage der arbeitsrechtlichen Schiedsgerichtsbarkeit hingegen gänzlich anders. Zum einen trifft es mit den §§ 101 ff. ArbGG einen Regelungskomplex, der allein auf nationale Streitigkeiten ausgerichtet ist und nur auf die Fragestellungen des internationalen Verfahrens „ausstrahlt". Zum anderen handelt es sich im deutschen Recht nicht um eine Frage der objektiven, sondern der subjektiven Schiedsfähigkeit. Der Gesetzgeber verneint die Schiedsfähigkeit nicht zum Schutz allgemeiner Interessen, sondern primär um der Arbeitnehmer willen. Dieses von ihm gesehene Schutzinteresse verringert sich aber nicht dadurch, daß die Streitigkeit international ist.

---

919 Vgl. etwa § 1822 Nr. 12 BGB (Genehmigungsvorbehalt des Vormundschaftsgerichts) oder § 133 Nr. 2 KO, nunmehr § 160 Abs. 2 Nr. 3 InsO (Genehmigungsvorbehalt des Gläubigerausschusses).

920 RegBegrE, BT/ Drucks. 13/ 5274, S. 36.

921 Verbot des Ausschlusses der sachlichen Zuständigkeit der „industrial tribunals" in Sec. 140 Nr. 1 lit. b. Employment Protection Act (1978).

922 Beschränkung auf tarifvertragliche Schiedsklausel, Art. 808 Abs. 2 Codice di Procedura Civile.

923 Vgl. Art. 1678 Code judiciaire (Belgien) und § 9 Abs. 2 ASG- Ö (Österreich).

924 *Bucher*, Schiedsgerichtsbarkeit, S. 43.

925 *Bucher*, Schiedsgerichtsbarkeit, S. 18 ff.

Daher haben die Vorschriften der an sich für nationale Verfahren geltenden §§ 101 ff. ArbGG auch im internationalen Verfahren Gültigkeit. Will man nämlich dem vom Gesetz geforderten Schutzgedanken gerecht werden, so wäre es kontraproduktiv, eine Vereinbarung der Parteien zuzulassen, die die deutschen Arbeitnehmerschutzvorschriften umgeht. Diese Vorschriften können in innerdeutschen Schiedsverfahren nicht abbedungen werden; sie sind also der Verfügungsbefugnis der Parteien entzogen.

Nichts anderes kann für internationale Streitigkeiten mit der Beteiligung deutscher Arbeitnehmer gelten. Zu deren Personalstatut gehört § 101 ArbGG. Für die subjektive Schiedsfähigkeit des deutschen Arbeitnehmers bedeutet dies, daß sie immer nur dann gegeben ist, wenn die strengen Voraussetzungen des § 101 ArbGG erfüllt sind. Auch die Vereinbarung eines anderen Rechts in der Hauptsache ändert an diesem Ergebnis nichts.[926]
Als Teil der subjektiven Schiedsfähigkeit sind der § 101 ArbGG auch durch die Wahl eines ausländischen Rechts nicht abdingbar.

2. Einredesituation

Wird vor dem Arbeitsgericht die Einrede der Schiedsgerichtsbarkeit erhoben, so ist es unerheblich, ob sich dies nach § 102 ArbGG oder nach § 1032 ZPO richtet. Rechtsfolge ist bei beiden Normen die Überprüfung der Schiedsvereinbarung auf ihre Wirksamkeit. Dies schließt die Überprüfung der subjektiven Schiedsfähigkeit ein, so daß auf das oben Gesagte[927] verwiesen werden kann.

III. Zusammenfassung

Sowohl in innerdeutschen als auch in übernationalen Streitfällen ist die Schiedsgerichtsbarkeit im Arbeitsrecht außerordentlich begrenzt. Begründet liegt dies in der sehr konservativen Ausrichtung des ArbGG, welches von der Schiedsverfahrensrechtsreform unberührt geblieben ist und somit auch nicht an dessen offener Haltung gegenüber der Schiedsgerichtsbarkeit Teil hat.
Dies führt dazu, daß die Divergenz zwischen Arbeits- und privater Schiedsgerichtsbarkeit noch größer wurde. Geht man nun aber davon aus, daß die Schiedsgerichtsbarkeit eine der ordentlichen Gerichtsbarkeit vergleichbar effiziente Rechtsschutzmöglichkeit darstellt, so überrascht die gesetzgeberische Entscheidung, dies für die Arbeitsgerichtsbarkeit nicht einmal annähernd ähnlich zu sehen. Da die wohl am besten geeignete Chance einer Annäherung beider Formen der Schiedsgerichtsbarkeit willentlich nicht genutzt wurde,[928] ist eine Änderung der gesetzlichen Lage in näherer Zukunft nicht zu erwarten.

---

926 Siehe die gleiche Situation in Zusammenhang mit § 28 BörsG, oben Teil 2. III. 1. c. (1). (a.). (vii.).

927 Siehe oben Teil 2. G. II. 1.

928 RegBegrE, BT/ Drucks. 13/ 5274, S. 36.

H. *Urheberrecht*

I. Allgemeines

Erstellt eine natürliche Person[929] ein in § 2 UrhG genanntes Werk (Urheber), so erwirbt sie *ipso iure* die inneren und äußeren Rechte an diesem Werk (§§ 7, 11 f. UrhG). Einem öffentlich-rechtlichen Feststellungsakt wie etwa der Patenterteilung durch das Patentamt (§ 49, 9 PatG)[930] bedarf es hierzu nicht. Kommt es zu Streitigkeiten aus dem Urheberrecht, so steht dem Verletzten wegen Ansprüchen auf Unterlassung oder Schadenersatz (§ 97 PatG) der Rechtsweg zu den ordentlichen Gerichten offen (§ 104 UrhG).
Diese Ansprüche sind sämtlich objektiv schiedsfähig, auch soweit sie sich auf den Ersatz von Nichtvermögensschäden beziehen (§ 97 Abs. 2 UrhG), da das Klageziel in einer Geldleistung liegt (§ 1030 Abs. 1 S. 1 ZPO).[931]

II. § 14 Abs. 6 WahrnG

Das Urheberrecht und dessen Leistungsschutzrechte sind subjektive Rechte, die in der Praxis im Normalfall wertlos wären, wenn die Berechtigten sie selbst verfolgen müßten. In aller Regel haben die Urheber und ausübenden Künstler nicht den unmittelbaren Zugang zu den Nutzungsinteressenten und erhalten von erfolgten Rechtsverletzungen auch nicht umfassend Kenntnis. Daher besteht die Möglichkeit der Urheber ihre Rechte von schlagkräftigen Organisationen durchsetzen zu lassen, die die Rechte und Interessen vieler Urheber und auch Verwerten treuhänderisch im Kollektiv wahrnehmen.[932] Teilweise macht das Gesetz die Geltendmachung bestimmter Forderungen auch davon abhängig, daß sie im Kollektiv wahrgenommen werden.[933] Der Rückgriff auf eine Organisation ist also schon gesetzgeberisch erforderlich.
Diese nach französischem Vorbild entstandenen[934] Organisationen werden Verwertungsgesellschaften genannt. Ihre gesetzliche Regelung wurde parallel mit der Schaffung des Urhebergesetzes im Gesetz über die Wahrnehmung von Urheberrechten und verwandten Schutzrechten vom 09.09.1965 (WahrnG)[935] vorgenommen.
Verwertungsgesellschaften treiben Geldforderungen der Urheber oder sonstigen Berechtigten ein und schütten sie ohne Rücksicht auf Einzelansprüche nach ei-

---

929 Zum Bedürfnis einer natürlichen Person, siehe *Fromm/ Nordemann,* UrhG, § 7 Rz. 1.

930 Siehe hierzu eingehend, Teil 2. I. III. 1. a.

931 Siehe zu patentrechtlichen Nichtvermögensschäden allgemein, *Fromm/ Nordemann,* UrhG, § 97 Rz. 44.

932 *Schack,* Urheberrecht, S. 471 f.

933 Vgl. §§ 27 Abs. 3, 49 Abs. 3 S. 1, 54 h Abs. 1 UrhG.

934 Vorbild war die französische SACEM (Société des Auteurs, Compositeurs et Editeures de Musique), vgl. hierzu und zur Entstehungsgeschichte der Verwertungsgesellschaften insgesamt, *Schricker/ Reinbothe,* UrhG, vor § 1 WahrnG Rz. 1 ff.; *Fromm/ Nordemann,* UrhG, Einl. WahrnG Rz. 1 ff.

935 BGBl. 1965 I 1294.

nem vorher festgelegten Tarif aus (§ 13 WahrnG). Dies erledigen sie ohne eigene Gewinnbeteiligung und nur unter Abzug eines für den Aufwendungsersatz nötig gewordenen Geldbetrages.[936] Schon auf Grund dieser weitreichenden Befugnisse, vor allem aber, weil Urhebern selbst in vielen Fällen, in denen es das Gesetz nicht erforderlich macht, aus praktischen Gründen gar nichts anderes übrig bleibt, als die Verwertung von einer Verwertungsgesellschaft vornehmen zu lassen,[937] sind die Entstehung und die staatliche Aufsicht der Verwertungsgesellschaften im Gesetz streng geregelt. Nach § 1 WahrnG ist die Entstehung einer Verwertungsgesellschaft von der Erlaubnis der zuständigen staatlichen Behörde abhängig. Dies ist gem. § 18 Abs. 1 WahrnG das deutsche Patent- und Markenamt mit Sitz in München.[938] Obgleich die deutschen Verwertungsgesellschaften sämtlich in der Rechtsform juristischer Personen des Privatrechts geführt sind,[939] stehen sie per gesetzlicher Sonderanweisung unter staatlicher Aufsicht.[940]

Wenn Verwertungsgesellschaften auch nach dem geltenden Recht keine Monopolstellung mehr zukommt, haben sie diese in der Geschäftspraxis dennoch inne.[941] Daher hat der Gesetzgeber sie auch einem dreifachem Kontrahierungszwang unterworfen.

Zum einen müssen die Verwertungsgesellschaften die Interessen des aus einem Urheber- oder sonstigen Schutzrecht Berechtigten in ihrem Tätigkeitsfeld wahrnehmen, wenn dieser es verlangt (§ 6 Abs. 1 WahrnG). Zum anderen sind sie verpflichtet, jedermann auf Verlangen zu angemessenen Bedingungen ein Nutzungsrecht der von ihr wahrgenommenen Rechte und Ansprüche der Urheber einzuräumen (§ 11 Abs. 1 WahrnG).[942]

Letztlich regelt § 12 WahrnG einen Kontrahierungszwang, der die Verwertungsgesellschaft zum Abschluß von Gesamtverträgen mit Nutzervereinigungen zwingt. Hierbei ist es unerheblich, ob es Hauptzweck dieser Nutzervereinigung ist, einen Gesamtvertrag mit der Verwertungsgesellschaft abzuschließen,[943] oder

---

936 *Rehbinder*, Urheberrecht, S. 347; siehe kritisch zur praktischen Durchführung, *Schack*, Urheberrecht, S. 477.

937 Dies sind in der Regel Zweitnutzungsrechte, vgl. *Rehbinder*, Urheberrecht, S. 345 f., siehe aber auch *Schack*, Urheberrecht, S. 487.

938 Folgend Patentamt.

939 In Deutschland existieren derzeit elf Verwertungsgesellschaften, von denen die bekanntesten die GEMA und die VG Wort sein dürften. Die genannten sind Wirtschaftsvereine gem. § 22 BGB, die übrigen Gesellschaften mit beschränkter Haftung, siehe *Schricker/ Reinbothe*, UrhG, vor § 1 WahrnG Rz. 14.

940 Wahrgenommen wird auch diese durch das Patentamt (§ 18 WahrnG). Der Inhalt der Aufsichtspflicht ergibt sich aus §§ 19 ff. WahrnG. Auf deren Kommentierung in *Fromm/ Nordemann*, UrhG, und *Schricker/ Reinbothe*, UrhG, sei verwiesen.

941 Die Ausnahme bilden die sieben Verwertungsgesellschaften der Filmbranche, *Schrikker/ Reinbothe*, UrhG, vor § 1 WahrnG Rz. 14; *Rehbinder*, Urheberrecht, S. 345 f.

942 Zur damit verbundenen Einbuße der Verfügungsgewalt des Urhebers über sein Werk, siehe *Schack*, Urheberrecht, S. 487.

943 So etwa bei der Bundesvereinigung der Musikveranstalter (Gesamtvertrag mit der GEMA).

ob die gemeinschaftliche Nutzung eher Nebeneffekt der Nutzervereinigung ist.[944]

Rechtsstreitigkeiten, an denen eine Verwertungsgesellschaft beteiligt ist und deren Inhalt einen nach dem UrhG geschützter Anspruch ist oder deren Streitgegenstand in Zusammenhang mit einem Gesamtvertrag steht (§ 14 Abs. 1 Nr. 1 WahrnG), müssen, soweit es sich um Tarifprüfungsaufgaben handelt (§ 16 Abs. 1 WahrnG),[945] vor der Schiedsstelle des Patentamts geltend gemacht werden, bevor eine Klage vor den ordentlichen Gerichten zulässig wird.
Bei der genannten Schiedsstelle handelt es sich um ein institutionelles Schiedsgericht, welches kraft gesetzlicher Anordnung existiert. Die §§ 1025 ff. ZPO sind nicht auf sie anwendbar; insbesondere kann die Schiedsstelle keine rechtskräftigen Entscheidungen treffen.
Es ist daher in oben genannten Rechtsstreitigkeiten möglich, ein Schiedsgericht iSd. §§ 1025 ff. ZPO zu vereinbaren, welches auch ohne die vorherige Konsultation der Schiedsstelle verbindlich entscheidet (§ 1040 ZPO). Auf Grund der anzunehmenden Vermögensrechtlichkeit der streitigen Ansprüche ist von der objektiven Schiedsfähigkeit auszugehen (§ 1030 Abs. 1 S. 1 ZPO).

Eine ausdrückliche Ausnahme macht das Gesetz aber für den Fall, daß es sich bei der Streitsache um einen Abschluß oder eine Modifikation eines Gesamtvertrages iSd. § 12 WahrnG handelt (§ 14 Abs. 1 Nr. 1 lit. b. WahrnG). Im Rahmen solcher Klagen vor der Schiedsstelle enthält der Einigungsvorschlag den Inhalt des neuen oder veränderten Gesamtvertrages (§ 14 c Abs. 1 WahrnG).
Die Parteien dürfen zwar auch über solche Streitigkeiten eine Schiedsvereinbarung treffen, diese ist aber gem. § 14 Abs. 6 WahrnG immer dann nichtig, wenn die Schiedsstelle und die ordentliche Gerichtsbarkeit insgesamt ausgeschlossen wurden, den Parteien also keine Möglichkeit bleibt, in zukünftigen Einzelfällen Gericht oder Schiedsstelle anzurufen.[946]

Es handelt sich bei § 14 Abs. 6 WahrnG um eine ausdrückliche Einschränkung der Schiedsgerichtsbarkeit. Von den in der Regierungsbegründung genannten Vorschriften[947] unterscheidet sie sich insofern, als sie die einzige Vorschrift ist, die die Schiedsfähigkeit des Streitgegenstandes einschränkt.
Streitigkeiten um Gesamtverträge iSd. § 12 WahrnG sind also nach geltendem Recht objektiv nur eingeschränkt schiedsfähig; genauer gesagt ist ihre Vereinbarung in einer Schiedsklausel für zukünftige Fälle nur beschränkt möglich.

---

944 So bei dem Gesamtvertrag der politischen Parteien der Bundesrepublik mit der GEMA oder dem der Bundesregierung mit der VG Wort.

945 Beachte zu den gesetzlichen Ausnahmen, *Fromm/ Nordemann*, UrhG, § 16 Rz. 6.

946 *Schricker/ Reinbothe*, UrhG, § 14 WahrnG Rz. 11; *Fromm/ Nordemann*, UrhG, § 16 Rz. 8.

947 Genannt werden die §§ 28 BörsG, 1822 Nr. 12 BGB und § 160 Abs. 2 Nr. 3 InsO, RegBegrE, BT/ Drucks. 13/ 5274, S. 35.

III. Zeitmäßigkeit des § 14 Abs. 6 WahrnG

Angesichts der erklärten Absicht des Gesetzgebers, mit der Schiedsrechtsreform die staatliche Gerichtsbarkeit entlasten zu wollen,[948] vor allem aber angesichts der von ihm geschaffenen heutigen Gesetzeslage im Schiedsrecht, ist es verwunderlich, daß der Gesetzgeber an der Vorschrift des § 14 Abs. 6 WahrnG festgehalten hat.
Nach den Motiven sucht man allerdings sowohl im Bericht der Reformkommission,[949] in der Regierungsbegründung[950] und in der Stellungnahme des Bundesrates[951] vergeblich. Es scheint, daß angesichts der wohl geringen praktischen Relevanz von Schiedsvereinbarungen bei Gesamtverträgen eine Erörterung nicht nötig erschien oder schlichtweg vergessen wurde.

Betrachtet man die Materialien zu § 14 Abs. 6 WahrnG,[952] so fällt auf, daß der Gesetzgeber § 14 Abs. 6 WahrnG in seiner ursprünglichen Fassung bewußt am Wortlaut des inzwischen aufgehobenen § 91 GWB angelehnt hat.[953] Dieser stellte aber den Grund dar, warum eine spezielle Regelung iSd. heutigen § 14 Abs. 6 WahrnG überhaupt notwendig wurde und nicht einfach ein Verweis auf § 91 Abs. 1 S. 1 GWB[954] in das Gesetz aufgenommen wurde.
Der ursprüngliche Wille des Gesetzgebers war es nämlich, die ordentliche Gerichtsbarkeit ganz von der Gestaltung von Gesamtverträgen auszuschließen, da er die streitige Gerichtsbarkeit nicht für eine geeignete Helferin bei der nötigen Vertragsgestaltung sah.[955]
Ein solcher Ausschluß ließ sich aber mit einem Verweis auf § 91 GWB nicht erreichen, da diese Norm auch auf Verträge nach § 102 a a.F. GWB[956] verwies. Letztere Norm schloß Gesamtverträge mit Verwertungsgesellschaften in den Geltungsbereich des GWB ein, so daß die Schiedsvereinbarung zu ihrer Wirksamkeit nicht wahlweise die Wahl der Schiedsstelle, sondern die der ordentlichen Gerichtsbarkeit hätten einschließen müssen. Da diese aber gem. § 14 Abs. 1 S. 2 a.F. WahrnG ausgeschlossen werden sollte, wurde die Regelung des § 14 Abs. 1 S. 3 (heute § 14 Abs. 6 WahrnG) nötig.

---

948 RegBegrE, BT/ Drucks. 13/ 5274, S. 1.

949 Siehe dort.

950 RegBegrE, BT/ Drucks. 13/ 5274, S. 22 ff.

951 RegBegrE, BT/ Drucks. 13/ 5274, S. 73 ff.

952 Hierbei ist auf die Regierungsbegründung der ersten Fassung des WahrnG abzustellen (BT- Drucks. IV/ 271), da § 14 Abs. 6 zwar mehrmals im Wortlaut verändert wurde, in jeder Gesetzesänderung aber inhaltsgleich übernommen wurde, vgl. die amtlichen Begründungen BT- Drucks. IV/ 3402; 10/ 837, S. 34; 10/ 3360; 10/ 3366; 10/ 3387, sowie BR- Drucks. 155/ 83 und 246/ 85.

953 BT- Drucks. IV/ 271, S. 18 (damals noch zu § 14 Abs. 1 WahrnG).

954 Der Einfachheit halber wird zukünftig beim Zitieren der Norm auf den Hinweis verzichtet, daß sie inzwischen durch Art. 2 § 19 SchiedsVfG aufgehoben wurde.

955 BT- Drucks. IV/ 271, S. 18.

956 Das GWB wurde mit Gesetz vom 26.08.1998 reformiert, siehe BGBl. 1998 I 2546.

Mittlerweile sind die beiden „Fundamente“ der Regelung des § 14 Abs. 6 WahrnG weggefallen. Im Rahmen der Urheberrechtsnovelle von 1985[957] entfiel der Vorrang der Schiedsstelle vor der ordentlichen Gerichtsbarkeit und durch das SchiedsVfG von 1997 die Vorbildnorm des § 91 GWB. Es ist daher fraglich, ob sich § 14 Abs. 6 WahrnG mit der Systematik des geltenden Rechts noch vereinbaren läßt.

Die faktische Monopolstellung, die die Verwertungsgesellschaften in der Regel inne haben, machen sie zu „marktbeherrschenden Unternehmen“, die mit Ausnahme der Regelungen der §§ 1 und 15 GWB diesem Gesetz unterliegen. Dies hat zur Folge, daß Verwertungsgesellschaften auch der Mißbrauchskontrolle des GWB unterliegen.[958]
Die sich stark ähnelnde Natur des GWB und des WahrnG ist nicht zu übersehen. Für den Bereich des Kartellrechts wurde festgestellt, daß eine Aufrechterhaltung des § 91 GWB nicht mehr erforderlich ist, weil mittlerweile die Erfahrung gemacht wurde, daß auch von einem Schiedsgericht erwartet werden kann, zwingende Kartellrechtsnormen korrekt anzuwenden.[959] Zudem sei auch der Schutz der wirtschaftlich schwächeren Partei nicht mehr im Ausschluß der privaten Schiedsgerichtsbarkeit zu sehen, da diese mittlerweile eine vergleichbare Rechtsschutzmöglichkeit darstelle.[960]

Es ist also zu untersuchen, inwieweit sich diese Argumente auf das Verwertungsgesellschaftsrecht übertragen lassen.
Verwertungsgesellschaften sind Treuhänder, die die urheberlichen Rechte ausüben. Die Unmöglichkeit des endgültigen Ausschlusses der staatlichen Gerichtsbarkeit kann also in Ermangelung solcher nicht zum Schutz ihrer ureigenen Interessen dienen, sondern allenfalls in dem der von ihr wahrgenommenen urheberlichen Interessen. Diesem, den Urhebern zustehende Drittschutz, wird aber in ausreichender Weise durch die zwingenden Vorschriften des Urheberechts genüge getan. Diese Schutzvorschriften sind auch von einem Schiedsgericht zu beachten, und nach Ansicht des Gesetzgebers kann eine solche Beachtung zwingender gesetzlicher Vorschriften in der heutigen Zeit von einem Schiedsgericht auch erwartet werden.[961] Weiterer Schutz des Schiedsrechts ist zudem, daß diese Normen den Schutz der Urheberrechte zum Ziel haben und somit als Normen im Rang des *ordre public* zu bezeichnen sind. Ein diese Regelungen nicht beachtender Schiedsspruch wäre also aufhebbar (§ 1059 Abs. 2 Nr. 2 lit. b ZPO).
Geht man nun aber davon aus, daß die Schiedsgerichtsbarkeit eine der staatlichen Gerichtsbarkeit durchaus vergleichbare Rechtsschutzmöglichkeit darstellt, und dies tut der Gesetzgeber ausdrücklich, so gebietet auch der Schutz der ver-

---

957 BGBl. 1985 I 1137.

958 BGH GRUR 1988, 782 ff.

959 Bericht, S. 94 f.; vgl. auch RegBegrE, BT/ Drucks. 13/ 5274, S. 36.

960 RegBegrE, BT/ Drucks. 13/ 5274, S. 34; Bericht, S. 94.

961 So die Regierungsbegründung zur Aufhebung von § 91 GWB, RegBegrE, BT/ Drucks. 13/ 5274, S. 36.

meintlich schwächeren Partei (hier der Nutzervereinigung) eine Anrufung des Staatsgerichts, quasi als „Rettungsanker", nicht.
Angesichts des oben Gesagten drängt sich der Eindruck auf, im Zuge der Reformierung der Schiedsrechtsreform sei § 14 Abs. 6 WahrnG vergessen worden. Er sollte allerdings in praktischem und auch im Interesse dogmatischer Klarheit genauso wie § 91 GWB bei nächster Gelegenheit als ein Relikt der Vergangenheit aus dem Gesetz entfernt werden.

I. *Öffentlich- rechtliche Schiedsgerichtsbarkeit*

Obgleich die Schiedsgerichtsbarkeit vornehmlich in der ZPO normiert ist, beschränkt sie sich nicht auf den privatrechtlichen Bereich. Anerkannt ist neben der privatrechtlichen auch die öffentlich- rechtliche Schiedsgerichtsbarkeit.
Wie im Zivilprozeßrecht unterscheidet man im öffentlichen Recht zwischen den „echten", also durch privatautonome Entscheidung eingesetzten, und sogenannten „unechten" Schiedsgerichten, die gesetzlich angeordnet sind.[962]
In der VwGO ist die Schiedsgerichtsbarkeit nicht ausdrücklich geregelt, wohl aber vorausgesetzt. Schiedssprüche öffentlich- rechtlicher Schiedsgerichte oder vor solchen getroffene Schiedsvergleiche gehören zu den in § 168 VwGO aufgeführten Vollstreckungstiteln (§ 168 Abs. 1 Nr. 5 VwGO). Das öffentlich-rechtliche Schiedsverfahren echter Schiedsgerichte richtet sich gem. § 173 VwGO nach den Regelungen der ZPO, solange nicht grundlegende Unterschiede zwischen den Normen des öffentlichen und des Zivilrechts bestehen.[963]
Ungeklärt ist allerdings, welche öffentlich- rechtlichen Streitsachen vor einem Schiedsgericht ausgetragen werden können.
In dem folgenden Abschnitt wird daher dargelegt werden, welche verwaltungsgerichtlichen Streitsachen von einem Schiedsgericht entschieden werden können (I.) und ob Schiedsgerichten die Klärung von Streitigkeiten übertragen werden können, die Rechte betreffen, die durch staatlichen Hoheitsakt erteilt wurden. Namentlich handelt es sich hierbei um das Zwangsvollstreckungs- (II.) und das Patentrecht (III.).

---

962 *Eyermann/ Rennert*, VwGO, § 40 Rz. 161 f.; vgl. zum Zivilprozeßrecht *Albers* in Baumbach/ Lauterbach/ Albers/ Hartmann, ZPO, Grundz. § 1025 Rz. 1.

963 Heute allgemeine Ansicht, siehe *Lachmann*, Schiedsgerichtspraxis, S. 3; generell gegen die Annahme einer Schiedsfähigkeit im Verwaltungsrecht sprach sich nur *Lorenz*, Rechtschutz, S. 194 (siehe auch S. 211 Fn. 45) aus, der angesichts des durch § 19 Abs. 4 GG garantierten Individualrechtsschutzes eine Berufung auf § 173 VwGO mit der Begründung ablehnt, daß eine Vergleichbarkeit der Zivil- und Verwaltungsgerichtsbarkeit nicht gegeben sei.

I. Verwaltungsschiedsgerichtsbarkeit

1. Rechtslage vor der Schiedsverfahrensreform

Auf Grund der Ermangelung einer dem § 1025 Abs. 1 a.F. ZPO vergleichbaren Vorschrift in der VwGO wurden dessen Voraussetzungen gem. § 173 VwGO entsprechend in die Verwaltungsschiedsgerichtsbarkeit übertragen.
Zur Bestimmung der Schiedsfähigkeit wurde daher auf die objektive Vergleichsfähigkeit der Parteien bezüglich des Streitgegenstandes abgestellt. War also eine Sache nach materiellem Verwaltungsrecht vergleichsfähig, so konnten die Parteien auch rechtswirksam ein Schiedsgericht vereinbaren.
Teilweise wurde in der Kommentarliteratur nur von der generellen Möglichkeit der Vereinbarung eines Schiedsgerichts bei Vergleichsbefugnis ausgegangen und die Frage, nach welchem Recht sich diese bestimmt, nicht näher erörtert.[964]
Die Rechtsprechung und mit ihr Teile der Literatur waren der Annahme, daß sich die Schiedsfähigkeit nach der verwaltungsprozessualen Verfügungsbefugnis bestimme, sich also im Rahmen von § 106 VwGO bewegen müsse.[965] Vor allem nach der beträchtlichen Erweiterung der Zulässigkeit des öffentlichen Vertrages durch § 55 VwVfG war aber die wohl h.L. der Ansicht, daß die Schiedsgerichtsbarkeit immer dann zulässig sei, wenn die Parteien nach dem materiellen Verwaltungsrecht einen öffentlich- rechtlichen Vertrag über die Streitsache schließen könnten.[966]
Ob die Qualifikation der Vergleichsfähigkeit nun aber nach dem materiellen oder dem Prozeßrecht vorgenommen wurde, ergab im Ergebnis keinen Unterschied, da sich auch die Vergleichsbefugnis des § 106 VwGO nach den zu § 55 VwVfG aufgestellten Kriterien richtet.[967]

2. Schiedsfähigkeit nach neuem Recht

Durch die Schiedsverfahrensnovelle hat der Gesetzgeber deutlich gemacht, daß er Schiedsverfahren im Bereich des öffentlichen Rechts für möglich hält. Nicht nur geht dies eindeutig aus den das SchiedsVfG begleitenden Materialien hervor,[968] sondern vor allem aus dem durch Art. 3 § 13 lit. 2 SchiedsVfG eingeführten § 173 S. 2 VwGO, der die allgemeine Ansicht zum alten Recht bestätigt, daß die gerichtlichen Aufgaben im Schiedsverfahren, die ansonsten dem örtlich zuständigen OLG zukommen, im öffentlich- rechtlichen Schiedsverfahren von Verwaltungsgerichtsbarkeit wahrgenommen werden.[969]

---

964 *Redeker/ v. Oertzen,* VwGO, § 40 Rz. 78; Schmitt Glaeser, Verwaltungsprozeßrecht, S. 56.

965 So ausdrücklich BVerwG NVwZ 1993, 584 (585); *Ehlers* in Schoch/ Schmidt- Aßmann/ Pietzner, VwGO § 40 Rz. 723.

966 *Schlosser* in FS für Bülow, S. 189 (190 f.); *Eyermann/ Rennert,* VwGO, § 40 Rz. 160.

967 Vgl. hierzu *Kopp/ Schenke*, VwGO, § 106 Rz. 12.

968 Bericht, S. 93; RegBegrE, BT/ Drucks. 13/ 5274, S.35 f.

969 Siehe zum alten Recht statt aller *Eyermann/ Rennert,* VwGO, § 40 Rz. 160.

Da auch nach der Schiedsverfahrensrechtsreform keine die Schiedsfähigkeit öffentlich- rechtlicher Ansprüche bestimmende Norm in die VwGO eingeführt wurde, bestimmt sich diese entsprechend § 1030 ZPO.[970]
Trotz der eindeutigen Formulierung des § 1030 Abs. 1 S. 1 ZPO gehen die Materialien zur Schiedsverfahrensnovelle allerdings nicht von einer generellen Möglichkeit der schiedsrichterlichen Klärung aller vermögensrechtlichen Ansprüche des öffentlichen Rechts aus, sondern zeigen eindeutig, daß der Gesetzgeber auch weiterhin der Meinung ist, daß nur solche Streitsachen verbindlich von einem Schiedsgericht geklärt werden können, über die die Parteien einen öffentlich- rechtlichen Vertrag hätten schließen können.[971]
Diese Einschränkung ergibt sich allerdings nicht aus den Vorschriften zur objektiven Schiedsfähigkeit;[972] denn weder im materiellen noch im prozessualen Verwaltungsrecht sind Vorschriften enthalten, deren Regelungszweck dahingehend auszulegen ist, die Schiedsfähigkeit öffentlich- rechtlicher Streitigkeiten eindeutig auszuschließen oder zu beschränken (§ 1030 Abs. 3 ZPO).[973]
Beschränkungen der Schiedsgerichtsbarkeit können sich neben den Regelungen zur Schiedsfähigkeit allerdings auch aus anderen Gründen, insbesondere aus Besonderheiten der speziellen Rechtsgebiete, ergeben.[974] Hierbei sind vor allem die materiellrechtlichen Normen zu beachten, nach denen die Streitigkeit zu entscheiden ist.

Die Schiedsgerichtsbarkeit stößt im öffentlichen Recht auf vollkommen andere Grundvoraussetzungen als dies im Zivilrecht der Fall ist. Letzteres ist geprägt vom Grundsatz der Privatautonomie. Auf diesem Grundgerüst bauen auch die §§ 1025 ff. ZPO auf.[975] Es ist bei der zivilrechtlichen Schiedsgerichtsbarkeit also davon auszugehen, daß die Parteien des Schiedsverfahrens sich über eine nur zwischen ihnen streitige Sache uneinig sind und diese an Stelle eines staatlichen Gerichts bindend von einem Schiedsgericht entschieden werden soll. Die Parteien sind also innerhalb der die Privatautonomie beschränkenden gesetzlichen Vorschriften ausschließlich sich selbst verbunden. Daher kann auch grundsätzlich davon ausgegangen werden, daß zivilrechtliche Ansprüche vermögensrechtlicher Natur vor Schiedsgerichten ausgetragen werden können. Re-

---

970 *Raeschke-Kessler/ Berger*, Schiedsverfahren, S. 40; *Berger*, Schiedsgerichtsbarkeit, S. 24; *Albers* in Baumbach/ Lauterbach/ Albers/ Hartmann, § 1030 Rz. 2.

971 Bericht, S. 92 f.; RegBegrE, BT/ Drucks. 13/ 5274, S. 35.

972 So aber im Ansatz *Lachmann*, Schiedsgerichtsbarkeit, S. 3 (Fn. 11), der von einer Anlehnung an § 1030 Abs. 1 S. 2 ZPO spricht.

973 So sind m.E. nach auch die Materialien zu verstehen, die nicht von einer Beschränkung der Schiedsfähigkeit sprechen, sondern von dem Grundsatz, daß „die Schiedsgerichtsbarkeit nur insoweit möglich ist, als die Parteien einen öffentlich- rechtlichen Vergleich schließen können." Siehe Bericht, S. 92 f.; RegBegrE, BT/ Drucks. 13/ 5274, S. 35.

974 Siehe hierzu ausführlich oben Teil 2. D. II. 3. b. (1). zu § 23 Abs. 5 AktG oder im Erbrecht Teil 2. B. II. 2. a. - c.

975 Siehe oben Teil 1. I. 1. und III. 3. a. (1).

gelmäßig werden keine so wichtigen rechtlichen Interessen betroffen sein, daß staatliche Rechtsprechungsmonopole notwendig wären.[976]

Anders stellt sich die Situation allerdings im Verwaltungsrecht dar. Dieses regelt schwerpunktmäßig das Subordinationsverhältnis Bürger- Staat. Der freien Verfügungsgewalt werden also vor allem durch das Prinzip der Gesetzmäßigkeit der Verwaltung mit seinen Ausformungen vom Vorrang und Vorbehalt des Gesetzes, durch das Gleichbehandlungsgebot und dem Grundsatz der Verhältnismäßigkeit Grenzen gesetzt, die wesentlich enger sind als die bloße Vermögensrechtlichkeit des Anspruches. Selbst in den Fällen, in denen kein Subordinationsverhältnis vorliegt, sondern die Parteien sich gleichberechtigt gegenüberstehen, sind Träger öffentlicher Gewalt Amtsmittler, die nicht ausschließlich sich selbst, sondern dem Staat, also den Bürgern in ihrer Gesamtheit, verpflichtet sind und somit gar nicht in eigener Sache handeln.
Der Hinderungsgrund der Schiedsgerichtsbarkeit ist daher nicht darin zu sehen, daß den Parteien, namentlich dem klagenden Bürger oder den gleichrangig zueinanderstehenden Verwaltungsbehörden, durch den Ausschluß der staatlichen Gerichtsbarkeit ein schlechterer Rechtsschutz zukäme,[977] sondern vielmehr darin, daß die Schiedsgerichtsbarkeit nicht in allen Belangen mit den Prinzipien des materiellen öffentlichen Rechts zu vereinbaren ist.

Schon die unterschiedlichen Strukturen von Privat- und öffentlichem Recht machen es erforderlich, die Befugnisse von Verwaltungsträgern einzudämmen, Verträge abzuschließen. Das Gesetz kommt dieser Anforderung in den gesetzlichen Regelungen zum öffentlich- rechtlichen Vertrag (§§ 54 ff. VwVfG) nach. Da aber auch die Schiedsvereinbarung selbst ein öffentlich- rechtlicher Vertrag ist, kann eine schiedsrichterliche Klärung verwaltungsrechtlicher Streitigkeiten nur dann vereinbart werden kann, wenn die Behörde über die Streitsache einen solchen Vertrag schließen darf.

Auch nach dem neuen Recht sind die Behörden in ihrer Möglichkeit Schiedsvereinbarungen zu treffen daher auf die ihnen durch §§ 54 ff. VwVfG gegebene Verfügungsbefugnis beschränkt. Diese Beschränkung hat allerdings mit der Schiedsfähigkeit des Streitgegenstandes nichts zu tun, insbesondere handelt es sich nicht um eine Beschränkung derselben.
§§ 54 ff. VwVfG enthalten Hinderungsgründe und Beschränkungen der Verwaltung, Verträge abzuschließen. Aus ihnen ergibt sich, daß die Behörde keinen Schiedsvertrag abschließen kann, wenn es ihr nicht auch möglich wäre, einen öffentlich- rechtlichen Vertag in derselben Sache zu treffen. Genau genommen handelt es sich also um eine Beschränkung der subjektiven Schiedsfähigkeit.
Gem. § 1030 Abs. 1 S. 1 ZPO bestimmt sich dann, ob die in der Verfügungsbefugnis der Behörde stehende Streitsache auch objektiv schiedsfähig ist.
Hier wird man feststellen, daß die Neugestaltung des Zehnten Buches der ZPO auch den Anwendungsbereich der öffentlich- rechtlichen Schiedsgerichtsbarkeit erweitert hat. Dadurch, daß nunmehr nicht mehr auf die Disponibilität der Par-

---

976 So auch RegBegrE, BT/ Drucks. 13/ 5274, S. 34.

977 Der von Schiedsgerichten gewährte Rechtsschutz steht nämlich dem durch die staatlichen Gerichte gleich, RegBegrE, BT/ Drucks. 13/ 5274, S. 36.

teien über den Streitgegenstand abgestellt wird, sondern allein die Vermögensrechtlichkeit das entscheidende Abgrenzungskriterium ist, sind nicht mehr nur die Streitsachen schiedsfähig, die auch vom Bürger steuerbar sind, sondern ebenfalls diejenigen, die allein im Verfügungsbereich der Behörde stehen. Nach bisherigem Schiedsrecht waren dies nur die ausdrücklich im Gesetz genannten Ausnahmen wie § 38 a Vermögensgesetz, § 43 b Lebensmittel- und Bedarfsgegenständegesetz, § 83 Tierseuchengesetz oder 16 h Tierschutzgesetz.
Nach dem reformierten Recht hat sich der Kreis möglicher Streitsachen erweitert. Schiedsfähig sind nunmehr etwa nicht nur die Höhe einer Enteignungsentschädigung, sondern auch die Frage, ob die Enteignung überhaupt zulässig war.[978]

Praktisch wird diese Frage wohl aber nicht relevant werden, da zum einen nicht zu erwarten ist, daß Behörden in so elementaren Fragen wie der Zulässigkeit von Enteignungen Schiedsvereinbarungen überhaupt treffen werden und zum anderen der Schritt in den generellen Ausschluß der Verwaltungsgerichtsbarkeit von den engen Grenzen der §§ 54 ff. VwVfG beschränkt wird.

II. Rechtsbehelfsverfahren gegen zivilprozessual erwirkte Vollstreckungstitel

Das Zwangsvollstreckungsrecht gehört genauso wie das gesamte Zivilprozeßrecht dem öffentlichen Recht an.[979] Die sich aus ihm ergebenden Rechtsakte wie Vollstreckungstitel oder Pfändungen, sind Akte staatlicher Hoheitsgewalt, die nicht in die sich aus dem materiellen Anspruch des Gläubigers resultierenden Befugnisse fallen. Der Staat ermächtigt den Gläubiger mit den Regelungen des Achten Buches der ZPO lediglich, sich der staatlichen Hoheitsgewalt anläßlich der Durchsetzung seiner privaten Forderungen zu bedienen.
Im Gegensatz zum sonstigen öffentlichen Recht, welches primär die Tätigkeit der staatlichen Organe in Bezug zum Staatsbürger auf dem Boden eines Subordinationsverhältnisses zum Gegenstand hat,[980] kommt dem Zwangsvollstreckungsrecht im wesentlichen eine den Belangen der zueinander gleichgeordneten Staatsbürgern dienende Funktion zu. Die öffentlich- rechtliche Struktur des Zwangsvollstreckungsrechts schließt daher die Dispositionsbefugnis der Parteien nicht prinzipiell aus.[981]
Angesichts der Tatsache, daß aber der Staat der Träger der dem Gläubiger zustehenden Zwangsbefugnisse ist, muß hinterfragt werden, inwieweit Rechtsbehelfsverfahren einem rechtsgeschäftlich legitimierten Schiedsgericht zur Klärung vorgelegt werden können.
Es soll daher zunächst dargelegt werden, ob eine Vereinbarung eines Schiedsgericht in einem Rechtsbehelfsverfahren überhaupt zulässig wäre – ein staatli-

---

978 Siehe auch *Schlosser* in DIS-Materialien IV (1998), S. 51 (60).

979 BGHZ 93, 287 (297 f.); 119, 75 (78 f.); *Rosenberg/ Gaul/ Schilken*, Zwangsvollstreckungsrecht, S. 6; für das Zivilprozeßrecht, *Rosenberg/ Schwab/ Gottwald*, Zivilprozeßrecht, S. 5.

980 Weiterhin regelt es auch die Beziehungen der staatlichen Verbände untereinander.

981 *Rosenberg/ Gaul/ Schilken*, Zwangsvollstreckungsrecht, S. 7; vgl. auch *Rosenberg/ Schwab/ Gottwald*, Zivilprozeßrecht, S. 5.

ches Gericht also etwa die Einrede der Schiedsgerichtsbarkeit als Prozeßhindernis akzeptieren müßte – und wie weit die schiedsrichterlichen Befugnisse gegebenenfalls reichen.

1. Weisungsbefugnis an staatliche Organe

Erörtert man die Möglichkeit des Ausschlusses der staatlichen Gerichtsbarkeit zu Gunsten eines Schiedsgerichtes, so ist auch hier zuerst nach der Schiedsfähigkeit des Streitgegenstandes zu fragen. Auch im Rechtsbehelfsprozeß steht es in der Dispositionsbefugnis der Parteien, sich sowohl über das Gegenrecht als auch über die Beendigung der Zwangsvollstreckung zu einigen, da trotz des hoheitlichen Charakters der Zwangsvollstreckung diese doch weitgehend der Parteiherrschaft unterliegt.[982] Die nach dem alten Schiedsrecht erforderliche Vergleichsbefugnis gem. § 1025 a.F. ZPO war also gegeben. Eine Änderung tritt auch durch das neue Recht nicht ein; denn in Rechtsbehelfsverfahren geltend gemachte Ansprüche sind vermögensrechtlicher Natur iSd. § 1030 Abs. 1 S. 1 ZPO, so daß ihre Schiedsfähigkeit gegeben ist.

Denkbar wäre es allerdings die Schiedsgerichtsbarkeit im Bereich der Rechtsbehelfsverfahren mit dem Argument abzulehnen, daß ein Schiedsgericht sich nicht in die Rechtsprechungshoheit des Staates einmischen könne.[983] Im Wege der Schiedsgerichtsbarkeit könnte also gegen einen solchen Akt nicht einmal dann vorgegangen werden, wenn auch er von einem Schiedsgericht erlassen wurde, da der privatautorisierte Schiedsrichter keine Anordnung an staatliche Vollstreckungsorgane erteilen kann. Diese werden auf Grund eines Schiedsspruches nur dann aktiv, wenn dieser vom zuständigen Staatsgericht für vollstreckbar erklärt wurde. Der Schiedsspruch würde sich also auch unter diese Umständen gegen einen Hoheitsakt wenden.

Stattgebende Urteile in Rechtsbehelfsverfahren enthalten die bindende Anweisung an das Vollstreckungsorgan, die Zwangsvollstreckung einzustellen. Es wird also die Entscheidung eines anderen staatlichen Gerichts im Wege der Anweisung konterkariert.[984]
Daß eine solche Anweisung an ein staatliches Vollstreckungsorgan nicht privatrechtlich getätigt oder autorisiert werden kann, ist unzweifelhaft und wird auch

---

982 BGHZ 99, 143 (147); *Schlosser* in FS für Bülow, S. 189 (190 f.); *Schütze*, Schiedsverfahren, S. 127; siehe auch *Rosenberg/ Gaul/ Schilken*, Zwangsvollstreckungsrecht, S. 509 ff.

983 So vertreten von *Schwab/ Walter*, Schiedsgerichtsbarkeit, 3. Auflage, 1979, S. 45; *Schütze/ Tschernig/ Wais*, Schiedsverfahren, 1. Auflage, 1985, S. 25, 78; mittlerweile aber für die Vollstreckungsabwehrklage gem. § 767 ZPO ausdrücklich aufgegeben von *Schwab/ Walter*, Schiedsgerichtsbarkeit, S. 62; für Rechtsbehelfsverfahren generell aufgegeben von *Schütze/ Tschernig/ Wais*, Schiedsverfahren, 2. Auflage, S. 25, 77.

984 Siehe zur Vollstreckungsabwehrklage, *Hartmann* in Baumbach/ Lauterbach/ Albers/ Hartmann, § 767 Rz. 49; *Musielak/ Lackmann*, § 767 Rz. 46; zur Drittwiderspruchsklage, *Hartmann* in Baumbach/ Lauterbach/ Albers/ Hartmann, § 771 Rz. 11; *Musielak/ Lackmann*, § 771 Rz. 38 und zum Widerspruchsverfahren im Verteilungsprozeß, *Hartmann* in Baumbach/ Lauterbach/ Albers/ Hartmann, § 878 Rz. 12.

so nicht vertreten.[985] Die Begründung liegt in der öffentlich- rechtlichen Struktur der Zwangsvollstreckung. Obgleich der Staat seine Vollstreckungsorgane in den Dienst des Gläubigers stellt, in dem das Gesetz ihm einen Anspruch auf Durchführung der Zwangsvollstreckung gewährt, sind diese nicht weisungsgebunden. Vielmehr sind die Vollstreckungsbehörden lediglich in ihrem pflichtgemäßen Ermessen reduziert, wenn der Gläubiger seinen Antrag auf Zwangsvollstreckung stellt. Ergibt sich eine Ermessensreduzierung auf null, so kann natürlich von einer zumindest mittelbaren Bindung gesprochen werden.
Es ist daher anzudenken, ob nicht den Schiedsgerichten die Befugnis zuzusprechen ist, Schiedssprüche zu erlassen, die zwar keine Anweisungen der Vollstreckungsorgane darstellen, diese aber zumindest iSd. §§ 775, 776 ZPO binden, so daß deren Nichtbeachtung einen Verfahrensfehler darstellen würde, der mit der Erinnerung gem. § 766 ZPO statthaft anzugreifen wäre.[986] Diese Bindung würde konsequent weitergedacht auch ohne die Vollstreckbarerklärung des Schiedsspruches durch die staatliche Gerichtsbarkeit erfolgen, da die stattgebenden Urteile im Rechtsbehelfsverfahren prozessuale Gestaltungswirkung haben und als Gestaltungsschiedssprüche der Vollstreckbarerklärung nicht bedürfen.[987]
Eine Bindung staatlicher Organe setzt allerdings voraus, daß das Zwangsvollstreckungsrecht in seiner öffentlich- rechtlichen Prägung eine Parteidisposition in der Weise zuläßt, daß diese Handlungen von Vollstreckungsorgane rechtlich wirksam bestimmen können. Ist dies nicht der Fall, so entfällt die Bindung dieser Organe an Schiedssprüche, da diese keine weiterreichenden Wirkungen entfalten können, als Parteien es selbst könnten.[988]

Vertreten wird, daß die Parteien die Vollstreckungsorgane mittels eines Vollstreckungsvertrages rechtlich binden können.[989] Im Anschluß an diese Überlegung wenden diese Vertreter für den Fall des Verstoßes des Vollstreckungsorgans gegen einen solchen Vertrag auch die Vollstreckungserinnerung gem. § 766 ZPO als statthaften Rechtsbehelf an.[990]
Die Gegenansicht betont richtigerweise, daß es sich bei dem Recht der Zwangsvollstreckung um in der Regel zwingendes Recht handelt. Nur in Ausnahmefäl-

---

985 Allgemeine Meinung, siehe statt aller *Schwab/ Walter*, Schiedsgerichtsbarkeit, S. 62, vgl. auch *Schlosser* in Schiedsgerichtsbarkeit in gesellschafts- und erbrechtlichen Angelegenheiten, S. 97 (111), der Schiedssprüchen registergerichtsbindende Wirkung zuspricht, oder *Lüke* in FS 150 Jahre LG Saarbrücken, S. 297 (306), der aber eine mittelbar bindende Wirkung der Vollstreckungsorgane annimmt, indem er bei Mißachtung des Schiedsspruchs die Vollstreckungserinnerung gem. § 766 ZPO für statthaft hält.

986 So *Lüke* in FS 150 Jahre LG Saarbrücken, S. 297 (307).

987 Allgemein zur Wirkung von Gestaltungsschiedssprüchen, *Schwab/ Walter*, Schiedsgerichtsbarkeit, S. 195; *Stein/Jonas/Schlosser*, § 1042 Rz. 2; Zöller/ *Geimer*, § 1040 Rz. 1; a.A. BayObLG 1984, 809 (810); *K. Schmidt*, AG 95, 551 (554), siehe auch oben Teil 2. II. 2. b. (1).

988 Siehe oben Teil 1. III. 3. a. (1).

989 *Musielak/ Lackmann*, vor § 704 Rz. 18; *Lüke* in FS 150 Jahre LG Saarbrücken, S. 297 (306).

990 *Musielak/ Lackmann*, § 766 Rz. 7.

len kennt das Gesetz Parteivereinbarungen überhaupt.[991] Es kann ihnen daher nur verpflichtende Wirkung zukommen.[992] Keinesfalls können Parteivereinbarungen derart gestaltend wirken, daß die zu Grunde liegende abredewidrige Zwangsvollstreckung *per se* unzulässig wäre. Dies liefe nämlich der öffentlich-rechtlichen Grundstruktur der Zwangsvollstreckung zuwider.[993] Konsequenterweise sei daher der statthafte Rechtsbehelf gegen eine abredewidrige Vollstreckung die Vollstreckungsabwehrklage gem. § 767 ZPO analog.[994]
Der BGH hat sich zur Bindungswirkung des Vollstreckungsvertrages bisher nicht geäußert. Allerdings wendet auch er im Rechtsbehelfsverfahren § 767 ZPO analog an,[995] so daß vieles dafür spricht, daß auch er eine Bindung der Vollstreckungsorgane ablehnt.

M. E. handelt es sich bei der geführten Diskussion oder zumindest bei der erstgenannten Ansicht um eine Debatte, die am Gesetz vorbei geführt wird. Im Bereich der Schiedsgerichtsbarkeit und somit auch im Bereich des Vollstreckungsvertrags; denn der Ansatzpunkt ist derselbe, beantwortet der Gesetzgeber die streitige Frage, ob ein Vollstreckungsorgan an einen Schiedsspruch gebunden ist.
§ 775 Nr. 1 ZPO verlangt für die Einstellung der Zwangsvollstreckung eine „vollstreckbare" Entscheidung. Damit kann aber nur die Entscheidung eines staatlichen Gerichts gemeint sein; denn weder kann ein Schiedsgericht seinen eigenen Schiedsspruch für vollstreckbar erklären,[996] noch können die Parteien dies mittels eines Vertrages.[997] Das Gesetz stellt also abschließend fest, daß es im Interesse eines geordneten und formalen Ablaufs der Zwangsvollstreckung die Überprüfung des Einwands durch ein staatliches Gericht wünscht. Dem Schiedsgericht fehlt also schon vom eindeutigen Gesetzeswortlaut her die Handlungsqualität einer in solcher Weise bindenden Erklärung.
Im Bereich der Schiedsgerichtsbarkeit spricht auch § 1060 Abs. 1 ZPO für dieses Argument. Setzt diese Norm nämlich für die Einleitung der Zwangsvollstreckung zum Schutz des Vollstreckungsschuldners eine Entscheidung eines staatlichen Gerichts voraus und gibt somit dem Gläubiger das Recht der Nutzung der staatlichen Vollstreckungsorgane, so kann man im Umkehrschluß aus dieser Norm entnehmen, daß auch für den *actus contrarius* – nämlich dem Ent-

---

991 Siehe etwa §§ 816 oder 843 ZPO.

992 *Rosenberg/ Gaul/ Schilken*, Zwangsvollstreckungsrecht, S. 513 f.

993 *Gaul*, JuS 71, 347 (348); *Rosenberg/ Gaul/ Schilken*, Zwangsvollstreckungsrecht, S. 514.

994 Die Analogie ist nötig, weil es sich nicht um eine vom Schuldner geltend gemachte materielle Einwendung handelt, *Gaul*, JuS 71, 347 (348); *Rosenberg/ Gaul/ Schilken*, Zwangsvollstreckungsrecht, S. 521; differenzierend *K. Schmidt* in MüKo, ZPO, § 766 Rz. 35.

995 BGH NJW 1991, 2295 (2296); BGH NJW 1968, 700 f.; siehe auch OLG Köln NJW-RR 1995, 567.

996 Dies ergibt sich aus § 1060 Abs. 1 ZPO.

997 Denkbar wäre allenfalls ein Titel gem. § 794 Abs. 1 Nr. 5 ZPO. Dieser würde aber auch der notariellen Beurkundung und somit der Kontrolle eines Trägers öffentlicher Gewalt unterliegen (vgl. § 1 BNotO).

zug dieses Rechts– wiederum eine staatliche Kontrolle erforderlich ist, dieses Mal zum Schutz der anderen Seite.
Anderes gilt allerdings für das Verteilungsverfahren gem. §§ 872 ff. ZPO. Dieses ist bei Vorliegen der Voraussetzungen von Gesetzes wegen einzuleiten. Allerdings ist es möglich, durch Einigung die Einleitung des Verfahrens ganz zu verhindern. Treffen die Gläubiger also eine gemeinschaftliche Schiedsvereinbarung, bevor es zur Einleitung des Verfahrens und somit zu einem Teilungsplan kommt, so kann das Schiedsgericht auch bindend entscheiden; denn es kommt zu keiner Konterkarierung einer staatlichen Entscheidung.

Schiedsgerichte sind also weder berechtigt, staatlichen Organen Anweisungen zu erteilen, noch sind für diese die Entscheidungen von Schiedsgerichten bindend. Eine abschließende Entscheidung eines Schiedsgerichts im Rechtsbehelfsverfahren ist daher nicht möglich.

2. Zulässigkeit der Schiedsgerichtsbarkeit

Fraglich ist allerdings, ob man von dem Ansatz ausgehen kann, die Schiedsgerichtsbarkeit müsse immer dann ausgeschlossen werden, wenn das vergleichbare staatliche Rechtsbehelf eine Anordnung an die Vollstreckungsorgane darstellt.
Ziel der Vollstreckungsabwehrklage gem. § 767 Abs. 1 ZPO ist es, die Zwangsvollstreckung aus dem Titel ganz oder teilweise für unzulässig erklären zu lassen (§ 775 Nr. 1 ZPO). Das gleiche Ziel verfolgen die Drittwiderspruchsklagen gem. §§ 771 ff. ZPO, namentlich die Unzulässigkeitserklärung der Zwangsvollstreckung in den streitigen Gegenstand oder in den Fällen der §§ 772, 773 ZPO die Veräußerung bzw. Überweisung.[998] Das zuständige Prozeßgericht (§ 767 Abs. 1 ZPO) ordnet im Falle eines stattgebenden Urteils an, daß die Vollstreckungsmaßnahmen einzustellen sind. Geht man nun davon aus, daß eine solche Anordnung nicht durch ein Schiedsgericht ergehen kann,[999] so käme man durchaus zu einer Unwirksamkeit der Schiedsvereinbarung. Fraglich ist, ob dies hier der relevante Ansatzpunkt zu der Frage ist, ob die Parteien wirksam ein Schiedsgericht vereinbaren können.
Das Schiedsrecht ist getragen von dem Wunsch der Parteien, die staatliche Gerichtsbarkeit so weit als möglich aus den ihrer Schiedsvereinbarung zu Grunde gelegten Rechtssachen auszuschließen. Es ist daher nicht zu fragen, ob ein Schiedsgericht einen Schiedsspruch erlassen kann, der einem Gerichtsurteil gleich ist, sondern ob den Parteien der Wirkung nach gleiche Rechtsbehelfe zur Verfügung stehen, die auch von einem Schiedsgericht erlassen werden können.

Bevor man allerdings in Erwägung zieht, daß die Schiedsvereinbarung auch das Rechtsbehelfsverfahren miteinbeziehen könnte, muß geklärt werden, ob sich der Schiedsvertrag mit Erlaß des Schiedsspruches nicht erledigt hat; denn sonst wäre ein ergehender Schiedsspruch aufhebbar (§ 1059 Abs. 2 Nr. 1 lit. c ZPO).

---

998 Folgend konzentrieren sich die Ausführungen auf § 771 ZPO; es sei denn es treten erwähnenswerte Unterschiede in den Rechtsbehelfen zu Tage.

999 So die hier vertretene Ansicht, siehe oben Teil 2.I. II. 1.

Eine Erledigung durch Schiedsspruch wird immer dann angenommen, wenn der Schiedsvertrag seinen Zweck erfüllt hat.[1000] Resultieren aber noch weitere Streitsachen aus dem in der Schiedsvereinbarung verankerten Sachverhalt, so ist grundsätzlich nicht von einem Erlöschen auszugehen, da eine Zweckerfüllung nicht angenommen werden kann.
Weiterhin müßte die Schiedsvereinbarung dahingehend auszulegen sein, daß sie auch das staatliche Rechtsbehelfsverfahren zu Gunsten dieser Alternative ausschließen soll.
Der sonst in der Schiedsgerichtsbarkeit zu beachtende Grundsatz der weiten Auslegung war nach dem alten Schiedsrecht im Falle der Rechtsbehelfsschiedsverfahren allerdings restriktiver anzuwenden. Liegt die Begründung der weiten Auslegung sonst in dem vermuteten Bedürfnis der Parteien, einen möglichst umfassenden Rechtsschutz in nur einem und zudem schnellen Verfahren zu erlangen, konnte dies bei der Geltendmachung von Vollstreckungseinwänden nicht gelten. Zum einen schließt sich ein Rechtsbehelfsverfahren immer an das ursprüngliche Hauptsacheverfahren an, was für die Schiedsgerichtsbarkeit zur Konsequenz hat, daß sich das Schiedsrichterpanel aufgelöst hat und die Bestellung eines neuen nötig wird. Während dieses unter Umständen langen Zeitraums war weder gesetzgeberisch noch höchstrichterlich geklärt, ob sich der Vollstreckungsschuldner der Zwangsvollstreckung aussetzte; denn die Bildung des Schiedsgerichts hatte keine aufschiebende Wirkung.[1001] Zum anderen konnte der stattgebende Schiedsspruch nicht unmittelbar die Wirkung der §§ 775, 776 ZPO haben,[1002] so daß zudem die Vollstreckbarerklärung des zuständigen OLG abzuwarten war (§ 1042 a.F., nunmehr 1060 Abs. 1 ZPO).[1003]
Vieles sprach daher dafür, Schiedsvereinbarungen nur dann dahingehend auszulegen, daß sie auch das Rechtsbehelfsverfahren einschließen sollen, wenn besondere Argumente, wie ein erhöhtes Geheimhaltungsbedürfnis oder die besondere Sachkenntnis der Schiedsrichter für die Beurteilung der Sachlage gesondert dafür sprachen.[1004]

Es ist dem zufolge zu untersuchen, ob in der privaten Schiedsgerichtsbarkeit der staatlichen Gerichtsbarkeit vergleichbare Rechtsbehelfe existieren und ein umfassender einstweiliger Rechtsschutzes gewährleistet ist. Nur unter diesen Umständen kann angenommen werden, daß eine getroffene Schiedsvereinbarung auch eventuelle Rechtsbehelfsverfahren einschließen soll.

1000 Siehe *Stein/ Jonas/ Schlosser*, § 1025 Rz. 44.

1001 Vereinzelt wurde allerdings einstweiliger Rechtsschutz durch die staatlichen Gerichte gewährt, siehe LG Köln MDR 1995, 959 f.

1002 Siehe oben Teil. 2. I. II. 1.

1003 Siehe zur Vergleichbarkeit des Rechtsschutzes ausführlich unten Teil. 2. I. II. 3..

1004 So der BGH in einer Unterhaltsschiedsvereinbarung nach Ehescheidung, siehe BGHZ 99, 143 ff. oder das LG Köln MDR 1995, 959 f., bei Mängeln einer Bausache.

a. Vollstreckungsgegenklage gem. § 767 ZPO

Im Bereich der Vollstreckungsgegenklage gem. § 767 ZPO gegen Maßnahmen der Zwangsvollstreckung könnte der Vollstreckungsgläubiger etwa auf Herausgabe des vollstreckbaren Titels[1005] oder auf Feststellung des Erlöschens des titulierten Anspruchs klagen.[1006]

Letztere kann unstreitig vor einem Schiedsgericht erhoben werden, da sie die Vollstreckbarkeit des Titels überhaupt nicht berührt, sondern lediglich den der Vollstreckung unterliegenden Anspruch durch stattgebendes Urteil für nicht gegeben erklärt.
Fraglich ist allerdings, ob auch das für die Feststellungsklage erforderliche Rechtsschutz- bzw. Feststellungsinteresse gegeben ist.
Da bei Erhebung der Vollstreckungsgegenklage allein die Nichtvollstreckbarkeit des Titels, nicht aber die Feststellung in Rechtskraft erwächst, daß der titulierte Anspruch selbst nicht mehr besteht,[1007] könnte Feststellungsklage auf Nichtigkeitserklärung des zu Grunde liegenden Anspruchs erhoben werden. Einer solchen Klage vor einem staatlichen Gericht würde allerdings regelmäßig das Feststellungsinteresse fehlen, da durch die bloße Feststellung der Nichtigkeit des zu vollstreckenden Anspruchs der Vollstreckungstitel nicht angegriffen wird und somit das Primärziel – die Verhinderung der Zwangsvollstreckung – nicht erreicht werden kann. Folglich wäre die Vollstreckungsabwehrklage gem. § 767 ZPO als einfachere Rechtsschutzmöglichkeit zu erheben; das Feststellungsinteresse entfiele.[1008]

Abgesehen davon, daß ein solches Ergebnis in der Schiedsgerichtsbarkeit widersinnig wäre, da ja bereits festgestellt wurde, daß die Erhebung einer Vollstreckungsabwehrklage vor einem Schiedsgericht nicht möglich ist,[1009] sind die Zulässigkeitsvoraussetzungen Rechtsschutzinteresse bzw. das speziellere Feststellungsinteresse in der Schiedsgerichtsbarkeit differenzierter zu sehen.

1005 Siehe BGH NJW 1994, 1161 (1162), BGH NJW 1194, 3225; *K. Schmidt* in MüKo, ZPO, § 767 Rz. 20; *Thomas/ Putzo*, § 767 Rz. 8; *Hartmann* in Baumbach/ Lauterbach/ Albers/ Hartmann, § 767 Rz. 6; *Musielak/ Lackmann,* § 767 Rz. 9.

1006 Siehe OLG Koblenz FamRZ 1994, 1195 (96); *Thomas/ Putzo*, § 767 Rz. 6; *Hartmann* in Baumbach/ Lauterbach/ Albers/ Hartmann, § 767 Rz. 6; *Musielak/ Lackmann,* § 767 Rz. 14.

1007 BGHZ 127, 146 (149); *Musielak/ Lackmann,* § 767 Rz. 46.

1008 Siehe grundsätzlich zum Feststellungsinteresse, *Thomas/ Putzo*, § 256 Rz. 13 ff.

1009 So wohl auch BGH 99, 143 (148); es handelt sich bei dieser Überlegung auch nicht um einen Zirkelschluß, da ja gerade der Vollstreckungsabwehrklage vergleichbare Rechtsbehelfsmöglichkeiten zur Untersuchung stehen. Betont man nun aber, daß ein Schiedsgericht eine solche Klage nicht entscheiden kann, so darf man das Schiedsverfahren auch nicht wie ein staatliches Verfahren sehen und den Rechtsbehelf aus § 767 zur Voraussetzung machen.

Die Schiedsverfahrensvorschriften sind bis auf wenige Ausnahmen dispositiv.[1010] Die Parteien können daher Verfahrensarten vereinbaren, an die weitaus geringere Zulässigkeitsanforderungen zu stellen sind, als an die eines staatlichen Gerichts (§ 1042 Abs. 3 ZPO). Allerdings sind selbst für den Fall, daß die Parteien die Regelungen der ZPO als Verfahrensvorschriften vereinbaren oder das Schiedsgericht diese bei seiner Ermessensausübung nach § 1042 Abs. 4 S. 1 ZPO bestimmt,[1011] die Anforderungen an das Rechtsschutzbedürfnis weitaus geringer anzusetzen als im staatlichen Prozeß.
Hier soll die Rechtssprechung vor einer Flut an überflüssigen Klagen geschützt werden, die nicht nur unnötige Kosten verursachen, sondern vor allem die Rechtsdurchsetzung der übrigen Bürger erschweren oder verzögern könnte, da die staatlichen Gerichte unnötig belastet würden.
In der Schiedsgerichtsbarkeit ergibt sich allerdings eine andere Situation. Nicht nur werden die Schiedsrichter von den Parteien berufen und entlohnt, sondern vor allem werden durch Schiedsverfahren die staatlichen Gerichte nicht belastet. Schiedsgerichte dienen allein der Durchsetzung der Interessen der Parteien. Aus diesem Grund muß auch nicht auf die Interessen der Allgemeinheit Rücksicht genommen werden.
Die gesetzlichen Anforderungen an Rechtsschutz- oder Feststellungsinteresse sind daher im Schiedsverfahren nicht zu stellen. Allein um eine Belastung der Parteien mit gänzlich unnötigen Klagen zu vermeiden, wird von der Rechtsprechung zumindest ein wirtschaftliches Interesse an der Klage verlangt.[1012]
Ein solches ist allerdings bei der Abwehr von Maßnahmen der Zwangsvollstreckung immer gegeben.

Der BGH erwähnt als weitere Möglichkeit der schiedsrichterlichen Entscheidung die Klage auf Herausgabe des zu vollstreckenden Titels als mögliche Alternative zur Vollstreckungsgegenklage.[1013] In der Tat wäre eine solche Alternative zur Feststellungsklage nötig, wenn diese auf Grund entgegenstehender Rechtskraft unzulässig wäre.[1014]
Die analog auf § 371 BGB gestützte Herausgabeklage[1015] kann erhoben werden, wenn der zu vollstreckende Titel verbraucht ist, sich allerdings nach wie vor im Besitz des nunmehr rechtlosen Gläubigers befindet. In einem solchen Fall ist der Schuldner vor erneuter Inanspruchnahme zu schützen. Da dieser Schutz sich nicht aus den §§ 775, 776 ZPO ergibt, besteht auch ein Rechtsschutzinteresse

---

1010 Dies sind §§ 1025, 1042 Abs. 1, 2, 1030, 1031, 1046, auch § 1050 ZPO kann zumindest durch die Parteien nicht abbedungen werden und §§ 1059 ff ZPO.

1011 Bei ausschließlicher Beteiligung deutscher Parteien ist dies wohl der praktische Regelfall, vgl. *Bork*, ZZP 160 (1996), 374 (380).

1012 Zum Feststellungsinteresse: BGH WM 1976, 910 (912), so auch *Schwab/ Walter*, Schiedsgerichtsbarkeit, S. 146; weiter noch *Schütze*, Schiedsverfahren, S. 80 (Klärung bloß akademischer Fragen).

1013 BGHZ 99, 143 (148).

1014 So etwa der Fall, wenn der zu Grunde liegende Anspruch durch Leistungsklage entschieden wurde, vollstreckt wurde und der Titel beim Gläubiger verbleibt.

1015 H. M. BGH NJW 1194, 3225 m.w.N. ; a. A. OLG Nürnberg NJW 1965, 1867 f. (§ 757 Abs. 1 ZPO).

neben der Klage aus § 767 ZPO.[1016] Im staatlichen Prozeß ist es allerdings nötig, daß die Vollstreckungsgegenklage bereits entschieden oder zumindest anhängig ist, da ansonsten die Gefahr der Umgehung des zweiten und dritten Absatzes des § 767 ZPO bestünde.[1017] Zur Zulässigkeit in der Schiedsgerichtsbarkeit sei auf das oben Gesagte verwiesen.

Sowohl die leugnende Feststellungsklage, als auch die Klage auf Herausgabe des Titels wären also denkbare Rechtsbehelfe, die vor ein Schiedsgericht gebracht werden könnten. Wird also in einem Vollstreckungsabwehrverfahren die Einrede der Schiedsgerichtsbarkeit erhoben und sind die geltend gemachten Einwendungen von ihr erfaßt, so ist die Klage als unzulässig abzuweisen.

b. Drittwiderspruchsklage gem. § 771 ZPO

Prüft man die Zulässigkeit der Schiedsgerichtsbarkeit im Drittwiderspruchsverfahren gem. § 771 ZPO, ist vor der Klärung der Schiedsfähigkeit zu erörtern, wer überhaupt Partei des Schiedsverfahrens wird.
Ergreift die Zwangsvollstreckung einen nicht dem Schuldner gehörigen Gegenstand,[1018] so gewährt die ZPO dem beeinträchtigten Dritten ein Klagerecht (§ 771 Abs. 1 ZPO). Ziel dieser Klage ist die Unzulässigkeitserklärung der Zwangsvollstreckung in diesen Gegenstand.
Im Gegensatz zur Vollstreckungsgegenklage, die vom Vollstreckungsschuldner gegen seinen Gläubiger betrieben wird, wird bei diesem Rechtsbehelf eine an der Schiedsvereinbarung im Regelfall unbeteiligte Person Prozeßpartei.
Für die Schiedsgerichtsbarkeit bedeutet dies, daß dieser Dritte in eine Schiedsvereinbarung hineingezogen würde, an der er nicht beteiligt war. Eine solcher Vertrag zu Lasten Dritter ist aber weder im materiellen noch im Verfahrensrecht zulässig.[1019]
Dies bedeutet also, daß ein Schiedsgericht nur dann zuständig wäre, wenn der betroffene Dritte sich der Schiedsvereinbarung wirksam unterwirft oder die Parteien eine neue Vereinbarung treffen.
Solche Konstellationen dürften in der Praxis nur selten vorkommen, so daß die Drittwiderspruchsschiedsklage allenfalls in Situationen von Bedeutung sein dürfte, wenn ohnehin alle Beteiligten Teil derselben Schiedsvereinbarung sind. Denkbar wäre dies etwa bei Schiedsvereinbarungen in Gesellschaftsverträgen oder Vereins- und Kapitalgesellschaftssatzungen. Zu einer Drittwiderspruchsschiedsklage könnte es dann etwa bei Pfändung von Gegenständen eines Gesellschafters im Zusammenhang mit der Zwangsvollstreckung von Gesellschaftsforderungen in das Vermögen des Schuldnergesellschafters kommen.

1016 Siehe BGH NJW 1994, 1161 (1162), BGH NJW 1194, 3225; *K. Schmidt* in MüKo, ZPO, *Musielak/ Lackmann,* § 767 Rz. 9; § 767 Rz. 20; *Thomas/ Putzo,* § 767 Rz. 8; *Hartmann* in Baumbach/ Lauterbach/ Albers/ Hartmann, § 767 Rz. 6.

1017 *Musielak/ Lackmann,* § 767 Rz. 9.

1018 Siehe zum Tatbestandsmerkmal des § 771 ZPO „ein die Veräußerung hinderndes Recht" ausführlich, *Rosenberg/ Gaul/ Schilken,* Zwangsvollstreckungsrecht, S. 664 ff.

1019 Die Ausnahme bildet die Erstreckung der Schiedsvereinbarung bei einem Vertrag zu Gunsten Dritter (§ 328 BGB), siehe hierzu *Lachmann,* Schiedsgerichtsbarkeit, S. 86.

Betrachtet man die Zulässigkeit der Schiedsgerichtsbarkeit weiterhin in Zusammenhang mit anderen Rechtsbehelfen, die den Parteien offenstehen, so ist festzustellen, daß auch die Drittwiderspruchsklage eine prozessuale Feststellungsklage ist, mit der allein die Unzulässigkeit der Zwangsvollstreckung in den Streitgegenstand festgestellt wird. Auch hier ergibt sich keine Klärung des zu Grunde liegenden Rechtsverhältnisses.[1020] Möglich wäre daher die Feststellungsklage, die allerdings im staatlichen Prozeß mangels Feststellungsinteresse als unzulässig abgelehnt werden müßte, da sie keine die Zwangsvollstreckung hindernde Wirkung entfaltet und somit die Klage aus § 771 ZPO den einfacheren Weg zur Erreichung des Klageziels darstellt.
Zu der Zulässigkeit solcher Klagen im Schiedsverfahren gelten die zu § 767 ZPO deutlich gemachten Grundsätze, so daß auch hier die Einrede der Schiedsgerichtsbarkeit Beachtung finden müßte.
Auch im Bereich der Schiedsgerichtsbarkeit, in der die Voraussetzung des rechtlichen Feststellungsinteresses nicht in gleicher Weise gegeben ist wie im staatlichen Prozeß, müßte zumindest aus Praktikabilitätserwägungen eine erhobene Feststellungsklage in eine Leistungsklage umgedeutet werden, wenn diese zulässig wäre.
Denkbar wäre daher eine Leistungsklage auf Herausgabe nach dem materiellen Recht.[1021] Diese wird zwar aus genannten Gesichtspunkten im Schiedsverfahren nicht von der Vollstreckungsabwehrklage verdrängt,[1022] zu beachten ist allerdings, daß es angesichts der öffentlich- rechtlichen Verstrickung vielfach an einer Widerrechtlichkeit fehlen wird, namentlich an der für die Klage aus § 985 BGB erforderlichen Vindikation.

Es ist also festzuhalten, daß auch im Bereich des Drittwiderspruchsschiedsverfahrens den Parteien alternative Rechtsbehelfe zur Verfügung ständen, so daß auch hier eine erhobene Einrede der Schiedsgerichtsbarkeit zu beachten wäre. Voraussetzung ist allerdings, daß alle Schiedsverfahrensbeteiligten Teil der Schiedsvereinbarung sind oder der Dritte diese nachträglich legitimiert.

c. Widerspruch im Verteilungsverfahren

Bei der Zwangsvollstreckung in bewegliches Vermögen wird bei der Beteiligung mehrerer Gläubiger ein Verteilungsverfahren immer dann von Gesetzes wegen eingeleitet,[1023] wenn der hinterlegte Geldbetrag (Masse) zur Befriedigung der Gläubiger nicht ausreicht (§§ 872 ff. ZPO). Gegen den von Amts wegen erlassenen Verteilungsplan kann jeder Gläubiger Widerspruch einlegen (§ 876 S. 2 ZPO), um dann den Plan im Wege der Klage gegen alle übrigen Gläubiger anzugreifen (§ 878 Abs. 1 ZPO). Diese Klage ist außerhalb des Verteilungsverfahrens gegen die begünstigten Gläubiger zu richten. Klageziel ist

---

1020 *Thomas/ Putzo*, § 771 Rz. 1; *Hartmann* in Baumbach/ Lauterbach/ Albers/ Hartmann, § 771 Rz. 11; *Musielak/ Lackmann*, § 771 Rz. 1.

1021 Etwa nach §§ 985, 1004, 1065 oder 1227 BGB.

1022 So im staatlichen Prozeß, siehe *Rosenberg/ Gaul/ Schilken*, Zwangsvollstreckungsrecht, S. 697.

1023 *Thomas/ Putzo*, § 872 Rz. 5.

die prozessuale Umgestaltung des vom Gericht erlassenen Teilungsplans iSd. erhobenen Widerspruchs.[1024]
Da also auch mit der Widerspruchsklage gegen einen staatlichen Hoheitsakt vorgegangen wird, ist eine Klage aus § 878 Abs. 1 ZPO vor einem Schiedsgericht nicht möglich.
Eine Schiedsfähigkeit dieses Rechtsbehelfs ist allerdings gegeben. Daß die Parteien schon nach altem Recht über den Streitgegenstand disponieren konnten, macht die Tatsache deutlich, daß das ansonsten *ipso iure* eintretende Verteilungsverfahren selbst bei unzureichender Masse dann nicht beginnt, wenn sich die Gläubiger über die Verteilung einig sind.[1025] Sie können also von vorneherein den Eintritt des Verfahrens verhindern. Hieran hat sich durch das neue Recht nichts geändert.
Sollte es aber zum Verteilungsverfahren gekommen sein, so sind zumindest die Rechtsmittel vor den staatlichen Gerichten präkludiert, wenn dem Plan nicht widersprochen wurde (§ 878 ZPO). Anders hingegen stellt sich die rechtliche Lage in der Schiedsgerichtsbarkeit dar. Den Gläubigern steht es frei, von vorneherein ein Schiedsgericht zu vereinbaren, welches die Verteilung vornimmt, oder das Verteilungsverfahren abzuwarten, um dann im Wege der Bereicherungsklage die Ansprüche von einem Schiedsgericht klären zu lassen. Eine Widerspruchserhebung im Verteilungsverfahren ist nur dann nötig, wenn die Parteien sie rechtsgeschäftlich zur Voraussetzung gemacht haben.

Praktisch dürfte es aber kaum vorkommen, daß eine Umverteilung der Masse von einem Schiedsgericht vorgenommen wird. Voraussetzung wäre nämlich – wie beim Drittwiderspruchsverfahren auch–, daß alle Gläubiger Teil derselben Schiedsvereinbarung wären. Die Wahrscheinlichkeit, daß dies selbst bei einer satzungsmäßigen Schiedsklausel der Fall ist, die zudem noch dahingehend auslegbar ist, die zu Grunde liegende Streitigkeit zu umfassen, dürfte gegen Null gehen. Die Gläubiger müßten sich also auf ein Schiedsgericht einigen. Dies ist aber schon deshalb kaum anzunehmen, weil die Vorteile der Schiedsgerichtsbarkeit, wie etwa die Geheimhaltung, im Verteilungswiderspruchsverfahren wohl kaum die mit der Schiedsgerichtsbarkeit verbundenen Mühen wie das Treffen der Abrede, die Bestellung der Schiedsrichter oder die mit großer Wahrscheinlichkeit höheren Kosten aufwiegen dürften.

Faßt man die soeben getroffenen Ergebnisse zusammen, so ist festzustellen, daß den Parteien vor dem Schiedsgericht mit den staatlichen Rechtsbehelfsverfahren vergleichbare Klagen zur Verfügung stehen, um ihre Rechte durchzusetzen. Sind also die Schiedsvereinbarungen dahingehend auszulegen, daß sie auch das Rechtsbehelfsverfahren miteinbeziehen sollen, so ist die Klage auf Erhebung der Schiedseinrede durch Prozeßurteil abzuweisen.

1024 *Musielak/ Lackmann*, § 878 Rz. 4; *Hartmann* in Baumbach/ Lauterbach/ Albers/ Hartmann, § 872 Rz. 5.

1025 *Thomas/ Putzo*, § 872 Rz. 4; *Rosenberg/ Gaul/ Schilken*, Zwangsvollstreckungsrecht, S. 896; *Musielak/ Lackmann*, § 872 Rz. 1; *Hartmann* in Baumbach/ Lauterbach/ Albers/ Hartmann, § 872 Rz. 6.

3. Vergleichbarkeit des Rechtsschutzes

Eine solche Auslegung kann aber nur dann vorgenommen werden, wenn das Schiedsrecht den Parteien einen dem staatlichen gleichzusetzenden Rechtsschutz bietet.
Im Vergleich des Rechtsschutzes, den ein Schiedsgericht im Verhältnis zu dem eines staatlichen Gerichts bieten kann, kam der BGH[1026] im Jahr 1987 noch zu dem Schluß, daß ihm insgesamt nicht die gleiche Effektivität zukäme. Diese Aussage traf der Gerichtshof vor allem mit Rücksicht auf die Tatsache, daß es einem Schiedsgericht nach damaligem Recht nicht möglich war, einstweilige Anordnungen zu treffen, und daher Maßnahmen iSd. § 769 ZPO nicht angeordnet werden konnten. Diese Folge sei aber als notwendige Konsequenz hinzunehmen, wenn die Parteien auf den Schutz der Staatsgerichte verzichten.
Folgend soll daher untersucht werden, ob das neue Recht, insbesondere mit der Möglichkeit der Gewährung einstweiligen Rechtsschutzes durch Schiedsgerichte (§ 1041 ZPO), die Effektivität der Schiedsgerichtsbarkeit im Schiedsverfahren verbessert hat und welche Mängel gegebenenfalls immer noch bestehen.

a. Entscheidungswirkungen

Da Schiedssprüche nicht die bindende Wirkung des § 775 Nr. 1 ZPO entwikkeln können, müssen die als Substitut für die staatlichen Rechtsbehelfsverfahren erhobenen Feststellungsklagen auf Nichtbestehen des zu Grunde liegenden materiellen Anspruchs gem. § 1060 Abs. 1 ZPO für vollstreckbar erklärt werden. Diese Vollstreckbarerklärung kann mit einem Ausspruch der Unzulässigkeit der Zwangsvollstreckung verbunden werden, der dann die Wirkung des § 775 ZPO entfaltet. Eine solche Vollstreckungserklärung können auch Feststellungsschiedssprüche erfahren.[1027]
Im Falle einer erfolgreichen Herausgabeklage des Zwangsvollstreckungstitels hingegen kommt es ganz auf das Verhalten des Vollstreckungsgläubigers an. Hat er die Zwangsvollstreckung noch nicht eingeleitet und ist er zur Herausgabe des Titels bereit, so erübrigt sich eine Vollstreckbarerklärung des Schiedsspruches, da es dem Gläubiger ohne Titel nicht möglich ist zu vollstrecken.[1028] Weigert sich der Gläubiger, den Titel herauszugeben oder ist die Vollstreckung bereits eingeleitet, so ist eine Vollstreckbarerklärung allerdings nötig.
Im Bereich der Verteilungsverfahren ist das Schiedsverfahren gänzlich separat von den staatlichen Verfahren. Entweder das Teilungsverfahren wurde gar nicht erst eingeleitet und es ist somit gar nicht zu einer staatlichen Entscheidung gekommen, oder das Verteilungsverfahren ist bereits abgeschlossen. In diesem Fall haben die Schiedsparteien Bereicherungsklage vor dem Schiedsgericht erhoben, die nach dem üblichen Verfahren der Vollstreckbarerklärung bedarf, abhängig davon, ob der Unterlegene zur Leistung bereit ist oder nicht. Der entscheidende Nachteil des Schiedsverfahrens nach Beendigung des staatlichen

---

1026 BGHZ 99, 143 (148).

1027 BGHZ 99, 143 (148).

1028 BGHZ 121, 98 (101); siehe auch *Rosenberg/ Gaul/ Schilken*, Zwangsvollstreckungsrecht, S. 101, 118.

Teilungsverfahren ist, daß die klagenden Parteien für die Dauer des Schiedsverfahrens das Insolvenzrisiko der Beklagten tragen.

b. einstweiliger Rechtsschutz

Ein Nachteil des schiedsrichterlichen Rechtsbehelfsverfahrens bestand sicherlich darin, daß für die gesamte Verfahrensdauer vor dem Schiedsgericht keine Möglichkeit der Gewährung einstweiligen Rechtsschutzes bestand, da diese Kompetenz einem Schiedsgericht im Gegensatz zu vielen ausländischen Rechtsordnungen nicht zugesprochen wurde.[1029] Dieser Nachteil wurde aber insofern abgeschwächt, als die Rechtssprechung vereinzelt in Ermangelung einer gesetzlichen Regelung[1030] die Schiedsvereinbarung so auslegte, daß der einstweilige Rechtsschutz von den staatlichen Gerichten gewährt wird.[1031] Mittlerweile regelt das Gesetz den einstweiligen Rechtsschutz in der Schiedsgerichtsbarkeit ausführlich. So stellt § 1033 ZPO eindeutig fest, daß jede Partei das Recht hat, einstweilige Maßnahmen durch die staatliche Gerichtsbarkeit anordnen zu lassen. Wahlweise kann auch der einstweilige Rechtsschutz direkt bei dem Schiedsgericht beantragt werden (§ 1041 Abs. 1 ZPO),[1032] muß dann aber gem. § 1041 Abs. 2 ZPO vom staatlichen Gericht für vollziehbar erklärt werden. Diese Parallelität von staatlichem und schiedsrichterlichem einstweiligen Rechtsschutz sorgt dafür, daß die Schiedsgerichtsbarkeit nunmehr auch im Rechtsbehelfsverfahren eine der staatlichen Gerichtsbarkeit gleichwertige Rechtsschutzmöglichkeit darstellt. Insbesondere der Schutz der staatlichen Gerichtsbarkeit für die Dauer der Neukonstituierung des Schiedsrichterpanels stellt die Parteien zu keiner Zeit des Verfahrens gänzlich schutzlos, so daß auch im Rechtsbehelfsverfahren nunmehr die Auslegung der Schiedsvereinbarung genauso großzügig vorgenommen werden kann, wie dies auch in sonstigen Verfahren der Fall ist.

4. Zusammenfassung

Festzuhalten bleibt, daß es Schiedsgerichten in Rechtsbehelfsverfahren versagt ist, Schiedssprüche zu erlassen, die staatlichen Urteilen in der Wirkung gleich sind. Dies ist nicht begründet in mangelnder Schiedsfähigkeit des Streitgegenstandes, sondern vielmehr darin, daß es privatautonom ernannten Gremien generell nicht möglich ist, staatliche Organe anzuweisen. Trotzdem aber ist es den staatlichen Gerichten untersagt, einen Rechtsstreit zu entscheiden, wenn sich aus einer dem Streit zu Grunde liegenden Schiedsvereinbarung ergibt, daß auch das Rechtsbehelfsverfahren von ihr umfaßt werden soll und die Einrede der

---

1029 So etwa § 183 IPRG oder Art. 1051 ZPO- Niederl., siehe hierzu RegBegrE, BT/ Drucks. 13/ 5274, S. 44.

1030 § 769 ZPO findet keine Anwendung, weil er sich auf den Rechtsschutz des vor dem Prozeßgericht anhängigen Streitfalls beschränkt, vgl. *Hartmann* in Baumbach/ Lauterbach/ Albers/ Hartmann, § 767 Rz. 2.

1031 LG Köln MDR 1995, 959 (959 f.); für die Vollstreckungsabwehrklage.

1032 Siehe hierzu *Lachmann*, Schiedsgerichtspraxis, S. 279 ff., der von der Wahrnehmung dieser Möglichkeit ausdrücklich abrät.

Schiedsgerichtsbarkeit erhoben wurde.[1033] Nach der Reform des Schiedsrechts ist auch diese Auslegung großzügig vorzunehmen.
Die Parteien können dann vor dem Schiedsgericht die dem jeweiligen Rechtsbehelf am ehesten vergleichbare Klage erheben, die von den staatlichen Gerichten gegebenenfalls für vollziehbar erklärt werden muß (§ 1060 Abs. 1 ZPO), um die Wirkung der §§ 775, 776 ZPO zu erhalten. Auf diese Weise wird kein staatlicher Hoheitsakt konterkariert, trotzdem aber der Wunsch der Parteien respektiert, die Staatsgerichte so weit als möglich auszuschließen.

Keiner näheren Erörterung bedarf es daher, daß die Parteien auch staatliche Endurteile von einem Schiedsgericht neu entscheiden lassen können, sofern die zu Grunde liegende Streitsache nach den allgemeinen Regeln schiedsfähig ist.[1034] Auch hier erfolgt keine rechtliche Überprüfung des Urteils, welche seine Aufhebung zur Folge hat, sondern vielmehr ist der Streit als vollkommen neu anhängige Schiedssache zu werten, die – sollten sie erforderlich sein – zur Erwirkung von Vollstreckungsmaßnahmen wiederum der Vollstreckbarerklärung durch die staatliche Hoheit bedarf.

III. Patentrecht

Im Bereich des Patentrechts ist die Schiedsfähigkeit, insbesondere die der Patentnichtigkeitsklage, seit jeher stark umstritten.[1035] Auch nach dem Inkrafttreten des SchiedsVfG ist dieser Streit keinesfalls beigelegt. Nach wie vor wird vertreten, daß Patentnichtigkeitsklagen auf Grund der öffentlich- rechtlichen Natur ihrer Erteilung und der ausschließlichen Zuständigkeit des Bundespatentgerichts (§ 65 Abs. 1 PatG) nicht schiedsfähig sein könnten,[1036] während die Vertreter der Gegenmeinung sich durch die Neuregelung des § 1030 Abs. 1 S. 1 ZPO bestätigt fühlen und Patentnichtigkeitsklagen mit Rücksicht auf ihre Vermögensrechtlichkeit für nunmehr eindeutig schiedsfähig halten.[1037]
Auch die Gesetzesmaterialien sind in der Frage der Schiedsfähigkeit von Patentnichtigkeitsklagen in sich widersprüchlich. Die Reformkommission macht in ihrem Bericht deutlich, daß die ausschließlichen Zuständigkeiten der staatlichen Gerichte allein funktioneller Natur sind und keine Aussage darüber tref-

---

1033 Dies gilt allerdings nur für Rechtsbehelfe, die auf materiellen Einwendungen beruhen. Gegen das formelle Verfahren gerichtete Rechtsbehelfe können der schiedsrichterlichen Klärung nicht überlassen werden, da die Parteien nicht über die Rechtsmäßigkeit der Entscheidungen von staatlichen Vollstreckungsorganen disponieren oder diese konterkarieren können.

1034 Mit nach dieser Ansicht unvertretbarem Ansatzpunkt a.A. OLG München BB 1977, 674.

1035 Vgl. BGH BB 1984, 561 (562); *Maier* in MüKo, ZPO, § 1025 Rz. 12; *Schütze/ Tschernig/ Wais*, Schiedsverfahren, S. 87 (*contra*); *Pfaff*, FS für Nagel, S. 287 ff.; *Schlosser*, Schiedsgerichtsbarkeit, S. 231 f. (*pro*).

1036 *Schütze*, Schiedsverfahren, S. 152; *Lachmann*, Schiedsgerichtspraxis, S. 49.

1037 *Schlosser* in DIS-Materialien IV (1998), S. 51 (60 f.); *Raeschke-Kessler/ Berger*, Schiedsverfahren, S. 47; Zöller/ *Geimer*, § 1030 Rz. 14.

fen, ob überhaupt staatliche Gerichte die Rechtssache entscheiden müßten. Patentnichtigkeitsklagen oder solche auf Rücknahme von Patenten seien daher nach neuem Recht schiedsfähig.[1038] Diese Auffassung stimmt mit der Regierungsbegründung grundsätzlich überein.[1039] Es seien aber Einschränkungen immer dann zu machen, wenn der Gesetzgeber „besondere Gerichte für bestimmte Streitigkeiten wie die Klagen auf Nichtigkeit- oder Rücknahme von Patenten eingerichtet" habe. Daher seien auf Grund der ausschließlichen Zuständigkeit des Bundespatentgerichts und der Erteilung des Patents durch Verwaltungsakt solche Streitigkeiten der Schiedsgerichtsbarkeit entzogen.[1040]
Diese Auffassung der Regierungsbegründung überrascht angesichts der Tatsache, daß Deutschland im internationalen Vergleich weitestgehend alleine stünde, wenn man die Schiedsfähigkeit von Patentstreitigkeiten verneinen würde. Insbesondere sind derartige Streitigkeiten unstreitig unter Art. 177 Abs. 1 IPRG subsumierbar.[1041] Diese Norm des schweizerischen Rechts war aber die Vorbildnorm zu § 1030 Abs. 1 S. 1 ZPO.[1042]
Zudem hätte die Verneinung der Schiedsfähigkeit von Patentnichtigkeitsklagen die mißliche praktische Konsequenz, daß ein Lizenznehmer, der vom europäischen Patentamt[1043] mehrere europäische Patente erworben hat, nicht vor einem deutschen Schiedsgericht klagen könnte, da dieses zumindest nicht über das deutsche Patent entscheiden könnte und das Verfahren bis zur Entscheidung des BPatG aussetzen müßte.[1044] Eine ähnlich unglückliche Situation ergäbe sich bei einer Schiedsklage außerhalb der Bundesrepublik, da der getroffene Schiedsspruch in Deutschland mangels objektiver Schiedsfähigkeit nicht anzuerkennen wäre (Art. V Abs. 2 Nr. 2 lit. b. UNÜ).

Folgend soll daher an Hand des neuen deutschen Schiedsrechts untersucht werden, welche patentrechtlichen Streitigkeiten einem Schiedsgericht zur Klärung vorgelegt werden können und ob die oben genannten Einschränkungen wirklich Bestand haben können.

1038 Bericht, S. 92.

1039 RegBegrE, BT/ Drucks. 13/ 5274, S. 34 f.

1040 RegBegrE, BT/ Drucks. 13/ 5274, S. 35.

1041 Bucher, Schiedsfähigkeit, S. 43.

1042 RegBegrE, BT/ Drucks. 13/ 5274, S. 34; siehe auch *Raeschke-Kessler/ Berger*, Schiedsverfahren, S. 39.

1043 Siehe zum Geltungsbereich europäischer Patente Art. 64 Abs. 1 EuPÜ.

1044 Zudem kommt das den Parteien auch noch die Berufung zum BGH zukommt, was das Verfahren zusätzlich sehr verzögern kann (§§ 110 Abs. 1 PatG).

1. Patentnichtigkeitsklagen

a. Problemaufriß

Mit der Erfindung erwirbt der Erfinder durch eigenschöpferische Leistung die innere Seite der Erfindung, also die nicht als vermögensrechtlich gekennzeichnete sogenannte „Erfinderehre".[1045] Erst mit Erteilung des Patents erwirbt er das absolute Recht an der Erfindung. Von diesem Moment an ist jedem Dritten die nicht genehmigte gewerbliche Nutzung des Schutzrechtsgegenstands untersagt (§§ 9 f. PatG). Das Patent stellt also die vermögensrechtliche Gegenseite zur Erfinderehre dar. Es wird durch das deutsche Patentamt als Staatsbehörde, und zwar durch begünstigenden Verwaltungsakt erteilt.[1046]

Für die Nichtigkeitsklage, die zum Ziel hat, zu Unrecht erteilte Patente rückwirkend zu zerstören, ist das Bundespatentgericht (BPatG) in München ausschließlich zuständig. Gem. § 81 Abs. 1 S. 2 PatG ist die Klage gegen den als Inhaber in der Patentrolle Eingetragenen zu richten. Zulässigkeitsvoraussetzung ist, daß ein Einspruch entweder nicht mehr eingelegt werden kann oder ein Einspruchsverfahren anhängig ist.
Aktivlegitimiert ist grundsätzlich jedermann. Dies ergibt sich aus dem Umkehrschluß aus § 81 Abs. 3 PatG, der deutlich macht, daß im Fall der widerrechtlichen Entnahme (legaldefiniert in § 21 Nr. 3 PatG) allein dem Verletzten ein Klagerecht zusteht. Liegt allerdings eine widerrechtliche Entnahme nicht vor, so ist weder ein rechtliches, noch ein wirtschaftliches Interesse für die Aktivlegitimation vonnöten. Es handelt sich also um den klassischen Fall der Popularklage, die dem Zivilprozeßrecht fremd ist. Weitere Besonderheit des Patentnichtigkeitsverfahrens ist die Offizialmaxime (§ 87 Abs. 1 PatG) im Gegensatz zum Beibringungsgrundsatz in der ZPO.
Aus dem Offizialprinzip und dem Klageziel der Nichtigkeitserklärung eines Verwaltungsaktes darf aber nicht die Schlußfolgerung gezogen werden, es handele sich bei der Nichtigkeitsklage um ein öffentlich beherrschtes Verfahren.
Das BPatG entscheidet durch Urteil, welches im Falle der Stattgabe *ex tunc* das Patent ganz oder teilweise für nichtig erklärt. Dies geschieht *erga omnes* mit gestaltender Wirkung gegen jedermann. Rechtskräftig gebunden werden nur die Prozeßparteien. Ein weiteres Argument für die nähere Verwandtschaft zum Zivilprozeß sind nicht nur die Verweisungen des PatG, welche ausnahmslos die ZPO oder das GVG ergänzend heranziehen,[1047] sondern vor allem die Berufung zum BGH (§ 110 Abs. 1 PatG) und die Parteiherrschaft über das Verfahren. Die Parteien können sich jederzeit vergleichsweise einigen. An einen vergleichsweisen Verzicht[1048] auf das Patent ist das Gericht genauso gebunden wie

---

1045 *Gaul/ Bartenbach*, Gewerblicher Rechtsschutz, Rz. D 2

1046 *Gaul/ Bartenbach*, Gewerblicher Rechtsschutz, Rz. O 63; *Bernhardt/ Krasser*, PatR, S. 1.

1047 Vgl. etwa §§ 81 Abs. 7, 84 Abs. 2, 99 PatG.

1048 BGH GRUR 1962, 294.

an eine Klagerücknahme. Eine Weiterführung des Prozesses von Amts wegen ist nicht möglich.[1049]
Auch rechtsgeschichtlich wird die Verwandtschaft zur ordentlichen Gerichtsbarkeit deutlich, wenn man bedenkt, daß vor der Errichtung des BPatG Nichtigkeitsklagen in letzter Instanz vor den ordentlichen Gerichten zu erheben waren (§§ 28 Abs. 1, 33 a.F. PatG).[1050]
Es handelt sich also bei der Nichtigkeitsklage gem. § 81 BPatG um eine echte Parteistreitigkeit, die einer gewissen öffentlichen Kontrolle unterliegt. Vom Verfahrensrahmen her ist die Nichtigkeitsklage durchaus vergleichbar mit den echten Parteistreitigkeiten des FGG.

Wird auf die Nichtigkeit eines vom Europäischen Patentamt mit Sitz in München für das deutsche Staatsgebiet erlassenen Patents geklagt, so ist die Klage vor den nationalen Gerichten zu erheben.[1051] Diese entscheiden nach ihren nationalen Vorschriften mit den Einschränkungen, die ihnen durch das Übereinkommen zur Erteilung europäischer Patente (EuPÜ)[1052] gesetzt sind.[1053] Dieses kennt aber keine Besonderheiten im Bereich des Schiedsverfahrens, so daß die Ausführungen zum deutschen Patentnichtigkeitsverfahren gleichermaßen auch für das Verfahren gegen europäische Patente Gültigkeit haben.

b. Auseinandersetzung mit den Argumenten gegen die Schiedsfähigkeit

Betrachtet man die Auseinandersetzung um die Schiedsfähigkeit von Patentnichtigkeitsstreitigkeiten, so fällt auf, daß die Diskussion vollkommen unabhängig von den Regelungen zur Schiedsfähigkeit des Streitgegenstandes geführt wird.[1054] Unstreitig war die grundsätzliche Parteidisposition über den Streitgegenstand schon in der zum alten Schiedsrecht geführten Debatte, so daß an der im Rahmen von § 1025 Abs. 1 a.F. ZPO geforderten Vergleichsfähigkeit ohnehin nicht ernsthaft gezweifelt werden konnte. Insofern hat das reformierte Schiedsrecht keine Änderung gebracht; denn daß eine Nichtigkeitsklage vermögensrechtlicher Natur iSd. § 1030 Abs. 1 S. 1 ist, kann ebenfalls nicht bezweifelt werden.
Neu in die Diskussion gekommen ist allerdings die eindeutige gesetzgeberische Aussage, daß, entgegen der wenig zweifelhaften von ihm erlassenen gesetzli-

---

1049 BGH Bl. 1953, 382 (386).

1050 §§, gekennzeichnet mit a.F., benennen Normen des PatG vor der Änderung durch das 6. Überleitungsgesetz auf dem Gebiet des gewerblichen Rechtsschutzes (BGBl. 1961 I 274, 316); siehe auch *Jsay*, Patentgesetz, S. 512.

1051 Siehe hierzu ausführlich *Bernhardt/ Krasser*, PatR, S. 499.

1052 BGBl. 1976 II 826.

1053 Dies sind etwa die für europäische Patente abschließend geregelten Nichtigkeitsgründe, siehe Art. 138 f. EuPÜ. Beachte für die Bundesrepublik Art. II § 6 Abs. 1 und 2 IntPÜG (BGBl. 1976 II 649).

1054 *Schütze*, Schiedsverfahren, S. 152; *Lachmann*, Schiedsgerichtspraxis, S. 49.

chen Regeln, eine schiedsrichterliche Klärung nicht möglich sei.[1055] Als erstes Argument ist in der Regierungsbegründung angeführt, daß es angesichts der Natur der Streitsache nur dem eigens dafür eingerichteten BPatG überlassen werden könne, Patentnichtigkeitsstreitigkeiten zu entscheiden.[1056]
Diese Aussage ist m. E. differenziert zu sehen. Es ist zu hinterfragen, ob das BPatG generell in Patentnichtigkeitsfragen anzurufen ist oder ob ihm allein die Kompetenz zugesprochen werden muß, Patente für nichtig zu erklären.

Daß einem privaten Schiedsgericht nicht die Handlungsqualität zugesprochen werden kann, staatliche Hoheitsakte anzugreifen oder für nichtig zu erklären, wurde bereits dargelegt.[1057] Nichts anderes gilt auch für die Nichtigkeitserklärung von Patenten; denn diese sind durch Verwaltungsakt erteilt und damit Ausdruck unmittelbarer staatlicher Hoheitsgewalt. Ebenfalls wurde aufgezeigt, daß die Einrede der Schiedsgerichtsbarkeit auch dann vor dem staatlichen Gericht greift, wenn das Schiedsgericht zwar nicht mit gleicher Wirkung entscheiden kann wie das entsprechende Staatsgericht, den Parteien aber dennoch entsprechende Klagearten zur Verfügung stehen, über die auch ein Schiedsgericht entscheiden kann und die gegebenenfalls nach staatlicher Vollstreckbarerklärung auch die nötige Wirkung entfalten, um dem Klageziel zu entsprechen.[1058]
Im Patentnichtigkeitsverfahren kann der Kläger seine Klage zurücknehmen, ohne daß das Verfahren von Amts wegen weitergeführt würde.[1059] Gleichermaßen kann der Beklagte auf sein Patent verzichten (§ 20 Nr. 1 PatG). Klagt nun der Kläger vor einem Schiedsgericht auf Erklärung des Verzichts eines Patents, so wäre dieser Schiedsspruch nach seiner Vollstreckbarerklärung (§ 1060 Abs. 1 ZPO) gem. § 894 Abs. 1 ZPO zu vollstrecken.[1060] Dem klägerischen Ziel wäre also rechtskräftig entsprochen (§ 1040 ZPO). Gleiches gilt im Fall der Klageabweisung zwischen den Parteien. Da der Anspruch auch vermögensrechtlich und somit schiedsfähig ist (§ 1030 Abs. 1 S. 1 ZPO), könnte eine schiedsrichterliche Klärung daher allenfalls dann ausgeschlossen sein, wenn § 81 Abs. 1 PatG zu entnehmen wäre, daß die Schiedsgerichtsbarkeit generell ausgeschlossen wäre. Teilweise wird vertreten, daß die Schiedsvereinbarung dann wegen Verstoßes gegen ein gesetzliches Verbot nichtig sei (§ 134 BGB).[1061] Richtigerweise müßte § 81 Abs. 1 ZPO wohl als eine die Schiedsgerichtsbarkeit ausschließende Regel iSd. § 1030 Abs. 3 ZPO gesehen

1055 So zumindest die Regierungsbegründung, RegBegrE, BT/ Drucks. 13/ 5274, S. 35, vgl. aber auch Bericht, S. 92.

1056 RegBegrE, BT/ Drucks. 13/ 5274, S. 35.

1057 Siehe oben Teil 2. I. II. 1.

1058 Siehe oben Teil 2. I. II. 2.

1059 Hierauf kommt es aber bei Annahme der Schiedsfähigkeit nicht an; denn der Kläger bräuchte seine Klage vor dem staatlichen Gericht nicht zurückzunehmen, da ihr stände ohnehin die Einrede der Schiedsgerichtsbarkeit entgegenstünde (§ 1032 Abs. 1 ZPO).

1060 Siehe zum Erfordernis der Vollstreckbarerklärung von Schiedssprüchen, die auf Abgabe einer Willenserklärung lauten, *Schwab/ Walter*, Schiedsgerichtsbarkeit, 5: Auflage, S. 195 f.

1061 So *Lachmann*, Schiedsgerichtspraxis, S. 48.

werden. Dies hätte die Unwirksamkeit der Schiedsvereinbarung mangels objektiver Schiedsfähigkeit zur Folge.

Sollte es allein Sache des Bundespatentgerichts sein, sich mit Fragen der Nichtigkeit von Patenten zu beschäftigen, und schon daher die Vereinbarung eines Schiedsgerichts unmöglich sein, so müßte in der ausschließlichen Zuständigkeitsregelung des § 81 PatG mehr zu sehen sein als eine bloße innerfunktionelle Zuständigkeitsbestimmung, die gar nicht zur Anwendung kommt, wenn die staatliche Gerichtsbarkeit ausgeschlossen ist.[1062] Eine solche Ausnahme kann aber immer nur dann getroffen werden, wenn ein besonderes staatliches Interesse, und zwar über das an der ausschließlichen Zuständigkeit dieses bestimmten staatlichen Gerichts hinaus, dahingehend zu sehen ist, daß überhaupt ein staatliches Gericht und nicht ein privatautorisiertes Schiedsgericht entscheidet.

Ein solches gesetzgeberisches Interesse läßt sich aber weder aus den Materialien zum Sechsten Überleitungsgesetz auf dem Gebiet des gewerblichen Rechtsschutzes[1063] entnehmen noch ist es rechtsgeschichtlich erschließbar.
Das BPatG wurde durch Gesetz eingeführt, weil am 13.06.1959 das BVerwG entschieden hatte, daß den Beschwerdesenaten des Patentamtes keine Gerichtsqualität zukäme. Diese aber waren bis zur Gesetzesänderung für die Erteilung von Patenten und aller damit zusammenhängenden Sachfragen in zweiter Instanz zuständig gewesen. Die Ablehnung ihrer Gerichtsqualität hatte nun zur Folge, daß die Rechtsweggarantie des inzwischen durch das Grundgesetz eingeführten Art. 19 Abs. 4 GG nicht gewahrt war.[1064] Daher hätte für sämtliche Entscheidungen der Beschwerdesenate des Patentamts, für die nicht bereits nach den Vorschriften des Patentgesetzes, des Gebrauchsmustergesetzes oder des Warenzeichengesetzes ohnehin der ordentliche Rechtsweg gegeben war, bei den allgemeinen Verwaltungsgerichten eine dreiinstanzliche Anfechtungsmöglichkeit bestanden. Eine solche Belastung der Verwaltungsgerichte wurde allerdings als unzumutbare Belastung angesehen, so daß man die Gründung eines besonderen Gerichts beschloß.[1065]
Zweck der Gesetzesänderung war also die Ermöglichung eines umfangreichen Rechtsschutzes, um Art. 19 Abs. 4 GG zu genügen. Auf die Möglichkeit der Vereinbarung eines Schiedsgerichts im Patentnichtigkeitsverfahren mit der Einrichtung dieses besonderen Gerichts Rückschlüsse zu ziehen, ist verfehlt; denn diese Verfahren waren vor der Errichtung des BPatG Teil des ordentlichen Rechtswegs und müssen daher auch nach seinen Regeln beurteilt werden.

Das Zivilprozeßrecht ist Teil des öffentlichen Rechts. Entscheidungen von Zivilgerichten sind daher Hoheitsakte. In den gegebenen gesetzlichen Grenzen können staatliche Gerichte die Entscheidungen anderer Staatsgerichte konterkarieren. Schiedsgerichten ist dies verwehrt. Der Grund liegt nicht in mangelnder

---

1062 Siehe oben (FamR).

1063 BGBl. 1961 I 274, 316.

1064 Die Errichtung des Kaiserlichen Patentamts erfolgte am 25.08.1877 durch Gesetz (RGBl. 1877 I 501).

1065 BT- Drucks. 3/ 1749, S. 27; siehe weiterhin zu der notwendig gewordenen Grundgesetzänderung, BT- Drucks. 3/ 1748.

Schiedsfähigkeit, sondern in den der Privatautonomie durch das öffentliche Recht gesetzten Grenzen. Daher sind Schiedsgerichten die aufgezeigten Befugnisgrenzen gesetzt.[1066] Nichts anderes gilt für die Verfahren im Patentrecht. Schiedsgerichte dürfen durch das staatliche Patentamt erteilte Patente nicht für nichtig erklären; wohl aber können sie über Streitigkeiten, die über diese geführt werden, entscheiden und gegebenenfalls auch zur Abgabe der Verzichtserklärung verurteilen.
§ 81 Abs. 1 PatG soll dies nicht verhindern. Seine Aufgabe erschöpft sich darin, die vor staatlichen Gerichten geltend gemachten Klagen über die Wirksamkeit von Patenten und Zwangslizenzen an dem BPatG zu konzentrieren. Eine Aussage über die private Schiedsgerichtsbarkeit trifft die Norm, wie sich aus dem oben Gesagten ergibt, nicht.
Es kann daher auch vor dem BPatG die Einrede der Schiedsgerichtsbarkeit wirksam erhoben werden. Die Klage ist auch im Fall der Nichtigkeitsklage als unzulässig abzuweisen, da es den Parteien ohne weiteres möglich ist, die staatliche Gerichtsbarkeit auch in diesem Verfahren auszuschließen.

c. Besonderheiten der Schiedsgerichtsbarkeit im Patentnichtigkeitsverfahren

Zu beachten ist, daß es sich bei der Patentnichtigkeitsklage bis auf die Ausnahme des § 81 Abs. 3 PatG um eine Popularklage handelt.[1067] Klagebefugt ist also jedermann, gleich in welcher Beziehung er zu dem in der Patentrolle Eingetragenen steht. Unverzichtbare und selbstverständliche Voraussetzung der Schiedsgerichtsbarkeit ist allerdings eine zwischen den Parteien bestehende wirksame Schiedsvereinbarung. Sollte diese nicht *ad hoc* im Streitfalle geschlossen werden, so ist es nötig, daß bereits eine wirksame Schiedsvereinbarung besteht. Dies wird regelmäßig nur dann der Fall sein, wenn ohnehin vertragliche Beziehungen der Parteien bestehen und die Schiedsgerichtsbarkeit in diesem Vertrag verklausuliert wurde. Im Patentrecht wäre ein solcher Fall im Zusammenhang mit Lizenzverträgen denkbar, die häufig mit Schiedsklauseln versehen sind.[1068] Ob die Schiedsklausel eine bei Abschluß des Lizenzvertrags meist noch gar nicht absehbare Streitigkeit über die Wirksamkeit des lizenzierten Patents einschließen soll, ist letztlich Auslegungsfrage des Einzelfalls. Umfaßt die Schiedsvereinbarung aber alle aus dem Vertrag resultierenden Rechtsstreitigkeiten und verweigert der Lizenznehmer die Zahlung der Lizenzgebühr mit der Begründung, dem Lizenzgeber stehe das Patent nicht zu, so hat das Schiedsgericht über diese Frage *incidenter* zu entscheiden.

Zu beachten hat die Kautelarpraxis in Zusammenhang mit der Vereinbarung der Entscheidung eines Nichtigkeitsverfahrens durch ein Schiedsgericht weiterhin, daß der Rechtsschutz, den ein Schiedsgericht in diesen Fragen bieten kann, schwächer ist als der des Bundespatentgerichts.

[1066] Siehe oben Teil 2. I. II. 1.

[1067] *Gaul/ Bartenbach*, Gewerblicher Rechtsschutz, Rz. O 53.

[1068] *Gaul/ Bartenbach*, Gewerblicher Rechtsschutz, Rz. K 1260 ff.

Dieses gestaltet die Rechtslage *ex tunc* durch sein Sachurteil um, indem es das Patent für nichtig erklärt.[1069] Der Spruch des Schiedsgerichts ist allerdings nur eine Verurteilung auf Abgabe der Verzichtserklärung gerichtet. Ein Verzicht wirkt nur für die Zukunft; eine Rückwirkung kann ihm nicht zukommen.[1070]
Dies hat zur Folge, daß ein Schiedsgericht etwaige Bereicherungsansprüche, zum Beispiel auf Grund von gezahlten Lizenzgebühren oder Gewinne aus dem rechtmäßig dem Kläger zustehenden Patents, nicht zusprechen kann, da zur Begründetheit einer solchen Klage die Nichtigkeit des Patents Voraussetzung wäre. Entscheidend ist nämlich die formelle Wirksamkeit; das heißt, daß das Patent solange dem in der Rolle Eingetragenen zusteht, bis dieser gestrichen wird (§ 9 PatG).[1071] Gerade diese formelle Wirksamkeit kann aber ein Schiedsgericht nicht verändern, sondern lediglich die materielle Unwirksamkeit feststellen. Folglich wäre eine Verurteilung zur Herausgabe der „ungerechtfertigten" Bereicherung rechtsfehlerhaft, da in Form des Patents ein Rechtsgrund bestünde.
Unterwirft sich der Beklagte nicht dem Schiedsspruch, in dem er „freiwillig" leistet, so kann ein solcher Schiedsspruch nicht vollstreckt werden. Eine Nichtigkeitserklärung eines staatlichen Hoheitsaktes stellt einen offensichtlichen *ordre public-* Verstoß dar (§§ 1060 Abs. 2, 1059 Abs. 2 Nr. 2 lit. b. ZPO). Aus dem selben Grund wäre eine Aufhebungsklage des Schiedsspruchgläubigers begründet.
Da einer Bereicherungsklage direkt beim BPatG die prozeßhindernde Einrede der Schiedsgerichtsbarkeit entgegenstünde, wäre die einzige Rechtsschutzmöglichkeit für den Kläger, Feststellungsklage zum BPatG zu erheben, daß das Patent auch vor dem Verzicht nichtig war,[1072] um dann die Leistungsklage vor dem Schiedsgericht zu erheben oder direkt vor dem Schiedsgericht zu klagen, welches bis zum Feststellungsurteil des BPatG das Verfahren aussetzen müßte.

Auf diese Schwäche hat die Beratungspraxis hinzuweisen, wenn sie zu einer Vereinbarung einer Schiedsklausel rät, es aber abzusehen oder zumindest nicht auszuschließen ist, daß Bereicherungs- oder Schadenersatzansprüche geltend gemacht werden könnten.

2. Zwangslizenzerteilungsverfahren

Der Lizenzvertrag ist ein Weg für den Patentinhaber, seine Erfindung gewerblich zu nutzen. Er kann Dritten gegen die Leistung einer Lizenzgebühr das Recht einräumen, ihrerseits die ihm nach § 9 PatG im gewerblichen Nutzungsmonopol zustehende Erfindung ökonomisch zu nutzen (§ 15 PatG). Es handelt sich um einen nach den allgemeinen Regelungen zu Stande kommenden zweiseitigen Vertrag.[1073]

1069 BGH GRUR 1963, 519; GRUR 1958; 134 (136); *Schulte*, PatG, § 20 Rz. 8; *Gaul/ Bartenbach*, Gewerblicher Rechtsschutz, Rz. O 63.

1070 Allgemein zur Verzichtswirkung, siehe *Schulte*, PatG, § 20 Rz. 8.

1071 *Schulte*, PatG, § 30 Rz. 20.

1072 Ein Feststellungsinteresse ist zu bejahen; denn es gibt für den Kläger keinen einfacheren Weg, sein Klageziel zu erreichen, vgl. allgemein *Thomas/ Putzo*, § 256 Rz. 18.

1073 *Gaul/ Bartenbach*, Gewerblicher Rechtsschutz, Rz. K 10 ff.

Weigert sich der Patentinhaber, eine Lizenz zu erteilen, so steht dem Antragssteller die Zwangslizenzerteilungsklage gem. §§ 81 Abs. 1, 24 Abs. 1 PatG offen. Zum Nichtigkeitsverfahren sind klare Parallelen zu ziehen. Während das erstgenannte Verfahren das Klageziel verfolgt, einen staatlichen Hoheitsaktes zu vernichten, soll im Wege des Zwangslizenzerteilungsverfahren ein solcher beschränkt werden. Der entscheidende Unterschied ist allerdings darin zu sehen, daß die Parteien im Zwangslizenzverfahren das Klageziel rechtsgeschäftlich erreichen könnten. Patentrechtsimmanente Schranken stehen der Schiedsfähigkeit also nicht entgegen; insbesondere ist im Tatbestandsmerkmal „öffentliches Interesse“ des § 24 Abs. 1 Nr. 2 PatG eine solche Schranke nicht zu sehen; denn hierbei handelt es sich allein um die Voraussetzung, daß die Verwertung der Erfindung dem Allgemeinwohl einen wesentlichen Nutzen bringt.[1074] Wann dies der Fall ist, kann ein im Regelfall mit Experten in dem Gebiet der Technik besetztes Schiedsgericht, aus dem der Streitgegenstand stammt, aber mindestens in gleicher Weise feststellen, wie es dem mit zur Hälfte mit Diplomingenieuren besetzten BPatG möglich ist.[1075] Auch eine mögliche Gefährdung des Allgemeinwohls bei kumulativem Zusammenwirken der Parteien kann der Schiedsgerichtsbarkeit nicht entgegengehalten werden; denn auch im Verfahren vor dem staatlichen Gericht wäre dieses an Parteivereinbarungen gebunden.[1076] Auf Grund der Rechtskraftwirkung *inter partes* (§ 1040 ZPO) hätte eine solche böswillige Zusammenarbeit ohnehin keine Auswirkungen auf spätere Klagen Dritter.

Da vor dem Schiedsgericht auf die Abgabe der Willenserklärung zum Abschluß eines Lizenzvertrages geklagt werden kann und der Anspruch des § 24 Abs. 1 PatG auch als vermögensrechtlich iSd. § 1030 Abs. 1 S. 1 ZPO einzustufen ist, sind Zwangslizenzerteilungsverfahren schiedsfähig.[1077] Die ausschließliche Zuständigkeit des BPatG steht dem nicht entgegen. Zur Begründung wird auf das zur Patentnichtigkeit Festgestellte verwiesen.

3. Patentstreitsachen

Unter Patentstreitsachen versteht man alle Ansprüche vermögensrechtlicher oder immaterieller Natur, die einen Anspruch auf eine Erfindung oder aus einer Erfindung zum Gegenstand haben, sowie alle anderen Ansprüche, die eine rechtliche oder auch nur tatsächliche Beziehung zu der Erfindung aufweisen.[1078] Zuständig sind die Zivilkammern der örtlichen Landgerichte ohne Rücksicht auf den Streitwert (§ 143 Abs. 1 PatG).

1074 *Schulte*, PatG, § 24 Rz. 8.

1075 Siehe zur Besetzung des BPatG mit Juristen und Technikern, § 65 Abs. 2 PatG.

1076 Siehe oben Teil 2. I. II. 1. a.

1077 Zum einstweiliger Rechtsschutz gem. § 85 PatG vgl. das oben zum Rechtsschutz im Rechtsbehelfsverfahren Gesagte, Teil 2. I. II. 3. Zuständig ist das BPatG in erster Instanz.

1078 BGH GRUR 1955, 63; *Schulte*, PatG, § 143 Rz. 1.

Auf Grund der extrem weiten Auslegung des Begriffs der Patentstreitsache ist eine abschließende Aufzählung der schiedsfähigen Patentstreitsachen nicht möglich.
Die Schiedsfähigkeit richtet sich nach den allgemeinen Regelungen. Einschränkungen sind weder im Schieds-, noch im Patentrecht enthalten, so daß sie sich allein nach der Vermögensrechtlichkeit des Anspruchs richtet (§ 1030 Abs. 1 S. 1 ZPO). Auch bei immateriellen Streitigkeiten wird sie in der Regel gegeben sein, da auch die Vergleichsfähigkeit einschränkende Vorschriften nicht ersichtlich sind (§ 1030 Abs. 1 S. 2 ZPO).[1079]
Schiedsfähig sind daher insbesondere Patentverletzungsstreitigkeiten auf Schadenersatz oder Unterlassung, Bereicherungsklagen und die Verletzung der Erfinderehre.

4. Zusammenfassung

Sowohl die Schiedsfähigkeit als auch die Möglichkeit der schiedsrichterlichen Klärung von Patentsachen richtet sich nach den allgemeinen Vorschriften des Schiedsverfahrensrechts. Im PatG finden sich keine die Schiedsgerichtsbarkeit gänzlich ausschließenden Regelungen. Dies gilt auch für das Patentnichtigkeitsverfahren, wobei zu beachten ist, daß es einem Schiedsgericht nicht möglich ist, die Nichtigkeit eines Patents gestaltend festzusetzen. Daher ist der Rechtsschutz, den ein Schiedsgericht offerieren kann, bei Klagen, deren Erfolg von der Unwirksamkeit des streitigen Patents abhängt, mit dem des staatlichen Gerichts nicht zu vergleichen. Vielmehr wird es in diesem Fall immer erforderlich bleiben, daß das BPatG die Nichtigkeit feststellt. Dies führt unweigerlich dazu, daß die wesentlichen Vorteile des Schiedsverfahrens verloren gehen. Insbesondere ist das staatliche Verfahren öffentlich und im Bereich der Patentnichtigkeit zweiinstanzlich, was zu Verzögerungen führen kann.

1079 So auch die allgemeine Ansicht, vgl. *Schütze*, Schiedsverfahren, S. 152; *Lachmann*, Schiedsgerichtspraxis, S. 49; schon zum alten Recht *Schütze/ Tschernig/ Wais*, Schiedsverfahren, S. 87.

Teil 4: Ergebnis

Betrachtet man die Anzahl der Streitgegenstände, die vor der Schiedsverfahrensrechtsreform einem Schiedsgericht zur Klärung vorgelegt werden konnte, und vergleicht sie mit denen nach dem neuen Recht, so ist festzustellen, daß sie annähernd gleich geblieben ist.

Nach wie vor ist etwa aus dem Gesetz klar erkennbar, daß statusrechtliche Fragen der Schiedsgerichtsbarkeit entsagt sind.[1080] Grundlegende Veränderungen haben sich an sich nur im Geltungsbereich des Patentgesetzes ergeben. Hier steht nunmehr fest, daß auch Nichtigkeitsklagen und Zwangslizenzerteilungsverfahren schiedsfähig sind.[1081] Ansonsten hat das neue Recht aber allenfalls zur Klärung von kleineren Streitfragen beigetragen,[1082] nicht aber an der Gesamtstruktur der Alternativgerichtsbarkeit Schiedswesen gerüttelt. Vor allem ist die Befürchtung, die Schiedsgerichtsbarkeit könnte der staatlichen Beaufsichtigung gänzlich entkommen, so daß die Rechte nicht an der Schiedsvereinbarung beteiligter Dritter unkontrollierbar gefährdet würden, mangels größerer Veränderungen nicht eingetreten.[1083]

Diese Feststellung überrascht angesichts der Tatsache, daß die Umstellung des Kriteriums der Vergleichsfähigkeit wie sie von § 1025 Abs. 1 a.F. ZPO vorausgesetzt wurde, nunmehr nur noch bei nichtvermögensrechtlichen Ansprüchen zu prüfen ist und für die an sich weit größere Anzahl vermögensrechtlicher Ansprüche durch die Generalklausel des § 1030 Abs. 1 S. 1 ZPO ersetzt wurde, die solche Ansprüche grundsätzlich für schiedsfähig bestimmt.

Andererseits muß man aber auch sehen, daß die Parteien bei der Masse vermögensrechtlicher Ansprüche wohl auch berechtigt sind, sich zu vergleichen. Daß das Kriterium der Vergleichberechtigung nach der kurz vor der Reform h. M. durch das der rechtgeschäftlichen Verfügbarkeit ersetzt wurde,[1084] tat sein Übriges, daß in der Mehrzahl der streitigen Fälle die Schiedsfähigkeit des Streitgegenstandes ohnehin gegeben war.

Die Reform bewies in den letztgenannten Fällen lediglich, daß die schwer mit dem Gesetz in Einklang zu bringende Lehre von der objektiven Verfügbarkeit eher dem gesetzgeberischen Willen entsprach, als dies die klassische, dem Gesetzeswortlaut verhaftete Theorie vermochte.[1085]

So sind einige der „großen" Streitfragen nun doch eindeutig geklärt. Es ergibt sich nunmehr klar aus dem Gesetz, daß die von den Vertretern der modernen Theorien vertretene Schiedsfähigkeit von Anfechtungsstreitigkeiten von kapitalgesellschaftrechtlichen Beschlußmängelklagen[1086] oder Börsentermingeschäf-

---

1080 Siehe Teil 2. A. I.

1081 Siehe Teil 2. I. III. 1. und. 2.

1082 Siehe etwa im Erbrecht die Frage der ergänzenden Testamentsauslegung, siehe Teil 2. B. II. 2.e.

1083 So *Schwab*, FS für Henckel, S. 803 (812 ff.); *Voit*, JZ 97, 120 ff.

1084 Siehe oben zur Lehre von der objektiven Verfügbarkeit Teil 1. III. 2 a. (3) und durch deren Anerkennung durch die Rechtsprechung Teil 1. III. 2 a. (4).

1085 Siehe zur der klassischen Lehre Teil 1. III. 2 a. (1).

1086 Siehe oben näher Teil 2. D.

ten[1087] unbestreitbar gegeben ist. Dies heißt aber auch nach neuem Recht nicht unmittelbar, daß auch ein Schiedsgericht über die genannten Ansprüche einen anerkennungswürdigen Schiedsspruch treffen kann.
Vielmehr können neben mangelnder Schiedsfähigkeit auch eine Vielzahl anderer Gründe dafür ursächlich sein, daß die Vereinbarung eines Schiedsgerichts letztlich unmöglich ist.
Es zeigt sich, daß mangelnde objektive Schiedsfähigkeit in den seltensten Fällen der Grund für die Unmöglichkeit der Vereinbarung eines Schiedsgerichtes ist. Vor allem sind dies die schon erwähnten statusrechtlichen Streitsachen und die an die Scheidung gebundenen Folgesachen des Zwangsverbundes.[1088]
Im Regelfall ist die schiedsgerichtliche Klärung aus Gründen ausgeschlossen, die sich aus spezialgesetzlichen Normen der Bereiche ergeben aus denen der Streitgegenstand stammt oder ganz simpel, weil die Schiedsvereinbarung betroffene Personen nicht einschließt.
Diese weiteren Gründe sind in der Vergangenheit sowohl von der Legis- als auch von der Judikative mit der mangelnden Schiedsfähigkeit vermengt worden.[1089] In der vorliegenden Arbeit ist daher dargelegt worden, daß etwa Rechtsbehelfsverfahren gegen Zwangsvollstreckungsmaßnahmen[1090] oder Ansprüche aus Börsentermingeschäften nicht nur objektiv schiedsfähig sind, sondern auch keine sonstigen Hindernisse gegen die Vereinbarung eines Schiedsgerichtes sprechen.
Unterschiedlich stellt sich hingegen die Situation bei den kapitalgesellschaftsrechtlichen Anfechtungsklagen gegen Gesellschafterbeschlüsse dar. Diese sind grundsätzlich objektiv und subjektiv schiedsfähig. Trotzdem wird ihre schiedsrichterliche Klärung auch nach neuem Recht richtigerweise vom BGH verneint.[1091]
Der Grund ist allerdings weder im Recht der GmbH, noch im Recht der AG die mangelnde Schiedsfähigkeit des Streitgegenstandes. So schließt etwa das Recht der aktienrechtlichen Verfassung eine satzungsmäßige Verankerung der Schiedsgerichtsbarkeit der Entscheidung über die Wirksamkeit von Nichtigkeitsklagen einer AG aus, weil die §§ 23 Abs. 5, 246 Abs. 3 AktG die Entscheidung eines staatlichen Gerichts erforderlich machen. Die Vereinbarung eines Schiedsgerichts wäre also allenfalls *ad hoc* möglich, was aus praktischen Gründen die Schiedsgerichtsbarkeit zumindest für Publikums- AGen unmöglich macht.
Im Bereich der GmbH allerdings ist eine schiedsrichterliche Klärung durch das Gesellschaftsrecht nicht ausgeschlossen, da eine dem § 23 Abs. 5 AktG im GmbHG nicht existiert. Allerdings schlossen hier bisher schiedsverfahrens-

---

1087 Siehe oben Teil 2. E.

1088 Siehe oben Teil 2. A. I. und. II. 2.. Weiterhin objektiv schiedsunfähig sind der schuldrechtliche Versorgungsausgleich (§§ 1587 o BGB iVm. § 1030 Abs. 3 ZPO) und Streitsachen aus Gesamtverträgen mit Verwertungsgesellschaften (§§ 14 Abs. 6 WahrnG, § 1030 Abs. 3 ZPO); siehe zu letzterem aber Teil 2. H. III.

1089 Siehe oben Teil 1. II. 3.

1090 Siehe oben Teil 2. I. II. 2.

1091 BGH JZ 1996, 1017 (1022). Bedauerlicherweise spricht der BGH von mangelnder objektiver Schiedsfähigkeit.

rechtliche Gründe die Vereinbarung eines Schiedsgerichtes aus, da die Rechte der nicht am Verfahren beteiligten Gesellschafter nicht ausreichend gewürdigt wurden. Diese Mängel lassen sich aber kautelarjurisprudentisch überwinden.

Es läßt sich also sagen, daß der § 1030 Abs. 1 S. 1 ZPO für sich betrachtet sicherlich kühn wirkt und trotz der bisher herrschenden Meinung eine gewisse Erweiterung der Schiedsfähigkeit des Streitgegenstandes mit sich brachte. Insgesamt und unter Einschluß der sonstigen die Schiedsgerichtsbarkeit beschränkenden Regelungen betrachtet, ist aber festzustellen, daß die Änderungen gering sind. Mit Sicherheit hebt sie die Schiedsgerichtsbarkeit nicht so aus den Fugen, daß Interessen der Allgemeinheit oder die Rechte Einzelner durch sie gefährdet oder auch nur betroffen würden.
Mit Sicherheit aber ist durch die Schiedsverfahrensrechtsreform das deskriptive Recht einfacher und für den ausländischen Nutzer transparenter geworden. Dies gilt nicht zuletzt auch für die objektive Schiedsfähigkeit. Die simple Regelung des § 1030 ZPO ersetzt eine komplizierte von der Rechtssprechung erstellte Kasuistik, die das Recht der objektiven Schiedsfähigkeit wesentlich vereinfacht.
Die Zukunft wird zeigen, ob die Rechtsprechung in den Fällen, in denen das neue Recht die objektive Schiedsfähigkeit letztlich doch erweitert hat, die zum alten Schiedsrecht gesetzten Barrieren überwindet oder zum Schutz des vermeintlich schwächeren Schiedspartei ihre restriktive Rechtsprechung beibehält.[1092]

[1092] Vergleiche oben zum Verbraucherschutz, Teil 2. C. II, zu gesellschaftsrechtlichen Beschlußmängelklagen, Teil 2. D. II. 2. a. und zu internationalen Börsentermingeschäften, Teil 2. E. III.

Schriften zum Verfahrensrecht

Herausgegeben von Peter Gottwald und Ulrich Haas

Band 1 Matthias Rauscher: Die neue Berufung in Zivilsachen. 2002.

Band 2 Jörn-Christian Schulze: Grenzen der objektiven Schiedsfähigkeit im Rahmen des § 1030 ZPO. Eine Betrachtung des Rechts der Schiedsfähigkeit nach der Schiedsverfahrensrechtsform. 2003.

Peter Lang · Europäischer Verlag der Wissenschaften

Johann von Pachelbel-Gehag

Das reformierte deutsche und schwedische Schiedsverfahrensrecht

Eine vergleichende Betrachtung unter Berücksichtigung des UNCITRAL-Modellgesetzes über die internationale Handelsschiedsgerichtsbarkeit

Frankfurt/M., Berlin, Bern, Bruxelles, New York, Oxford, Wien, 2002.
XXXVIII, 244 S.
Schriftenreihe der August Maria Berges Stiftung für Arbitrales Recht.
Herausgegeben von Hubertus W. Labes. Bd. 14
ISBN 3-631-50115-3 · geb. € 50.10*

Thema der Arbeit ist eine vergleichende Betrachtung des reformierten Schiedsverfahrensrechts in Deutschland und Schweden. Nach Darstellung der internationalen Bedeutung der Schiedsgerichtsbarkeit folgt ein Überblick über die divergierenden Schiedstraditionen und Reformansätze in beiden Ländern. Anschließend wird die zum Teil grundlegend neue Rechtslage in beiden Staaten einander gegenübergestellt und gewürdigt, wobei sich die Darstellung am Ablauf eines Schiedsverfahrens orientiert. Ergänzend wird anhand von ausgewählten Fragen beleuchtet, inwieweit das UNCITRAL-Modellgesetz über die internationale Handelsschiedsgerichtsbarkeit bei den Reformen Berück- sichtigung fand. Abschließend werden die neuen Gesetze und ihre Auswirkungen auf die Praxis zusammenfassend einer Würdigung unterzogen.

Frankfurt/M · Berlin · Bern · Bruxelles · New York · Oxford · Wien
Auslieferung: Verlag Peter Lang AG
Moosstr. 1, CH-2542 Pieterlen
Telefax 00 41 (0) 32 / 376 17 27

*inklusive der in Deutschland gültigen Mehrwertsteuer
Preisänderungen vorbehalten

Homepage http://www.peterlang.de